1/ visages de la France

LA TERRE ET LES HOMMES

QU'EST-CE QUE LA FRANCE ?

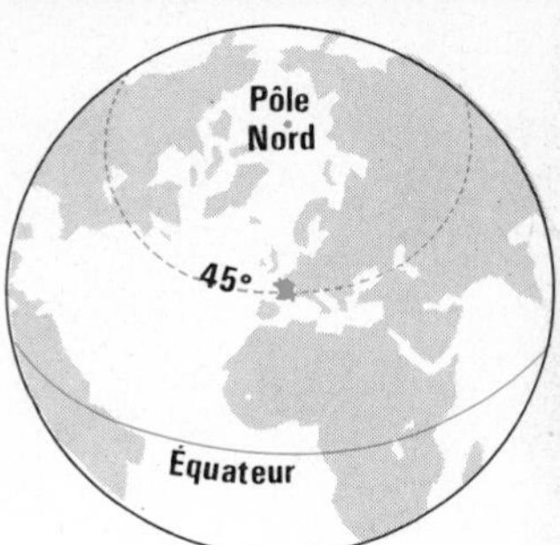

• un point sur la carte du monde

... mais un point situé dans une des zones les plus favorables à l'activité humaine : par sa latitude, entre le 42e et le 51e parallèle N., au cœur de la zone tempérée; par sa longitude, entre le 5e méridien O. et le 8e méridien E., à la pointe du continent européen

• une cellule de l'Europe

Parmi les nombreux compartiments naturels délimités sur la carte d'Europe par les montagnes et les anfractuosités du littoral, la France n'est ni complètement isolée comme les Iles Britanniques, ni profondément insérée dans la mer comme les péninsules : elle apparaît plutôt comme **un isthme fortement rattaché au continent.**

Sur un domaine géographique délimité en majeure partie par la mer ou la montagne, l'unité territoriale a été très tôt réalisée : la France fut le premier État unitaire de l'Occident.

LES FRONTIÈRES

Elles s'étendent sur environ 5 500 km.

- 2 800 km de frontières terrestres dont 1 000 appartiennent à des chaînes de montagnes (Alpes, Pyrénées) et 195 formées par un fleuve, le Rhin.
- 2 700 km de frontières maritimes (côtes de l'Atlantique et de la Manche : 2 075 km ; côtes méditerranéennes : 625 km).

LA RÉPUBLIQUE FRANÇAISE

Outre la Métropole, la République française comprend :

- **Cinq départements d'Outre-Mer :** Guadeloupe, Guyane, Martinique, Réunion, Saint-Pierre-et-Miquelon;
- **Les territoires d'Outre-Mer :** la Nouvelle-Calédonie, la Polynésie française, les îles Wallis et Futuna, Mayotte, les Terres australes et antarctiques françaises. (Nouvelle Amsterdam, archipel des Crozet, archipel des Kerguelen, Terre Adélie.)

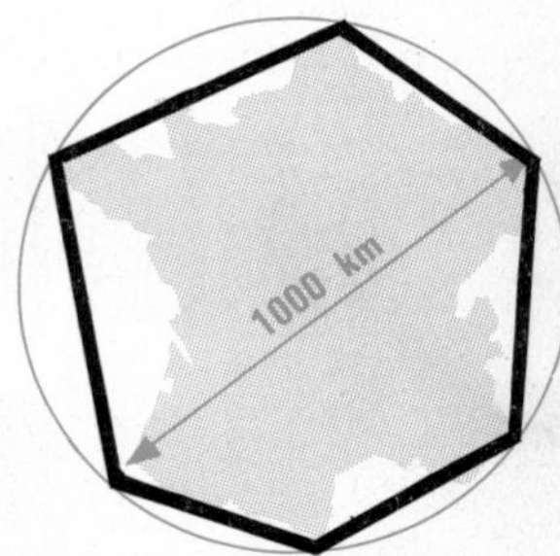

Sa forme hexagonale s'inscrit dans un cercle de 1 000 km de diamètre. Aucun point n'est situé à plus de 500 km de la mer.

La France est une...

Pays de superficie moyenne (551 695 km²), bien que la plus étendue des nations d'Europe occidentale, la France a vu se développer au cours des siècles **une civilisation homogène,** présentant certains caractères permanents d'**ordre,** de **mesure** et de **clarté.**

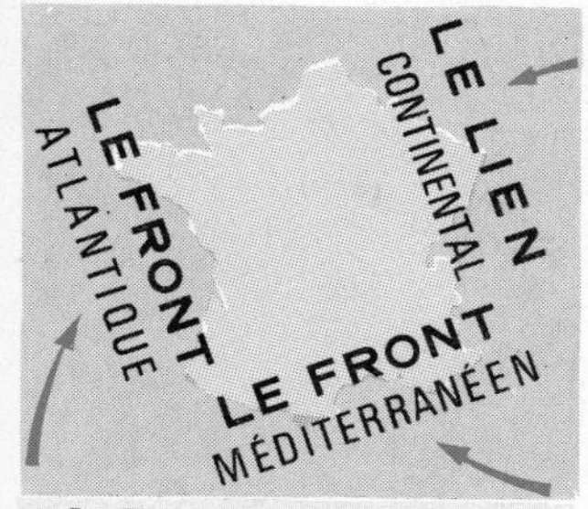

★ La France a trois versants et, du fait de cette triple orientation, elle est à la fois occidentale, continentale, méditerranéenne.
A. SIEGFRIED.

• mais aussi un carrefour naturel

Mais ce pays aux frontières si bien définies ne s'est jamais replié sur lui-même. Au contraire, largement ouverte aux influences extérieures, la France a été de tout temps un **creuset de civilisation :** lieu d'échanges entre pays atlantiques et pays méditerranéens et, depuis cinq siècles, entre l'Ancien et le Nouveau Monde.

Sa préhistoire, son histoire, sa langue, ses mœurs en sont autant de témoignages.

• la plaque tournante de la civilisation européenne

Située dans le prolongement de la grande plaine septentrionale et vis-à-vis des Iles Britanniques, communiquant par de nombreux passages avec l'Espagne comme avec l'Italie, la France a toujours constitué pour l'Europe une véritable plaque tournante. [pp. 31, 32-33,138.]

Le mélange et le brassage continuels des peuples et des idées ont fait de la civilisation française un **raccourci de la civilisation européenne**, riche et diverse sous une apparente simplicité.

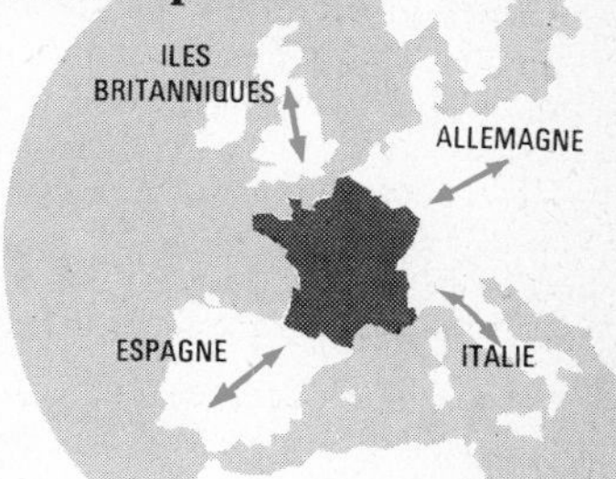

★ Paris est le grand maître de la gymnastique rythmique de l'Europe. KEYSERLING.

Pays de droit coutumier

Isotherme annuelle de + 12°

LANGUE D'OIL

LANGUE D'OC

Pays de droit écrit

• les deux France

Cette diversité, née de la géographie comme de l'histoire, est d'abord une dualité : dès l'origine il y a deux France, de part et d'autre de la Loire, comme il y a au Moyen Âge deux domaines linguistiques (voir la carte ci-contre).

A une opposition N.-S. s'est progressivement substitué un contraste économique N.-E.-S.-O., de part et d'autre d'une ligne Caen-Marseille

... mais diverse

En fait, une grande diversité caractérise le pays : diversité due au relief [p. 11], au climat [p. 12], au peuplement [p. 16], à l'histoire [p. 94 et suiv.], et qui confère à la France son caractère essentiel : la **variété.**

L' « ARBRE » D'ORIENTATION

Vu en coupe, il permet de retrouver aisément :

— dans l'épaisseur, les couches ou époques historiques ;

— en surface, les différents aspects de la France actuelle

(Les chiffres renvoient aux pages)

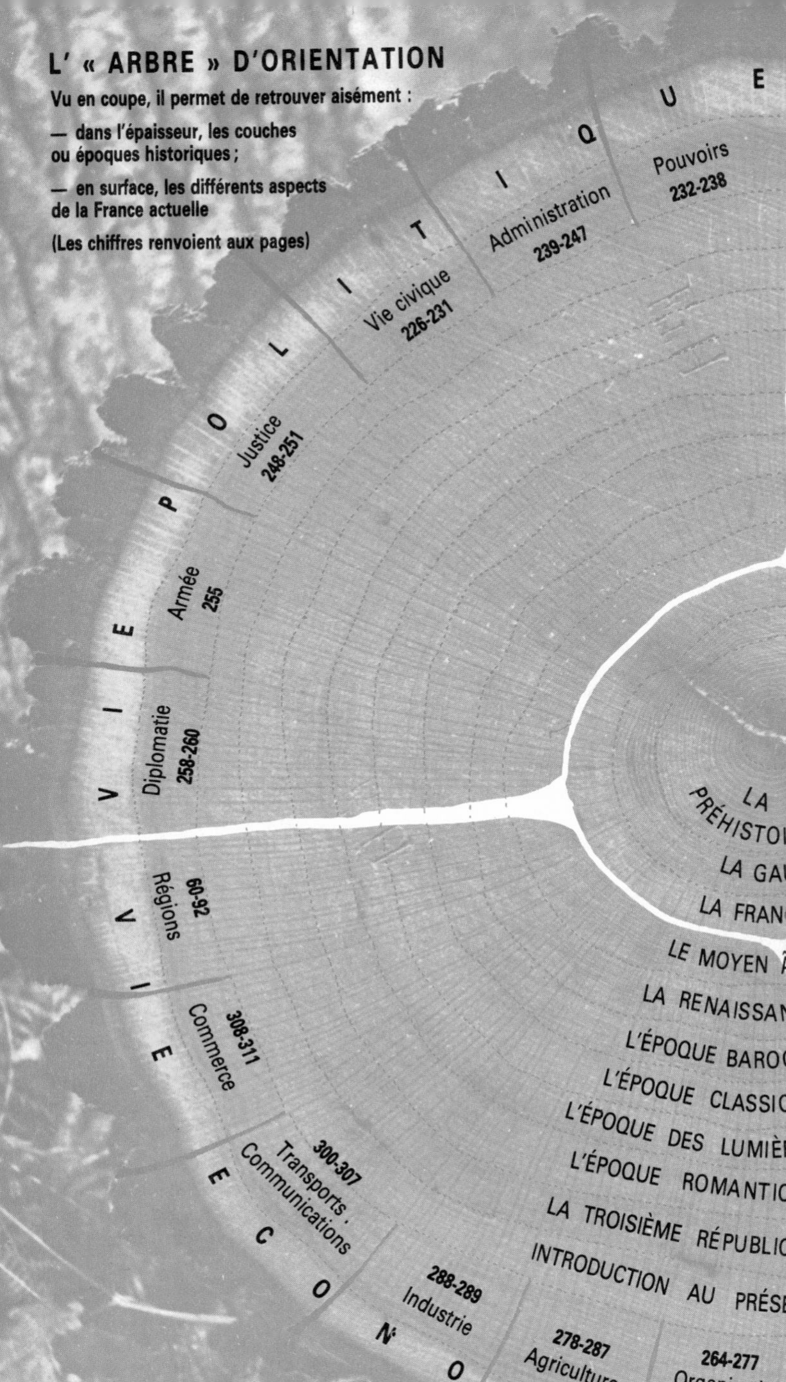

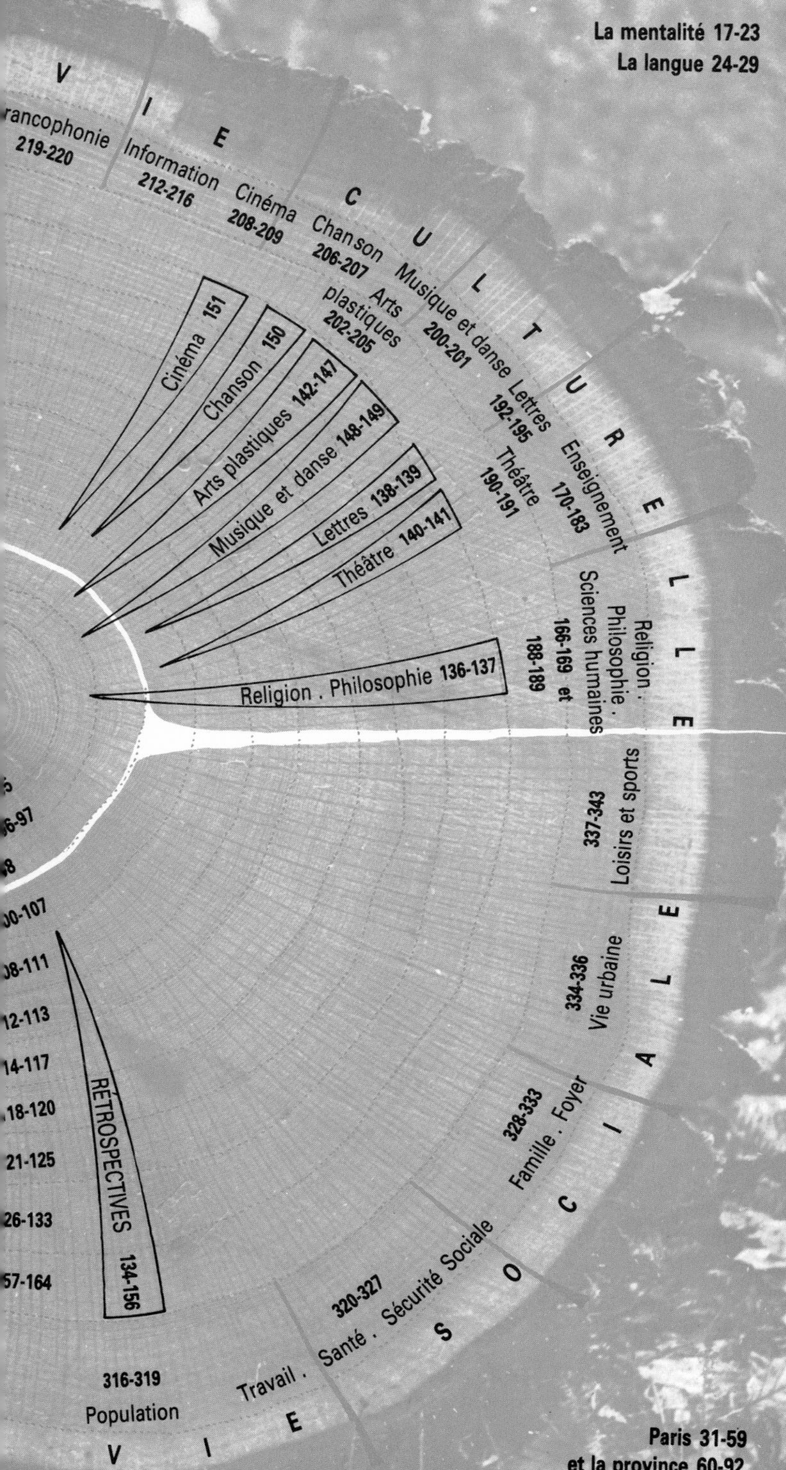
La mentalité 17-23
La langue 24-29
VIE CULTURELLE
rancophonie 219-220
Information 212-216
Cinéma 208-209
Chanson 206-207
Arts plastiques 202-205
Musique et danse 200-201
Lettres 192-195
Théâtre 190-191
Enseignement 170-183
Religion . Philosophie . Sciences humaines 166-169 et 188-189
Cinéma 151
Chanson 150
Arts plastiques 142-147
Musique et danse 148-149
Lettres 138-139
Théâtre 140-141
Religion . Philosophie 136-137
RÉTROSPECTIVES 134-156
6-97
00-107
08-111
12-113
14-117
18-120
21-125
26-133
57-164
Loisirs et sports 337-343
Vie urbaine 334-336
Famille . Foyer 328-333
Santé . Sécurité Sociale 320-327
Travail .
Population 316-319
VIE SOCIALE
Paris 31-59
et la province 60-92

L'HISTOIRE DU SOL

Une pièce en 4 actes

La forme de cet isthme, sa situation et le rôle qui lui a été dévolu dans le complexe européen apparaissent clairement si l'on interroge la géologie. La formation du sol de France : 4 actes où se résume l'histoire du globe.

★ Toute l'histoire de la formation de notre planète peut être suivie, d'ère en ère, sur ce sol d'un demi-million de km², exigu, mais privilégié.

Jean BRUNHES.

1er ACTE

ÈRE PRIMAIRE
Il y a environ 500 millions d'années

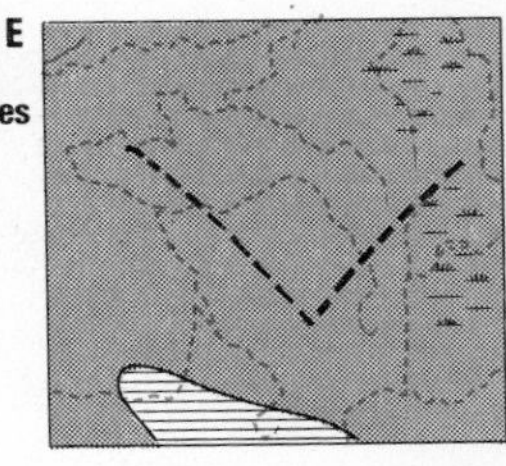

Les **plissements hercyniens** donnent naissance à de puissantes chaînes de montagnes articulées en V sur l'emplacement de l'actuel Massif Central.
Les montagnes, arasées par l'érosion, se transforment en une vaste **pénéplaine.**

2e ACTE

ÈRE SECONDAIRE
200 millions d'années

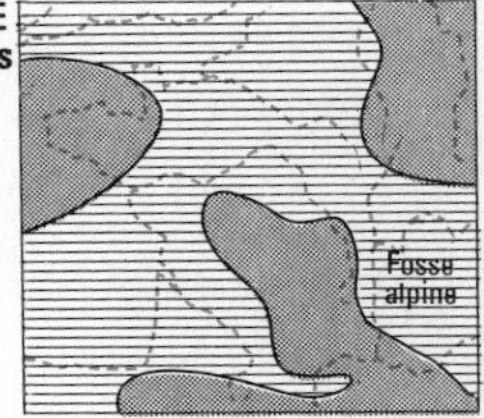

Les mers recouvrent la majeure partie du pays. Des **sédiments** s'accumulent dans des cuvettes correspondant au Bassin Parisien et au Bassin Aquitain actuels.

3e ACTE

ÈRE TERTIAIRE
50 millions d'années

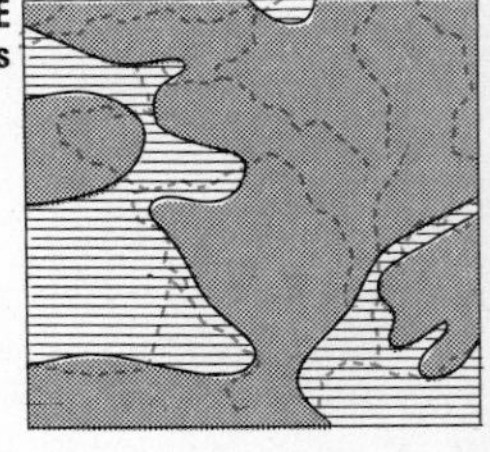

Les **plissements alpins** font surgir d'abord les Pyrénées et les massifs provençaux, puis les Alpes et le Jura.

Dans le Massif Central ébranlé, des volcans apparaissent et entrent en activité.

Les bassins sédimentaires sont progressivement asséchés.

4e ACTE

ÈRE QUATERNAIRE
100 000 années

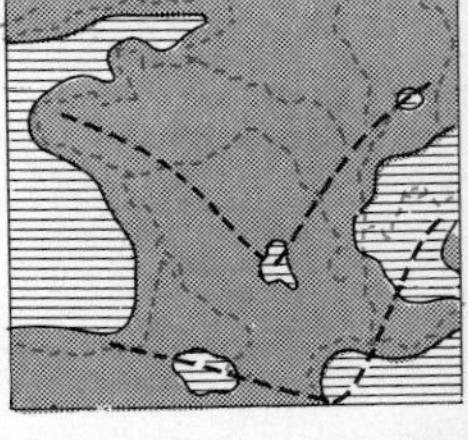

Un brutal refroidissement du climat recouvre à plusieurs reprises les zones élevées d'immenses **glaciers** qui sculptent le relief.

Le littoral, à la suite de plusieurs variations du niveau marin, prend son aspect actuel.

L'isthme français constitue géologiquement une véritable **charnière double,** à partir de laquelle s'articule tout le relief de l'Europe. La France apparaît ainsi comme **une réduction du continent européen,** une sorte de carte d'échantillons bien classés, la grande variété des sols contribuant à expliquer la grande variété des paysages.

LE RELIEF

Largement soudé au continent européen, le territoire français rassemble les principaux aspects du relief de l'Europe. Il en résulte une grande variété de formes topographiques qui se reflète dans la diversité économique et humaine des régions.

* Ma France de toujours que la géographie
Ouvre comme une paume aux souffles de la mer.

ARAGON.

Deux domaines

Si l'altitude moyenne de la France continentale est de 342 m, les éléments du relief sont inégalement répartis de part et d'autre d'une ligne joignant le Pays Basque à l'Alsace. Les régions les plus **élevées** et les plus **accidentées** se localisent au sud et au sud-est ; les régions les plus **basses** se trouvent à l'ouest et au nord. Cette disposition ouvre le territoire aux influences climatiques de l'océan Atlantique.

Les montagnes

Deux types d'ensembles montagneux doivent être distingués :

► Les **massifs hercyniens,** formés à l'ère primaire, rabotés par l'érosion, plus ou moins fortement rajeunis à l'ère tertiaire. Ils se présentent le plus souvent comme des plateaux entaillés par des vallées encaissées : *Massif Central* (90 000 km^2), *Vosges, Ardennes, Massif Armoricain, Maures et Estérel, Massif Corse* (redressé jusqu'à plus de 2 700 m).

► Les **chaînes alpines,** montagnes jeunes formées à l'ère tertiaire, vigoureusement sculptées par les torrents et les glaciers. Les *Alpes,* qui culminent à 4 807 m (Mont-Blanc) et les *Pyrénées* offrent d'admirables paysages tourmentés et grandioses. Le *Jura* est une montagne calcaire d'altitude moyenne (1 723 m au Crêt de la Neige).

Les bas plateaux, collines et plaines

Bas plateaux, collines et plaines couvrent les deux tiers du territoire :
— vastes bassins sédimentaires : Bassin parisien, Bassin aquitain,
— plaines ou couloirs encaissés entre les montagnes : plaine d'Alsace, sillon rhodanien,
— plaines littorales : Flandre maritime, Landes, Bas Languedoc.

LE CLIMAT

Pour le climat comme pour le relief, la France est un raccourci de l'Europe : l'influence de l'Océan, celle de la latitude, l'influence continentale et celle du relief s'y combinent, pour donner toute une gamme de climats différents.

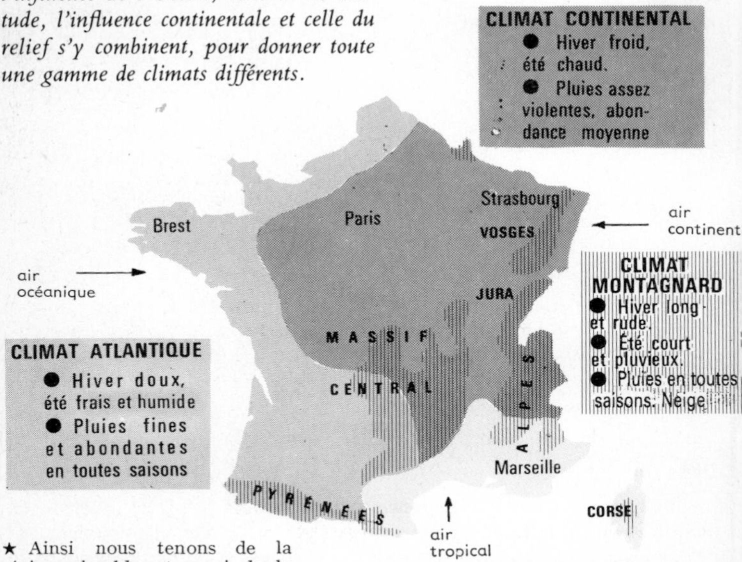

CLIMAT CONTINENTAL
- Hiver froid, été chaud.
- Pluies assez violentes, abondance moyenne

Brest
Paris
Strasbourg
VOSGES
JURA
MASSIF CENTRAL
ALPES
Marseille
PYRÉNÉES
CORSE
air océanique
air continent
air tropical

CLIMAT MONTAGNARD
- Hiver long et rude.
- Été court et pluvieux.
- Pluies en toutes saisons. Neige

CLIMAT ATLANTIQUE
- Hiver doux, été frais et humide
- Pluies fines et abondantes en toutes saisons

CLIMAT MÉDITERRANÉEN
- Hiver doux, été très chaud.
- Sécheresse de l'été.

★ Ainsi nous tenons de la région chaulde et aussi de la froide, pour quoy avons gens de deux complexions, mais mon avis est que en tout le monde n'y a région myeulx située que celle de France.
COMMYNES.

D'où son triple caractère :
- un climat **doux** et **tempéré,** le plus tempéré de l'Europe,
- un climat **varié,** tout en nuances,
- un climat **instable :** temps variables au cours d'une saison ou d'une année à l'autre.

Au sommet des églises, le coq gaulois sert souvent de girouette : cet emblème national serait-il aussi un symbole?

Ciels d'Ile-de-France et de Paris

On notera sur la carte la situation particulière de Paris et de sa région, soumis à un climat de transition où la variabilité du temps atteint son maximum. Cette instabilité se retrouve notamment dans les ciels de l'Ile-de-France et leur confère une poésie et un charme particuliers qui ont inspiré peintres et poètes.

LES FLEUVES

Le réseau hydrographique français est très dense : il n'est guère de régions qui ne soient traversées par un cours d'eau. En raison des faibles dimensions du territoire national et du morcellement du relief, les fleuves et les rivières sont modestes et la superficie des bassins hydrographiques — drainés vers quatre mers — est réduite.

La diversité des conditions d'écoulement et des modes d'alimentation contribue à doter les cours d'eau de régimes variés.

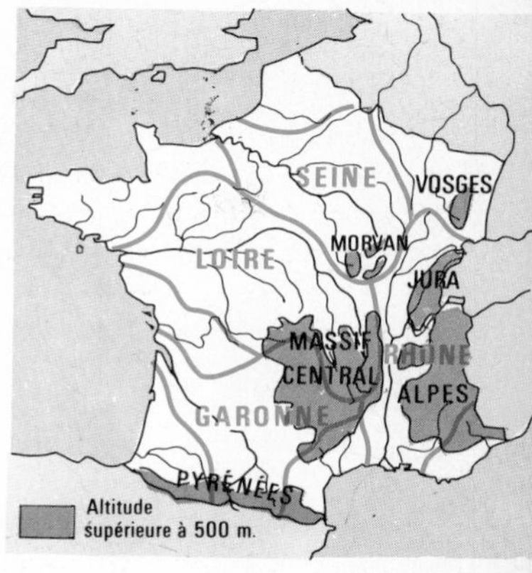

La Seine : un fleuve sage

Elle naît à faible altitude (470 m) ; longue de 775 km, elle draine un bassin de 80 000 km². Son **débit moyen** est de 450 à 500 m³/s. C'est la plus importante des voies fluviales françaises.

La Loire : le plus long fleuve français

Longue de 1 010 km, la Loire draine un bassin de 115 000 km². Son débit est abondant (950 m³) mais **irrégulier.** La navigation maritime n'est possible que dans l'estuaire.

La Garonne : des crues redoutables

Sa longueur est faible (525 km), son bassin réduit (56 000 km²), son débit abondant (700 m³/s à Bordeaux) et ses **crues** d'une grande violence. Le cours montagnard du fleuve et les affluents fournissent beaucoup d'électricité.

Le Rhône : un « dieu conquis »

Il naît en Suisse à 1 800 m d'altitude et n'a en France que les 2/3 de son cours (520 km). Son débit moyen est de 1 800 m³/s à Tarascon, mais il peut atteindre 10 000 m³/s (automne 1951). Aménagé par la Compagnie nationale du Rhône, le fleuve est transformé aujourd'hui en un gigantesque escalier de barrages, d'écluses et de centrales hydro-électriques.

★ Le Rhône : un « taureau fougueux descendu des Alpes et qui court à la mer ».

MICHELET.

Le Rhin

Il forme, sur 195 km, la frontière avec l'Allemagne. Son aménagement en fait une grande voie d'eau (bientôt reliée au Rhône) et un important réservoir d'énergie électrique.

LES PAYSAGES

Les forêts, les prairies naturelles, les cultures ne sont pas disposées de la même façon sur l'ensemble du territoire. Et selon les régions diffèrent profondément : le découpage des terroirs, les formes des parcelles, les modes de clôture des champs et des prés, l'aspect de l'habitat... En effet, pendant des siècles les hommes ont transformé le cadre naturel, ils l'ont aménagé. Et ils l'ont fait avec des traditions, des mentalités, des techniques différentes, créant une grande diversité de paysages ruraux.

Paysage de campagne

Dans la France du N. et du N.-E. prédominent des **paysages de campagnes** ou « champagnes», parfois appelés «openfields » (paysages de champs ouverts).

Autour de **gros villages,** les champs s'étendent à perte de vue et l'arbre est pratiquement absent. Les parcelles sont régulières, carrées ou rectangulaires, et aucune clôture ne les sépare.

Paysage de bocage

La France du Centre et de l'O. est celle des **paysages de bocage** ou pays d'enclos. Les champs et les prés, aux formes irrégulières, sont entourés de talus surmontés de haies vives et sont fréquemment parsemés d'arbres. **L'habitat est dispersé** en hameaux ou en fermes isolées.

Paysage méditerranéen

Dans les régions méditerranéennes, les terres cultivées (versants aménagés en terrasses, plaines irriguées, fonds de vallées) sont des îlots dispersés parmi de vastes espaces de collines sèches. Les parcelles portent des vignes, des oliviers et, lorsque l'irrigation est possible, des cultures maraîchères. Souvent le paysage est marqué par la présence d'un village perché, ramassé sur un piton.

LES MAISONS RURALES

L'habitat rural conserve fréquemment des caractères régionaux, issus de techniques traditionnelles.

Les diverses dispositions adoptées par les maisons paysannes traduisent de multiples influences : utilisation de matériaux locaux, adaptation au climat, adaptation aux conditions d'exploitation (dimensions de l'exploitation, activité principale), influences historiques...

MAS PROVENÇAL.
Type de maison-bloc en hauteur. Les fonctions d'habitation et d'exploitation sont groupées dans un même bâtiment.

FERME NORMANDE A COUR OUVERTE dans le pays de Caux, près de la forêt d'Eawy (Seine-Maritime).
Les bâtiments d'exploitation, séparés de l'habitation, sont dispersés dans un pré.

GRANDE FERME A COUR FERMÉE EN BRIE (Ile-de-France).
La juxtaposition de bâtiments autour d'une cour donne à cette exploitation agricole l'allure d'une forteresse.

FERMES LORRAINES A TREMERY (Moselle).
La maison-bloc (réunion sous un même toit des bâtiments d'habitation et d'exploitation) est ici disposée en longueur (au ras du sol). Au premier plan, la rue du village.

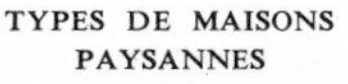

TYPES DE MAISONS PAYSANNES

Maison bloc	• au ras du sol : Centre, Est, Sud-Ouest • en hauteur : Midi méditerranéen
Maison cour	• à cour ouverte : Ouest • à cour fermée : Centre et Nord du Bassin Parisien.

LE PEUPLE FRANÇAIS

Au cours des âges, la France, sous forme de conquête, d'invasion ou d'infiltration, a dû assimiler des groupes ethniques très divers : aussi ne saurait-on parler de race française, mais de peuple français.

★ Pour les ethnologues, [la France] se présente comme une synthèse de l'Europe.

E. PITTARD.

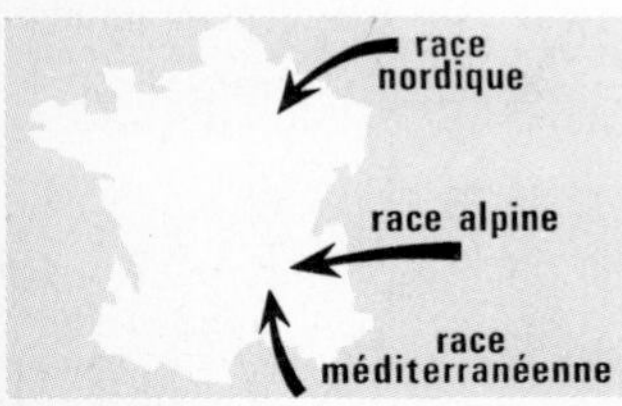

Les races primitives

Aux temps préhistoriques se sont installées tour à tour les trois races primitives de l'Europe :

- à la fin du paléolithique, des représentants de la **race méditerranéenne,** dolichocéphales, nomades et chasseurs;
- puis des représentants de la **race nordique,** grands et blonds;
- à l'âge néolithique, vers — 4000, des brachycéphales, agriculteurs, de **race alpine.**

Ceux-ci, peu à peu mélangés aux autres, formeront le substrat de la population sous le nom de **Celtes.**

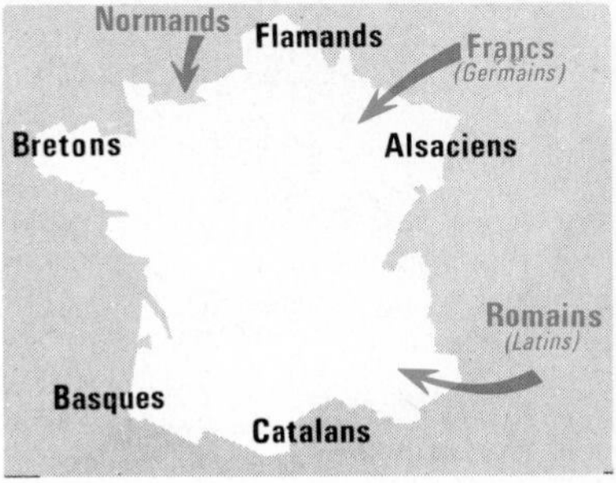

Le creuset

L'histoire de la France est marquée par un certain nombre d'invasions le plus souvent brutales qui, sans modifier profondément cette structure de base, en accentueront encore la richesse et la complexité. Ce sont tour à tour :

- les **Romains** au Ier s. av. J.-C.;
- les **Germains** dès le Ve s.;
- les **Normands,** peuple d'origine scandinave, au Xe s.

Soulignons aussi l'existence, dans certaines régions excentriques, de populations d'un caractère ethnique nettement particulier : Bretons, Alsaciens, Flamands, Basques, Catalans.

Enfin, à toutes les époques, la France a attiré de nombreux étrangers qui souvent s'y sont installés définitivement : Espagnols et Italiens aux XVIe et XVIIe siècles, Polonais au XVIIIe, Russes au XIXe. Depuis un siècle, elle connaît aussi une immigration de réfugiés et de travailleurs étrangers. L'évolution récente est caractérisée par l'importance de l'immigration de travailleurs italiens, espagnols et surtout portugais et nord-africains (voir pp. 315 et 317).

La population française est un tout complexe et vivant, riche de ses contrastes et de ses tensions intérieures.

2

A LA RECHERCHE DE LA MENTALITÉ FRANÇAISE

Il est bien difficile de présenter en quelques pages la mentalité d'un peuple sans la réduire à un stéréotype ou une caricature, d'autant plus qu'il s'agit d'une réalité complexe et évolutive. Peut-on cependant comprendre l'histoire et les aspects de la civilisation française sans le secours d'une telle clef? On lira donc les pages qui suivent comme une tentative pour mettre en ordre des images léguées par la tradition autour d'un certain nombre de traits dont la plupart sont repérables encore aujourd'hui.

Une nation déconcertante

Certains ont essayé de retrouver, à travers la mentalité française, ce qui revient à chaque peuple : les Français devraient aux Celtes leur individualisme, aux Romains leur amour du droit et de l'ordre formel, aux Germains leur génie constructif, aux Normands leur esprit d'initiative.

Quelque hasardeuses que soient de telles attributions, elles soulignent du moins l'extrême diversité psychologique d'un peuple qui a toujours déconcerté les autres par ses contradictions et ses inconséquences. « Votre nation, écrivait déjà Frédéric II, est, de toutes celles de l'Europe, la plus inconséquente. Elle a beaucoup d'esprit, mais point de suite dans les idées. Voilà comme elle paraît dans toute son histoire. »

La France, terre du dialogue

Que de contradictions en effet! « Pas de pays plus hardi dans ses conceptions, pas de pays plus routinier dans ses habitudes... Il se passionne pour la création, pour l'invention et se désintéresse ensuite de l'application. » (A. Siegfried.) On pourrait multiplier les exemples.

Ces contradictions s'expliquent pourtant, si elles ne se justifient pas toujours, par le jeu d'un certain nombre de constantes qui résultent à la fois de la géographie et de l'histoire, et dont l'opposition, tant au niveau du **tempérament** qu'au niveau du **caractère,** crée des tensions qui, souvent, se changent en dialogue pour constituer la « **personnalité** » française.

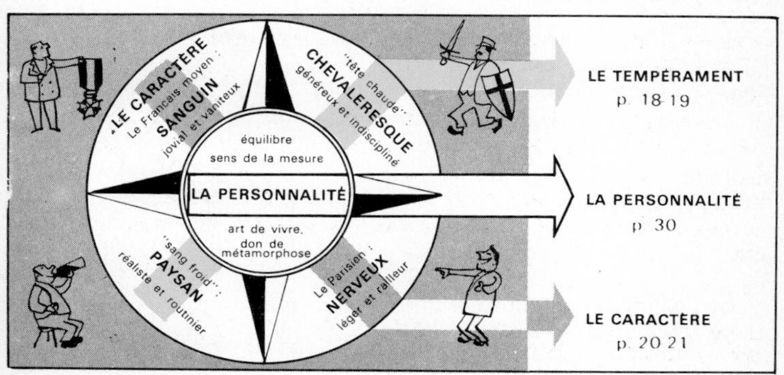

LE TEMPÉRAMENT

UN PAYSAN...

★ Une nation de paysans.

A. MAUROIS.

On a pu dire que par tempérament, par atavisme le Français est d'abord un paysan. Il en a les qualités. Il en a parfois aussi les défauts, qui ne sont le plus souvent que l'envers de ces qualités. Les observateurs étrangers se sont plu à souligner les traits, souvent contradictoires, du tempérament et du caractère des Français.

SES QUALITÉS...	ET LES DÉFAUTS DE CES QUALITES

• **réaliste...**

★ L'âme française n'a guère de place pour la nostalgie des départs. Elle reste intimement attachée à la glèbe ancestrale, par un sentiment semblable à l'amour du paysan pour ses sillons.

E.-R. CURTIUS.

jusqu'au terre-à-terre

MON RÊVE
"il a les deux pieds sur terre"

• **parcimonieux...**

★ Épargner est instinctivement dans le sang de tout Français, au même titre que le sentiment de la durée nationale.

SIEBURG.

jusqu'à la mesquinerie

"mon verre n'est pas grand mais je bois dans mon verre"

• **précautionneux...**

La France aime la sécurité. ★ La prévoyance est l'âme même de l'esprit français.

S. DE MADARIAGA.

jusqu'à la méfiance

Ce fonds paysan joue le rôle de **frein...**

en politique : COURANT TRADITIONALISTE
en littérature : COURANT RÉALISTE (esprit gaulois)

mais tête chaude

... CHEVALERESQUE

Ce peuple terrien et sédentaire a été souvent aussi, au cours de son histoire, un peuple guerrier. Ne reste-t-il pas encore, aujourd'hui même, des traces de l'esprit de la chevalerie conquérante qui anima l'aristocratie féodale ?

★ Il y a chez les Français une intermittente folie qui les empêche de devenir trop raisonnables. A tout moment, ils sont prêts à sacrifier quelque chose à quoi ils tiennent beaucoup pour un beau geste.

CH. WASHBURN.

SES QUALITÉS	ET LES DÉFAUTS DE CES QUALITÉS

• idéaliste...

Sans doute le Français apparaît-il prompt à s'exalter, « bouillant et chimérique ». Mais il arrive que ses chimères deviennent des réalités.

jusqu'à l'utopie

• généreux...

★ Les Français sont à la fois fort prodigues de leur bien et de celui des autres.

MACHIAVEL.

jusqu'à la prodigalité

• individualiste...

★ L'individualisme en France est trop souvent devenu l'ennemi du civisme, qui pourtant a joué un rôle si magnifique aux moments cruciaux.

H. AHLENIUS.

jusqu'à l'indiscipline

... et le chevaleresque le rôle de **moteur**

en politique : COURANT RÉVOLUTIONNAIRE

en littérature : COURANT IDÉALISTE (esprit courtois).

LE CARACTÈRE *ou le dialogue de la France*

A la faveur des progrès de la vie urbaine, les traits originaux du paysan se sont estompés et l'esprit chevaleresque s'est peu à peu embourgeoisé : ainsi est né le « Français moyen ». C'est un extraverti : homme de société, souvent homme du monde, il présente tous les traits caractérologiques du « sanguin ».

★ Ce peuple sans caractère en avait plus qu'aucun peuple de l'univers.

DE BONALD.

LE FRANÇAIS MOYEN : UN « SANGUIN »

jovial

★ Un fonds inépuisable de bonhomie, d'esprit libre et de belle humeur.
TH. FONTANE, romancier allemand.

C'est le type du bon vivant, optimiste, amateur de bon vin et de bonne chère.

LE COMMIS VOYAGEUR

LE BRICOLEUR

ingénieux

★ Il sème et ce sont d'autres qui récoltent. KEYSERLING.

Il est pratique, voire « débrouillard ». Il s'adapte facilement, conçoit vite et sa présence d'esprit en fait un brillant improvisateur.

sociable

★ Quand je suis en France, je fais amitié avec tout le monde.
MONTESQUIEU.

Ami de tout le monde, il est par-dessus tout homme de société : selon Brunetière, la sociabilité est le caractère essentiel de la littérature française.

L'HOMME DU MONDE

Le caractère français, facteur de **stabilité**

L'esprit bourgeois, c'est le BON SENS, la CLARTÉ, la LOGIQUE :
L'ESPRIT DE GÉOMÉTRIE

... et de Paris

★ Cette nation fière et inconstante...

CONTARINI.

La réputation de légèreté que l'on fait au Français est établie depuis de longs siècles. Mais ne vaut-elle pas surtout pour le Parisien, l'habitant de cette cité ouverte à toutes les influences? Le Parisien renferme en lui, comme tout « nerveux », une pluralité d'êtres qui se succèdent tour à tour...

LE PARISIEN : UN « NERVEUX »

LE BOHÈME

insouciant

★ Le caractère est bien inconséquent, mais il n'est pas mauvais.

MARIE-ANTOINETTE.

Le Parisien est primesautier, d'humeur capricieuse, souvent frivole. Il passe pour libertin et volage.

curieux

★ Cette vivacité d'impression...

COSIMA WAGNER.

Ouvert à tout, il aime jouer, et voir jouer. Il paraît toujours pressé, mais aime la flânerie. Dilettante, il suit volontiers la mode, quand il ne la précède pas.

LE BADAUD

LE " TITI " PARISIEN

persifleur

« Le merle blanc siffle et persifle. »

(Devise du *Merle blanc*, ancien journal satirique).

D'esprit vif, il est toujours prompt à la moquerie, au persiflage qui dégonfle d'un mot ou d'un geste. Pour lui, le ridicule tue encore en France.

Le caractère parisien, facteur d'**instabilité**

L'esprit parisien, c'est la FANTAISIE, l'INTUITION, le GOÛT :

L'ESPRIT DE FINESSE

L'ESPRIT FRANÇAIS

★ En France, tout le monde paraît avoir de l'esprit.

CHAMFORT.

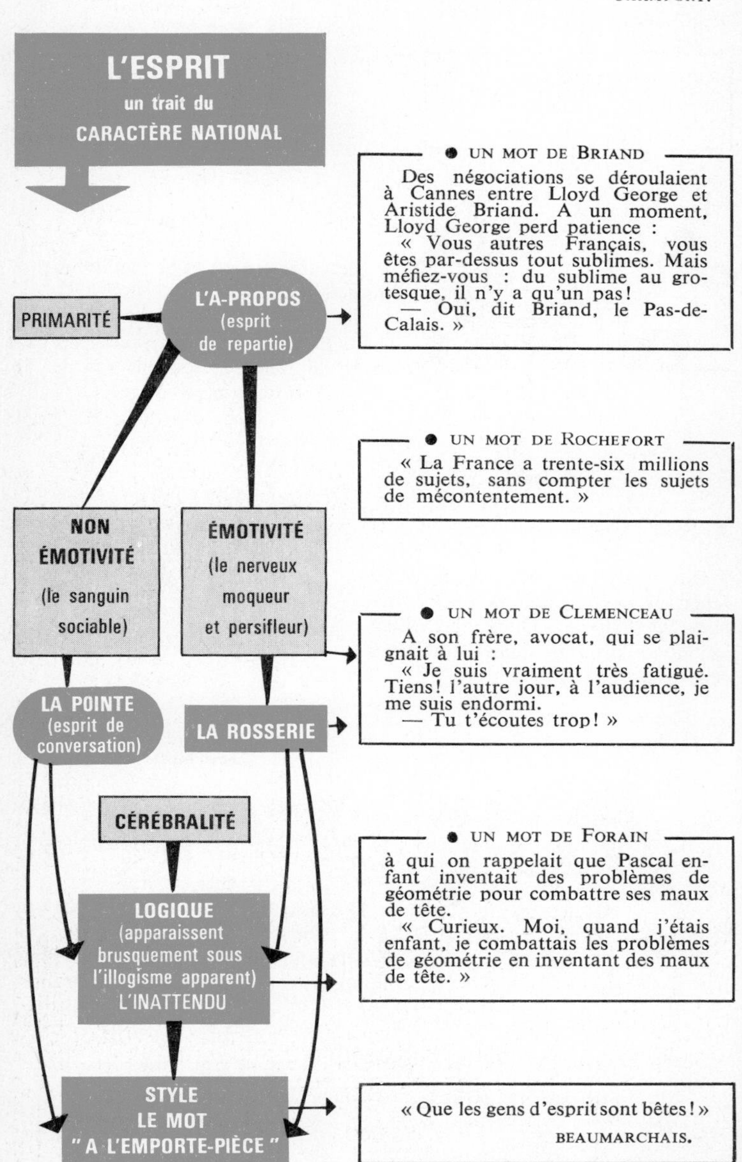

● UN MOT DE BRIAND

Des négociations se déroulaient à Cannes entre Lloyd George et Aristide Briand. A un moment, Lloyd George perd patience :

« Vous autres Français, vous êtes par-dessus tout sublimes. Mais méfiez-vous : du sublime au grotesque, il n'y a qu'un pas!

— Oui, dit Briand, le Pas-de-Calais. »

● UN MOT DE ROCHEFORT

« La France a trente-six millions de sujets, sans compter les sujets de mécontentement. »

● UN MOT DE CLEMENCEAU

A son frère, avocat, qui se plaignait à lui :

« Je suis vraiment très fatigué. Tiens! l'autre jour, à l'audience, je me suis endormi.

— Tu t'écoutes trop! »

● UN MOT DE FORAIN

à qui on rappelait que Pascal enfant inventait des problèmes de géométrie pour combattre ses maux de tête.

« Curieux. Moi, quand j'étais enfant, je combattais les problèmes de géométrie en inventant des maux de tête. »

« Que les gens d'esprit sont bêtes! »

BEAUMARCHAIS.

L'HUMOUR GRAPHIQUE

Les Français sont sensibles à l'humour des dessinateurs, à l'« esprit des formes », qu'il ait recours à la fantaisie, à l'inhabituel, à l'insolite, à l'absurde ou à la poésie...

L'humour graphique — qui fleurit dans les colonnes des quotidiens et des hebdomadaires, dans des revues spécialisées et dans des albums de dessins — a des signatures célèbres : Aldebert, Bellus, Bosc, Chaval, Desclozeaux, Effel, Faizant, Folon, Barberousse, Gus, Sempé, Siné, Soulas, Tetsu...

CHAVAL.

SOULAS. BOSC.

DES CLOZEAUX.

★ Le dessinateur d'humour est artiste du mot autant que du trait, inventeur verbal autant que visuel, comme il est à la fois sociologue et poète, bâtard de l'ironie et du rêve, et réussit le paradoxe d'avoir le mépris charmeur.

JEAN-FRANÇOIS REVEL.

LES AVENTURES D'ASTÉRIX (d'Uderzo et Goscinny) présentées en bandes dessinées connaissent un grand succès auprès d'un public très diversifié. (*Le combat des chefs*, Dargaud, éd.)

3 LA LANGUE FRANÇAISE

Une langue n'est pas seulement un véhicule ou un instrument d'échanges. C'est un être vivant, qui évolue, tout comme la communauté dont il est l'expression et le miroir. On ne saurait donc s'étonner que les qualités et les défauts du peuple français se retrouvent dans sa langue et en expliquent dans une large mesure la fortune et le destin.

★ Cette langue aux mille résonances, aussi diverse que les paysages, aussi savoureuse que les crus royaux de France.

R.-L. WAGNER.

Une langue universelle

Du XVIIe au XIXe siècle, le français a été la langue de l'aristocratie européenne et de la diplomatie mondiale. Aujourd'hui encore, 70 millions d'hommes sur le globe ont le français pour langue maternelle, autant d'autres au moins le parlent couramment et de nombreux États l'ont adopté comme langue officielle. Après une période critique, où l'anglais lui faisait une concurrence victorieuse, le français semble connaître un regain de faveur dans de nombreux pays étrangers. Il conserve en tout état de cause un grand prestige. Pour quelle raison?

Le français, langue codifiée

Avant tout, le français tel qu'on l'écrit n'est pas le français tel qu'on le parle. Parallèlement à celui-ci, il existe une langue officielle, réglée par un code, étroitement surveillée depuis plus de trois siècles par l'Académie française, dont les décisions contrôlent l'évolution. L'orthographe en particulier, qui déroute tant les étrangers (et aussi bien des jeunes Français qui n'ont pas le bonheur d'avoir « l'orthographe naturelle »), est l'objet en France d'un véritable culte. De nombreux journaux consacrent à la « défense de la langue française » une rubrique où s'instaurent entre amateurs et spécialistes de discussions byzantines sur la syntaxe ou l'étymologie.

L'ÉVOLUTION DE LA LANGUE

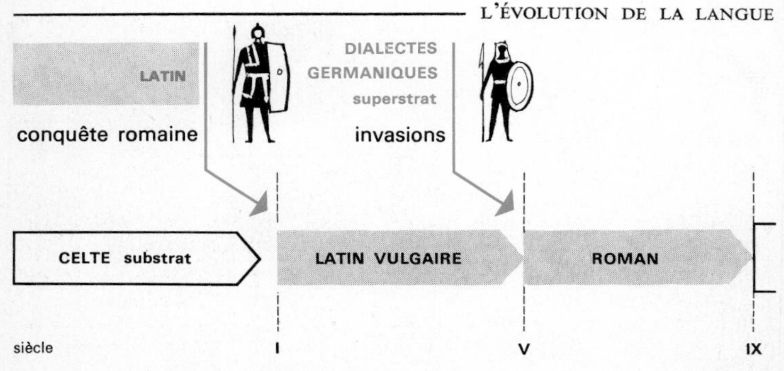

L'image d'un peuple

Le français s'est donc acquis une réputation de langue difficile qui flatte ceux qui parviennent à la maîtriser : l'attachement d'une élite internationale au français a été longtemps et reste pour certains une forme de snobisme. Pourtant il est à cet attachement des raisons plus profondes : beaucoup retrouvent en lui, plus ou moins consciemment, l'image d'une mentalité et d'une culture.

Esprit de géométrie...

Le français est une langue analytique et propre à l'abstraction, comme en témoigne l'article partitif : *je bois de l'eau.* Il aime les mots simples et courts, porteurs d'idées plus que d'images. Il préfère le substantif au verbe, c'est-à-dire la substance au devenir.

Cependant, en français, le mot vaut moins par lui-même que par son contexte. La phrase française, fortement articulée, où les fonctions obéissent à un ordre strict et rationnel, est un schème, une sorte de toile d'araignée qui reproduit un schème mental — « l'araignée de l'intellect français », comme dit Madariaga. C'est en fonction de ce schème que le « Belle marquise...» de Monsieur Jourdain semble ridicule.

... et esprit de finesse

Comparé à ses voisins — anglais, allemand, italien, espagnol —, sonores et fortement accentués, le français apparaît d'abord comme une langue atone, effacée. En réalité, sous la continuité de la ligne mélodique, la présence de l'*e* muet, en créant une sorte de zone d'ombre, met discrètement en relief les autres voyelles et, tout en assurant entre les divers éléments de la phrase équilibre et mesure, communique à celle-ci une subtile profondeur.

Le français n'est d'ailleurs pas une langue pauvre et rigide, au contraire. Grâce au jeu des prépositions, à ses mots aux multiples acceptions possibles, c'est une langue toute en nuances subtiles et dont le maniement exige beaucoup de finesse et de précision. On peut exprimer n'importe quoi en français, mais non pas n'importe comment : l'imprécision du langage y trahit impitoyablement l'imprécision de la pensée.

Précision et finesse : telles sont, en fin de compte, les caractéristiques essentielles d'une langue ennemie de la pensée confuse comme du pathos et de l'emphase, caractéristiques qui se résument dans le **goût,** ce « je ne sais quoi » qui, sur le plan de l'expression, s'appelle le style.

FRANÇAISE

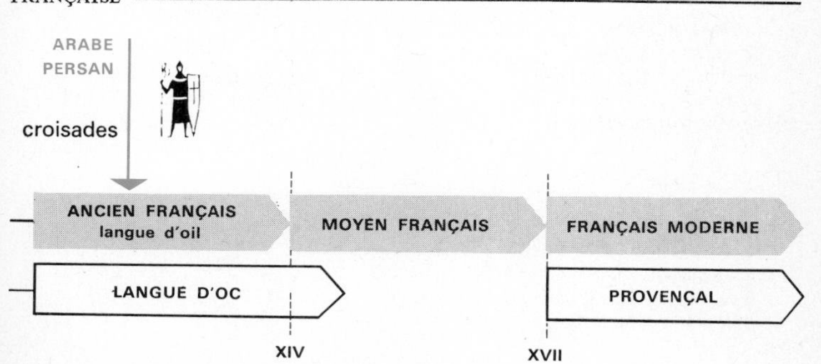

LES NOMS DE FAMILLE

D'où viennent-ils ? Les plus anciens remontent au Moyen Age, quand, vers le IXe ou le Xe siècle, au nom de baptême s'ajoute le surnom, qui devient héréditaire avec le fief. Ils sont définitivement fixés en 1539, quand l'ordonnance de Villers-Cotterets crée le registre d'état civil (établi à la paroisse), qui comporte obligatoirement prénom et nom de famille.

Beaucoup de ces noms parlent d'eux-mêmes. D'autres sont plus énigmatiques, mais la science de l'onomastique a su la plupart du temps retrouver leur origine à travers les déformations successives qu'ils ont subies.

Les uns et les autres évoquent les multiples aspects de la civilisation française :

- **la géographie** :

  termes topographiques : Dupuy, Montaigne (montagne), La Fontaine;
  noms d'arbres : Duchesne, Delorme, Pommier, Dubois;
  noms d'habitations (forme ou lieu) : Dumas, Desmoulins, Lagrange;
  noms de pays d'origine : Lebreton, Lenormand, Picard, Aragon.

- **l'histoire** :

  noms d'origine germanique : Bérenger, Girard, Lambert;
  noms d'origine biblique et évangélique : Adam, David, Mathieu;
  noms d'origine grecque : André, Denis, Philippe;
  noms d'origine latine : Antoine, Clément, Martin, Vincent.

- **la société** :

  noms de métiers : Pasteur, Chabrier (Chevrier), Meunier, Favre;
  noms d'états : Lemaître, Leclerc, Lemoine;
  parentés : Leneveu, Cousin, Legendre.

- **les mœurs** :

  sobriquets concernant le physique : Legrand, Leblond, Lebrun, Camus, Bossuet (bossu); ou le moral : Lefranc, Lesage;
  sobriquets évoquant des animaux : Labiche, Chevreuil, Corneille;
  sobriquets divers : Boivin (= boit vin), Boileau, Lamoureux.

- D'autres évoquent une **origine étrangère** :

de la France

LES NOMS DE LIEUX

Plus anciens que les noms de famille, la plupart des noms de lieux remontent à l'époque gauloise, gallo-romaine ou franque.

A travers eux, on retrouve les couches historiques superposées qui retracent les grandes étapes de la formation de la France.

VIe s. av. J.-C. → **Les noms d'origine grecque**

Ils rappellent l'antique colonisation grecque sur la côte méditerranéenne : Marseille (*Massalia*), Nice (*Nikê* = la victoire).

Ve siècle → **Les noms d'origine celtique**

Ils constituent le vieux fonds du terroir gaulois, dans les noms de rivières : Isère (*isar* = sacré), ou dans les noms de montagnes : Jura (*juris* = hauteur boisée), Ardenne (= élevé).

On retrouve aussi la trace des peuples gaulois dans de nombreux noms de villes : Bourges (*Bituriges*); Paris (*Parisii*), etc.

Ier s. après J.-C. → **Les noms d'origine gallo-romaine**

Ils sont de beaucoup les plus nombreux, attestant l'importance de la civilisation urbaine apportée par les Romains : Orléans (*Aurelianum*), Grenoble (*Gratianopolis*).

Ils traduisent la présence des eaux (Ax, Aix, Aigues-Mortes), des bains (Bagnères, Bagnoles), d'une grotte (Baume, Balme), d'une source (Fontenay), d'un culte (*Portum Veneris* > Port-Vendres), d'un camp (Castres), ou évoquent un paysage : Fayet (hêtres), Rouvre (*robur* = chêne), Verneuil (*verna* = aulne).

Ve s. → **Les noms d'origine germanique**

Ils sont plus rares et marquent l'avènement d'une nouvelle société rurale (La Fère, de *fara* = domaine; Ham = village).

IXe s. → **Les noms d'origine normande**

Ils rappellent soit des particularités naturelles (Dieppe = profond), souvent exprimées dans un suffixe : Caudebec (bec = ruisseau), Honfleur, Barfleur (*flodh* > fleur = golfe) ; soit un habitat très primitif : Quillebeuf (de *budh* = cabane) ; Yvetot (*toft* = masure).

XIe s. → **Les noms d'origine religieuse**

Mais, dès l'époque carolingienne, et durant tout le Moyen Age, c'est le christianisme qui laisse le plus de traces dans la toponymie : monastères (Moutiers, Monestier; *monasteriolum* > Montreuil); noms de saints : Saint-Jean, Saint-Martin, etc., parfois précédés de *dom* (*-inus*) : Dompierre, Dommartin, Domremy.

XVIe s. → **Les noms modernes**

Enfin des noms plus récents de localités rappellent tel personnage célèbre (Richelieu, Enghien), telle demeure aristocratique (Bellevue, Bel-Air, La Folie, Plaisance) ou tel événement historique (Malakoff).

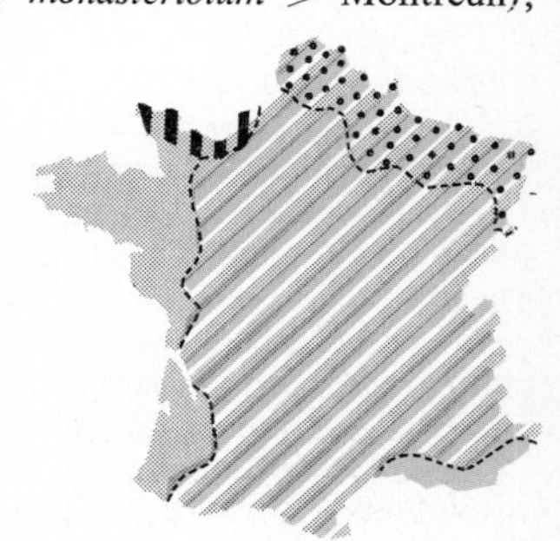

LANGUES, ETHNIES, CULTURES

Lorsqu'on franchit la frontière pour entrer en France, on a l'impression que la langue française y règne partout en souveraine, liée à un ensemble de comportements et de traits de caractère. Mais on constate vite que sous cette apparente unité, officielle et codifiée, existe une diversité ethnique, linguistique, psychologique et culturelle qui s'affirme aujourd'hui plus que jamais, en réaction contre les excès de la centralisation française.

Une diversité linguistique

La langue française est issue du latin, par l'intermédiaire du roman, langue parlée dès le VIIIe siècle par l'ensemble du peuple de Gaule [p. 24-25].

Dans les régions limitrophes, vers le Ve siècle s'étaient introduites diverses langues (basque, breton, flamand, alsacien) qui subsistent encore aujourd'hui à l'état de parlers régionaux.

A l'époque féodale, le roman se morcelle en dialectes : dialectes d'oïl au Nord, dialectes d'oc au Sud. Le dialecte de l'Ile-de-France devient peu à peu la langue nationale. Depuis lors, sous l'effet de la centralisation politique et administrative, qui assure le rayonnement du français, ces dialectes se sont émiettés. Pourtant, dans bien des provinces, il subsiste des parlers locaux ou patois, nés d'une contamination entre le dialecte primitif et la langue nationale.

Mieux encore, dans certaines régions périphériques, de véritables langues restent très vivantes, grâce au maintien de communautés ethniques et culturelles homogènes.

Ethnies et cultures

Depuis 1789, la diversité ethnique a eu tendance à s'effacer, comme la diversité linguistique, devant les progrès de la conscience nationale, le sentiment d'appartenance au « peuple français » et le processus d'intégration politique, économique, sociale et culturelle qui s'est développé durant un siècle et demi.

Or, surtout depuis la dernière guerre, un mouvement inverse se dessine. Devant la nécessité de revitaliser la « province » et de développer une politique de régionalisation, on prend mieux conscience du fait qu'il existe en France de véritables « sub-cultures » faites d'un ensemble de coutumes, de modes de vie, de traits psychologiques spécifiques et aussi de témoignages littéraires et d'œuvres d'art. Dans certaines régions, cette prise de conscience s'accompagne de mouvements revendicatifs importants. On évoquera brièvement ici les plus significatifs.

La Bretagne

La Basse Bretagne (départements du Finistère, c[illegible] du Morbihan) reste en France le dépositaire unique [illegible] et de culture antérieures à la conquête romaine, et [illegible] réimportées vers le ve s. par des immigrants bretons v[illegible] Issue du celtique, la langue bretonne est parlée actuel[illegible] par plus d'un million d'habitants. Cette population, tournée vers l'avenir et qui revendique sa part de l'activité nationale, reste toutefois fidèle à sa tradition de particularisme familial et à sa culture, d'inspiration profondément religieuse, comme en témoignent églises, calvaires et pardons, culture qui s'exprime, en breton, par une littérature très vivante, des journaux, des manifestations populaires et de puissants mouvements d'opinion.

Le Pays basque, la Catalogne

Communauté ethnique et linguistique partagée en deux par la frontière franco-espagnole, la « nation » basque (Euzkadi) conserve un sentiment très vif de son unité et de sa différence : le Basque, qui parle une langue agglutinante, d'un type unique en Occident, est attaché à ses traditions, à son sol, à sa religion (catholique). Mais, volontiers aventureux, tenace, il lutte aujourd'hui pour la reconnaissance de ses droits et pour la réunification de ses 7 « provinces ».

A l'autre extrémité des Pyrénées, la Catalogne est l'exact pendant du pays basque, divisée elle aussi par la frontière en deux parties, très inégales, entre lesquelles la langue catalane, branche de parlers occitans, constitue un lien puissant.

L'Occitanie

La langue d'Oc, fractionnée en dialectes, illustrée au XIIe s. par les troubadours, remise en honneur à la fin du XIXe par le poète Mistral et le groupe du Félibrige, s'est conservée dans une partie du Centre et du Midi de la France. Elle est parlée, en même temps que le français, par 10 millions de personnes. Un institut d'études occitanes et divers mouvements s'efforcent aujourd'hui, par-delà les diversités régionales, de rendre leur unité à cette langue et à cette culture qui ont joué un rôle important tout au long de l'histoire de France.

La Corse

Bien que française depuis 1768 [p. 92], la Corse s'est toujours sentie différente du « continent », tant par la langue (encore parlée par la moitié de la population concurremment avec le français) que par le caractère, fier et prompt aux accès de violence. Le retard économique et le sous-équipement de l'île, l'émigration d'éléments dynamiques, l'installation de « pieds noirs » venus d'Algérie, la croissance envahissante du tourisme, ont développé depuis un certain nombre d'années dans des minorités agissantes un sentiment croissant d'inquiétude et suscité des mouvements parfois violents de revendications en faveur de l'autonomie ou même de l'indépendance, que, après une répression souvent maladroite, le nouveau gouvernement a largement prises en compte.

Contradictions dans le tempérament et dans le caractère, diversités ethniques et culturelles : selon une image qui persiste chez beaucoup d'étrangers et même en France, ces traits se composeraient harmonieusement pour former la personnalité française, faite du sens de la mesure et de l'équilibre. Mais n'est-ce pas là une sorte de modèle idéal ? Même si ses éléments essentiels subsistent, ils ne sauraient suffire à comprendre bien des événements présents.

Cultivons notre jardin

« Le Français est jardinier essentiellement et au plus haut degré », a dit Keyserling. Le jardin, n'est-ce pas en effet la nature humanisée ? En « cultivant son jardin », comme le recommandait Candide, le Français, ce paysan devenu homme du monde, a le sentiment de se réaliser pleinement. Dans un univers bien défini, à la mesure de l'homme, il se plaît à pratiquer la culture, dans tous les sens du terme. Car, à ses yeux, un homme se cultive comme un jardin : attentivement, amoureusement.

Clarté, équilibre et art de vivre

« Les Français sont logiques dans un monde de folie. Leurs esprits sont ordonnés, balayés et clairs comme leur langage » (Washburn). Se voulant lucide, le Français a tendance à introduire partout la logique et la clarté, au nom de l'intelligence. Mais l'**esprit de géométrie,** qui définit les limites de cette intelligence et la réduit souvent à un bon sens vulgaire, a pour contrepoids l'**esprit de finesse,** grâce auquel il a l'intuition des profondeurs.

Il en résulte un besoin de perfection, de fini, « une volonté de forme unique au monde » (Keyserling). D'où aussi une exigence de liberté, condition de la dignité humaine. D'où enfin ce charme indéfinissable de la « douce France ». « Tout homme a deux patries, la sienne et puis la France. » Si cette formule reste vraie pour beaucoup, c'est que ceux-ci trouvent dans ce pays, en dépit de défauts permanents — ou peut-être à cause d'eux —, un équilibre, un « je ne sais quoi », qui n'est autre qu'un style de vie ou, si l'on aime mieux, un art de vivre.

Un don de métamorphose

Depuis trente ans, les structures de la société française se sont transformées rapidement. Le fonds paysan, substrat traditionnel de la mentalité, a perdu de son importance. Du manœuvre au cadre, les milieux, les **niveaux de vie** se sont **différenciés.** Des oppositions se sont durcies : entre patrons et salariés, entre gouvernants et gouvernés, entre le pouvoir central et certaines provinces. Il existe sans doute en France des classes moyennes, mais peut-on parler encore d'un « centre », celui qui incarna longtemps sous la IIIe République la politique du juste milieu ? En fait, la bipolarisation de la vie politique depuis vingt ans n'a fait que mettre en lumière l'opposition fondamentale du tempérament français entre tradition et révolution, entre forces de conservation et de progrès qui *compose* toute son histoire. Qu'on y ajoute l'esprit d'invention, et l'on obtient ce don de métamorphose qui, dans la culture comme dans la technique, mais aussi en politique, semble faire basculer brusquement le destin et surprend toujours l'étranger. Ne serait-ce pas là en fin de compte une image plus véridique de la personnalité française ?

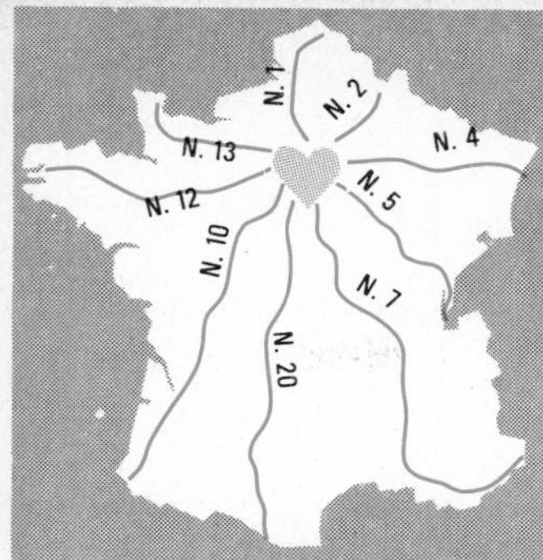

LE FAIT DU PRINCE

(c'est-à-dire de l'Administration française) : « Briser la France en l'honneur de sa capitale, alimenter la ville, *construite en forme de cœur*, du sang des provinces... »

Leo FERRERO.

Au cœur de la France :

4 PARIS

L'importance, le prestige, le rayonnement de Paris dépassent largement ceux d'une simple capitale. Son pouvoir d'attraction s'exerce en tous les points du monde : ses décisions, ses goûts, ses humeurs s'y répercutent. Cette importance exceptionnelle de Paris tient à des raisons non seulement géographiques et historiques, mais aussi politiques et culturelles.

Un carrefour historique

Plus encore que la France, Paris est à la fois un **carrefour** et une **scène.** → [p. 32-33]

En outre, Paris n'est pas une capitale artificielle, bâtie par le caprice d'un prince ou par le décret d'un gouvernement. Son **passé bi-millénaire** est celui d'un être vivant, qui s'est développé de façon organique, d'une ville-musée qui témoigne de l'histoire de tout un peuple. → [p. 34-35]

Une capitale...

Paris fut presque sans interruption depuis ses origines la **capitale de la France.** Il en est résulté une extrême **centralisation :** Paris est une métropole qui, dans la vie nationale, assume et concentre toutes les fonctions. → [pp. 32-33, 58.]

... de caractère cosmopolite

S'il est vrai que la France a souvent joué à l'égard de l'Europe un rôle de « plaque tournante », elle le doit surtout à Paris, qui s'enrichit depuis des siècles de l'apport des autres cultures : dialogue sans fin, échange réciproque qui, au cours des âges, a fait de la « Ville-Lumière » un monde en réduction.

PARIS, vue générale. Au premier plan, les immeubles du front de Seine.

Paris vu des tours de Notre-Dame.

Orientons-nous...

D'abord en montant sur une des tours de Notre-Dame, observatoire incomparable situé au cœur même de la Cité, berceau de Paris. Au-dessous de nous, la capitale se déploie comme un livre ouvert.

LA CROISEE DES CHEMINS

De l'E. à l'O., la voie triomphale constituée par le faubourg et la rue Saint-Antoine, la rue de Rivoli, les Champs-Élysées, l'avenue de la Grande-Armée, et qui se poursuit par l'avenue de Neuilly et l'avenue du Général de Gaulle. Elle est jalonnée de monuments qui permettent d'en suivre le parcours, depuis les colonnes du Trône et la colonne de Juillet jusqu'au palais du Louvre, à l'arc de triomphe du Carrousel, à l'obélisque de la place de la Concorde et à l'arc de triomphe de l'Étoile.

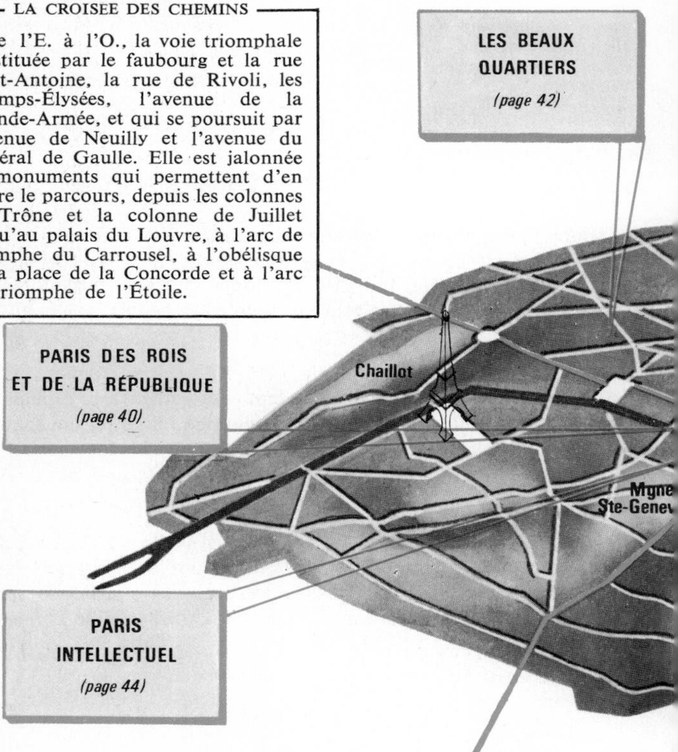

LES BEAUX QUARTIERS
(page 42)

PARIS DES ROIS ET DE LA RÉPUBLIQUE
(page 40)

PARIS INTELLECTUEL
(page 44)

Chaillot

Mgne Ste-Genev

Le site : un fleuve et sept collines

A nos pieds coule **la Seine,** artère vivante dont la courbe traverse la ville à peu près d'E. en O. et qui la partage en deux grandes zones d'inégale étendue : la **rive gauche** et la **rive droite.** De part et d'autre, des collines achèvent de modeler le visage de la capitale : au N., la butte Montmartre où se dresse la lourde silhouette blanche de la basilique du Sacré-Cœur; au S., la montagne Sainte-Geneviève, surmontée du dôme du Panthéon et dans son prolongement la Butte aux Cailles; à l'E., les hauteurs de Belleville, de Ménilmontant et de Charonne; à l'O., la colline de Chaillot.

pour comprendre Paris

Transportons-nous sur la dernière plate-forme de la tour Eiffel : de là nous pouvons distinguer les grands Boulevards, les « Boulevards extérieurs » et les « Boulevards militaires », qui correspondent approximativement aux enceintes successives de la capitale, évoquant ainsi les étapes historiques de son développement.

1
2
3
4
5
6
1 La Cité
2 Philippe-Auguste
3 Charles V
4 Louis XIII
5 Fermiers généraux
6 1844
Paris actuel

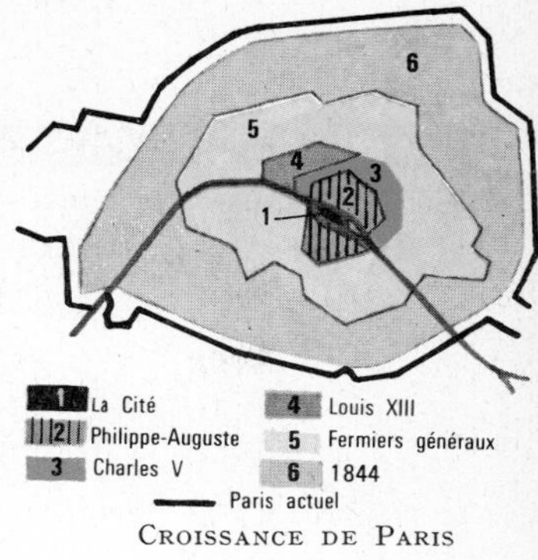

Croissance de Paris

LA CROISÉE DES CHEMINS

Du N. au S., la grande route des pèlerinages, constituée par la rue Saint-Martin et la rue Saint-Jacques (que doublent depuis le siècle dernier les boulevards de Sébastopol et Saint-Michel) et qui passe devant Notre-Dame.

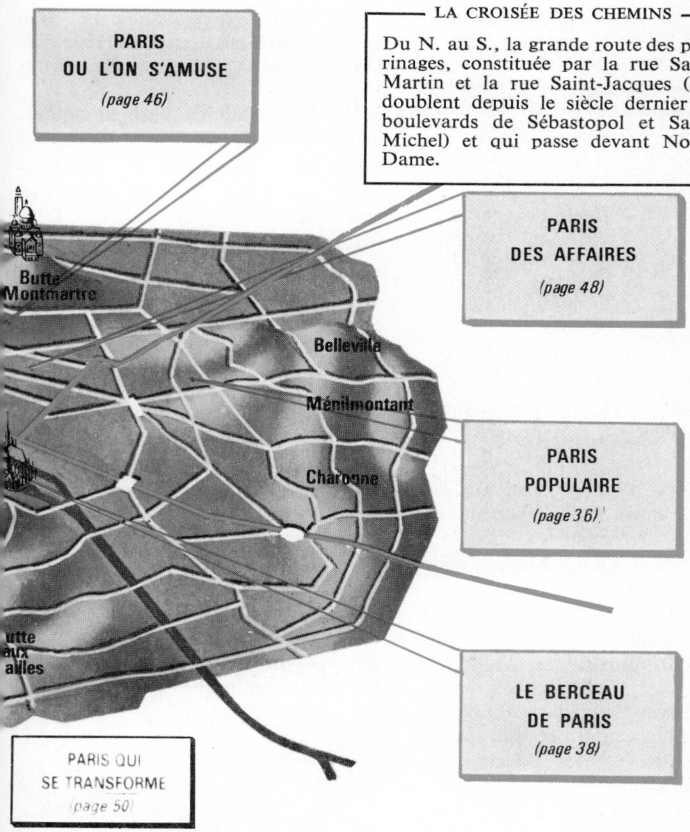

PARIS OU L'ON S'AMUSE (page 46)
PARIS DES AFFAIRES (page 48)
Butte Montmartre
Belleville
Ménilmontant
Charonne
PARIS POPULAIRE (page 36)
utte aux ailles
LE BERCEAU DE PARIS (page 38)
PARIS QUI SE TRANSFORME (page 50)

une espèce de théâtre...

« Paris est devenu une espèce de théâtre où chacun parle et agit comme s'il était en scène, et sait bien qu'il est regardé, puisque par ses journaux, son théâtre, sa littérature, et jusqu'à ses potins et à sa politique, Paris prend soin chaque jour d'occuper de lui l'univers. »

C.-F. Ramuz.

LES AGES

Pour qui sait lire, le plan du Paris d'aujourd'hui permet de revivre les principales phases de son histoire.

300 av. J.-C. Les Parisii s'installent dans les îles de la Seine.

52 av. J.-C. César prend Lutèce.

355. L'empereur Julien installe son palais dans « sa chère Lutèce ».

450. Geneviève galvanise la résistance des Parisiens contre les Huns. Elle sera la sainte, « patronne » de la ville.

508. Clovis fait de Paris la capitale du royaume.

885. Siège de Paris par les Normands : Eudes, comte de Paris, leur tient tête.

987. Hugues Capet fixe la résidence royale dans le palais de la Cité.

NAISSANCE DE PARIS

Lutèce, lieu de passage sur la voie romaine, s'étend peu à peu sur la rive gauche de la Seine.

PARIS CAPITALE

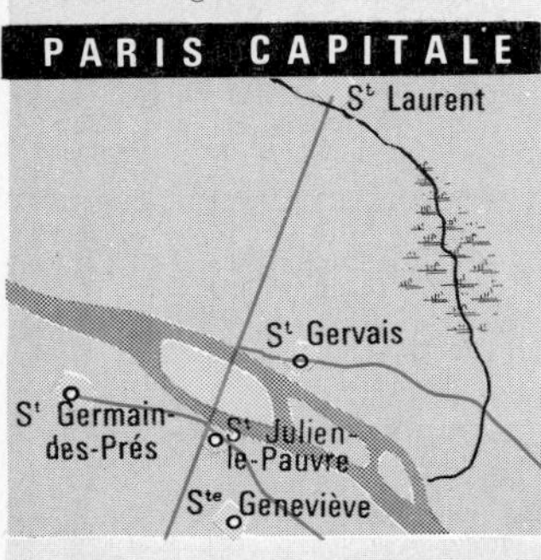

Paris s'entoure de communautés religieuses.

PARIS FOYER SPIRITUEL

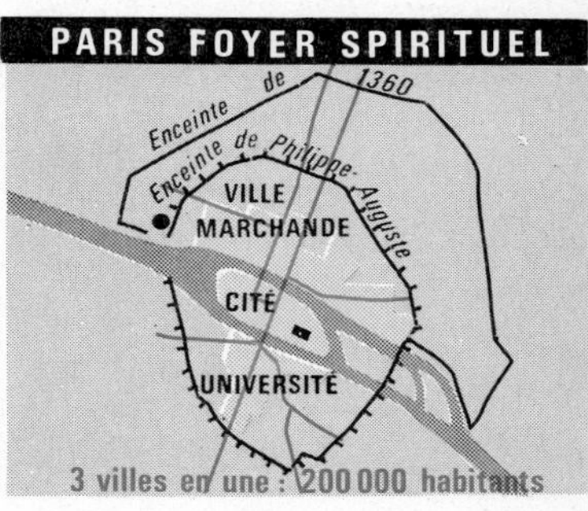

1200. Philippe Auguste entoure Paris d'une enceinte en forme de cœur.

1356. Étienne Marcel tente de soulever Paris.

1360. Charles V entoure Paris d'une nouvelle enceinte.

1420. Entrée des Anglais.

RENAISSANCE DE PARIS

Dans le vieux Paris s'ouvrent des perspectives et des parcs à l'italienne : les Tuileries, le Luxembourg.

1594-1610. Henri IV, premier urbaniste de Paris, y fait achever le Pont-Neuf, et bâtir des places : la place Dauphine, la place Royale.

> Les mots historiques : « Paris vaut bien une messe. » Henri IV.

DE PARIS

A la suite de Henri IV, les rois de France, de Louis XIII à Louis XVI, transforment le visage de Paris :

— en ouvrant de vastes perspectives (Champs-Élysées, Invalides, Champ-de-Mars);

— en bâtissant de fastueux monuments (hôtel des Invalides, École Militaire, etc.), de nouveaux quartiers et des « places à programme » (place Vendôme, place des Victoires, place Louis-XV — aujourd'hui place de la Concorde).

1784-1797. Construction d'une nouvelle enceinte, dite des Fermiers Généraux, destinée à faciliter la perception de l'octroi. Elle est saluée par un calembour bien parisien :

Le mur murant Paris rend Paris murmurant.

1800-1815. Napoléon Ier consacre plus de 100 millions à la transformation de la capitale.

1840-1845. Thiers fait entourer Paris de fortifications.

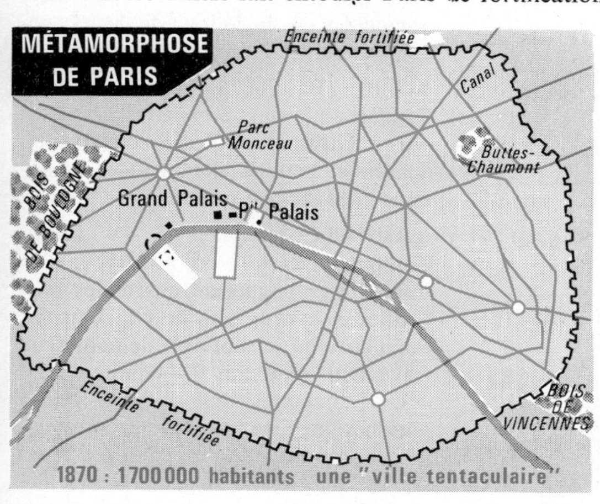

★ Paris est le cœur de la France. Mettons tous nos efforts à embellir cette grande cité. Ouvrons de nouvelles rues, assainissons les quartiers populeux qui manquent d'air et de jour, et que la lumière bienfaisante pénètre partout dans nos murs...
NAPOLÉON III.

Mais c'est à Napoléon III, assisté de son préfet, le baron Haussmann, que Paris doit son visage moderne de grande cité. Plus soucieux de prévenir les émeutes possibles que de respecter les vestiges du passé, ils pratiquent à travers la vieille ville de vastes percées, annexent les communes comprises dans l'enceinte de Thiers et font aménager de grands espaces verts : bois de Boulogne et de Vincennes, parc Monceau, Buttes-Chaumont.

En 1871, la Commune détruit de nombreux monuments, dont certains seront reconstruits par la IIIe République, cependant que les expositions universelles doteront la capitale de nouveaux édifices (tour Eiffel, Petit et Grand Palais, Palais de Chaillot et Palais d'Art moderne).

ASPECTS DE PARIS

C'est en 1859 que la ville de Paris a atteint ses limites administratives actuelles. Sur 78 km² (104 km² avec les bois de Vincennes et de Boulogne) elle rassemble 2,29 millions d'habitants. L'intensité de l'occupation du sol (21 820 habitants par km² en moyenne, plus de 80 000 dans certains quartiers) a peu d'équivalent dans le monde.

LA BUTTE MONTMARTRE

Dominé depuis un demi-siècle par la masse blanche du Sacré-Cœur, Montmartre, après des siècles de calme villageois défendu par ses ruelles abruptes et ses escaliers, érigé depuis peu en « commune libre », est devenu vers 1900 le refuge des artistes et des poètes.

Contrastes sociaux

L'opposition entre les quartiers occidentaux et orientaux demeure l'un des aspects fondamentaux de la géographie parisienne.

- **A l'Ouest** (parc Monceau, Chaillot, Passy...) s'étend le Paris résidentiel des catégories sociales aisées. Les XVIe et XVIIe arrondissements alignent leurs immeubles cossus le long de larges avenues ou en bordure d'espaces verts.
- **L'Est** (Bastille, Belleville...) est le Paris des quartiers populaires. Dans les XIIIe, XIXe et XXe arrondissements, densément peuplés, dominent les habitations modestes ou pauvres.
- **Le Sud-Ouest** (XIVe et XVe arrondissements) et le Nord (XVIIIe), plus disparates, juxtaposent ensembles résidentiels à haut niveau de vie et ruelles populaires où se sont fixés de nombreux travailleurs immigrés (La Goutte d'Or).

Les caractères des arrondissements périphériques se retrouvent dans les prolongements en proche banlieue : tandis qu'à l'ouest, les Hauts-de-Seine, plus résidentiels, rassemblent des catégories sociales aisées, la Seine-Saint-Denis et le Val-de-Marne (au nord, à l'est et au sud), sont plus industriels et populaires.

Toutefois, dans le Paris des 20 arrondissements qui se transforme [pp. 50 et 51] sous l'effet de la spéculation immobilière, qui rejette à la périphérie les catégories sociales les plus défavorisées, les **contrastes sociaux** ont tendance à **s'estomper :** Paris « s'embourgeoise ».

IMMEUBLES RÉSIDENTIELS en bordure du bois de BOULOGNE.

Spécialisation des espaces

Certes, chaque quartier de Paris regroupe de multiples professions. Toutefois une nette spécialisation des espaces caractérise la répartition des activités.

- **Le Centre-Est** est le domaine des administrations et des affaires :
— en aval de l'île Saint-Louis, de part et d'autre de la Seine, se répartissent des **activités politiques et juridiques,** la haute administration ;
— le **centre des affaires** (Bourse, Banque de France, grandes banques, sièges sociaux de firmes importantes, grands magasins...) s'étend sur la rive droite [p. 48].

- **L'est de Paris** se caractérise par l'importance du commerce de gros, de l'artisanat et de la petite industrie [p. 49].

- Entre ces deux domaines, **le quartier Latin,** sur la rive gauche de la Seine, est un centre d'activités culturelles [p. 45].

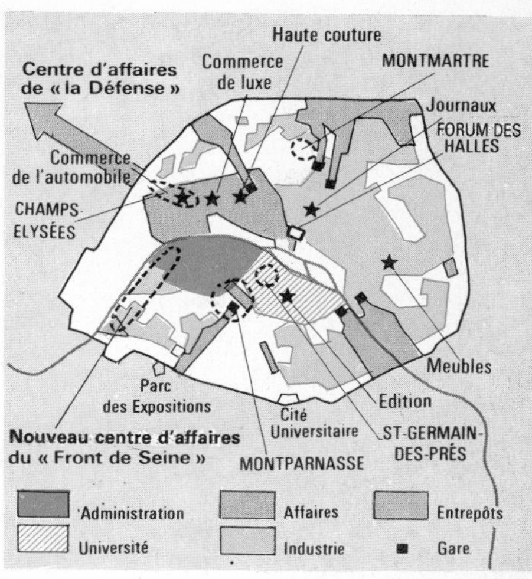

LES ESPACES VERTS PARISIENS	
Bois de Boulogne et de Vincennes :	1 800 ha
Jardins publics	345 ha
Espaces verts privés	340 ha

Soit une moyenne de 10 m² par habitant

LE CŒUR DE PARIS

De loin, ou même s'il est de passage, le provincial ou l'étranger ne voit pas la plus grande partie de l'agglomération, il connaît mal le milieu de vie du Parisien. Pour lui, la « Ville Lumière » se limite au Paris monumental et historique de l'Étoile à Notre-Dame, de Montmartre au quartier Latin, avec quelques quartiers commerçants, d'affaires et de spectacles. C'est à ce cœur que Paris doit d'être l'une des grandes métropoles de l'Univers, mais ce cœur ne battrait pas sans la chair qui l'entoure, la masse des huit millions de Parisiens qui vivent et travaillent sur l'ensemble des 1 800 km² de leur agglomération.

JEAN BASTIÉ,
Professeur à l'Université de Paris X.

▲ LA GOUTTE D'OR : quartier populaire à forte concentration de travailleurs émigrés.

AU PRINTEMPS : un grand magasin fondé en 1865 au cœur de Paris. ▼

LE BERCEAU DE PARIS :

★ Je dois dire qu'il faut de longs mois pour commencer par connaître Paris... Paris est fait d'une grande juxtaposition et superposition de petits Paris particuliers, parmi lesquels il s'agit seulement de voir quels sont ceux qui comptent et sont authentiques. C.-F. RAMUZ.

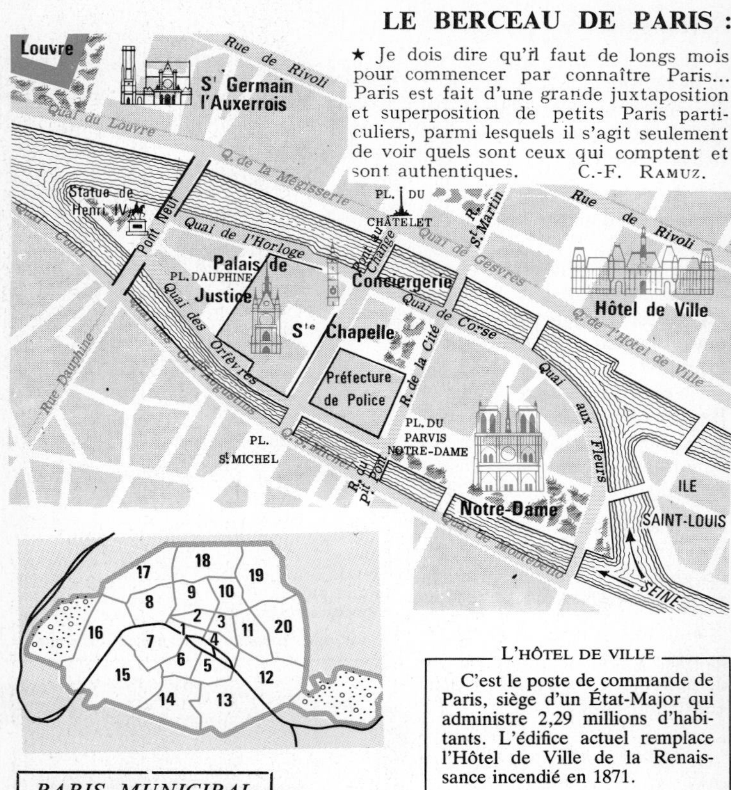

L'HÔTEL DE VILLE

C'est le poste de commande de Paris, siège d'un État-Major qui administre 2,29 millions d'habitants. L'édifice actuel remplace l'Hôtel de Ville de la Renaissance incendié en 1871.

PARIS MUNICIPAL

La ville de Paris : un nouveau statut

Ville tentaculaire, capitale politique toujours prompte aux émeutes, Paris est une sorte d'État dans l'État, qui, dans l'histoire, s'est souvent trouvé en conflit avec le gouvernement de la nation. Pour éviter ces risques, on avait imaginé un régime exceptionnel reposant sur deux principes :

a) dissociation des pouvoirs administratif et politique (chaque arrondissement étant administré par un maire **nommé** par le gouvernement) ;

b) régime de **tutelle** (plaçant Paris sous la double autorité du préfet de la Seine et du préfet de Police).

En 1977, un nouveau statut a été établi.

Un **conseil de Paris** composé de 109 membres — élus par secteurs au scrutin de liste majoritaire à deux tours avec liste complète — désigne en son sein un **maire de Paris :** il a élu en 1977 M. Jacques Chirac.

Le maire de Paris possède, comme les maires de toutes les communes de France, la double qualité d'agent de l'État et d'agent de la commune ; mais il n'a pas — à la différence des autres maires — la responsabilité de la **police municipale** qui appartient au préfet de Police.

Le Conseil de Paris exerce par ailleurs, pour le département de Paris, les attributions dévolues aux **conseils généraux.**

LA CITÉ

L'île de la Cité est le cœur et comme le symbole même de Paris : une nef à la proue tournée vers l'ouest, et qui semble descendre la Seine, portant en poupe la masse imposante de Notre-Dame. Quatre ponts en font le trait d'union entre les deux rives. Port naturel en même temps que carrefour de routes, c'est là que se concentra longtemps toute l'activité de la ville, dont elle est encore aujourd'hui le centre judiciaire, sinon religieux.

NOTRE-DAME ET LE JARDIN DE L'ARCHEVÊCHÉ

Contre la face S. de Notre-Dame. s'élevait jusqu'en 1830 l'Archevêché. La cathédrale reste le siège de l'archevêque de Paris.

PARIS RELIGIEUX

NOTRE-DAME DE PARIS

Construite de 1163 à 1330 par Maurice de Sully, Jean de Chelles et Pierre de Montreuil, sur l'emplacement d'une église du VIe siècle, elle fut la première des grandes cathédrales gothiques de l'Ile-de-France. Elle a été associée à la plupart des événements importants de l'histoire de la nation, depuis le *Te Deum* de Charles VII libérant Paris jusqu'à celui de la Victoire en 1945.

Sur les 300 églises que comptait Paris au XVIIIe s., il n'en subsiste aujourd'hui qu'une cinquantaine, mais les 150 églises nouvelles édifiées depuis un quart de siècle témoignent de l'intensité de la vie religieuse répandue dans toute la capitale. Tous les cultes et tous les rites y sont largement représentés. C'est ainsi que la Mosquée et ses dépendances constituent une véritable cité musulmane dans la capitale.

PARIS JUDICIAIRE

Le Palais de Justice est aujourd'hui le centre de tous les services judiciaires de Paris. C'est un magnifique ensemble architectural édifié du XIIIe au XXe s. sur l'emplacement de l'ancienne forteresse qui défendait la Cité et qui fut le premier palais des rois de France. Il n'en subsiste que la **Conciergerie**, plus tard transformée en prison. ▶

A côté du Palais, se dresse la **Sainte-Chapelle**, véritable châsse de **vitraux**, élevée sous le règne de Saint Louis.

LE PALAIS DU LOUVRE

LE PARIS DES ROIS...

Le Louvre et les Tuileries

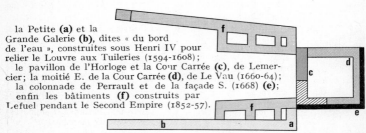

Refuge de calme en plein cœur de la capitale, ainsi que le Palais-Royal, ils commandent, de l'arc de triomphe du Carrousel à celui de l'Étoile, avec la place de la Concorde et les Champs-Élysées, « la plus noble des perspectives urbaines ». Ils constituent en même temps, par leur ensemble monumental et les musées qu'ils renferment, le centre du Paris artistique, après avoir été le centre du Paris des rois.

LE LOUVRE ET SES AGRANDISSEMENTS SUCCESSIFS

la Petite **(a)** et la Grande Galerie **(b)**, dites « du bord de l'eau », construites sous Henri IV pour relier le Louvre aux Tuileries (1594-1608); le pavillon de l'Horloge et la Cour Carrée **(c)**, de Lemercier; la moitié E. de la Cour Carrée **(d)**, de Le Vau (1660-64); la colonnade de Perrault et de la façade S. (1668) **(e)**; enfin les bâtiments **(f)** construits par Lefuel pendant le Second Empire (1852-57).

f d c f e b a

Le palais du **Louvre,** qui fut résidence royale, grandiose ensemble édifié par plusieurs générations de souverains, offre une magnifique leçon d'histoire monumentale. La Révolution en a fait un **musée** qui est aujourd'hui un des plus célèbres et des plus riches du monde : antiquités, sculptures, objets d'art, peintures de toutes les époques.

Du palais des **Tuileries,** construit par Philibert Delorme pour Catherine de Médicis, et qui fut incendié en 1871, il ne reste, dans le prolongement du Louvre, que les jardins, transformés par Le Nôtre en 1664.

Au N. du Louvre, le **Palais-Royal,** ancien Palais-Cardinal, construit par Lemercier pour Richelieu, évoque encore les fêtes magnifiques que le Régent y donna. Incendié sous la Commune, il fut restauré après 1871. Les bâtiments du XVIIIe s. qui encadrent ses jardins sont recherchés aujourd'hui des écrivains et des artistes comme lieu de résidence.

LA PLACE DE LA CONCORDE, dessinée sous Louis XV par Gabriel, qui la borda au N. de deux palais (1757-1775). Au centre, l'obélisque de Louqsor, don du pacha d'Égypte à Louis-Philippe qui l'y fit ériger en 1836.

... ET DE LA RÉPUBLIQUE

Le Faubourg Saint-Germain

Dépendance champêtre de l'abbaye de Saint-Germain-des-Prés, ce quartier devait se couvrir au début du XVIIIe s. de magnifiques hôtels particuliers et devenir le quartier aristocratique de Paris, d'où son caractère noble qui frappe encore aujourd'hui. Nombre de ces demeures, dont les murs dérobent souvent au regard du passant un jardin ou un parc, abritent de nos jours ministères et ambassades.

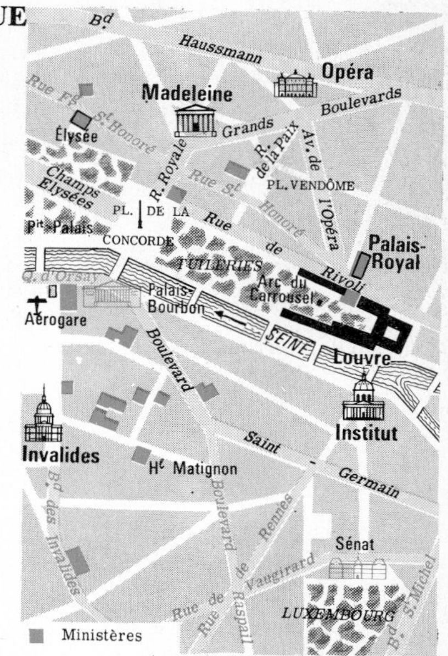

PARIS POLITIQUE

La politique s'est installée dans l'histoire : aux grands de l'Ancien Régime ont succédé les représentants de la République.

LE PRÉSIDENT DE LA RÉPUBLIQUE

à l'**Élysée**, où il réside traditionnellement depuis 1873. Le palais avait été construit en 1718 par Mollet pour le comte d'Évreux.

L'ASSEMBLÉE NATIONALE

au **Palais-Bourbon**, construit (1722-1728) par Gabriel pour la duchesse de Bourbon, d'où son nom. La célèbre façade sur la Seine, de style grec, fut ajoutée sous le Premier Empire.

LE SÉNAT

au Palais du **Luxembourg**, édifié en 1615 par Salomon de Brosse sur la demande de Marie de Médicis, dans le style du palais Pitti où elle avait été élevée à Florence.

☆ ... Et pourtant c'est la France avec sa PLACE DE L'ÉTOILE facile, évidente, superficielle, qui est le centre du monde...
S. DE MADARIAGA.

LES BEAUX

Les « beaux quartiers » ou quartiers résidentiels, les plus élégants, se développent depuis deux siècles à l'ouest de la capitale, de part et d'autre des Champs-Élysées. Deux autres perspectives, ménagées depuis le XVIIe s., les Invalides et le Champ-de-Mars, achèvent un ensemble urbain dont l'ordonnance est à peu près unique au monde.

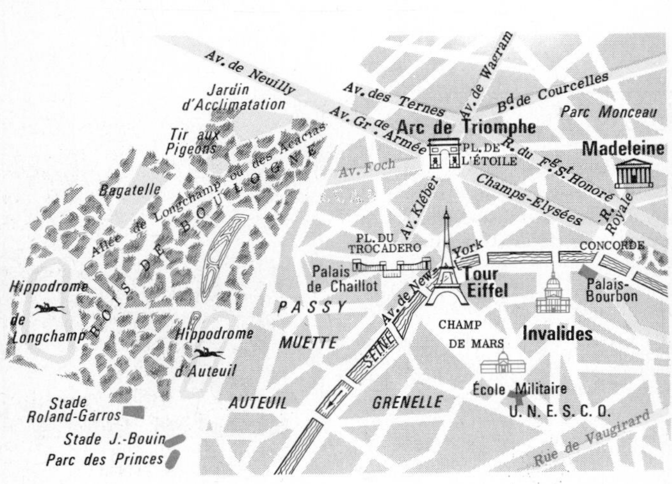

LE BOIS DE BOULOGNE (XVIe ARR.)

« Le Bois », reste de l'immense forêt de Rouvray, où la sœur de saint Louis avait fondé près de la Seine l'abbaye de Long Champ, fut jadis le lieu de refuge des proscrits et des duellistes. Aménagé en parc sous le Second Empire, il est aujourd'hui, avec ses lacs, ses hippodromes (Auteuil et Longchamp), son Tir aux Pigeons, ses clubs sportifs (Racing Club, Polo de Bagatelle), ses restaurants de luxe (Armenonville, Pré Catelan), son Jardin d'Acclimatation, le rendez-vous des élégances et, le dimanche, un grand jardin populaire. Le parc de Bagatelle et sa célèbre roseraie y évoquent encore, avec le petit château, les « folies » du XVIIIe siècle.

PARIS SPORTIF

Paris possède 80 stades et terrains de sport, 22 piscines et terrains de natation, 50 gymnases. L'activité sportive a tendance à se grouper près des portes, notamment dans le Bois de Boulogne (voir ci-contre) et aux abords de celui-ci : stades Roland-Garros, Jean-Bouin, Parc des Princes (50 000 places), piscines et patinoire Molitor.

QUARTIERS

Dominant la Seine, le PALAIS DE CHAILLOT remplace depuis l'exposition de 1937 l'ancien Trocadéro. Il abrite le Musée de la Marine, le Musée de l'Homme et le Théâtre National Populaire.

Au nord de la Concorde et de l'Élysée, le **faubourg Saint-Honoré** est le domaine du commerce de luxe, des parfumeurs et de la haute couture.

Au-delà, c'est la « plaine Monceau », bâtie après 1800 autour du parc de Philippe d'Orléans.

L'avenue des Champs-Élysées, mi-promenade, mi-boulevard, tracée par Le Nôtre au XVIIe s., après avoir été la résidence de l'aristocratie, est aujourd'hui, avec ses cinémas, ses grands cafés, ses journaux, ses stands d'automobiles, le centre du Paris cosmopolite.

Plus au sud, ce sont d'anciens villages agglomérés peu à peu à la capitale : **Chaillot,** la « colline aux neuf musées », dominant la Seine, quartier des ambassades et des riches étrangers; **Passy,** célèbre au XVIIIe s. par son château et par celui de la Muette, où habita Louis XV; **Auteuil,** longtemps demeuré campagnard, attirant depuis plusieurs siècles des générations d'hommes de lettres.

Sur l'autre rive, au fond d'une magnifique esplanade, l'**Hôtel des Invalides,** construit de 1671 à 1676 par Libéral Bruant sur l'ordre de Louis XIV pour les soldats blessés, encadre harmonieusement l'église et son dôme, chef-d'œuvre de l'art classique dû à J. Hardouin-Mansart; c'est là que se trouve le tombeau de Napoléon Ier.

Enfin, à l'extrémité du **Champ-de-Mars,** ancien champ de manœuvres devenu le cadre des Expositions Universelles successives, se dresse l'**École Militaire,** édifiée par Gabriel au XVIIIe s., au centre d'un quartier d'aspect solennel, aux larges avenues, qui abrite le nouveau palais de l'UNESCO.

PARIS MILITAIRE

Le centre en est encore aujourd'hui l'hôtel des Invalides, qui abrite non seulement le Musée de l'Armée — la collection militaire la plus importante du monde —, mais le gouvernement militaire de Paris et le Conseil Supérieur de la Guerre. Et si, non loin de là, le Champ-de-Mars a cessé depuis la Révolution d'être un champ de manœuvres, l'École Militaire reste le siège de l'École Supérieure de Guerre et des instituts militaires d'enseignement supérieur.

La TOUR EIFFEL a été construite par l'ingénieur Eiffel pour l'Exposition Universelle de 1889. Elle mesure 300 m de haut, a exigé 5 600 000 kilos de fer et a coûté 5 600 000 francs-or.

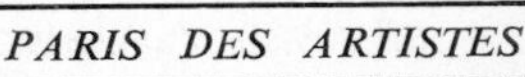

PARIS DES ARTISTES

GEORGE BRAQUE (1882-1963)
dans l'atelier qu'il fit construire en 1925 par l'architecte Perret, 6 rue du Douanier, près du parc Montsouris, au sud du quartier Montparnasse.

Montparnasse

Le « mont Parnasse », désigné ainsi par les étudiants de la Renaissance, a constitué le quartier général des écrivains et des artistes depuis la fin du siècle dernier. Symbolistes, fauves et cubistes, dadaïstes et surréalistes ont écrit sur les tables de ses cafés — la *Closerie des Lilas*, la *Rotonde*, la *Coupole* —, étudié dans ses Académies et peint dans ses ateliers.

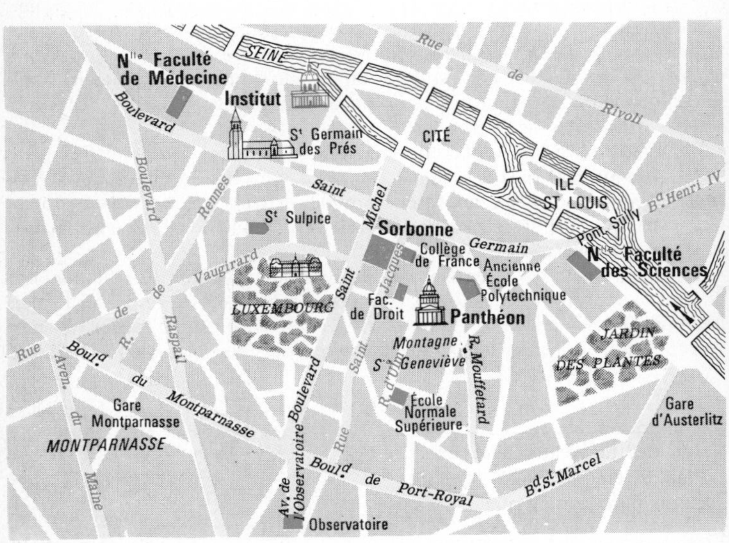

Saint-Germain-des-Prés

A l'ombre de la tour romane de la plus vieille église de Paris, écrivains et artistes, délaissant plus ou moins Montparnasse, se rassemblent volontiers aujourd'hui aux *Deux-Magots* ou au *Café de Flore*, naguère rendez-vous des existentialistes, tandis que la jeunesse hante les « caves » où l'on danse.

INTELLECTUEL

PARIS UNIVERSITAIRE

L'INSTITUT DE FRANCE ex-Collège des Quatre-Nations (1665-88), présente vers la Seine sa façade en hémicycle surmontée de la célèbre coupole qui abrite l'Académie (p. 185).

Le Quartier latin

Les pentes de la montagne Sainte-Geneviève furent dès le XIIIe *s. le fief de l'Université. Aujourd'hui encore, autour de l'antique Sorbonne, le Quartier latin est le centre de la vie universitaire, et le boulevard Saint-Michel est le promenoir de milliers d'étudiants du monde entier.*

La Sorbonne

En 1253 Robert de Sorbon fondait un collège de théologie pour les maîtres et étudiants peu fortunés. Richelieu le rebâtit avec une église. Reconstruite sous la IIIe République, la Sorbonne abrite encore aujourd'hui le Rectorat et, notamment, l'Université Paris IV. Mais peu à peu, devant l'afflux des étudiants et le développement des diverses disciplines, de nombreux enseignements se transportent ailleurs. Aujourd'hui, on compte dans la région parisienne 13 universités.

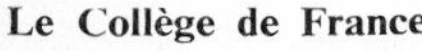

Le Collège de France

Indépendant de l'Université, voué à la recherche désintéressée, le Collège de France, ex-Collège des Lecteurs royaux, fut fondé en 1530 par François Ier [p. 111]. Des professeurs illustres y dispensent un enseignement public très spécialisé. A côté des bâtiments anciens s'élèvent des laboratoires modernes, dont celui qui abrite le cyclotron de F. Joliot-Curie.

Des parcs et des jardins

Ce Paris intellectuel et universitaire dispose encore, à l'écart du bruit des voitures, de larges espaces propres à la méditation et à la promenade : ce qui reste du jardin du Luxembourg [p. 47] demeure un asile cher aux étudiants. Il est prolongé par l'avenue de l'**Observatoire.** Un peu à l'écart, près des nouveaux bâtiments scientifiques de l'Université, le **Jardin des Plantes,** créé en 1626, renferme le Muséum des Sciences naturelles ainsi qu'un parc zoologique.

LE PANTHÉON

dresse au sommet de la montagne Sainte-Geneviève sa « couronne de colonnes » (V. Hugo). L'ancienne église Sainte-Geneviève, conçue par Soufflot dans le style antique (1757-1780), renferme depuis la Révolution les cendres des grands hommes : Voltaire, Rousseau, Hugo, Zola, Jaurès y reposent, sous les fresques de Puvis de Chavannes.

L'École Polytechnique a quitté la Montagne Sainte-Geneviève pour Palaiseau.

PARIS OÙ L'ON S'AMUSE...

Entre Montmartre et les Grands Boulevards sont rassemblés de nombreux lieux de plaisir et salles de spectacles qui attirent chaque jour des dizaines de milliers de Parisiens, de provinciaux et d'étrangers.

Paris offre une gamme très diversifiée d'occasions de **distractions.** Aux quelque 50 **théâtres** que comportent les 20 arrondissements, s'ajoutent 460 salles de **cinéma** (qui totalisent 40 % des recettes cinématographiques réalisées en France), des dizaines de cafés-théâtres, **cabarets,** discothèques, dancings, clubs de jazz...

Le **music-hall** et les **variétés** triomphent au Lido, aux Folies-Bergères, au Casino de Paris, au Moulin-Rouge, à l'Alhambra... tandis que les noctambules des circuits « Paris by night » recherchent à **Pigalle** des spectacles plus licencieux.

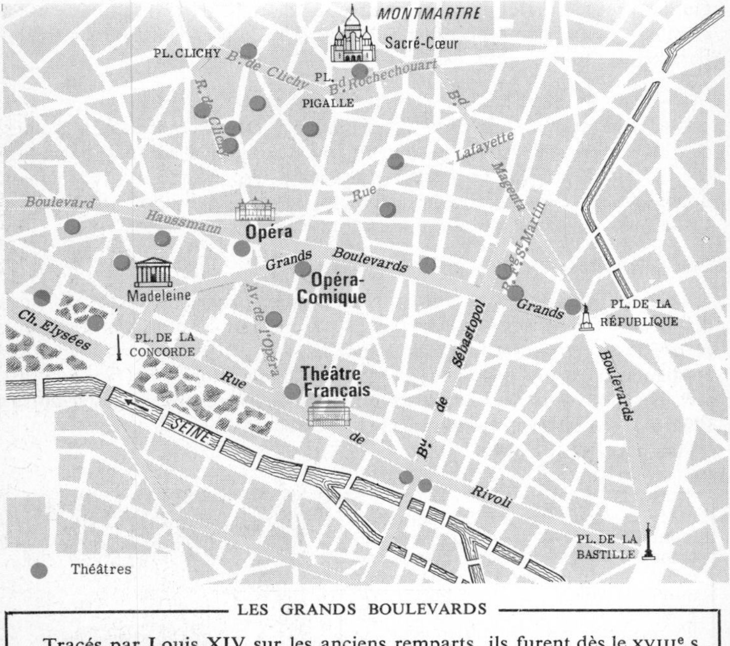

MONTMARTRE
Sacré-Cœur
PL. CLICHY
B. de Clichy
PL. PIGALLE
Bd Rochechouart
R. de Clichy
Bd Magenta
Lafayette
Rue
Boulevard Haussmann
Opéra
Grands Boulevards
Opéra-Comique
Madeleine
B. Fg St Martin
Grands
PL. DE LA RÉPUBLIQUE
Ch. Elysées
PL. DE LA CONCORDE
Av. de l'Opéra
Bd de Sébastopol
Boulevards
Théâtre Français
Rue de Rivoli
SEINE
PL. DE LA BASTILLE
Théâtres

LES GRANDS BOULEVARDS

Tracés par Louis XIV sur les anciens remparts, ils furent dès le XVIIIe s. une promenade à la mode, surtout le boulevard des Italiens où se pressait une foule élégante. La comédie légère et brillante triompha longtemps dans les théâtres du « boulevard » qui se mêlent aujourd'hui aux nombreux cinémas et cafés le long de la grande artère qui va de la Bastille et de la République à la Madeleine.

... ET OU L'ON FLÂNE

En dépit de la vie moderne, le Parisien sait encore quelquefois flâner comme le faisaient ses ancêtres.

Mais la flânerie devient le privilège d'une petite minorité.

Les flâneurs se rencontrent **le long des quais** de la Seine, le nez dans les « boîtes » des bouquinistes, à la recherche de livres d'occasion, ouvrages récents ou éditions rares ; feuilletant des collections de gravures de toutes sortes, estampes, affiches... Sur les berges du fleuve, de plus en plus polluées par la circulation automobile, les promeneurs peuvent encore contempler de patients pêcheurs à la ligne.

LE JARDIN DU LUXEMBOURG. Créé par Marie de Médicis en même temps que son palais, orné de statues, de bassins et de fontaines, telle la fontaine Médicis, planté d'arbres harmonieusement ordonnés, le jardin du Luxembourg est resté, près de l'animation du Quartier Latin, un lieu de promenade et de méditation.

Des **aménagements piétonniers** permettent la multiplication de lieux de promenade et d'animation : parvis de Notre-Dame, abords du Centre Pompidou, place Saint-André-des-Arts, quartier Saint-Séverin...

• Les amateurs d'antiquités ou tout simplement d'objets rares ou curieux se retrouvent dans les allées des **puces** de la Porte de Clignancourt, paradis des chineurs.

La Bourse de Paris (1808-25). Ce bruyant domaine des agents de change est le centre de la vie financière de la capitale.

LE PARIS DES AFFAIRES...

Le « quartier des affaires », qui occupe dans Paris un domaine nettement délimité, s'étend sur l'Ouest des 1er et 2e arrondissements, le 8e, le 9e, le Sud du 17e et le Nord du 16e.

Cette vaste zone se dépeuple d'habitants résidents et se transforme en une « City » qui évoque celle de Londres : les appartements sont convertis en bureaux. Elle se caractérise par l'encombrement des moyens des transports et l'importance des migrations quotidiennes.

On note un glissement des activités vers l'ouest, en direction de la Défense.

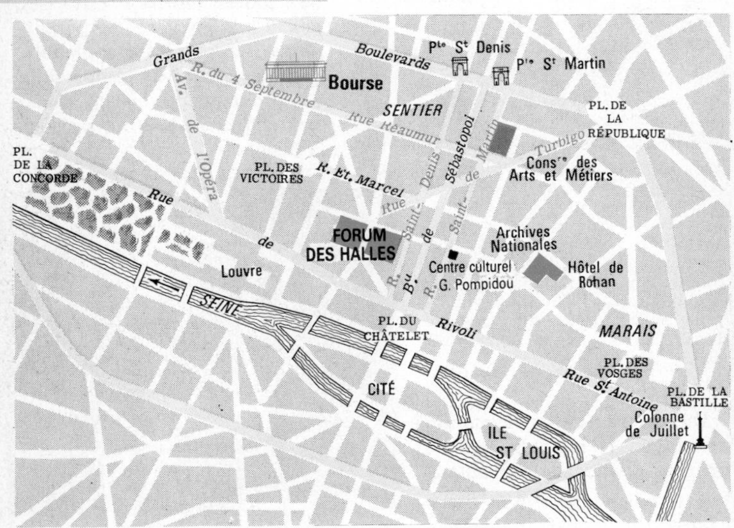

Les Halles, la Bourse, le Sentier

Le vieux quartier des Halles centrales (dont la fonction a été transférée à Rungis, dans la banlieue sud) a été livré au pic des démolisseurs et est en cours de rénovation. Plus à l'est, au cœur du quartier Beaubourg, a été construit en 1977 le **Centre** national d'art et de culture **Georges-Pompidou.**

Au nord de la place des Victoires (édifiée d'après les plans de J. Hardouin-Mansart), le quartier de la Bourse et du Sentier, avec ses rues étroites datant des XVIIe et XVIIIe s. et ses « passages », est par excellence le quartier des affaires. La finance, le commerce des tissus et le négoce en gros, la presse et l'imprimerie s'y entremêlent, concourant à en faire l'un des plus animés de Paris.

ET DE L'ARTISANAT

Le Marais

Ce quartier, qui doit son nom à son site jadis propice aux inondations saisonnières, est tout chargé de souvenirs royaux et riche en somptueux hôtels, notamment l'hôtel Lamoignon, où furent reçus Racine et Boileau, l'hôtel Carnavalet, où est installé le musée de la Ville de Paris, et les deux hôtels jumeaux, de Soubise et de Rohan, qu'occupent aujourd'hui les Archives de France.

Il a perdu depuis la Révolution son caractère aristocratique, mais non son cachet, pour devenir le royaume des artisans.

Depuis quelques années de nombreux hôtels particuliers sont restaurés. La population artisanale est peu à peu remplacée par des habitants à revenus plus élevés.

> **DE L'HORLOGERIE AUX ARTICLES DE PARIS**
>
> Dans ce quartier tout grouillant de vie, des dizaines de petits métiers se sont développés depuis plus d'un siècle — marchands en gros et « demi-gros » — et chacun d'eux a son secteur particulier, presque sa rue : horlogerie, quincaillerie, maroquinerie à bon marché, jouets, accessoires de papeterie, enfin bimbeloterie et articles de Paris.
>
> Ceux-ci, qui vont de la tour Eiffel en miniature au coffret à bijoux et à la glace de poche, iront alimenter les magasins de la capitale.

Le faubourg Saint-Antoine

A l'est de la place de la Bastille, le faubourg Saint-Antoine est le centre traditionnel du meuble. Mais, le mobilier étant de plus en plus fabriqué en province, la fonction artisanale du faubourg cède progressivement la place au seul commerce.

LE CONSERVATOIRE DES ARTS ET MÉTIERS

est installé dans l'ancienne abbaye Saint - Martin - des - Champs, dont il reste deux édifices admirables : le réfectoire des moines (XIIIe s.) et l'église (XIIe s.), où est aménagée une partie du musée.

UN ARTISAN DU MARAIS.

LA PLACE DES VOSGES

anciennement place Royale, harmonieux ensemble de maisons de pierre et de brique, d'une pureté classique, créé par Henri IV, fut sous Louis XIII le rendez-vous de la haute société.

PARIS QUI SE TRANSFORME

Le visage de Paris s'est constamment modifié au cours des siècles. Mais l'ampleur des transformations intervenues au cours des trois dernières décennies fait parler de métamorphose. Et cela, principalement dans trois domaines : le peuplement, le cadre de vie, le style de vie.

La population

Tandis que la population de la banlieue ne cesse de s'accroître, l'effectif parisien diminue et le mouvement a tendance à s'accélérer.

Dans ses limites administratives, la ville de Paris a atteint son peuplement maximum en 1921. Les 20 arrondissements comptaient alors 2 906 000 habitants ; ils en comptaient 116 000 de moins en 1962. Depuis cette date, et en treize ans, Paris a perdu un demi-million d'habitants (2,29 millions en 1975). Contribuent à ce dépeuplement : la décentralisation des activités industrielles, la spéculation foncière et immobilière, la transformation des anciennes résidences en bureaux.

Le style de vie

L'amplification des migrations alternantes [p. 53] contribue à accélérer le rythme de vie. Le gaspillage de temps et la fatigue s'accroissent. Par réaction s'affirme le désir de retrouver temporairement le calme, la nature. Ainsi se multiplient en province les résidences secondaires des Parisiens aisés. Les départs massifs en fin de semaine, aux petites et grandes vacances, posent de difficiles problèmes de circulation.

A l'intérieur de Paris, où plusieurs milliers de provinciaux possèdent un pied-à-terre, s'aménagent des havres de paix — rues piétonnières, places interdites au stationnement des voitures — où des mimes, funambules, musiciens, cracheurs de feu improvisent des spectacles offerts aux badauds.

Le schéma directeur d'aménagement et d'urbanisme (SDAU) de Paris (extraits)

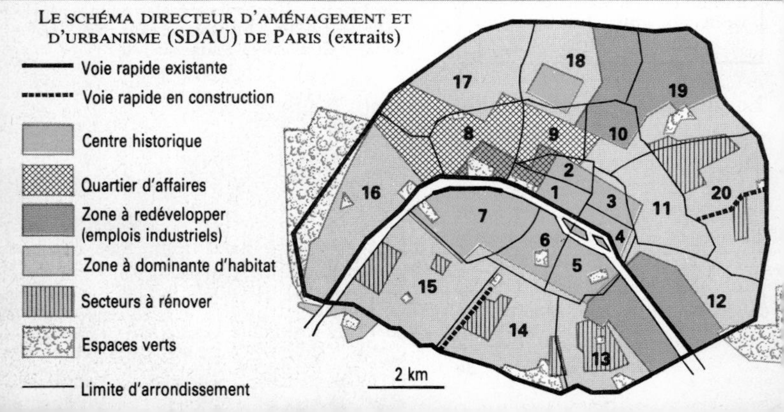

Le cadre de vie

De vastes opérations d'urbanisme ont été entreprises. Destinées à rénover le vieux tissu urbain et à mettre fin à une croissance désordonnée, elles peuvent être classées en quatre types :

• **Rénovation de quartiers vétustes.** Les îlots insalubres sont rasés et remplacés par des immeubles d'habitation modernes : butte de Belleville, quartier « Italie »...

• **Restauration de quartiers historiques :** hôtels particuliers du Marais [p. 49].

• **Création de « centres d'affaires » :** Forum des Halles. Porte Maillot...

• **Aménagement de quartiers de gares.** La rénovation du secteur de la gare de Lyon doit notamment permettre de faire face à l'accroissement du trafic. L'opération a un double objectif :
— mise en service d'une nouvelle gare « réseau banlieue S.N.C.F. » et interconnection des réseaux du R.E.R. [p. 53] et des grandes lignes S.N.C.F. ;
— création d'un pôle tertiaire (tours-bureaux) s'étendant jusqu'au quartier Bercy.

Un vaste centre d'activités tertiaires a été également créé autour de la gare Maine-Montparnasse reconstruite.

Ces opérations suscitent de vives controverses. Outre leurs **conséquences sur le paysage** (multiplication des tours, envahissement du béton), on leur reproche **leur effet ségrégationniste :** elles contribuent à chasser de Paris les artisans, les ouvriers, les personnes âgées aux revenus modestes, au profit de catégories sociales plus aisées.

POPULATION DE PARIS (20 ARRONDISSEMENTS)

Année	Population
1891	2 448 000
1906	2 763 400
1921	2 906 000
1954	2 753 000
1962	2 790 000
1968	2 590 000
1975	2 290 900

▲ LE TROU DES HALLES
Le transfert, à Rungis, de l'ancien marché des Halles, a libéré une surface de 14 hectares au plein cœur de Paris.
Les pavillons construits par Baltard sous Napoléon III ont disparu pour faire place à une immense excavation baptisée « Le Trou des Halles ». L'aménagement de l'espace libéré, élément majeur de la politique d'aménagement de la capitale, donne lieu à de vives controverses.
Le Forum des Halles, première réalisation, abrite la nouvelle station souterraine Châtelet-Les Halles et une galerie marchande :
LE FORUM DES HALLES. ▼

LE R.E.R. : STATION AUBER

LES TRANSPORTS

Depuis les « carrosses à cinq sols » imaginés par Pascal et les omnibus à chevaux du siècle dernier, Paris a vu se développer tour à tour les tramways (à chevaux, à vapeur, électriques), puis le métropolitain, les autobus et les taxis ; plus récemment le R.E.R.

Le métropolitain

Projetée dès 1855, la première ligne a été inaugurée lors de l'Exposition universelle de 1900. Le réseau actuel, réalisé au prix de travaux parfois fort délicats parmi les encombrements du sous-sol, comprend 15 lignes totalisant 180 kilomètres et desservant 340 stations.

LE TRAFIC VOYAGEURS DE LA R.A.T.P. (millions de voyageurs transportés)	
Ensemble du réseau ferré dont :	1 285
Métropolitain	1 107
R.E.R.	178
Ensemble du réseau routier	758
Total	2 043

Le régime d'exploitation est simple et pratique : les trains, très fréquents, s'arrêtent à toutes les stations et le tarif est unique quelle que soit la distance parcourue.

Le « métro » fait partie de la vie quotidienne du Parisien, avec sa régularité, sa publicité, ses cohues aux heures de « pointe ».

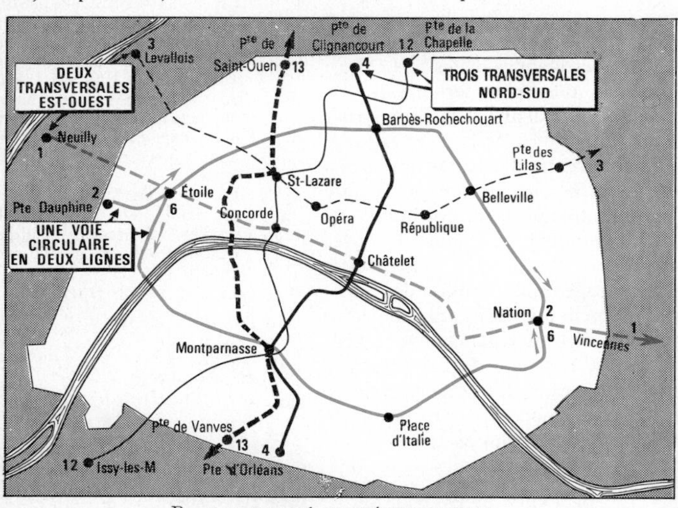

PLAN SIMPLIFIÉ DU MÉTROPOLITAIN.

Les autobus et les taxis

56 lignes d'autobus totalisant 510 km (dont 100 km de couloirs réservés) desservent dans Paris plus de 1 500 arrêts. Les encombrements de la circulation limitent leur vitesse à 10 km/h. Par ailleurs, 143 000 taxis (insuffisants aux heures de pointe) effectuent près de 200 000 courses quotidiennes.

PARISIENS

Des migrations alternantes

A l'intérieur de Paris l'emploi se substitue progressivement à l'habitat, ce qui engendre une augmentation du volume des migrations alternantes. Elles intéressent près de deux millions de personnes qui, quotidiennement, se déplacent entre Paris et la banlieue.

A ces déplacements extra-muros s'ajoutent ceux entre arrondissements (des actifs ayant un emploi dans un arrondissement autre que celui où ils habitent) et qui concernent les 2/3 de la population active résidente.

Le problème des transports parisiens se pose, de ce fait, en termes de plus en plus préoccupants.

Déplacements quotidiens (à pied exclus) **dans la Région parisienne**

■ **Par type de liaison** (en milliers)

Paris-Paris	: 3 721
Paris-Banlieue	: 1 836
Banlieue-Paris	: 1 850
Banlieue-Banlieue	: 9 607
Total	: 17 014

■ **Par mode de transport** (en %)

Voitures particulières	: 54 %
Transports en commun	: 31 %
Deux-roues et divers	: 15 %

N.B. Il convient de distinguer le nombre de **déplacements** quotidiens (ci-dessus) et le nombre de **personnes** qui se déplacent (ci-contre).

Le Réseau Express Régional (R.E.R.)

Pour répondre aux besoins croissants de transports en commun de masse, la Régie Autonome des Transports Parisiens (R.A.T.P.) et la Société Nationale des Chemins de Fer Français (S.N.C.F.) ont créé le R.E.R., un ensemble de lignes traversant Paris et constituant un « super-métro » à l'échelle de l'agglomération parisienne, avec :

— des correspondances nombreuses avec le réseau métropolitain,
— un titre de transport unique pour un même déplacement,
— un système de contrôle unique automatisé.

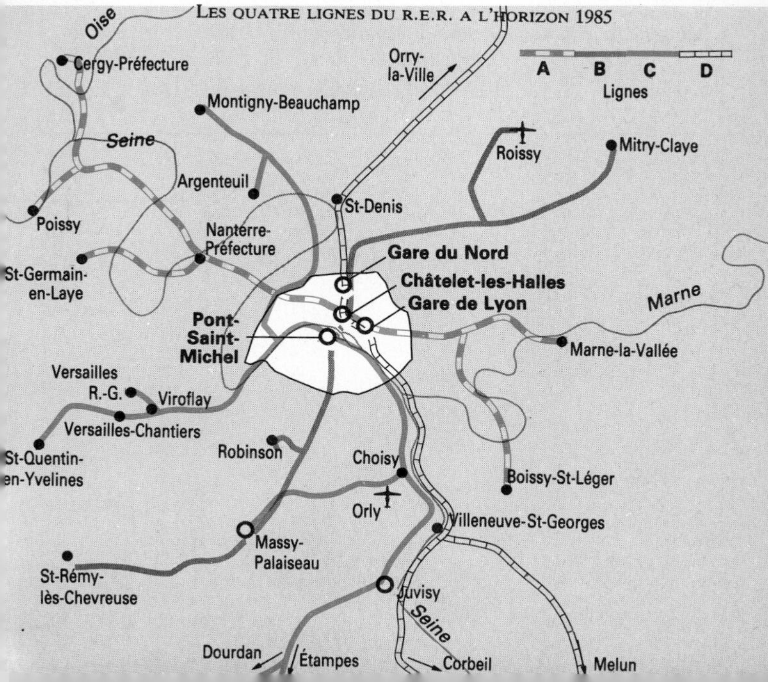

UN ASPECT DE LA BANLIEUE PARISIENNE A SARCELLES.

5 LA RÉGION

LES ASPECTS

Autour du Paris des 20 arrondissements s'est développée une énorme banlieue et s'est organisée une puissante région économique qui tient une place démesurée dans la vie nationale.

L'ensemble groupe plus d'habitants que la Suisse, l'Autriche ou la Suède.

DES COURONNES CONCENTRIQUES

• On peut distinguer dans l'agglomération parisienne : **La ville de Paris, 20 arrondissements** (104 km^2) :

A perdu 200 000 habitants entre 1962 et 1968 et 300 000 habitants entre 1968 et 1975. Entre les recensements de 1968 et de 1975 la population de Paris a diminué au rythme de 1,7 % par an.

Population en février 1975 : 2,29 millions d'habitants.

• **La petite couronne** (3 départements : Val-de-Marne, Seine-Saint-Denis, Hauts-de-Seine) :

A connu une croissance démographique modérée entre les recensements de 1968 et de 1975. La progression annuelle moyenne a été de + 1,2 % pour le Val-de-Marne (contre + 2,3 % par an entre 1962 et 1968); de + 0,8 % pour la Seine-Saint-Denis (contre + 2,4 % par an entre 1962 et 1968); de — 0,2 % pour les Hauts-de-Seine (contre + 0,9 % par an entre 1962 et 1968).

Population en février 1975 : 3,97 millions d'habitants.

• **La grande couronne** (4 départements : Essonne, Seine-et-Marne, Yvelines, Val-d'Oise) :

A enregistré une progression rapide entre 1968 et 1975 : Essonne + 4,6 % par an; Seine-et-Marne + 3,2 %; Yvelines + 3,4 %; Val-d'Oise + 2,7 %.

Population en février 1975 : 3,59 millions d'habitants.

• **Au total, la région parisienne** (8 départements, 12 000 km²) a enregistré une croissance annuelle moyenne de + 0,9 % entre 1968 et 1975 (contre + 1,5 % par an entre 1962 et 1968).

Population en février 1975 : 9,86 millions d'habitants (18,8 % de la population française).

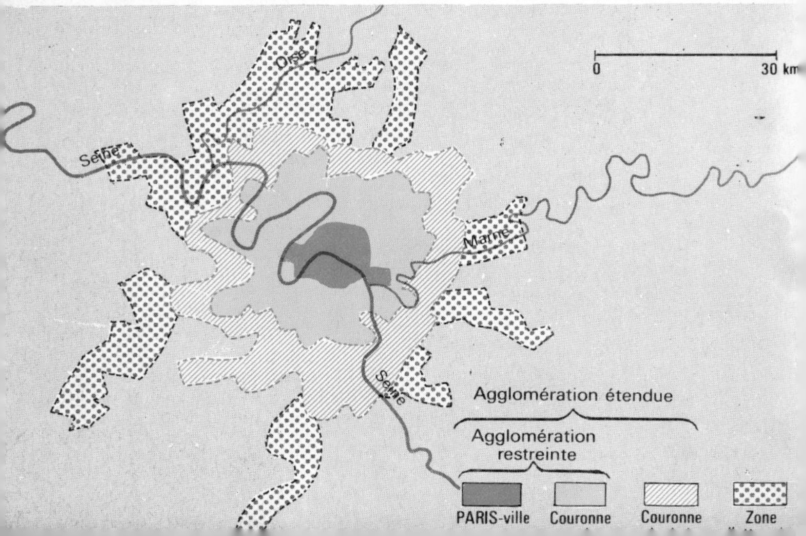

Oise
Seine
Marne
Seine
0 30 km
Agglomération étendue
Agglomération restreinte
PARIS-ville
Couronne
Couronne
Zone

PARISIENNE

Une banlieue disparate

Paris s'est entouré d'une proche banlieue fortement **industrialisée** ; phénomène qui est toutefois moins marqué dans les banlieues Ouest et Sud-Ouest. Les alignements d'usines et l'entassement de logements inesthétiques créent un paysage urbain peu attractif.

- La banlieue s'est en outre **enlaidie** de tout ce que Paris a rejeté hors de ses limites : cimetières, gares de triage, usines à gaz et centrales thermiques, stocks d'hydrocarbures, parcs de voitures à la casse...
- Alors que le développement de Paris-ville s'est réalisé selon un type architectural assez uniforme (maisons de 5 à 6 étages), les **types d'habitat** de banlieue sont extrêmement **variés** : pavillons individuels, immeubles collectifs de la première moitié du siècle, grands ensembles modernes...
- Enfin, des nombreuses **demeures princières** qui s'étaient édifiées sous l'Ancien Régime, au S. et au S.-O. — Saint-Cloud, Bellevue, Meudon, Sceaux —, aucune n'a survécu aux guerres et aux révolutions du siècle dernier. Il n'en reste plus que les terrasses et les parcs — la plupart dessinés par Le Nôtre — qui constituent pour les Parisiens d'agréables lieux de promenade. Seuls subsistent, au milieu de cette prolifération suburbaine, deux témoins du passé : la basilique de Saint-Denis et le château de Vincennes.

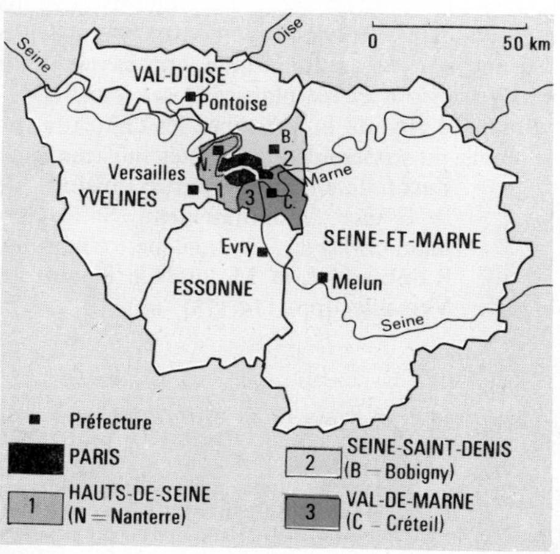

SAINT-DENIS fut très tôt un des lieux de pèlerinage les plus célèbres de France. Dagobert y fonda une abbaye. La basilique actuelle, ancienne abbatiale, commencée par Suger (1137-1281), fut le prototype des grandes cathédrales gothiques. Elle abrite les tombeaux de la plupart des rois de France de Dagobert à Louis XVIII.

VINCENNES et sa forêt, d'abord rendez-vous de chasse, devint le « Versailles du Moyen Age » avec Saint Louis, qui y fit bâtir une autre Sainte-Chapelle et que Joinville nous montre rendant la justice sous un chêne, puis avec Charles V qui fit achever le donjon et Louis XI qui fit du château une habitation de plaisance. Complété au XVIIe s., le château deviendra prison d'État. Le **bois de Vincennes** constitue aujourd'hui, avec son célèbre « zoo », la réplique populaire, à l'Est de Paris, du bois de Boulogne.

CHARMES DE L'ILE-DE-FRANCE

Une couronne d'églises

La France, ce fut d'abord cette Ile-de-France que forment la Seine et ses affluents, la Marne, l'Oise et l'Aisne : pays aux vallées verdoyantes, riche en magnifiques forêts, en paysages dont les lignes sobres et classiques, la lumière fine et tendre ont inspiré tant de peintres et de poètes, pays tout parsemé d'églises et de cathédrales, de châteaux, de souvenirs du passé, et qui conserve encore, malgré l'envahissement de l'industrie et de l'urbanisation, un charme pénétrant.

La cathédrale de Beauvais
la plus audacieuse des cathédrales gothiques par ses proportions est restée inachevée faute d'argent.

Vingt siècles d'histoire

L'Ile-de-France constitue le cadre naturel où s'est épanoui depuis les origines de Paris et tout le long de son histoire, sauf en de rares périodes, le meilleur de la civilisation française. Aussi est-elle comme le miroir agrandi de ses joies et de ses peines, de ses fêtes et de ses épreuves.

Les ruines de mainte abbaye, Royaumont, Châalis, les Vaux de Cernay, Port-Royal, témoignent encore aujourd'hui d'une spiritualité dont Paris fut un des plus vivants foyers et de la munificence des donateurs, non moins que cette floraison d'humbles églises romanes qui veillent presque sur chaque village et de vastes édifices gothiques dont la silhouette domine les paysages urbains.

Un peu partout aussi, des châteaux enclos de parcs à l'ordonnance classique, des plus simples aux plus fastueux — Ermenonville, Vaux-le-Vicomte, Courances, Dampierre, les Mesnuls, la Roche-Guyon, Rosny-sur-Seine, etc. — évoquent les fastes d'une société aristocratique qui savait jouir des « champs », à condition d'y transporter ses plaisirs et ses jeux.

Ce sont enfin les grands domaines royaux ou princiers, les châteaux qui virent tant de naissances et de morts, où passèrent tant d'hôtes illustres et où s'est faite en grande partie l'histoire de la France : Fontainebleau, Saint-Germain-en-Laye, Compiègne, Chantilly, Rambouillet, la Malmaison et surtout Versailles [pp. 114-115].

La cathédrale de Chartres
dont les deux tours dissemblables dominent la plaine de Beauce représente l'art gothique dans toute sa pureté. Ses porches, sa nef harmonieuse, ses vitraux témoignent d'une totale maîtrise inspirée par une foi ardente. Huysmans et Charles Péguy l'ont célébrée.

... et de châteaux

COMPIÈGNE fut construit par Gabriel pour Louis XV.

◀ SAINT-GERMAIN-EN-LAYE, édifié sur l'ordre de François Ier, fut la résidence de Louis XIV jusqu'en 1682. Célèbre terrasse tracée par Le Nôtre.

UNE FORÊT, UNE ROUTE, UN CHÂTEAU

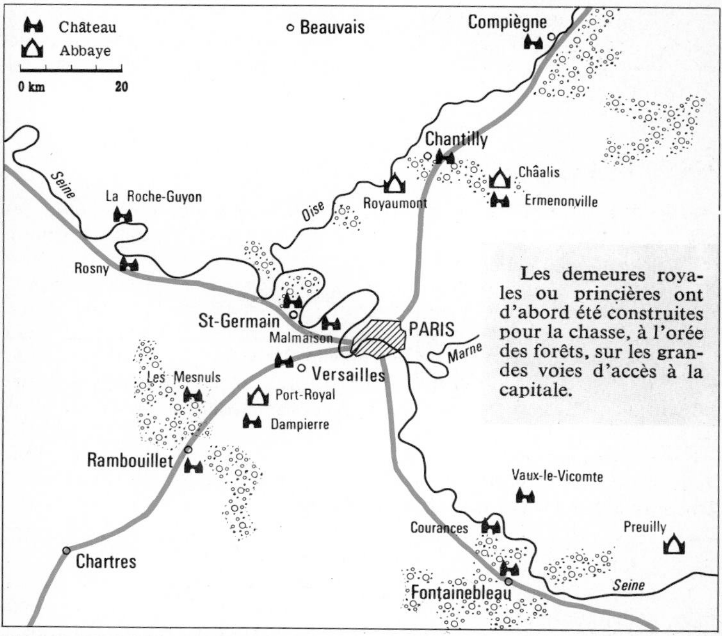

Château
Abbaye
0 km 20
Beauvais
Compiègne
Chantilly
Châalis
Ermenonville
Royaumont
Oise
Seine
La Roche-Guyon
Rosny
St-Germain
Malmaison
PARIS
Marne
Versailles
Les Mesnuls
Port-Royal
Dampierre
Rambouillet
Chartres
Vaux-le-Vicomte
Courances
Preuilly
Fontainebleau
Seine

Les demeures royales ou princières ont d'abord été construites pour la chasse, à l'orée des forêts, sur les grandes voies d'accès à la capitale.

RAMBOUILLET, château fort qui appartint à la marquise de Rambouillet, est aujourd'hui la résidence d'été du président de la République.

FONTAINEBLEAU, édifié comme Saint-Germain par Chambiges pour François Ier, fut une des résidences préférées de Napoléon Ier, qui y fit ses « adieux » à sa Garde en 1814.

LA RÉGION PARISIENNE Son poids économique.

L'USINE D'AUTOMOBILES RENAULT de BOULOGNE-BILLANCOURT (banlieue parisienne). La firme Renault a été nationalisée en 1945.

La région parisienne exerce sur l'ensemble de l'activité économique nationale une prépondérance écrasante : un Français sur six y réside, un actif sur cinq y travaille et la région fournit près du quart de la valeur ajoutée nationale.

Importance de l'industrie

L'**industrie** et le **bâtiment** emploient dans la région 1,7 million de personnes, soit le quart de la main-d'œuvre industrielle française totale. Les industries métallurgiques sont les plus importantes.

NOMBRE D'ACTIFS EMPLOYÉS DANS LA RÉGION PARISIENNE (en % du total national)

industrie :	
chimique	37 %
aéronautique	50 %
polygraphique	55 %
automobile	60 %
pharmacie	70 %
optique	77 %

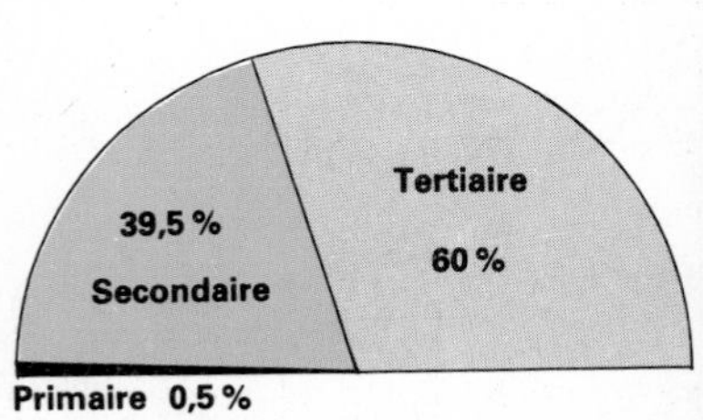

RÉPARTITION DES 4,2 MILLIONS D'ACTIFS travaillant dans la région parisienne.

Prépondérance des activités tertiaires

Le secteur tertiaire, en forte croissance, occupe 2,5 millions de personnes, soit 28 % de l'effectif national.

La suprématie de la région parisienne dans ce domaine est due notamment à l'importance :

- des institutions et services financiers qui emploient près de 1 million de personnes (la moitié des quelque 340 banques installées en France ont leur siège social dans la région parisienne) ;
- des services administratifs liés à la fonction de capitale (600 000 personnes environ) ;
- du commerce (500 000 personnes) ;
- des transports et télécommunications.

Le « cerveau économique » de la France

La région parisienne est le **centre de gestion** des affaires françaises.

Parmi les grandes sociétés françaises (dont le chiffre d'affaires annuel est supérieur à 5 millions de francs), celles dont le siège social est installé dans l'agglomération parisienne réalisent 82 % du chiffre d'affaires total.

son aménagement

Le développement rapide — et parfois anarchique — de l'agglomération parisienne a conduit les pouvoirs publics à intervenir pour orienter, au bénéfice de l'individu et de la collectivité, le processus de la croissance urbaine.

En 1960 a été approuvé un Plan d'Aménagement et d'Organisation Générale de la Région Parisienne (P.A.D.O.G.). Depuis 1965 est mis en œuvre un plan d'aménagement plus ambitieux, le schéma directeur, charte du Paris de l'an 2000. Ce plan a subi, depuis 1965, diverses modifications.

Au-delà du Louvre et des Champs-Elysées, on aperçoit les tours de la Défense.

De vastes chantiers

Les travaux entrepris ont notamment pour objet la **rénovation** d'une partie de Paris [pp. 50-51] ; la **restructuration** de la banlieue par la création de nouveaux noyaux urbains (opération de la Défense) ; le **transfert** d'activités hors de Paris (transfert des Halles Centrales à Rungis).

Création de villes nouvelles

La création de **villes nouvelles** dans la région parisienne vise à remédier au développement urbain anarchique. En application du schéma directeur est entreprise la création de centres urbains nouveaux, destinés à capter une partie des emplois, des logements et des équipements, à une distance de la métropole telle qu'ils permettent une réelle décongestion de Paris. Cinq villes nouvelles s'édifient : Melun-Sénart, Évry, Saint-Quentin-en-Yvelines, Cergy-Pontoise, Marne-la-Vallée. Les prévisions de développement ont dû être revisées en baisse.

VOCATION DES VILLES NOUVELLES

Les villes nouvelles devront posséder les éléments d'une vie urbaine véritable :

- **Regroupement** de logements, d'emplois de tous genres et de tous niveaux, d'équipements collectifs : scolaires, sociaux et culturels.
- **Réconciliation** de la ville et de la nature par l'alternance de fortes densités et de zones vierges aménagées en parcs urbains et en bases de loisirs.
- **Séparation** des circulations automobile et piétonne.

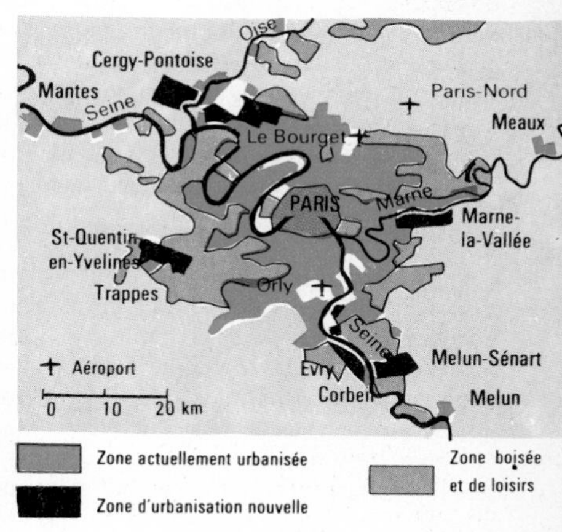

FOS-SUR-MER
Vue aérienne

6 LA PROVINCE

LA PROVINCE QUI BOUGE

Même si la région parisienne conserve encore une place prépondérante dans la géographie française, le contraste que l'on pouvait souligner il y a trente ans entre « Paris et le désert français » (J.-F. Gravier) tend à s'effacer. En face de Paris, « la province » bouge et témoigne d'une vitalité remarquable. Ses caractéristiques traditionnelles changent à un rythme accéléré.

Une image périmée

Jusqu'à la dernière Guerre mondiale, on opposait encore volontiers la vie de province à celle de la capitale. D'un côté, l'attachement aux traditions, une tranquillité parfois somnolente, la médiocrité empreinte d'une certaine sagesse : c'est la province décrite dans les romans de Mauriac, de Genevoix, de Chardonne, où la ville ou le bourg restent proches du terroir et de la vie paysanne ; de l'autre, l'innovation, le brassage des idées, le cosmopolitisme, la lutte pour l'argent et le pouvoir, dans le grouillement d'une métropole. Le jeune provincial qui ne « montait » pas à Paris pour y faire carrière était condamné à végéter sur place dans des postes et des fonctions subalternes. Héritage de plusieurs siècles de centralisation durant lesquels la Ville-Lumière avait pompé les forces vives du pays.

Un mouvement qui s'inverse

Cette image est aujourd'hui périmée. Depuis le milieu du siècle, le développement accéléré des media a tiré la province de son isolement, le progrès des transports (train, autoroutes, avion) permet des liaisons aller et retour dans la même journée entre toutes les grandes villes de France [pp. 301 à 306]. Au regard de Paris, où les déplacements dévorent le temps de chacun, où l'existence est trépidante, on se prend à goûter le charme des villes moyennes et de leur environnement proche, où l'on peut retrouver une certaine « qualité de la vie », même si les problèmes d'emploi s'y posent souvent d'une façon aigüe [photo p. 61]. A un exode rural massif commence même à succéder, sous l'influence des idées écologistes, une manière de retour à la terre. Ce renversement qui se dessine en France dans les flux démographiques a été favorisé par d'autres facteurs plus profonds.

Une politique de décentralisation

Tout d'abord la Ve République a entrepris un vaste effort de **décentralisation** dans différents domaines : déconcentration administrative et économique, avec la création des régions et des assemblées régionales [p. 246] et la mise en œuvre d'une politique d'aménagement du territoire [pp. 274 à 277] ; industrielle, en incitant les grandes ou moyennes entreprises à déplacer leurs usines en province ou à y implanter les nouvelles installations pour y alimenter le marché de l'emploi ; urbaine, en favorisant le développement des métropoles d'équilibre et des villes moyennes et la création de villes nouvelles [p. 334] ; culturelle enfin en créant en province une dizaine de

Maisons de la Culture [p. 211] et en encourageant les initiatives locales dans les domaines dramatique, musical et artistique.

La recherche des diversités

Mais ce qui a joué plus encore en faveur de ce renversement de situation, c'est la prise de conscience des identités régionales, du « droit à la différence », de la richesse du patrimoine national dans sa diversité même ; ce sont, çà et là, les revendications des minorités ethniques à parler aussi leur langue et à vivre leur culture, non plus comme survivances folkloriques, mais comme une manière de s'affirmer en tant que composantes de la nation française [pp. 28-29]. Il faut souligner ici le rôle souvent décisif joué par les nombreux centres dramatiques qui rayonnent jusque dans les campagnes, mais dont certains ont une audience nationale, voire internationale, ainsi que par des municipalités ou des conseils régionaux qui ont su promouvoir une véritable **politique culturelle régionale** (un exemple : Pierre Mauroy à Lille, où l'orchestre créé et dirigé par J.-Cl. Casadesus [photo ci-dessous] est l'un des meilleurs de France).

La France, pays de la mobilité et des échanges

Ainsi, à l'image d'une province statique et repliée sur elle-même s'est substituée celle d'une province qui bouge et aussi celle d'une France qui se déplace. Le développement des congés dans toutes les classes sociales, le besoin croissant d'évasion, contrepartie nécessaire de la vie urbaine et d'un travail de plus en plus contraignant, multiplient les échanges entre la grande ville et la province. Le tourisme, le camping, les sports d'été et d'hiver, mais aussi les festivals et manifestations de toutes sortes favorisent brassages et rencontres. Ce goût croissant pour une vie nomade rejoint curieusement le genre d'existence traditionnel que pratique encore la moitié des 90 000 gitans de nationalité française.

Mais pour que « la province » achève de liquider ses vieux complexes, la déconcentration ne suffit pas. Elle doit désormais, grâce à une véritable décentralisation, prendre son sort en main. Les structures sont en place [p. 246] : la balle est dans son camp.

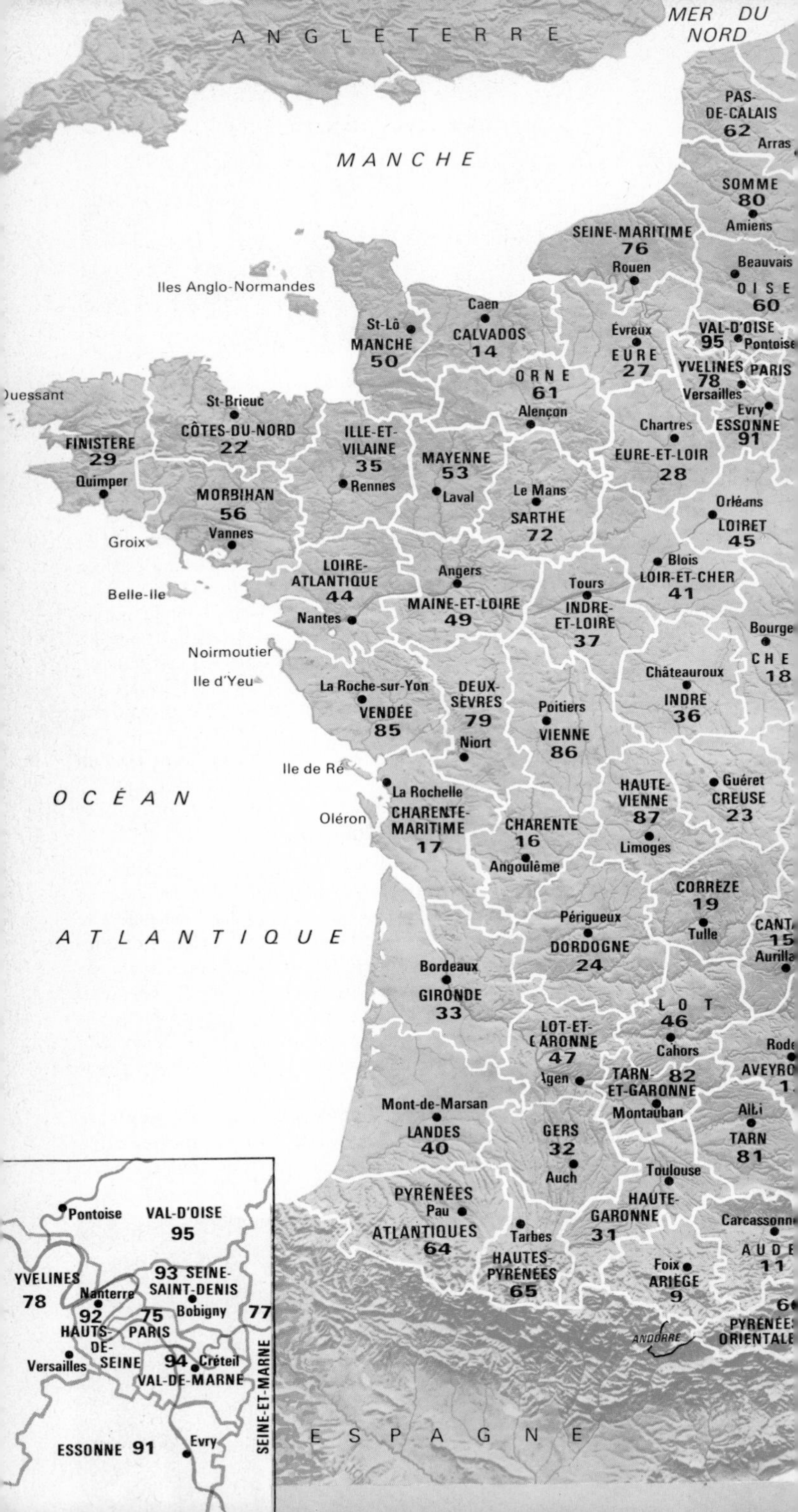
ANGLETERRE
MER DU NORD
MANCHE
PAS-DE-CALAIS 62
Arras
SOMME 80
Amiens
SEINE-MARITIME 76
Rouen
Beauvais
OISE 60
Iles Anglo-Normandes
Caen
St-Lô
MANCHE 50
CALVADOS 14
Évreux
EURE 27
VAL-D'OISE 95
Pontoise
YVELINES 78
PARIS
Versailles
Evry
ESSONNE 91
ORNE 61
Alençon
Ouessant
St-Brieuc
CÔTES-DU-NORD 22
FINISTÈRE 29
Quimper
ILLE-ET-VILAINE 35
Rennes
MAYENNE 53
Laval
Chartres
EURE-ET-LOIR 28
MORBIHAN 56
Vannes
Le Mans
SARTHE 72
Orléans
LOIRET 45
Groix
LOIRE-ATLANTIQUE 44
Nantes
Angers
MAINE-ET-LOIRE 49
Tours
INDRE-ET-LOIRE 37
Blois
LOIR-ET-CHER 41
Belle-Ile
Noirmoutier
Ile d'Yeu
Bourge
CHE 18
Châteauroux
INDRE 36
La Roche-sur-Yon
VENDÉE 85
DEUX-SÈVRES 79
Niort
Poitiers
VIENNE 86
Ile de Ré
La Rochelle
CHARENTE-MARITIME 17
Oléron
OCÉAN
ATLANTIQUE
CHARENTE 16
Angoulême
HAUTE-VIENNE 87
Limoges
Guéret
CREUSE 23
CORRÈZE 19
Tulle
Périgueux
DORDOGNE 24
CANT 15
Aurilla
Bordeaux
GIRONDE 33
LOT 46
Cahors
LOT-ET-GARONNE 47
Agen
TARN-ET-GARONNE 82
Montauban
Rode
AVEYRO
Mont-de-Marsan
LANDES 40
GERS 32
Auch
Albi
TARN 81
Toulouse
HAUTE-GARONNE 31
PYRÉNÉES-ATLANTIQUES 64
Pau
Tarbes
HAUTES-PYRÉNÉES 65
Carcassonne
AUDE 11
Foix
ARIÈGE 9
ANDORRE
PYRÉNÉES-ORIENTALE
ESPAGNE
Pontoise
VAL-D'OISE 95
YVELINES 78
93 SEINE-SAINT-DENIS
Nanterre
Bobigny
92 HAUTS-DE-SEINE
75 PARIS
77
Versailles
94 VAL-DE-MARNE
Créteil
SEINE-ET-MARNE
ESSONNE 91
Evry

LES DÉPARTEMENTS DE LA FRANCE MÉTROPOLITAINE

(avec les numéros d'immatriculation des automobiles)

PAYS-BAS
BELGIQUE
LUXEMBOURG
ALLEMAGNE
SUISSE
ITALIE
MONACO
MER MÉDITERRANÉE

Mézières
ARDENNES
8

Laon
SNE
2

MARNE
51
Châlons-sur-Marne

MEUSE
55
Bar-le-Duc

Metz
MOSELLE
57

MEURTHE-ET-MOSELLE
Nancy
54

BAS-RHIN
67
Strasbourg

Troyes
AUBE
10

HAUTE-MARNE
52
Chaumont

Épinal
VOSGES
88

Colmar
HAUT-RHIN
68

ONNE
89
uxerre

HAUTE-SAÔNE
70
Vesoul

Belfort
TERRITOIRE DE BELFORT
90

CÔTE-D'OR
21
Dijon

Besançon
DOUBS
25

VRE
8
vers

Lons-le-Saunier
JURA
39

SAÔNE-ET-LOIRE
71
Mâcon

Bourg
AIN
1

HAUTE-SAVOIE
74
Annecy

RHÔNE
69
Lyon

LOIRE
42
St-Étienne

ÔME

Chambéry
SAVOIE
73

ISÈRE
38
Grenoble

HAUTE-LOIRE
43
Le Puy

Valence
DRÔME
26

Privas
ARDÈCHE
7

HAUTES-ALPES
Gap
5

ende
ZÈRE
48

ALPES DE HAUTE-PROVENCE
Digne
4

GARD
30
Nîmes

VAUCLUSE
84
Avignon

ALPES-MARITIMES
6
Nice

tpellier
RAULT
34

BOUCHES-DU-RHÔNE
13
Marseille

Draguignan
VAR
83

Iles d'Hyères

Bastia
HAUTE-CORSE
2B

Ajaccio
2A
CORSE-DU-SUD

LA DIVERSITÉ PROVINCIALE

Michelet disait de la France qu'elle est une personne. Comme un être humain, elle est complexe, riche de diversités, voire de contradictions. C'est en parcourant la Province — tout ce qui est en dehors de la capitale — que l'on prend conscience d'une telle richesse.

La carte ci-dessous permet de localiser les grands ensembles régionaux présentés dans les pages suivantes : ensembles qui doivent leur personnalité à la conjonction de facteurs naturels, historiques et économiques.

LA FRANCE DU NORD

Une plaine basse, uniforme, piquée de fins beffrois, bordée de dunes moutonnantes le long de la mer : c'est la moins étendue des régions françaises. Pays des mines et des usines, du textile et de la bière, autrefois prospère, elle est devenue une région à reconvertir.

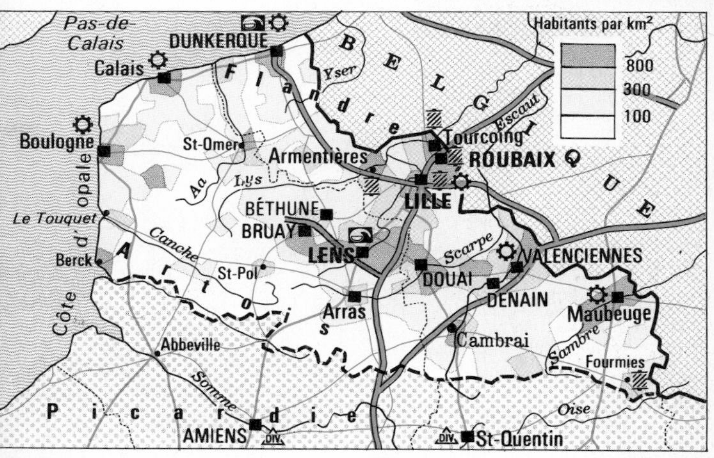

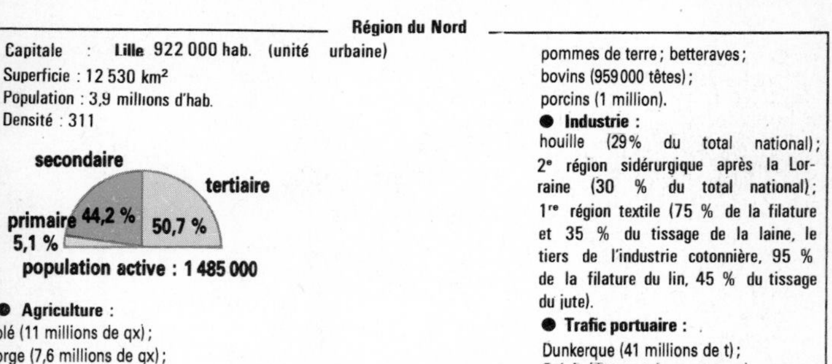

Région du Nord

Capitale : **Lille** 922 000 hab. (unité urbaine)
Superficie : 12 530 km²
Population : 3,9 millions d'hab.
Densité : 311

population active : 1 485 000

● **Agriculture** :
blé (11 millions de qx) ;
orge (7,6 millions de qx) ;
pommes de terre ; betteraves ;
bovins (959 000 têtes) ;
porcins (1 million).

● **Industrie** :
houille (29 % du total national) ;
2ᵉ région sidérurgique après la Lorraine (30 % du total national) ;
1ʳᵉ région textile (75 % de la filature et 35 % du tissage de la laine, le tiers de l'industrie cotonnière, 95 % de la filature du lin, 45 % du tissage du jute).

● **Trafic portuaire** :
Dunkerque (41 millions de t) ;
Calais (1ᵉʳ port de voyageurs)

• **La Flandre,** fertilisée grâce à un intense labeur humain, est à la fois un riche pays agricole et une région fortement industrialisée. L'extraction de la houille a fait du Nord, au XIXᵉ siècle, un haut lieu de l'industrie française. Mais le « Pays Noir », durement touché par le déclin charbonnier, doit aujourd'hui diversifier ses productions (implantation de l'industrie automobile). Près de la frontière belge, la conurbation Lille-Roubaix-Tourcoing compte environ 1 million d'habitants.

• **L'Artois et le Cambrésis** sont des régions de grande culture : blé, betterave à sucre, cultures fourragères.

LA PICARDIE

Au sud des collines de l'Artois s'étendent les vastes horizons picards qui se prolongent à l'est en Champagne. Comprises entre les régions industrielles du Nord et du Nord-Est et la région parisienne, la Picardie et la Champagne sont des zones d'intense circulation qui modernisent leur agriculture et développent de multiples activités industrielles.

LE CHAMPAGNE

Grâce au procédé découvert au XVIIIe s. par le moine Dom Pérignon, le vin de Champagne devenu mousseux est entreposé, de Reims à Épernay, dans des caves à 30 m de profondeur. La Champagne produit 153 millions de bouteilles par an. Le vignoble (20 000 ha) est familial : 85 % de la superficie sont partagés entre plus de 16 000 vignerons (dont 13 000 vignerons exploitants). 144 « Maisons de champagne » et 120 coopératives de vignerons assurent la plus grande partie de la vinification et de la commercialisation. Près de 25 % de la production sont exportés surtout vers la Grande-Bretagne, les États-Unis, la R.F.A.

▸ **La Picardie** porte, sur ses plateaux, de riches cultures fortement mécanisées. Les fonds de vallées (Somme) sont occupés par des « hortillonnages » (jardins maraîchers). Dans les villes qui s'industrialisent se dressent d'imposantes cathédrales : Amiens, Beauvais...

:T LA CHAMPAGNE

La Champagne, plaine largement ouverte, a été dès l'époque romaine :n carrefour important. Au Moyen Age, ses foires célèbres attiraient les ıarchands de toute l'Europe. Dans la région d'Épernay, les côtes enso- :illées voient mûrir la vigne qui produit le célèbre « champagne ».

La Champagne « pouilleuse », autrefois lande sèche et pauvre, est .evenue une riche région céréalière.

Les villes champenoises, Reims, Châlons-sur-Marne, et dans une moindre ıesure Troyes, bénéficient de la politique de décentralisation.

L'Ardenne. Vieux plateau hercynien, « immense forêt de petits arbres », isait Michelet, l'Ardenne est parsemée de landes et de tourbières. Dans :s méandres de la Meuse « endormeuse » se sont développées de petites illes industrielles : Mézières-Charleville, Sedan, Givet.

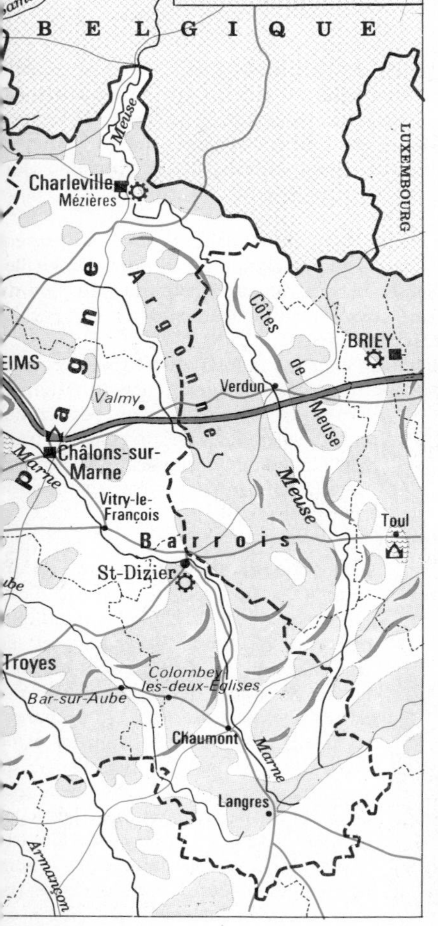

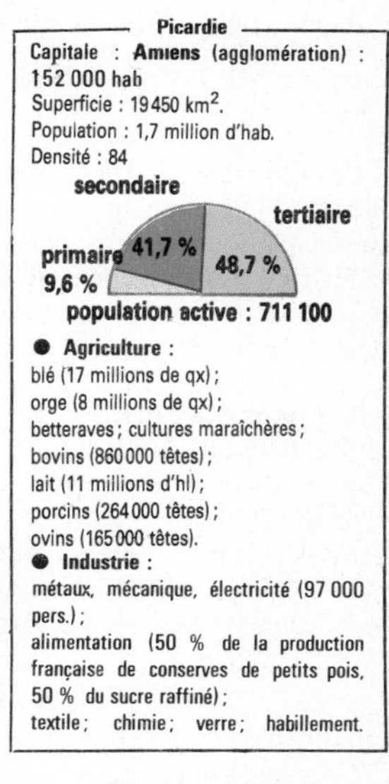

Picardie

Capitale : **Amiens** (agglomération) : 152 000 hab

Superficie : 19 450 km^2.

Population : 1,7 million d'hab.

Densité : 84

● **Agriculture** :
blé (17 millions de qx) ;
orge (8 millions de qx) ;
betteraves ; cultures maraîchères ;
bovins (860 000 têtes) ;
lait (11 millions d'hl) ;
porcins (264 000 têtes) ;
ovins (165 000 têtes).

● **Industrie** :
métaux, mécanique, électricité (97 000 pers.) ;
alimentation (50 % de la production française de conserves de petits pois, 50 % du sucre raffiné) ;
textile ; chimie ; verre ; habillement.

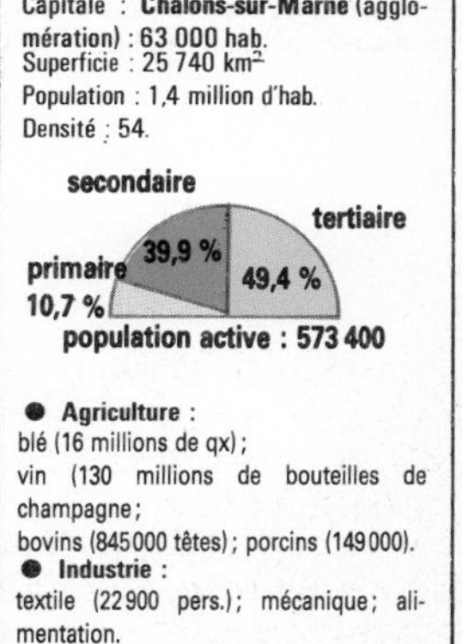

Champagne - Ardennes

Capitale : **Châlons-sur-Marne** (agglomération) : 63 000 hab.

Superficie : 25 740 km^2

Population : 1,4 million d'hab.

Densité : 54.

● **Agriculture** :
blé (16 millions de qx) ;
vin (130 millions de bouteilles de champagne ;
bovins (845 000 têtes) ; porcins (149 000).

● **Industrie** :
textile (22 900 pers.) ; mécanique ; alimentation.

LA PLACE STANISLAS A NANCY

Au XVIIIe s., le beau-père de Louis XV, Stanislas Leczinski, ancien roi de Pologne et duc de Lorraine, embellit sa capitale.

LA FRANCE DU NORD-EST

Les régions de la France du Nord-Est, terres de contact entre l'Europe latine et l'Europe germanique, sont un carrefour qui a longtemps été disputé.

De part et d'autre des Vosges, vieux massif hercynien pastoral et forestier, s'étendent la Lorraine et l'Alsace.

▸ **La Lorraine.** Partie occidentale de l'ancienne Lotharingie, à laquelle elle doit son nom, la Lorraine comprend un plateau aux vastes horizons, au sol pauvre mais au sous-sol riche en charbon et en sel, et, plus à l'ouest, le fertile pays des côtes de Meuse et de Moselle, qui encadrent plateaux et vallées riches en fer. Puissante région industrielle, la Lorraine doit faire face, depuis quelques années, à de sérieuses difficultés.

▸ **L'Alsace.** Étendue à la fois sur la plaine du Rhin et sur le versant oriental des Vosges, l'Alsace offre une grande diversité de paysages. De vieilles cités : Obernai, Riquewihr, Kaïsersberg, Colmar, échelonnées au pied du vignoble qui les fait vivre, ont conservé, avec leurs nids de cigognes et leurs maisons sculptées, leur cachet ancien.

La plaine, en bordure du Rhin aménagé, s'industrialise rapidement, de Strasbourg à Mulhouse. Parmi les atouts de la région : une situation de carrefour, l'aménagement de zones industrielles, les investissements étrangers (allemands, suisses, américains), le renforcement des infrastructures de transports.

LES COLLINES SOUS-VOSGIENNES.

Un vignoble de 12 000 ha, bien exposé au soleil levant, donne des vins de qualité, surtout des vins blancs, désignés par les cépages : Riesling, Traminer... Seule la commune de Riquewihr a donné son nom à un cru.

▸ **Les Vosges.** Partagées entre la Lorraine (à l'ouest) et l'Alsace (à l'est), les Vosges sont une vieille montagne couverte de forêts de sapins et de hêtres et dont les ballons sont couronnés de pâturages (les « chaumes ») où, dans les « marcaireries », se préparent les fromages réputés de Munster et de Gérомé ; une région agrémentée de nombreux lacs, témoins d'anciens glaciers, et riche en stations thermales comme Vittel, Plombières et Contrexéville. Ici et là, des filatures produisent la toile des Vosges, qui, après le tissage, blanchit au soleil dans les prés.

Lorraine

Capitale : **Nancy** (aggl.) : 279 000 hab.
Metz (aggl.) : 181 000 hab.
Superficie : 23 000 km².
Population : 2,3 millons d'hab.
Densité : 100.

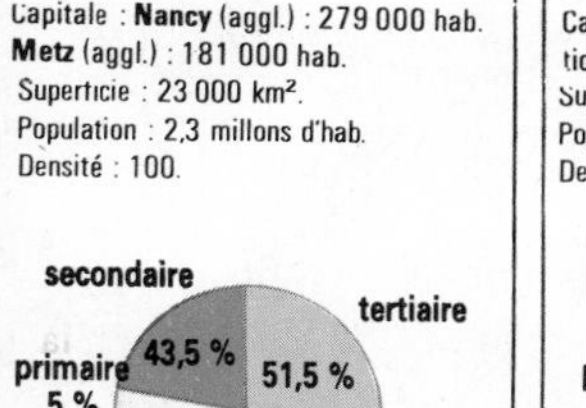

population active : 933 700

● **Agriculture** :
blé (3,6 millions de qx) ;
bovins (1 million de têtes) ;
lait (13,3 millions d'hl) ;
porcins (180 000 têtes).

● **Industrie** :
sidérurgie (44 % de la production française d'acier) ;
charbon (23 000 pers., la moitié de la production nationale) ;
mécanique ; chimie ;
matériaux de construction ;
mines de fer (10 000 pers., 95 % de la production nationale).

Alsace

Capitale : **Strasbourg** (agglomération) : 355 000 hab.
Superficie : 8 300 km².
Population : 1,5 million d'hab.
Densité : 68.

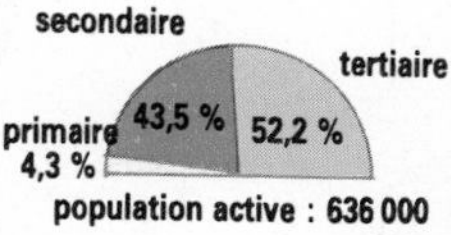

secondaire
tertiaire
primaire
4,3 %
43,5 %
52,2 %

population active : 636 000

● **Agriculture** :
blé ; maïs ; houblon ; tabac ; vin ; élevage de bovins et de porcins.

● **Industrie** :
mécanique (Peugeot à Mulhouse) ;
alimentation (bière) ;
chimie ;
électricité (20 milliards de kWh).

● **Commerce** :
1re région française pour le volume des échanges extérieurs par habitant ; Strasbourg, 2e port fluvial français.

STRASBOURG

Dominée par la flèche rose de sa célèbre cathédrale, Strasbourg est aujourd'hui, le siège du Conseil de l'Europe.

DIJON

LA BOURGOGNE

Seuil entre le Morvan et les Vosges, la Bourgogne fut, à travers les âges, un lieu de passage très fréquenté entre le Nord et le Midi. D'où la fortune de Dijon, carrefour de routes, ville d'art et capitale des ducs de Bourgogne qui, durant plus d'un siècle, tinrent tête aux rois de France. Pays varié, célèbre par ses vins, et aussi par ses édifices romans.

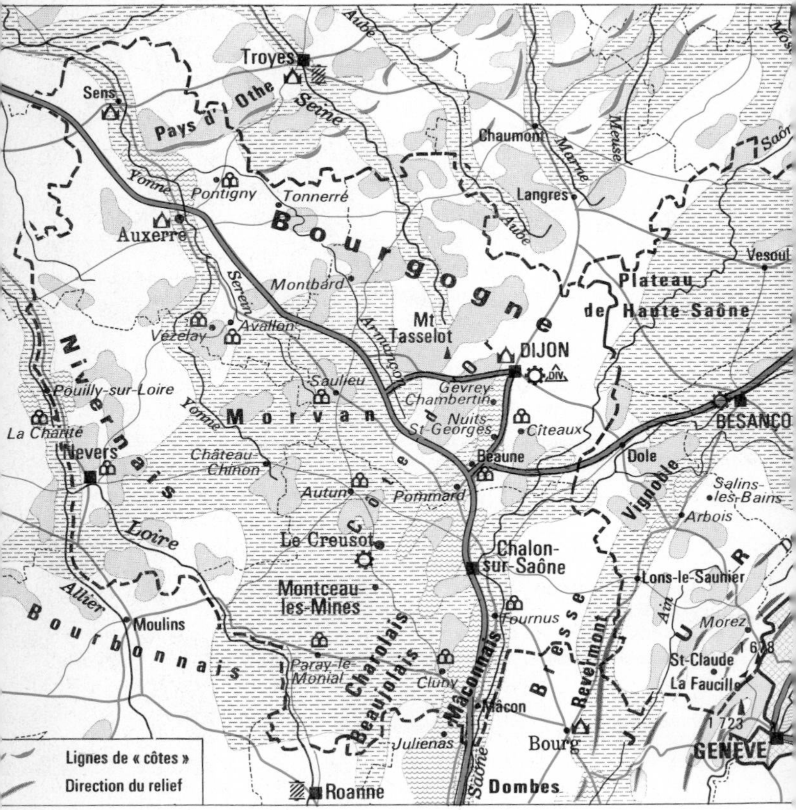

▶ **La Côte-d'Or.** De Dijon à Beaune et à Chagny, le long de la « Route du Vin » qui serpente à mi-côte, les grands crus de la « Côte-d'Or », célèbres depuis l'antiquité gallo-romaine, égrènent leurs noms prestigieux : Gevrey-Chambertin, Clos-Vougeot, Vosne-Romanée, Pommard, Meursault, Puligny-Montrachet...

ET LA FRANCHE-COMTÉ

A l'est, la Franche-Comté, ancienne province rattachée à la France au XVIIe siècle, est une région montagneuse et pittoresque où, parmi forêts et prairies, sont disséminés des chalets, des « fruitières » (coopératives fromagères), des scieries, et où la vie, sauf dans quelques centres industriels, reste proche de la nature.

UNE VALLÉE DU JURA

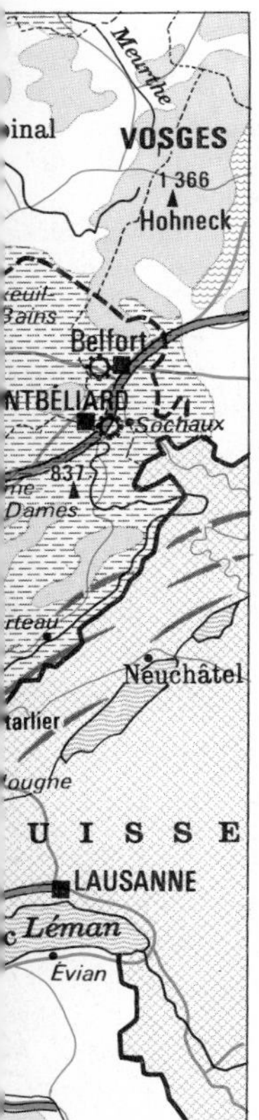

Bourgogne

Capitale : **Dijon** (agglomération) : 203 000 hab.
Superficie : 32 000 km².
Population : 1,6 million d'hab.
Densité : 50.

secondaire 37,6 % — **tertiaire** 50,5 % — **primaire** 11,9 %
population active : 650 900

● **Agriculture :**
blé (10,7 millions de qx); orge (9,8 millions de qx); maïs (4,5 millions de qx); bovins (1,4 million de têtes); lait (11,3 millions d'hl); vin (756 000 hl).

● **Industries :**
mécanique, électricité (77 000 pers.); chimie; textile; habillement; alimentation.

Franche-Comté

Capitale : **Besançon** (agglomération) : 124 000 hab.
Superficie : 16 000 km².
Population : 1 million d'hab.
Densité : 62.

secondaire 48,6 % — **tertiaire** 43,1 % — **primaire** 8,3 %
population active : 460 000

● **Agriculture :**
céréales; bois; bovins; lait (11 millions d'hl); fromages (Emmenthal et Comté : 67 000 t).

● **Industrie :**
mécanique, automobile (52 300 pers.); constructions électriques; horlogerie; bois (10 000 pers.); alimentation; textile.

◂ **Le Morvan.** Prolongement du Massif Central, le Morvan est un massif de vieilles montagnes boisées aux formes arrondies, aux hameaux dispersés, qui a longtemps vécu replié sur lui-même et qui s'ouvre lentement à la modernisation. La région est riche en sites et vallées pittoresques et en lacs artificiels.

◂ **La zone de Belfort-Montbéliard,** qui comprend 80 communes, groupe 240 000 habitants. C'est une longue aire urbaine fortement industrialisée. La métallurgie est prédominante : la Franche-Comté se situe au 3e rang national après la région parisienne et la région Rhône-Alpes. La firme Peugeot qui occupe plus de 32 000 salariés (Sochaux et Montbéliard) a étendu ses activités en Alsace (Mulhouse).

▸ **Le Jura,** issu du plissement alpin, est la dernière-née des montagnes françaises. La « montagne », à l'E., formée de plis parallèles, cède la place, à l'O., à des plateaux étagés où se sont développés de petits centres industriels : Saint-Claude, Oyonnax... Située à la bordure N.-E. du Jura, Besançon est la capitale de la Franche-Comté.

Le Havre, « Porte Océane », l'un des grands pôles de développement de la Haute Normandie.

LA NORMANDIE

La Normandie, c'est la mer à deux heures de Paris, avec ses magnifiques plages de sable ou de galets, ses stations balnéaires mondaines ou familiales, l'arête blanche de ses falaises et l'animation de ses ports de pêche; c'est, sur la route du Mont-Saint-Michel et de la Bretagne, l'étape verdoyante, le repos du regard, la vision d'une campagne française calme et cossue, où l'on est heureux de vivre.

▸ **La Basse-Normandie.** Cette région doit à son relief en « creux », à son socle de granit où s'encaissent des vallées pittoresques son aspect de bocage : ce « bocage normand », ses paysages, aux champs cloisonnés de haies, du pays d'Auge au Cotentin, annoncent déjà la Bretagne.

Caen, capitale régionale riche en églises, détruite à 75 % durant la dernière guerre, aujourd'hui reconstruite à neuf, développe ses activités tertiaires, commerciales, universitaires et de recherche.

Le Mont-Saint-Michel. A l'embouchure du Couesnon le Mont-Saint-Michel se dresse majestueusement sur un îlot granitique de 80 m. C'est au VIIIe siècle que l'évêque d'Avranches choisit le Mont pour fonder un oratoire auquel succéda une abbaye carolingienne. Véritable répertoire d'architecture le Mont-Saint-Michel mêle harmonieusement le style gothique au roman.

▶ **La Haute-Normandie.** Elle doit son nom à sa position sur la carte, et non pas à son relief. C'est en effet une immense plaine crayeuse, mais aux paysages variés : tantôt campagnes favorables à la grande culture (le lin surtout), tantôt herbages et gras pâturages, où l'on élève les races de chevaux et de bovins les plus réputées en France. Pays des fromages par excellence (camembert, pont-l'évêque) et aussi des pommes à cidre, avec de grands marchés agricoles.

La Haute-Normandie, reliée à la région parisienne par la vallée de la Seine et dotée de deux grands ports, Le Havre et Rouen, s'est fortement industrialisée. Aux industries traditionnelles, textiles, industries alimentaires, se sont ajoutées des constructions électriques et mécaniques (automobile) et, surtout, un grand complexe pétroléochimique. Un schéma d'aménagement prévoit trois grands pôles de développement : la zone située entre Le Havre et la forêt de Brotonnes, la région Évreux-Vernon, le Grand Rouen.

Ces trois pôles sont destinés à grouper 2,5 millions d'habitants dans moins de 20 ans (projection en l'an 2000).

Le renforcement des liaisons autoroutières porte sur deux grands axes de circulation : les autoroutes Paris-Pontoise-Rouen-Le Havre et Paris-Caen.

Haute-Normandie

Capitale : **Rouen** (agglomération) : 389 000 hab.
Superficie : 12 300 km²
Population : 1,6 million d'hab.
Densité : 130.

secondaire 41 %
tertiaire 51,9 %
primaire 7,1 %
population active : 713 700

● **Agriculture :**
blé (10,2 millions de qx); orge; lin; betteraves;
bovins (1 million de têtes);
viande bovine (73 000 t);
lait (11 millions d'hl);
porcins (161 000).

● **Industrie :**
métallurgie et mécanique (25 000 pers.);
chimie (18 700 pers.);
textile (12 100 pers.); papier; alimentation.

● **Produits de la pêche :**

● **Trafic portuaire :**
Rouen (20 millions de t; Le Havre (86 millions de t).

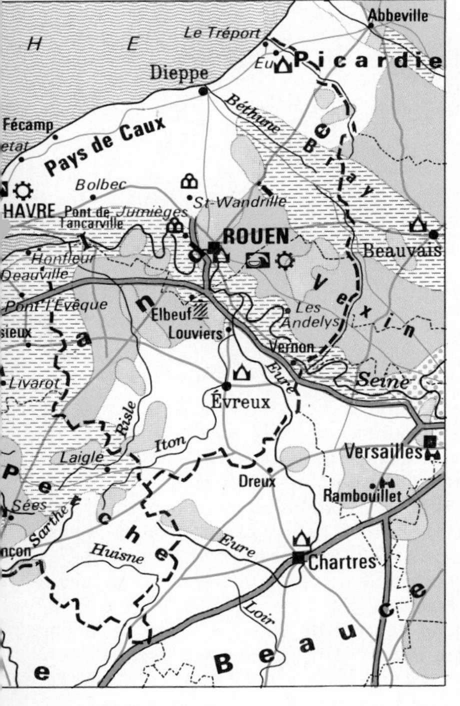

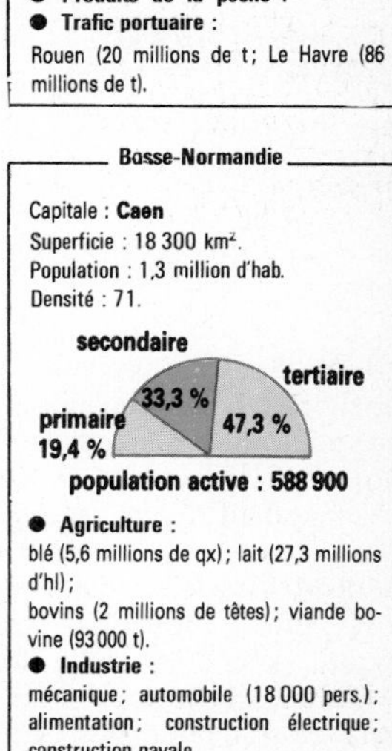
Basse-Normandie

Capitale : **Caen**
Superficie : 18 300 km².
Population : 1,3 million d'hab.
Densité : 71.

secondaire 33,3 %
tertiaire 47,3 %
primaire 19,4 %
population active : 588 900

● **Agriculture :**
blé (5,6 millions de qx); lait (27,3 millions d'hl);
bovins (2 millions de têtes); viande bovine (93 000 t).

● **Industrie :**
mécanique; automobile (18 000 pers.); alimentation; construction électrique; construction navale.

Le barde breton ALAN STIVELL se produisant dans une fête populaire.

LA BRETAGNE

Peuplée depuis le Ve s. de Celtes chassés de Cornouaille, la Bretagne, pays des menhirs et des dolmens, des légendes (Merlin et Viviane, Ys, le roi de Thulé), des calvaires et des pardons, apparut longtemps comme une contrée étrange et lointaine. Bien que ce passé reste vivant, la Bretagne connaît aujourd'hui, grâce à l'équipement technique et au tourisme, l'amorce d'une transformation profonde.

LA POINTE DU RAZ. A l'extrémité de l'Europe, face à l'Océan, la côte est déchiquetée, souvent battue par les tempêtes.

▸ **L'Ar-Mor.** La Bretagne côtière doit toutes ses chances à la mer (armor). Ses côtes découpées, qui offrent des spectacles grandioses, des sites aux noms souvent terrifiants (Enfer de Plogoff, baie des Trépassés) et de magnifiques plages de sable fin et doré ont favorisé, grâce aux nombreux estuaires que remonte la marée, l'établissement de ports : Brest (port de guerre), Lorient (fondé en 1666 par la Compagnie des Indes), Saint-Malo (vieille cité des corsaires), Concarneau (port de pêche).

Le climat, adouci par des courants marins, favorise les cultures maraîchères, notamment celle des primeurs.

Enfin, la beauté des sites et la douceur du climat attirent un nombre sans cesse grandissant de touristes : Dinard, Dinan, Perros-Guirec, Quiberon...

• **L'Ar-Coat.** Autrefois couverte de forêts, la Bretagne de l'intérieur (ar-coat = pays au bois), au sol granitique, est un pays pauvre qui alimente un fort courant d'émigration, en particulier vers la région parisienne. L'homme a défriché la couverture forestière qui ne subsiste que par lambeaux (forêt de Paimpont) et a enclos de haies vives ses champs et ses prés, créant un bocage très touffu. L'habitat est généralement en petits hameaux, les *plous,* qui groupent quelques maisons sans étage.

A la Bretagne occidentale, rude, isolée, plus pauvre, s'oppose la Bretagne orientale, plus ouverte, plus fertile, plus riche, autour de sa capitale, Rennes.

Un effort d'industrialisation a été entrepris et, depuis 1954, près de 500 établissements industriels (dont quelque 200 entreprises décentralisées) se sont installés en Bretagne.

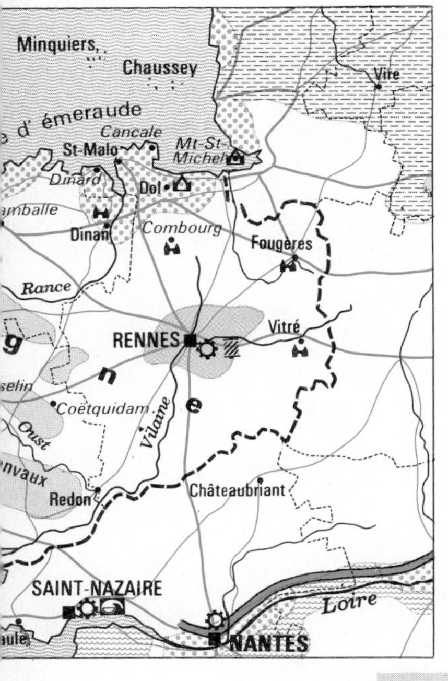

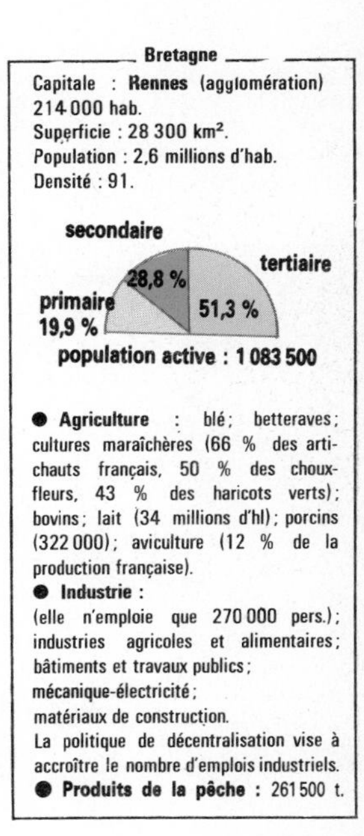

Bretagne

Capitale : **Rennes** (agglomération) 214 000 hab.
Superficie : 28 300 km².
Population : 2,6 millions d'hab.
Densité : 91.

secondaire 28,8 %
tertiaire 51,3 %
primaire 19,9 %
population active : 1 083 500

● **Agriculture** : blé; betteraves; cultures maraîchères (66 % des artichauts français, 50 % des choux-fleurs, 43 % des haricots verts); bovins; lait (34 millions d'hl); porcins (322 000); aviculture (12 % de la production française).

● **Industrie** : (elle n'emploie que 270 000 pers.); industries agricoles et alimentaires; bâtiments et travaux publics; mécanique-électricité; matériaux de construction. La politique de décentralisation vise à accroître le nombre d'emplois industriels.

● **Produits de la pêche** : 261 500 t.

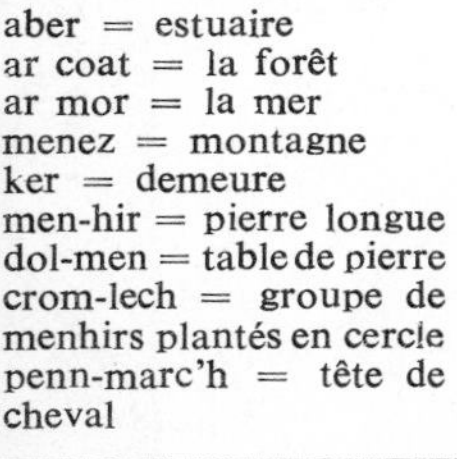

EN BRETON...

aber = estuaire
ar coat = la forêt
ar mor = la mer
menez = montagne
ker = demeure
men-hir = pierre longue
dol-men = table de pierre
crom-lech = groupe de menhirs plantés en cercle
penn-marc'h = tête de cheval

UN CALVAIRE BRETON.

La Loire, le plus grand de nos fleuves (1 000 km), descend du Massif Central et décrit une large bande dans le Bassin Parisien avant de regagner l'Océan en traversant le Massif armoricain. Autrefois des bateaux y circulaient jusqu'à Orléans.

LES PAYS-

Les pays de la Loire, chantés par les poètes de la Pléiade, se sont modelés sur les courbes nonchalantes du fleuve et de ses affluents où se mirent châteaux, jardins et maisons de pierre blanche, argentés par un soleil paisible. La « douceur angevine » est douceur divine.

▸ **L'Anjou et la Touraine.** Entre les plateaux boisés que sectionnent en bandes parallèles les affluents de la Loire, les vallées d'Anjou et de Touraine sont couvertes de prairies, de vergers et de vignobles aux vins savoureux et fruités : terre du « rosé », où les maisons se coiffent de l'« ardoise fine » de Trélazé, chère à Du Bellay, jardin de la France.

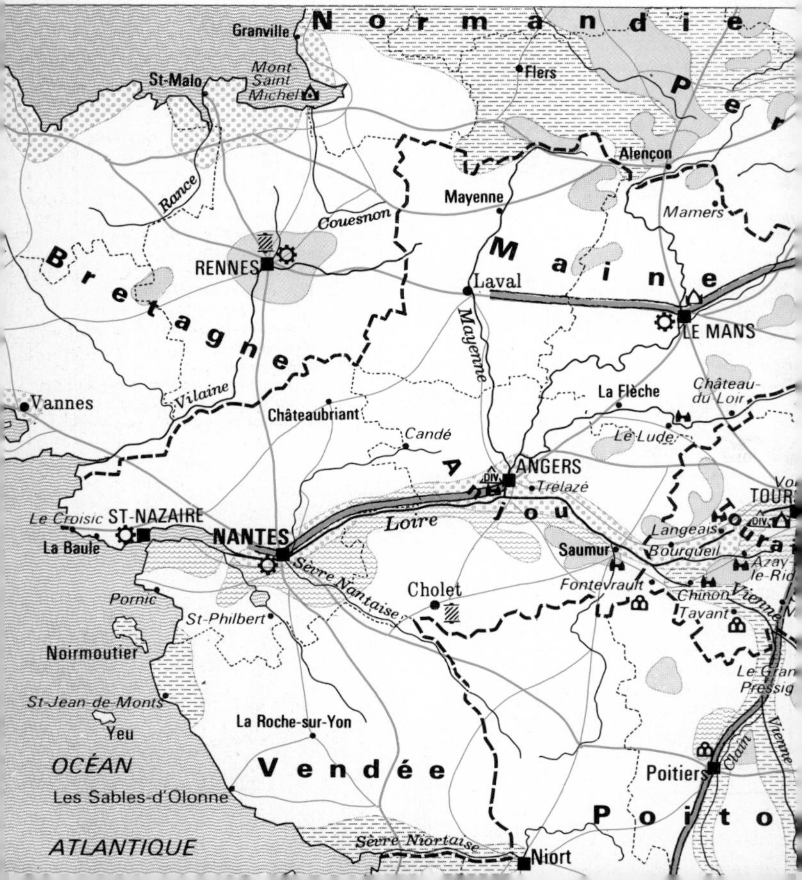

Normandie
Granville
Mont-Saint-Michel
St-Malo
Flers
Per
Alençon
Mayenne
Mamers
Rance
Couesnon
RENNES
Bretagne
Maine
Laval
LE MANS
Mayenne
Vilaine
Vannes
Châteaubriant
Candé
La Flèche
Château-du-Loir
Le Lude
ANGERS
Trélazé
Anjou
Le Croisic
ST-NAZAIRE
La Baule
NANTES
Loire
Langeais
Bourgueil
Saumur
Fontevrault
Chinon
Tavant
Azay-le-Rid
TOURS
Toura
Vienne
Sèvre Nantaise
Cholet
Pornic
St-Philbert
Noirmoutier
St-Jean-de-Monts
Yeu
La Roche-sur-Yon
Le Gran Pressig
OCÉAN
Vendée
Les Sables-d'Olonne
Poitiers
Clain
Vienne
Poito
ATLANTIQUE
Sèvre Niortaise
Niort

DE-LOIRE

▸ **L'Orléanais.** Au sommet de la boucle de la Loire, Orléans est cernée au nord par son immense forêt. Situé à 100 km au S. de la capitale, l'Orléanais fait figure aujourd'hui d'avant-poste de la région parisienne, dont il tend à devenir peu à peu, grâce à la décentralisation, une sorte d'annexe industrielle.

▸ **La Sologne et le Berry.** Au sud de la Loire, dans la boucle formée par le fleuve, le paysage change. La Sologne, naguère encore marécageuse, aujourd'hui plantée de pins, est un pays de choix pour la pêche et la chasse. La plaine calcaire du Berry, restée, comme à l'époque de George Sand, un pays agricole et pastoral, s'ouvre néanmoins lentement à l'industrie.

AZAY-LE-RIDEAU
un des bijoux de la Touraine, édifié par un grand financier du XVIe s., marie heureusement le gothique et l'art de la Renaissance.

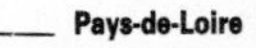

Pays-de-Loire

Capitale : **Nantes** (aggl.) : 433 000 hab
Superficie : 32 124 km².
Population : 2,8 millions d'hab.
Densité : 87.

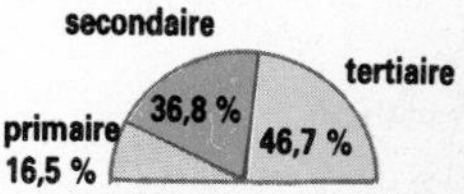

primaire	secondaire	tertiaire
16,5 %	36,8 %	46,7 %

population active : 1 191 100

● **Agriculture :**
blé (10,8 millions de qx) ; maïs (5,5 millions de qx) ;
bovins (3,5 millions de têtes) ;
● **Industrie :**
mécanique ; constructions électriques ; métallurgie ; habillement.
● **Pêche :** 39 300 t.
● **Tourisme** : 2 millions d'estivants.
● Port de Nantes–Saint-Nazaire (16 millions de t).

Centre

Capitale : **Orléans** (agglomération) 205 000 hab.
Superficie : 39 460 km².
Population : 2,2 millions d'hab.
Densité : 55.

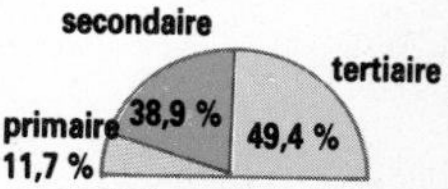

primaire	secondaire	tertiaire
11,7 %	38,9 %	49,4 %

population active : 950 500

● **Agriculture :**
blé (35 millions de qx) ; maïs (15,6 millions de qx) ; seigle ; cultures maraîchères ; vin.
● **Industrie :**
mécanique, électricité (100 000 pers.) ; chimie ; textile ; habillement.

Les îles sont nombreuses le long de cette côte. L'île de NOIRMOUTIER, à laquelle on accède en voiture à marée basse par une chaussée, attire les touristes par son charme et la douceur de son climat.

LA FRANCE

Région de transition entre la Basse Loire et la Gironde, la France du Centre-Ouest est avant tout un lieu de passage entre le Bassin Parisien, avec lequel elle communique par le seuil du Poitou, et le Bassin Aquitain, auquel elle permet d'accéder par les Charentes. Son climat atlantique y favorise la culture et l'élevage. Le littoral offre aux amateurs de bains de magnifiques plages.

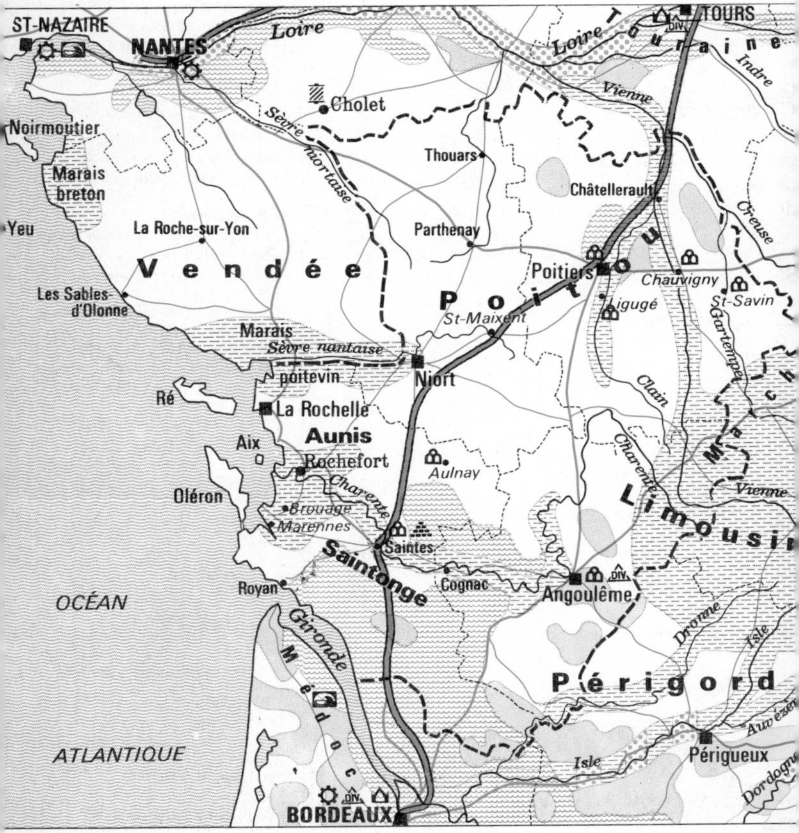

DU CENTRE-OUEST

▸ **La Vendée.** Incluse dans la région de programme « Pays de la Loire » [p. 243], la Vendée, qui forme le Bas Poitou, fait encore partie du Massif armoricain sans cependant appartenir à la Bretagne. Elle est constituée par des hauteurs granitiques couvertes de landes, la Gâtine, prolongement du Massif armoricain, où se retrancha, aux premiers temps de la République, la farouche résistance des Chouans.

De part et d'autre, des plateaux schisteux forment le Bocage vendéen, aux prairies coupées de haies, où l'élevage et la culture se développent de plus en plus. Le Marais poitevin est un ancien golfe asséché où les prés salés et les cultures maraîchères voisinent avec les marais salants et les parcs à huîtres.

Une plage magnifique et très fréquentée : les Sables-d'Olonne.

POITIERS, centre universitaire et commercial, étape importante sur la route de Bordeaux et d'Espagne, possède plusieurs magnifiques spécimens de l'art roman.

▸ **Le Poitou.** Entre la Vendée et le Limousin, le seuil du Poitou, zone de passage, fut aussi une zone d'invasion : Vouillé évoque les combats de Clovis ; Charles Martel arrêta les Arabes à Poitiers (732). Le Poitou est resté rural. Sur ses sols variés — terre de graie (argiles rougeâtres et calcaire), terre de brandes (terrains froids couverts de landes) — se sont développées des cultures céréalières et fourragères. Poitiers était une des grandes villes française au XVIe s.

▸ **Les Charentes.** Elles réunissent les anciennes provinces d'Aunis et de Saintonge. Pays d'élevage et d'industrie laitière, elles produisent le beurre de France le plus apprécié, ainsi que le cognac, « liqueur des dieux ». Saintes a conservé un arc et des arènes, témoins de son importance à l'époque gallo-romaine.

Angoulême, animée d'une véritable vie industrielle, est la plus grande ville de la région.

Poitou-Charentes

Capitale : **Poitiers** (agglomération) : 93 000 hab.
Superficie : 26 000 km².
Population : 1,6 million d'hab.
Densité : 61.

secondaire 32,8 %
tertiaire 49,8 %
primaire 17,4 %
population active : 629 100

● **Agriculture** :
blé (11,2 millions de qx) ;
maïs (7 millions de qx) ; orge ;
vin (6 millions d'hl) ;
bovins (118 000 têtes) ;
porcins (79 000 têtes).

● **Industrie** :
mécanique, automobile, machines, aéronautique (27 000 pers.) ;
alimentation (7 700 pers.) ; bois ; textile.

● **Produits de la pêche** : 80 600 t.

LA ROCHELLE, port de pêche et de commerce, a conservé les pittoresques remparts qui encadraient son Vieux-Port au temps du fameux siège qu'elle soutint contre Louis XIII et Richelieu.

LE MASSIF CENTRAL

Bastion de hautes terres au cœur du pays, château d'eau qui donne naissance à la Loire et alimente les quatre grands fleuves français, le Massif central (un septième du territoire), contrée au climat rude, a des aspects variés. Isolé, doté de médiocres ressources, il s'est peu à peu dépeuplé.

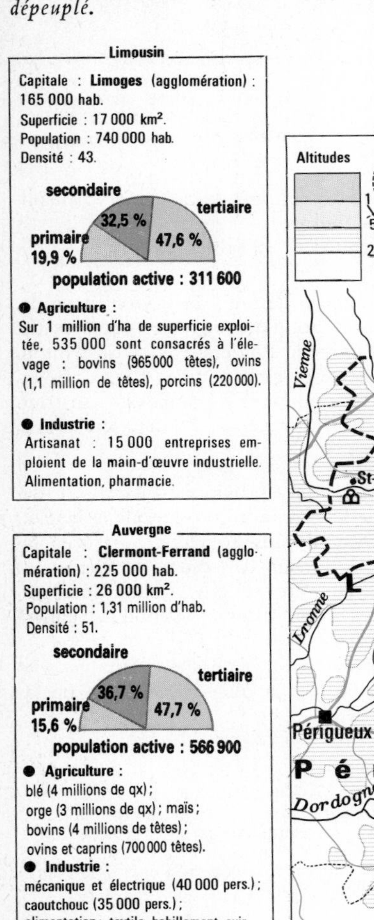

Limousin

Capitale : **Limoges** (agglomération) : 165 000 hab.
Superficie : 17 000 km².
Population : 740 000 hab.
Densité : 43.

secondaire 32,5 % — tertiaire 47,6 % — primaire 19,9 %
population active : 311 600

● **Agriculture** :
Sur 1 million d'ha de superficie exploitée, 535 000 sont consacrés à l'élevage : bovins (965 000 têtes), ovins (1,1 million de têtes), porcins (220 000).

● **Industrie** :
Artisanat : 15 000 entreprises emploient de la main-d'œuvre industrielle. Alimentation, pharmacie.

Auvergne

Capitale : **Clermont-Ferrand** (agglomération) : 225 000 hab.
Superficie : 26 000 km².
Population : 1,31 million d'hab.
Densité : 51.

secondaire 36,7 % — tertiaire 47,7 % — primaire 15,6 %
population active : 566 900

● **Agriculture** :
blé (4 millions de qx) ;
orge (3 millions de qx) ; maïs ;
bovins (4 millions de têtes) ;
ovins et caprins (700 000 têtes).

● **Industrie** :
mécanique et électrique (40 000 pers.) ;
caoutchouc (35 000 pers.) ;
alimentation ; textile, habillement, cuir.

● **Tourisme** : tourisme thermal.

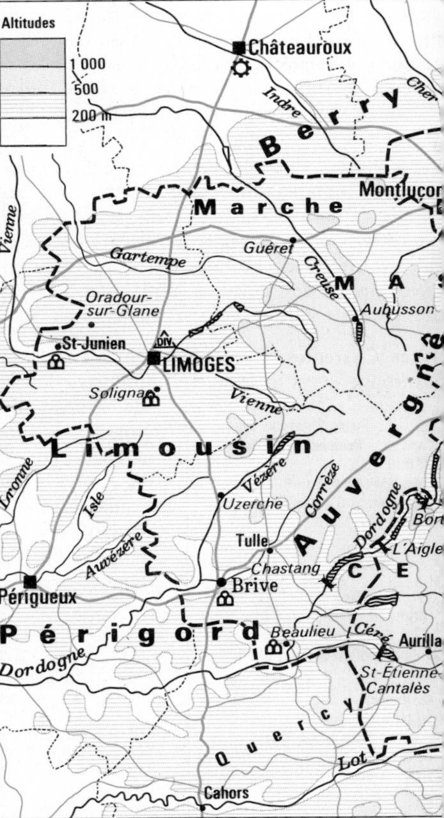

▸ **Le Limousin.** Le plateau cristallin de Millevaches, pays de landes et de moutons, est entouré de vallées plus fertiles où paissent les bœufs limousins. Limoges est célèbre par ses porcelaines, Aubusson par ses tapisseries, rajeunies grâce à Lurçat [p. 203].

La chaine des Puys forme le décor montagneux qui domine Clermont-Ferrand.

▸ **L'Auvergne** est un pays de volcans qui alignent, du nord au sud, leurs formes variées, de la chaîne des Puys au Plomb du Cantal, et à partir desquels rayonnent des plateaux de laves basaltiques. Parsemée de lacs pittoresques, l'Auvergne est riche en sources thermales : stations de Royat, de La Bourboule, du Mont-Dore, de Châtel-Guyon. La plaine de Limagne est une très riche région agricole. Clermont-Ferrand, au contact de la montagne et de la plaine, cité industrielle, est la capitale du caoutchouc (usines Michelin).

Le Puy.

▸ **Les Causses.** Les gorges du Tarn et de ses affluents découpent, en profonds cañons, les plateaux calcaires et dénudés des Causses. Du lait des brebis, on fait le fameux fromage de Roquefort. Les Causses sont incluses dans la région de programme « Midi-Pyrénées » [pp. 84-85].

LES PAYS

Capitale de l'Aquitaine océanique, BORDEAUX est un grand port installé au fond de la Gironde (estuaire de la Garonne), au cœur du célèbre vignoble qui fit sa fortune à travers les âges.
La création d'un complexe portuaire et industriel, le long de l'estuaire, lui redonne un regain d'importance.

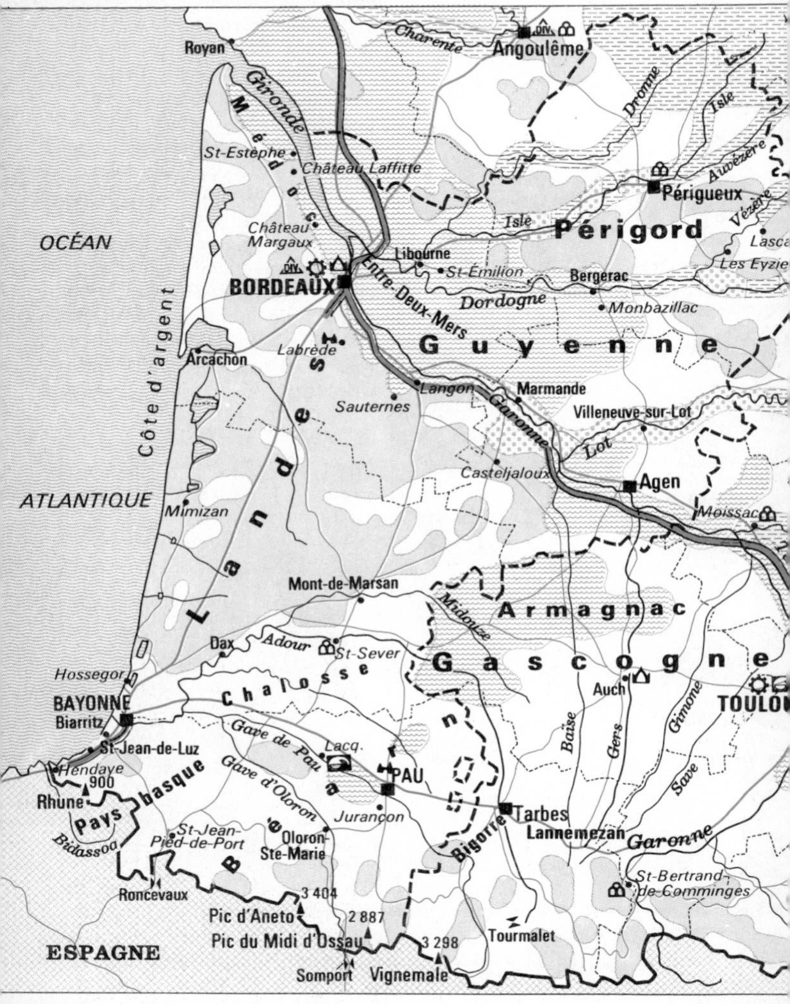

AQUITAINS

Encadré par le Massif central et les Pyrénées, le Bassin Aquitain, que draine la Garonne, est un pays de bien-être et de vie facile qui connut au XVIIIe siècle la grandeur et la prospérité. Après une longue stagnation, l'Aquitaine enregistre, depuis quelques années, un renouveau économique.

LE SITE PITTORESQUE DE ROCAMADOUR (Quercy).

Le Périgord et le Quercy. Au nord du Bassin, les plateaux calcaires, souvent arides, sont couverts de forêts de châtaigniers et surtout de chênes, où les porcs chassent la truffe qui parfumera le célèbre foie gras. Les vallées pittoresques et florissantes de la Dordogne, de la Vézère, du Lot sont célèbres par leurs grottes préhistoriques [p. 95] et par leurs châteaux, témoins des puissantes baronnies qui continrent l'avance anglaise lors de la guerre de Cent Ans.

Aquitaine

Capitale : **Bordeaux** (agglomération) : 591 000 hab.
Superficie : 41 400 km².
Population : 2,6 millions d'hab.
Densité : 62.

secondaire 30,3 %
tertiaire 54,1 %
primaire 15,6 %
population active : 1 065 600

● **Agriculture :**
maïs (1re région productrice, 19,5 millions de qx) ;
blé (3,8 millions de qx) ;
tabac (43 % de la production nationale ; 18,9 millions de qx) ;
vigne (196 000 ha, 4e rang national pour la production) ;
bovins (1,1 million de têtes) ;
lait (11,5 millions d'hl) ;
porcins (590 000 têtes).

● **Industrie :**
métallurgie, mécanique (45 000 pers.) ; alimentation (29 000 pers.) ; bois ; aéronautique (12 000 pers.) ;
cuir et chaussures ;
électronique.

● **Trafic portuaire** : Bordeaux (13 millions de t).

● **Tourisme** : l'aménagement de la côte atlantique (création de 9 stations balnéaires) doit permettre de recevoir plus de 500 000 estivants en 1980.

▶ **Les Landes.** Le long de l'Atlantique, la plaine sableuse des Landes, bordée d'étangs, est devenue, en cent ans, grâce à un reboisement systématique [p. 286], une immense pinède — le plus grand massif résineux d'Europe — proie fréquente des incendies. On y introduit aujourd'hui l'agriculture et l'élevage.

▶ **Le Pays basque et le Béarn.** Antique et mystérieuse race, les Basques restent fidèles aux danses traditionnelles et au jeu de la pelote. La Côte d'Argent attire de nombreux touristes : Biarritz, Saint-Jean-de-Luz, Hendaye.

Plus à l'est le Béarn connut, aux XVIIe et XVIIIe s., une période brillante : Pau, sa capitale, était alors animée par son université. La découverte d'un important gisement de gaz naturel à Lacq (1951) a contribué à transformer le Sud-Ouest.

LE CHÂTEAU DE PAU.

TOULOUSE, capitale historique du Languedoc, grand carrefour de routes au tournant de la Garonne et au débouché du seuil de Naurouze, ville rose, joviale et animée, centre intellectuel depuis les troubadours èt les Jeux Floraux, est aussi un centre économique en plein épanouissement.

LE MIDI-PYRÉNÉES

Les huit départements de la région Midi-Pyrénées s'étendent sur les Pyrénées centrales, une portion de la vallée de la Garonne et un fragment du Massif central. Ce vaste ensemble a pour capitale Toulouse.

▸ **Le Toulousain et l'Albigeois** sont des pays restés fidèles aux traditions céréalières et à la polyculture. Toulouse, sur la Garonne, ancienne capitale de l'État du Languedoc, et Albi, sur le Tarn, ont ajouté, à une importante fonction commerciale, de multiples activités industrielles.

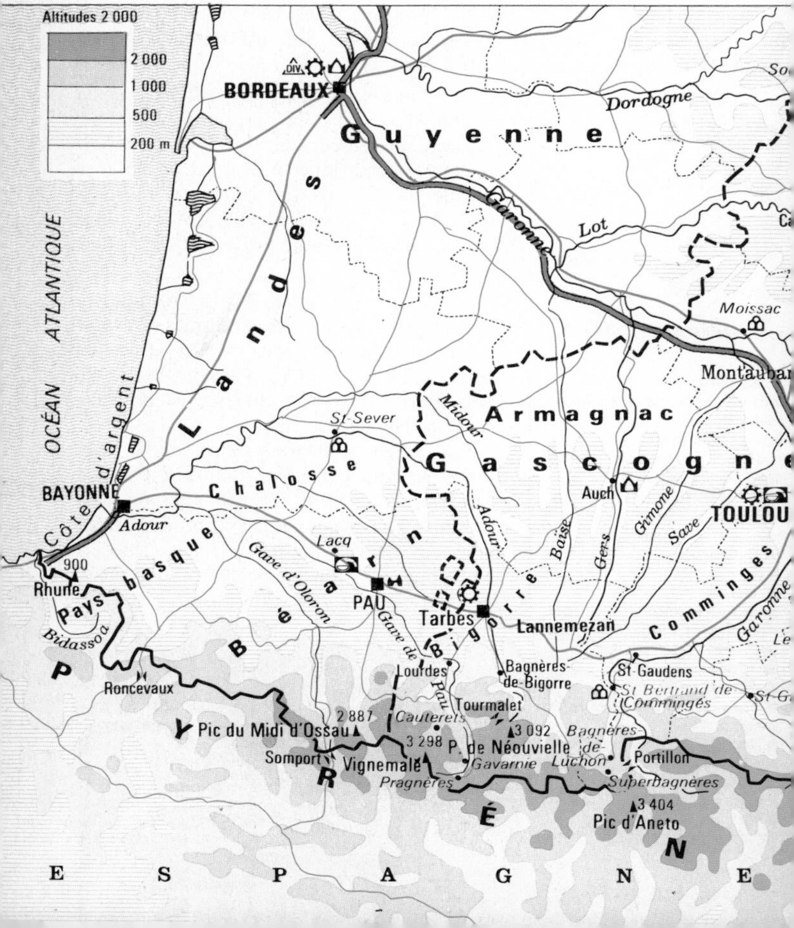

Altitudes 2 000
2 000
1 000
500
200 m
BORDEAUX
Dordogne
Guyenne
Garonne
Lot
Landes
OCÉAN ATLANTIQUE
Moissac
Montauban
Armagnac
Midour
St-Sever
Gascogne
Chalosse
Côte d'argent
BAYONNE
Adour
Auch
TOULOUSE
Gimone
Save
Gers
Baïse
Adour
Comminges
Lacq
Gave d'Oloron
Pays basque
900
Rhune
Bidassoa
Béarn
PAU
Gave de Pau
Tarbes
Bigorre
Lannemezan
Garonne
Lourdes
Bagnères-de-Bigorre
St-Gaudens
St Bertrand de Comminges
Roncevaux
Tourmalet
2 887
Cauterets
3 092
Pic du Midi d'Ossau
3 298
P. de Néouvielle
Bagnères-de-Luchon
Somport
Vignemale
Gavarnie
Portillon
Pragnères
Superbagnères
3 404
Pic d'Aneto
PYRÉNÉES
E S P A G N E

▸ **Le Comminges.** C'est la vallée centrale des Pyrénées avec Luchon, station thermale et touristique, « perle des Pyrénées », située au pied du majestueux massif de la Maladetta. Plus bas, elle rejoint la haute vallée de la Garonne, qui arrose Saint-Bertrand-de-Comminges, fondée par Pompée, célèbre étape sur la route de Saint-Jacques-de-Compostelle.

LE CLOÎTRE DE SAINT-BERTRAND DE COMMINGES est un des chefs-d'œuvre de l'art roman.

▸ **La Bigorre** correspond aux hautes Pyrénées. Des vallées encaissées y débouchent sur des cirques glaciaires, comme le célèbre cirque de Gavarnie, étagé en gradins d'où se précipitent des cascades : région d'élevage, de lacs de haute montagne, de houille blanche et riche en stations thermales (Cauterets, Bagnères, Barèges). L'observatoire du Pic du Midi, à 2 876 m d'altitude, au-dessus du col du Tourmalet, commande un panorama extraordinaire sur les Pyrénées et sur la plaine.

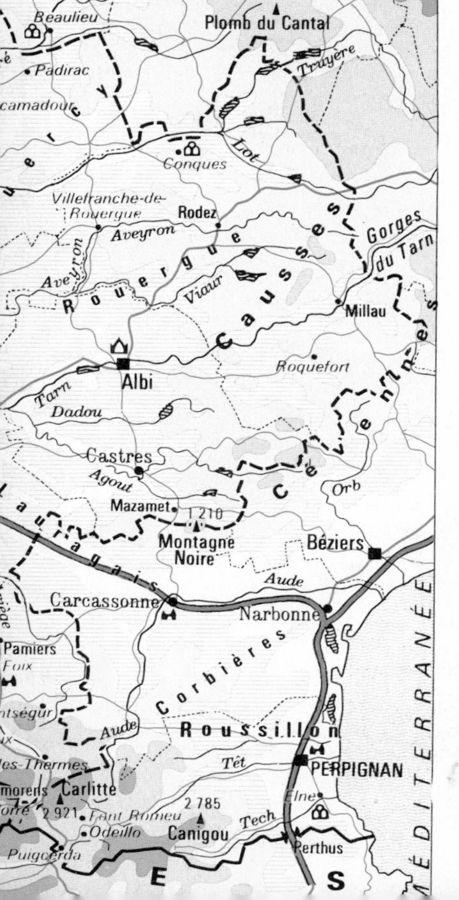

▸ **Du pays de Foix à la Cerdagne.** Vers l'est, la route des Pyrénées traverse le pays de Foix (annexé à la couronne par Henri IV en 1608) et, laissant de côté la route qui conduit à la petite et pittoresque république d'Andorre, débouche sur la Cerdagne.

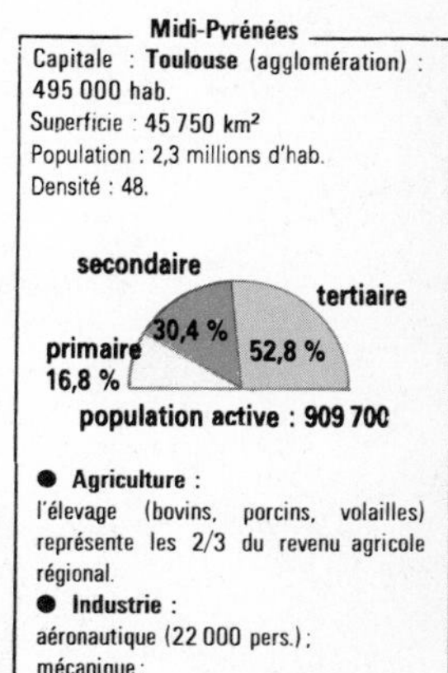

Midi-Pyrénées

Capitale : **Toulouse** (agglomération) : 495 000 hab.
Superficie : 45 750 km²
Population : 2,3 millions d'hab.
Densité : 48.

secondaire 30,4 %
tertiaire 52,8 %
primaire 16,8 %
population active : 909 700

● **Agriculture** :
l'élevage (bovins, porcins, volailles) représente les 2/3 du revenu agricole régional.

● **Industrie** :
aéronautique (22 000 pers.);
mécanique;
chimie;
alimentation; cuirs et peaux.

LE PONT DU GARD

est le plus célèbre des vestiges antiques dont, avec la Provence, regorge cette ancienne province romaine, qui eut d'abord Narbonne pour capitale.

LE LANGUEDOC

Le Languedoc, lieu de passage entre la vallée du Rhône et le bassin de la Garonne, s'appuie sur le rebord du Massif central, auquel s'adossent des garrigues sèches et nues où, parmi les chênes verts, paissent les troupeaux transhumants. La plaine, que commande Montpellier, importante ville universitaire, est, grâce à son climat très clément, le vignoble le plus vaste de France.

ROUSSILLON

LA CITÉ DE CARCASSONNE qui commandait les communications entre la Méditerranée et Toulouse (l'ancienne capitale du Languedoc), est la plus vaste et la mieux conservée des forteresses médiévales.

▸ **Le Roussillon.** Au pied du Canigou, imposant et solitaire, la plaine du Roussillon, grâce à son climat très doux en dépit de la tramontane, est riche en primeurs et en vignobles. Sa capitale, Perpignan, est un marché grouillant et coloré.

▸ **La plaine languedocienne** a été transformée en une véritable « mer de vigne », surtout après 1857, lorsque les voies ferrées ont permis l'exportation du vin dans toutes les directions. Dévasté de 1872 à 1885 par un insecte, le phylloxéra, le vignoble a été rapidement reconstitué. Il couvre aujourd'hui 350 000 ha dans les 3 départements de l'Hérault, de l'Aude et du Gard. Pour corriger les dangers de la monoculture, une reconversion (diversification des cultures) a été entreprise grâce à l'irrigation.

La plaine se termine sur la Méditerranée par une côte basse, où de nombreuses stations balnéaires se sont créées (Palavas). D'importants travaux d'aménagement doivent permettre de développer le tourisme.

Le long d'une côte sableuse, ensoleillée, qui s'étend sur quelque 200 km, cinq zones balnéaires sont en cours d'aménagement : la Grande-Motte, le Cap d'Agde, l'embouchure de l'Aude, Port-Leucate-Bacarès, Saint-Cyprien. L'objectif, en matière d'accueil, est de 650 000 lits. Entre les cinq unités touristiques sont créés des « plaines de sport », des équipements de loisirs...

Cette œuvre, confiée à une Mission interministérielle, ne s'accomplit cependant pas sans difficultés.

Languedoc-Roussillon

Capitale : **Montpellier** (agglomération) : 205 000 hab.
Superficie : 27 700 km².
Population : 1,83 million d'hab.
Densité : 64.

secondaire 27,1 %
tertiaire 59,1 %
primaire 13,8 %
population active : 686 800

● **Agriculture** :
blé (0,8 million de qx) ;
cultures maraîchères ;
vin (plus de 50 millions d'hl) ;
cultures fruitières (27 600 t de pêches).

● **Industrie** :
alimentation (16 000 pers.) ;
mécanique (11 000 pers.) ;
chimie ;
textile, habillement.

▸ **Les Cévennes** terminent, en le prolongeant au sud-est, le Massif central. Dans cette zone montagneuse isolée, la religion protestante, défendue par les Camisards, s'est maintenue comme dans une citadelle.

Sur la Côte Vermeille, le petit port de COLLIOURE attire les artistes et les amateurs de pittoresque et de soleil.

LA PLACE BELLECOUR

centre de la vie lyonnaise, est dominée par la colline de Fourvières et sa basilique.

LA RÉGION

Combinant les ressources de quatre ensembles naturels très différents : Massif central, couloir rhodanien, Alpes du Nord et Jura méridional, la région Rhône-Alpes ne doit son unité ni au relief ni au climat. C'est le fait lyonnais, l'existence et l'action unificatrice de Lyon qui ont présidé au découpage territorial.

▶ **Lyon.** Dans un site exceptionnellement favorable, au confluent du Rhône et de la Saône, Lyon, capitale de la Gaule romaine et chrétienne, a été de tout temps un carrefour et un centre commercial important. Cité de la soie depuis le XVIe s., ville secrète et active, elle est la 2e agglomération de France. Associée à Saint-Étienne et à Grenoble, elle a vocation de métropole d'équilibre.

▶ **Les Préalpes.** Dominant la vallée du Rhône, les Préalpes sont constituées, du nord au sud, par une série de forteresses naturelles, le Chablais, les Aravis, les Bauges, la Chartreuse, le Vercors, séparées entre elles par des cluses pittoresques.

▶ **Le Dauphiné.** Le « boulevard des Alpes » (ou sillon alpin) que forme la vallée du Grésivaudan fait communiquer la Savoie et le Dauphiné, entre les balcons aériens de la Grande Chartreuse et du Vercors et les cimes neigeuses de Belledonne. Plus au sud, les montagnes arides et décharnées annoncent déjà la Provence.

GRENOBLE,

capitale du Dauphiné, grand centre universitaire, plaque tournante du tourisme alpin, est aussi le berceau de la houille blanche et le foyer de nombreuses industries : papeterie, hydro-électricité, électrochimie et électrométallurgie.

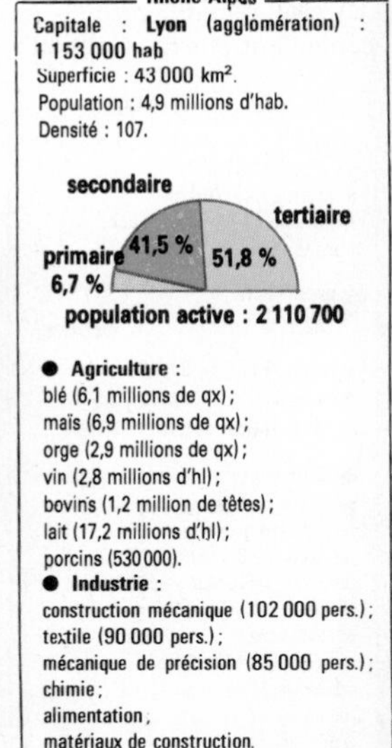

Rhône-Alpes

Capitale : **Lyon** (agglomération) : 1 153 000 hab

Superficie : 43 000 km².

Population : 4,9 millions d'hab.

Densité : 107.

● **Agriculture** :
blé (6,1 millions de qx) ;
maïs (6,9 millions de qx) ;
orge (2,9 millions de qx) ;
vin (2,8 millions d'hl) ;
bovins (1,2 million de têtes) ;
lait (17,2 millions d'hl) ;
porcins (530 000).

● **Industrie** :
construction mécanique (102 000 pers.) ;
textile (90 000 pers.) ;
mécanique de précision (85 000 pers.) ;
chimie ;
alimentation ;
matériaux de construction.

Au pied du Mont Blanc, CHAMONIX est la capitale de l'alpinisme. Le téléférique de l'Aiguille du Midi (3 843 m.) détient le record mondial de portée et d'altitude.

RHÔNE-ALPES

▸ **La Savoie.** Le vieux fief de la maison de Savoie, français depuis 1860, est un pays prospère et accueillant, riche en houille blanche et en alpages, où les « fruitières » produisent beurre et fromage. Les lacs de Genève, d'Annecy et du Bourget, cher à Lamartine, lui confèrent un attrait tout particulier.

L'alpinisme, les sports d'hiver, les mondaines stations thermales de Thonon et d'Évian attirent de nombreux touristes.

Derrière son rideau de cyprès qui le protège du mistral, le mas regarde le soleil, mais, sous son toit de tuiles rondes, ses murs percés de petites fenêtres y maintiennent la fraîcheur.

LA PROVENCE -

La Provence : un climat d'élection, un ciel lumineux, aux pluies rares, vite balayées par le mistral — le « Maître » en provençal —; des rangées de cyprès, des champs couverts d'oliviers, de figuiers et de vignes; et, dans les villes, sous les platanes du mail, les joueurs de « pétanque » et les marchés hauts en couleurs.

▸ **Les Maures et l'Esterel.** Ancien repaire des Sarrasins, les Maures sont couverts de pins, de châtaigniers et de chênes-lièges. Les porphyres rouges donnent à la côte de l'Esterel un aspect déchiqueté d'une grande beauté.

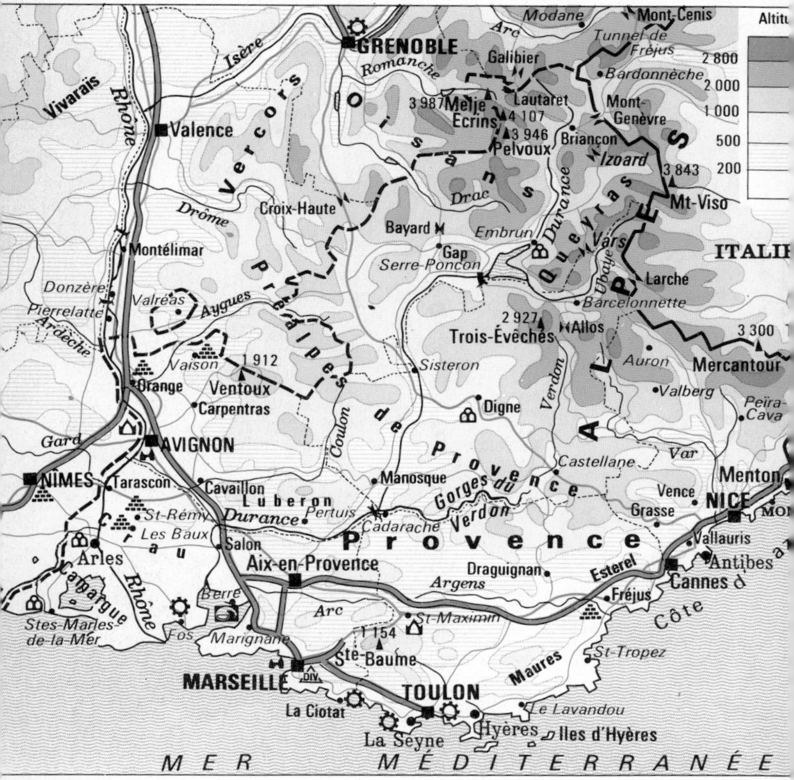

CÔTE D'AZUR

▸ **La Côte d'Azur** est sans doute, grâce à son climat ensoleillé et à ses paysages hauts en couleur, la région de France la plus attirante. Envahie aujourd'hui par les touristes et les campeurs, elle conserve un charme très particulier.

Le long de la Riviera, Cannes et ses festivals, Grasse, cité des parfums et des fleurs, Juan-les-Pins, lancée en 1925 par le milliardaire américain F. Gould, Nice, grande ville qui conserve vivante la tradition du carnaval, Monte-Carlo, Menton : autant de stations aux noms prestigieux.

MARSEILLE-BERRE. Dominée par Notre-Dame-de-la-Garde, Marseille, « porte de l'Orient », est le 1er port de France. Il s'est développé à l'O. du Vieux Port et de la grouillante Canebière. Autour de l'étang de Berre se sont établies d'importantes raffineries de pétrole et des industries pétrochimiques. Plus à l'O., au fond du golfe de Fos, s'édifie un vaste complexe industriel.

▸ **La Camargue.** Entre les bras du delta du Rhône, la Camargue, pittoresque plaine marécageuse, est encore parcourue par des « manades » de taureaux et de chevaux sauvages que surveillent les « gardians ». Une réserve zoologique de 18 000 ha a été aménagée pour les oiseaux migrateurs (canards, hérons, flamants roses). La culture intensive du riz transforme cependant le visage de la région.

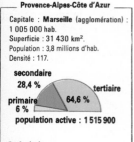

Provence-Alpes-Côte d'Azur

Capitale : **Marseille** (agglomération) : 1 005 000 hab.
Superficie : 31 430 km².
Population : 3,8 millions d'hab.
Densité : 117.

secondaire 28,4 %
tertiaire 64,6 %
primaire 6 %
population active : 1 515 900

● **Agriculture** :
blé (0,8 million de qx) ;
riz (575 000 qx) ;
cultures maraîchères ;
vin (6,7 millions d'hl) ;
ovins (1,1 million de têtes).

● **Industrie** :
mécanique (100 000 pers.) ;
alimentation (40 000 pers.) ;
chimie (24 000 pers.) ;
matériaux de construction.

● **Trafic portuaire** :
Marseille, 1er port français : 109 millions de t dont 90 Mt de pétrole).

Sur le Rhône, entre Orange et Arles, riches en monuments gallo-romains, AVIGNON dresse l'altière silhouette de son Palais des Papes, où ceux-ci résidèrent au XIVe s.

AJACCIO, capitale de la Corse, reçoit la moitié des visiteurs débarqués dans l'île.

LA CORSE

Située à moins de 200 km au sud-est de Nice, la Corse est couverte d'un maquis où se mêlent les senteurs de la lavande et du romarin et qui fut longtemps le repaire de bandits célèbres. L'« Ile de beauté », française depuis 1768, berceau de Napoléon, est pour le continent un réservoir d'hommes à l'âme fortement trempée.

▸ **La Corse intérieure.** Zone montagneuse au relief vigoureusement accidenté, la Corse intérieure demeure à l'écart des grands courants touristiques. La partie occidentale, bloc cristallin, s'apparente aux massifs centraux alpins, avec ses hautes cimes : Monte Cinto (2 710 m), Monte Retondo, Incudine... La partie orientale est formée de roches sédimentaires plissées en bande nord-sud : Castagniccia, Corte.

▸ **La Corse côtière.** La côte ouest, formée de vallées montagnardes envahies par la mer, est une côte élevée, rocheuse, découpée : Saint-Florent, Ile-Rousse, Calvi, Ajaccio, Bonifaccio.

La côte orientale, en bordure de la plaine d'Aléria, plate, sableuse, rectiligne, évoque le Bas Languedoc.

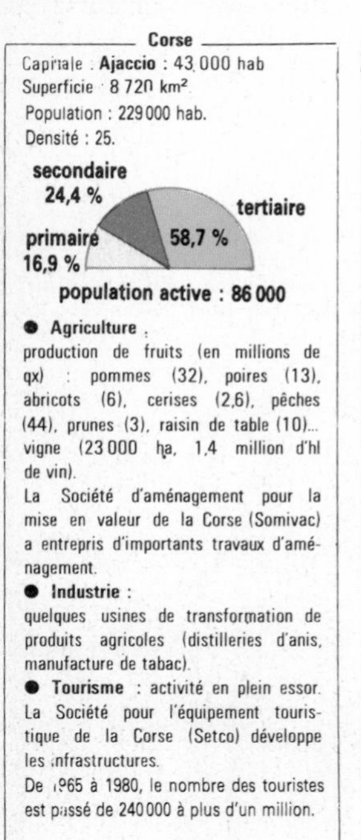
Corse

Capitale : **Ajaccio** : 43 000 hab
Superficie : 8 720 km²
Population : 229 000 hab.
Densité : 25.

● **Agriculture** :
production de fruits (en millions de qx) : pommes (32), poires (13), abricots (6), cerises (2,6), pêches (44), prunes (3), raisin de table (10)... vigne (23 000 ha, 1,4 million d'hl de vin).
La Société d'aménagement pour la mise en valeur de la Corse (Somivac) a entrepris d'importants travaux d'aménagement.

● **Industrie** :
quelques usines de transformation de produits agricoles (distilleries d'anis, manufacture de tabac).

● **Tourisme** : activité en plein essor. La Société pour l'équipement touristique de la Corse (Setco) développe les infrastructures.
De 1965 à 1980, le nombre des touristes est passé de 240 000 à plus d'un million.

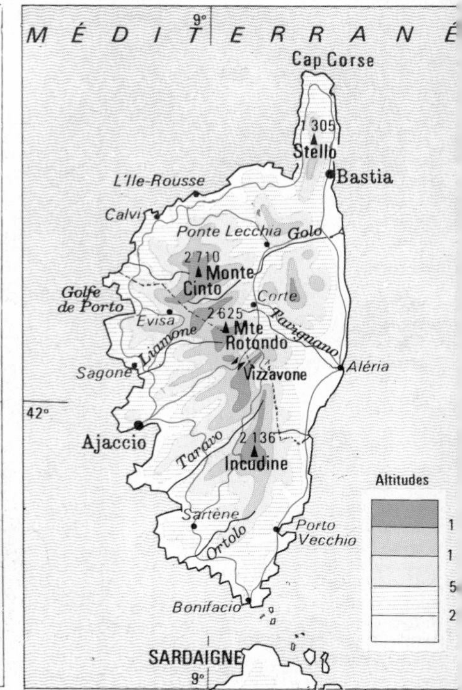

2/ les témoins du passé

De la géographie à l'histoire

L'ILE-DE-FRANCE
creuset de l'art gothique
PAGE 104

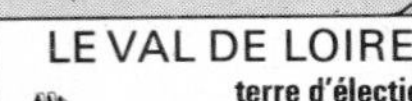

Poitiers

L'AUVERGNE
un des foyer[s] de l'art roma[n]
PAGE 10[8]

LA SCIENCE DE LA PRÉHISTOIRE EST NÉE EN FRANCE

- Elle a été fondée en fait, il y a un siècle, par un fonctionnaire d'Abbeville, Boucher de Perthes.
- C'est en France que l'on a fait les premières découvertes d'ossements humains, d'outils et de peintures rupestres datant de l'âge paléolithique.
- Aussi les périodes préhistoriques sont-elles désignées dans le monde entier par les noms de lieux français où s'effectuèrent ces découvertes (ex. : « Magdalénien » = de la Madeleine).

1 LES ORIGINES

LA PRÉHISTOIRE

Les Eyzies, La Madeleine, Mas d'Azil, Cro-Magnon, Lascaux : autant de noms qui évoquent des grottes riches en vestiges préhistoriques. Ils sont tous situés dans le Sud-Ouest de la France.

Ce n'est pas là le fait du hasard. En effet, la plupart des savants s'accordent aujourd'hui pour penser que, si l'on a pu retrouver un peu partout dans l'Ancien Monde des traces des premiers hommes remontant au paléolithique inférieur, en revanche, la première grande civilisation, celle du paléolithique supérieur — il y a quelque 20 000 ans —, aurait eu pour centre l'Europe occidentale, et plus précisément le Périgord, le S.-O. de la France et le N.-O. de l'Espagne.

A cette époque où les glaciers recouvrent une partie de la France, les hommes vivent de la chasse et de la pêche et, l'hiver, se réfugient dans les grottes, sur les parois desquelles ils gravent et peignent les animaux qui leur sont familiers : rennes, taureaux, mammouths, bisons, chevaux, rhinocéros. Art d'un réalisme parfois saisissant, qui répond, semble-t-il, à des préoccupations religieuses, voire magiques.

LA GROTTE DE LASCAUX, une des plus récentes découvertes préhistoriques (1940) et la plus prestigieuse : taureaux et bisons polychromes.

★ Les mégalithes forment, dans les parages de Quiberon, de Carnac et de Locmariaquer, une véritable cité préhistorique de la mort.

A. Le Braz.

La Bretagne, témoin de

LA GAULE CELTE

La Bretagne porte encore témoignage, par ses monuments mégalithiques, des premiers peuples qui habitèrent notre pays et, par sa langue, de la civilisation celte qui, durant dix siècles, rayonna sur une partie de l'Occident et constitue le substrat de notre histoire.

La civilisation des mégalithes

Un voyage en Bretagne nous ramène à l'âge du bronze — quelques millénaires après que les hommes de Cro-Magnon décoraient leurs cavernes. Les glaciers ont reculé. L'élevage, l'agriculture et, déjà, l'industrie et le commerce, nés en Orient, ont gagné l'Europe occidentale où, vers l'an 2000 avant notre ère, se répandent de nouveaux peuples (Ibères? Ligures?). On trouve encore leur trace dans cette Bretagne qui était située sur la route maritime de l'ambre et de l'étain : pierres levées ou menhirs, tables de pierre ou dolmens, alignements ou cromlechs, gigantesques témoins probables d'une religion inconnue.

« Nos ancêtres les Gaulois... »

Vers l'an 1000, des envahisseurs, les Celtes, s'installent en Occident : ceux qui se fixent sur le territoire de la France actuelle s'appellent les Gaulois. Batailleurs, doués d'ailleurs pour la guerre et bien armés, mais turbulents et indisciplinés [p. 19], ils morcellent le pays en un grand nombre de petits États souvent rivaux entre eux.

Intelligents et pratiques, grands cultivateurs en temps de paix, ils défrichent une partie du territoire, qui était couvert de forêts, tracent des routes, créent des ports fluviaux importants, et *jouent ainsi un rôle primordial dans la mise en valeur du pays*. Peu de vie intellectuelle et artistique, mais une religion très vivante : les druides, prêtres et sages, pratiquent la divination et ont le monopole de l'enseignement.

C'est donc un peuple en plein essor, mais divisé et insuffisamment organisé, que César, en 59 av. J.-C., entreprend d'asservir. En peu d'années (59-51), il vient à bout de la résistance gauloise, qu'incarne Vercingétorix.

C'est sur le plateau de Gergovie que Vercingétorix résista à l'envahisseur.

- V. 600 — Fondation de Marseille (Massilia) par des colons grecs.
- V. 250 — Expansion des Celtes ou Gaulois en Italie et jusqu'au Proche-Orient.
- 121 — Rome annexe la Province romaine.
- 59-52 — Guerre des Gaules.
- 52 — La chute de Vercingétorix, à Alésia, assure à César la maîtrise de la Gaule.

La Provence, foyer de

LA GAULE ROMAINE

La Provence, c'est d'abord la Provincia, la province romaine par excellence, plus riche que toutes en villes et en monuments, dont les restes constituent un ensemble unique : arènes et théâtre d'Arles, capitale des Gaules au IVe s., théâtre et arc de triomphe d'Orange, etc.

LES ARÈNES D'ARLES sont un des témoins les mieux conservés de la civilisation gallo-romaine.

Une civilisation urbaine

Les Romains ont fermé la frontière du Rhin : en peu de temps, la Gaule, ce pays continental, devient une vaste province méditerranéenne. L'agriculture y reste prospère, mais sur ce substrat paysan se répand maintenant une civilisation essentiellement urbaine. Les anciennes cités se transforment et s'ornent de nombreux édifices, de nouvelles villes se construisent : Arles, Narbonne, Nîmes, Vienne, Saintes, Autun, et surtout Lyon, la capitale.

La Gaule romaine est divisée en quatre provinces : Narbonnaise, Aquitaine, Belgique, Celtique. Les grandes villes sont reliées entre elles par un magnifique réseau routier, dont Lyon constitue le pivot.

Une culture gallo-romaine

La vie religieuse reste vivace, les cultes gaulois et romain s'identifient, jusqu'à ce que le christianisme les submerge. La culture latine suscite en Gaule une littérature d'inspiration généralement chrétienne. L'instruction se développe. Marseille, fondée par des colons grecs 600 ans avant notre ère, devient l'Athènes de l'Occident. Au temps des invasions, la Gaule est un des bastions de la culture latine.

Ier — Ve S.

- V. 160 — Premières menaces barbares.
- V. 250 — Le christianisme pénètre (saint Denis). Invasion des Francs et des Alamans, qui sont refoulés.
- V. 350 — Le christianisme se répand (St Martin). L'empereur Julien s'établit à Lutèce.
- 395 — Le partage de l'Empire livre la Gaule à elle-même.

★ Le réseau routier gallo-romain s'étend comme l'ombre de la main de César sur la Gaule. P.-M. DUVAL.

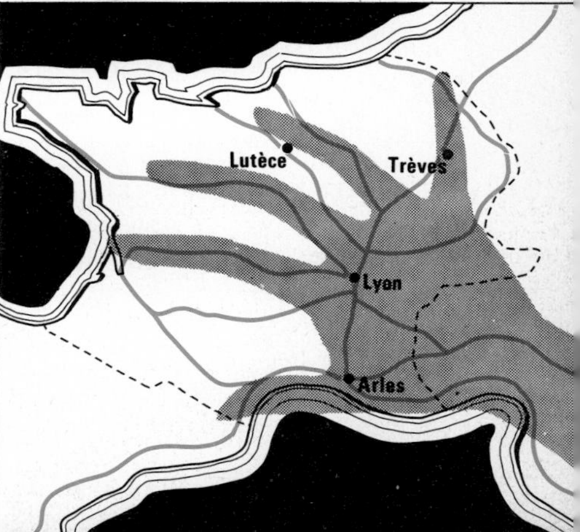

Le berceau de l'art médiéval

LA FRANCIE

Grâce à son sol riche en pierres excellentes et à sa situation intermédiaire entre le monde méditerranéen et le monde barbare, la Francie ou pays des Francs est le berceau d'un art nouveau qui se constitue peu à peu, en Neustrie d'abord (au N. de la Loire) au VIe s., puis, à l'époque de Charlemagne, dans tout l'Occident.

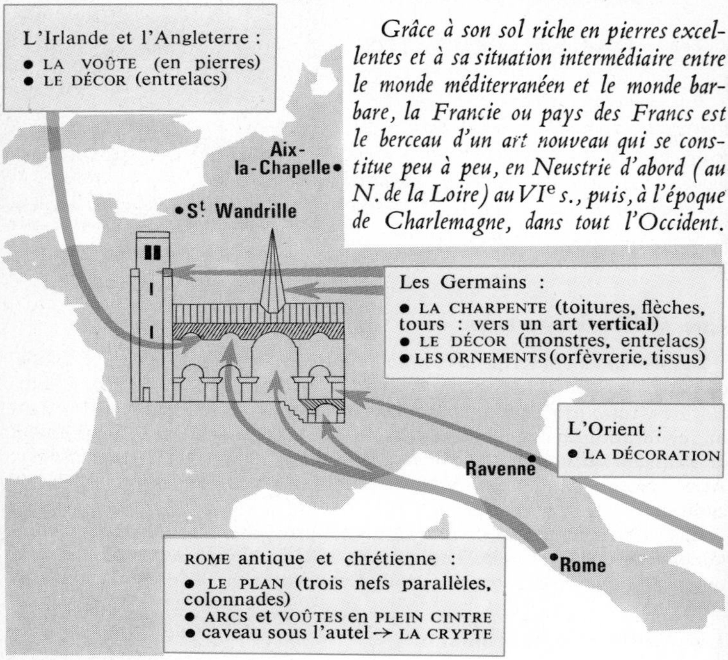

L'Irlande et l'Angleterre :
- LA VOÛTE (en pierres)
- LE DÉCOR (entrelacs)

Aix-la-Chapelle

St Wandrille

Les Germains :
- LA CHARPENTE (toitures, flèches, tours : vers un art **vertical**)
- LE DÉCOR (monstres, entrelacs)
- LES ORNEMENTS (orfèvrerie, tissus)

L'Orient :
- LA DÉCORATION

Ravenne

Rome

ROME antique et chrétienne :
- LE PLAN (trois nefs parallèles, colonnades)
- ARCS et VOÛTES en PLEIN CINTRE
- caveau sous l'autel → LA CRYPTE

496 — Clovis, roi des Francs, se fait baptiser à Reims.

511 — Partage du royaume franc.

629 — Dagobert et son ministre St Éloi.

639 — Les "rois fainéants".

Un des rares témoins : GERMIGNY-DES-PRÉS.
L'art médiéval se dégage définitivement des formes antiques.

• Les Mérovingiens : le règne de l'arbitraire

Les Francs, tribu germanique, conquièrent la Gaule au Ve s.

Clovis fonde la monarchie franque, prend Paris pour capitale et, converti, assure le triomphe du christianisme.

Mais, selon l'usage patriarcal, ses descendants se partagent le royaume qui, après Dagobert, est divisé en trois États. Le désordre règne. L'incapacité des « rois fainéants » livre le pouvoir aux maires du palais.

La culture et l'enseignement se réfugient dans les cloîtres et les paroisses : c'est dans les écoles chrétiennes qu'une nouvelle culture va naître.

Un mot historique :

L'évêque saint Rémi à Clovis pendant son baptême : « Courbe la tête, fier Sicambre; adore ce que tu as brûlé, brûle ce que tu as adoré. »

Le rêve d'une Europe unie :

L'EMPIRE CAROLINGIEN

Pendant trois quarts de siècle, France, Allemagne et Italie se trouvent réunies : un seul empire, une seule Église, — une seule langue et une seule culture aussi. Le rêve de Charlemagne était de refaire l'Empire romain. Son empire ne préfigurait-il pas plutôt "l'Europe des Six" ?

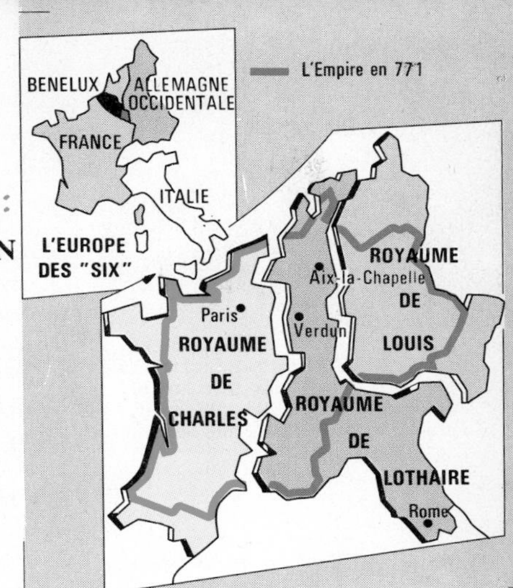

Charlemagne empereur chrétien

Tenant son autorité de Dieu par le sacre, Charlemagne se considère d'abord comme investi d'un véritable sacerdoce. A l'instar des rois bibliques, ses modèles, il veut ramener le « peuple de Dieu » dans la voie du Seigneur et assurer la concorde entre les chrétiens : c'est « un autre roi David » (Alcuin). Afin de remettre également de l'ordre dans l'empire, il concentre entre ses mains le pouvoir politique et le pouvoir religieux.

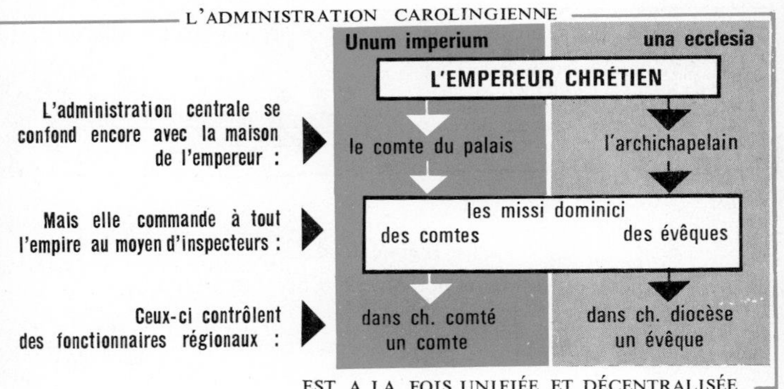

- 732 — Charles Martel repousse les Arabes, à Poitiers.
- 752 — Pépin le Bref fonde la monarchie de droit divin.
- 800 — Charlemagne empereur.
- 843 — Partage de Verdun.
- 885 — Siège de Paris par les Normands.
- 987 — Hugues Capet fonde la dynastie des Capétiens.

Pour une culture européenne

Décidé aussi à favoriser la naissance d'une nouvelle culture, Charlemagne s'entoure de savants et d'écrivains de tous les pays : Théodulf, Éginhard, Alcuin, avec l'aide de qui il fonde l'École du Palais et établit un plan de réforme de l'enseignement.

Souverain tout-puissant, Charlemagne jouit d'un prestige incontesté : « Le roi Charles, tête du monde et sommet de l'Europe », dit Angilbert, son contemporain.

Le CHÂTEAU GAILLARD, élevé par Richard Cœur-de-Lion à la fin du XIIe s. pour tenir tête au roi de France, est un symbole tardif, mais imposant du régime féodal.

La Normandie, ferment de

Les invasions normandes ont déterminé en France une crise profonde. Les églises, les campagnes, les villages sont dévastés, le commerce et la vie culturelle paralysés. De cette crise et de sa principale conséquence, l'affaiblissement du pouvoir royal, est née la féodalité qui, de France, va se répandre dans une partie de l'Europe.

Une oligarchie de guerriers

La féodalité repose sur la prépondérance de la fonction militaire. Les seigneurs constituent une caste à part, orgueilleuse et méprisante. Les plus puissants ont leur cour, leur capitale, leur drapeau et possèdent tous les pouvoirs enlevés au roi : haute justice, droit de percevoir les impôts, de battre monnaie, de faire la guerre... Leur vie est tout entière orientée vers l'action brutale : elle se partage entre la guerre, la chasse et les tournois.

Le château féodal combine les éléments d'origine romaine (palissade devenue courtine, fossé et levée de terre) et les éléments d'origine barbare (le donjon sur sa motte, le plancher d'accès devenu le pont-levis).

Le régime féodal
repose sur des liens personnels d'homme à homme :

LIEN MORAL — LIEN DU SANG — LIEN MATÉRIEL

1. *Une survivance :*

Le « lignage »
ou parenté, qui se perpétue par la transmission héréditaire des charges (comtes, ducs).

2. *Un ensemble de droits :*

La « seigneurie »
droits du seigneur sur les terres reçues en bénéfice ou **fief** (cens, taille, corvées, banalités).

3. *Un contrat moral :*

La vassalité
selon laquelle le vassal rend hommage au seigneur, lui prête serment de fidélité et lui doit des services (notamment l'aide militaire).

4. *Un système d'exploitation de l'homme par l'homme :*

Le servage
qui attache le paysan à la glèbe.

LA FÉODALITÉ

LA FRANCE EN L'AN 1000 : UNE MOSAÏQUE

- Elle forme deux pays distincts dont les peuples se connaissent mal et ne parlent pas la même langue : la France et l'Aquitaine.
- Chacun d'eux est morcelé en quelques grands fiefs héréditaires (apanages), eux-mêmes divisés en une foule de seigneuries vassales.
- Le roi de France : un seigneur comme les autres, élu par ses pairs, et dont le pouvoir est à peu près nul.

De la féodalité à la chevalerie chrétienne

C'est dans le cadre de la féodalité que se développe peu à peu la chevalerie : à l'origine, le chevalier est un vassal qui a été reconnu par son seigneur comme un guerrier capable de combattre *à cheval.*

A la suite de la fondation de Cluny, en 910, et de la grande réforme monastique qui a suivi, l'Église s'est donné pour tâche d'humaniser la société féodale : elle va ainsi transformer insensiblement l'institution qui en fait la force, la chevalerie.

Au XIe s., tandis que de nouveaux ordres religieux se créent en France, la chevalerie se lance dans les aventures des premières **croisades.**

XIe-XIIe S.

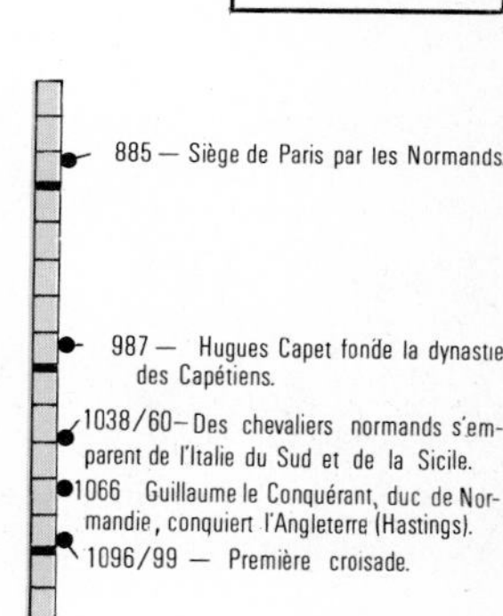

885 — Siège de Paris par les Normands.
987 — Hugues Capet fonde la dynastie des Capétiens.
1038/60 — Des chevaliers normands s'emparent de l'Italie du Sud et de la Sicile.
1066 Guillaume le Conquérant, duc de Normandie, conquiert l'Angleterre (Hastings).
1096/99 — Première croisade.

L'EXPANSION DE LA CHEVALERIE CHRÉTIENNE

Au milieu du XIe siècle, la chevalerie, surtout française et normande, part en guerre contre l'Infidèle, dans toutes les directions à la fois.

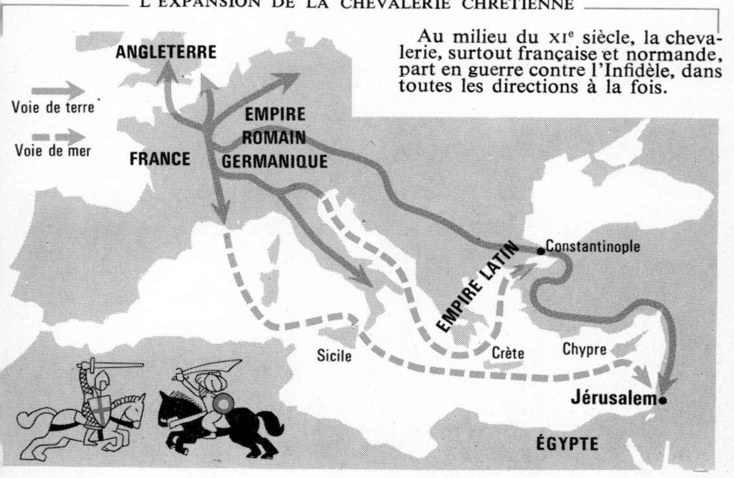

Aux XIe et XIIe s., grâce au réveil religieux, au développement des ordres monastiques et aux croisades, on assiste à une prodigieuse renaissance artistique. L'héritage carolingien s'enrichit et se transforme sous l'influence d'apports nouveaux (Orient, Espagne). L'art roman, harmonieux et sobre, se diversifie selon les provinces et se répand dans tout l'Occident.

A besoins nouveaux...

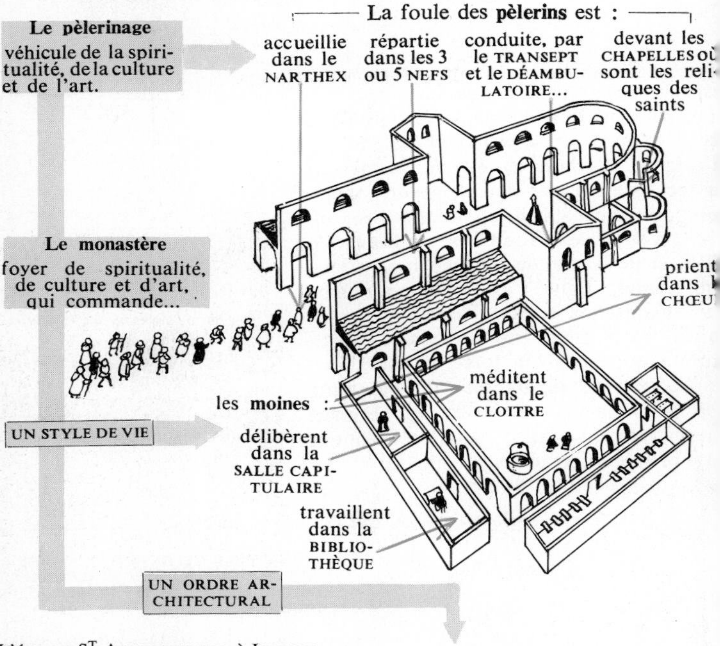

Le pèlerinage
véhicule de la spiritualité, de la culture et de l'art.

La foule des **pèlerins** est :
- accueillie dans le NARTHEX
- répartie dans les 3 ou 5 NEFS
- conduite, par le TRANSEPT et le DÉAMBULATOIRE...
- devant les CHAPELLES OÙ sont les reliques des saints

Le monastère
foyer de spiritualité, de culture et d'art, qui commande...

UN STYLE DE VIE

les **moines** :
- prient dans le CHŒUR
- méditent dans le CLOITRE
- délibèrent dans la SALLE CAPITULAIRE
- travaillent dans la BIBLIOTHÈQUE

UN ORDRE ARCHITECTURAL

L'ÉGLISE S^T AUSTREMOINE, à ISSOIRE

... art nouveau :

La basilique romane
un immense reliquaire ouvert à tous, moines et pèlerins.

L'AUDACE :
- la tour-clocher
- la voûte en pierre

LA PUISSANCE :
- les murs épais
- les contreforts

LA LOGIQUE :
- les piliers
- les absidioles destinées aux reliques des saints

L'ART ROMAN

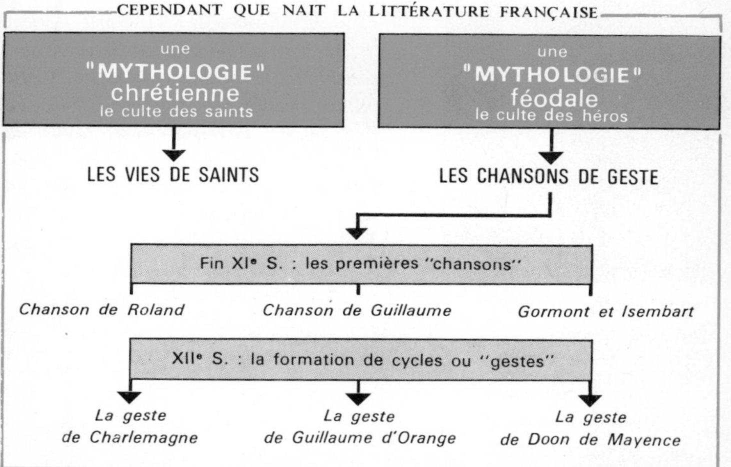

L'église romane parle...

• **dans les chapiteaux :** elle évoque le chaos des premiers âges : des surhommes monstrueux, des monstres étranges, aux métamorphoses innombrables « comme les figures d'un vaste songe collectif » (H. Focillon). ▶

• **dans les archivoltes** et les moulures qui encadrent portes et fenêtres : mieux que les chansons de geste, elle raconte l'épopée spirituelle de l'homme et la fin du monde. ◀

• **au tympan des portails :** elle présente au peuple un avertissement terrible : l'Apocalypse et le Jugement Dernier. ▶

L'Ile-de-France, creuset de...

A la fin du XIIe s., Paris devient le pôle d'attraction et le centre de rayonnement de la culture occidentale. Cette culture, fondée sur la foi chrétienne, va s'exprimer magnifiquement dans la cathédrale gothique, dont l'ample vaisseau accueillera la foule des fidèles au cœur des nouvelles cités. D'Ile-de-France, où il est né, l'art gothique gagnera peu à peu toute l'Europe.

La plus vaste : AMIENS.

La plus pure : CHARTRES, construite en 30 ans (1194-1225), célèbre par son Portail Royal et ses vitraux.

La plus riche : REIMS, celle où étaient sacrés les rois de France en souvenir de Clovis.

Autour de Paris
les grandes cathédrales composent en l'honneur de Notre-Dame, la Vierge Marie, une magnifique « *couronne mariale* ».

L'ART GOTHIQUE RAYONNE SUR TOUTE L'EUROPE

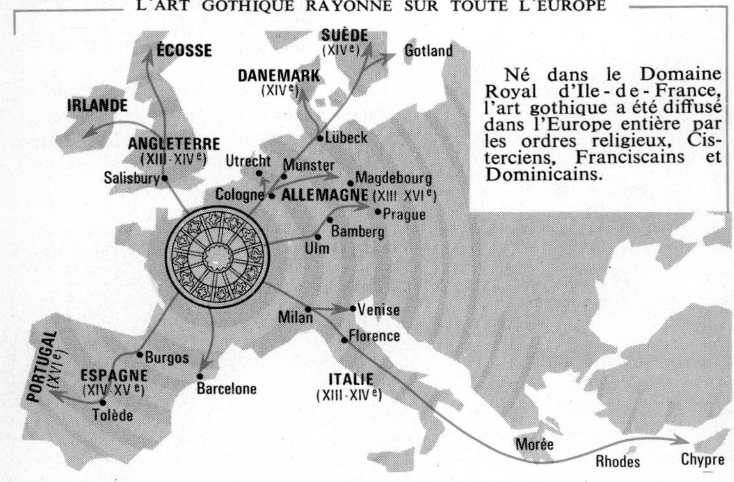

Né dans le Domaine Royal d'Ile-de-France, l'art gothique a été diffusé dans l'Europe entière par les ordres religieux, Cisterciens, Franciscains et Dominicains.

L'ART GOTHIQUE...

A besoins nouveaux

- La civilisation urbaine et bourgeoise, née avec le mouvement communal, exige de **vastes cathédrales**;
- pour le clergé, nouvelle classe sociale, le **chœur** s'agrandit (stalles, jubé);
- le développement du culte des saints multiplie les **chapelles.**

La Sainte Chapelle à Paris où triomphe l'art du **vitrail.** Fruit d'une architecture réduite à une dentelle de pierre, le vitrail devient un véritable tableau translucide, qui complète la leçon des cathédrales.

technique nouvelle :

un principe né

de l'arc brisé (connu du roman) et de l'arc doubleau (nervure transversale)

La voûte d'ogives

croisement de deux arcs diagonaux qui forment le squelette de l'édifice.

et art nouveau :

La cathédrale gothique

- élan mystique (la flèche remplace la tour)
- élégance (l'arc-boutant remplace le contrefort)
- légèreté (les colonnettes en faisceau remplacent les piliers)

LES TROIS ÉPOQUES DE L'ART GOTHIQUE

Le gothique pur (XIIe-XIIIe s.) : simplicité, équilibre et harmonie.

Le gothique rayonnant (XIIIe-XIVe s.) : légèreté, verticalité et raffinement.

Le gothique flamboyant : exagération et surcharge.

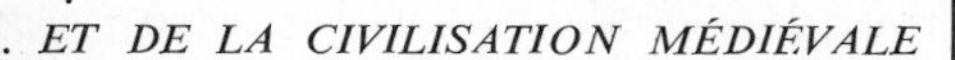

... ET DE LA CIVILISATION MÉDIÉVALE

→ p. 106.

LA CIVILISATION MÉDIÉVALE

Le XIIIe s. voit le triomphe de l'esprit chrétien, dans l'art, la littérature et les Universités. L'esprit courtois se développe dans la haute société, tandis que dans les villes est née une classe nouvelle, la bourgeoisie, où s'affirme l'esprit « gaulois ».

Une renaissance chrétienne

La civilisation médiévale repose sur une conception chrétienne du monde, qui assure son unité. On voit partout s'affirmer l'esprit chrétien, dans l'art, dans la littérature (surtout latine), dans l'enseignement et, le plus souvent, dans les mœurs. Jamais l'emprise de la religion et de l'Église sur les âmes n'a été aussi grande, grâce aux armes dont elles disposent (excommunication, interdit, pénitence) et aux ordres mendiants (Franciscains, Dominicains) qui assurent la diffusion de la pensée religieuse, notamment dans le cadre des Universités.

Une institution nouvelle : l'Université

L'éducation est en effet entre les mains de l'Église : elle a d'abord créé les **écoles monastiques,** puis au XIIe s., dans les villes, les **écoles capitulaires.** Au XIIIe s., les Écoles de Paris se constituent en corporation : ainsi naît l'Université de Paris, avec sa charte, ses privilèges et son organisation en Facultés et en collèges, internats pour étudiants peu fortunés. Les plus grands maîtres en théologie, comme Albert le Grand, saint Thomas, saint Bonaventure, y rivalisent dans l'enseignement de la **philosophie scolastique.** L'université de Paris deviendra la Sorbonne.

A son exemple, les Universités se multiplient peu à peu (Toulouse, Montpellier, Orléans) et deviennent de véritables foyers de culture.

La chevalerie courtoise

Cependant, d'abord dans le midi de la France, puis au nord, le système féodal a progressivement fait place à une vie nouvelle. Dans la haute société et dans les cours s'introduisent des mœurs plus raffinées, le goût d'une vie élégante et luxueuse. La courtoisie, faite de politesse, d'amour et de désintéressement, transforme à nouveau la chevalerie : c'est une première forme d'**humanisme,** qui s'exprime chez les troubadours, puis chez un Chrétien de Troyes ou dans le *Roman de la Rose.*

*XII*e*-XIII*e *S.*

- 1137/80 — Louis VII commence la lutte contre les Plantagenets.
- 1180/1223 — Philippe Auguste réorganise et renforce le pouvoir royal.
- 1207/23 – Croisade contre les Albigeois.
- 1214 — Victoire de Bouvines.
- 1226/70 — Louis IX (Saint Louis) gouverne en roi chrétien et justicier.
- 1259 — Traité de Paris : fin de la lutte contre les Plantagenets.
- 1285/1328 — Philippe le Bel s'entoure de légistes pour gouverner.
- 1303 — Les papes s'installent en Avignon.
- 1312 — Les biens des Templiers sont confisqués.

L'ÉPOQUE COURTOISE

Avènement de la bourgeoisie

Avec l'affranchissement des villes, la bourgeoisie — magistrats et marchands — introduit de son côté dans la société un esprit différent : réaliste, aimant la bonne chère et la plaisanterie, l'**esprit gaulois** [p. 18] s'incarne dans des œuvres comme le *Roman de Renart* et les fabliaux, en attendant de s'épanouir dans la farce.

Renouveau du commerce

Malgré le mauvais état des routes la circulation se développe et donne naissance aux **foires** (Champagne, Lyon, Beaucaire), rendez-vous périodiques de marchands venus de tous les pays.

Quant au grand commerce maritime, les croisades lui ont donné l'élan décisif : déjà le **capitalisme** s'organise en sociétés avec des filiales et des « facteurs » à l'étranger.

Dans les villes, les artisans se groupent en **corporations.** Celles-ci, fortement hiérarchisées (maîtres, compagnons, apprentis), sont, avec leurs privilèges et leurs statuts, de véritables sociétés de secours mutuel.

CEPENDANT QUE S'ÉPANOUIT LA LITTÉRATURE

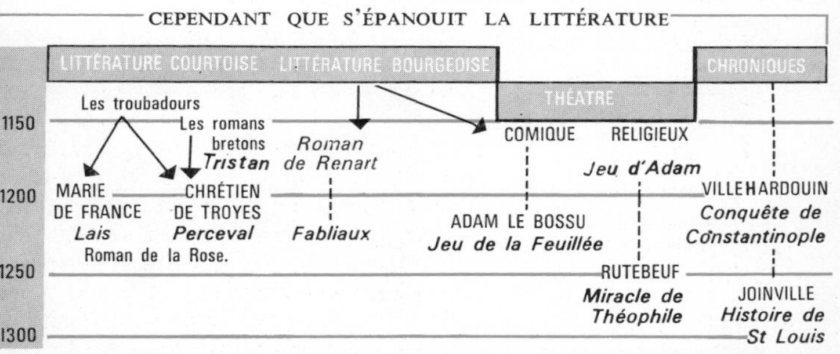

LES HOMMES ET LEUR CADRE : LE STYLE GOTHIQUE

Au Moyen Age, le mobilier, encore rudimentaire, subit l'influence de l'architecture religieuse, dont il suit l'évolution : armoires, chaires monumentales rappellent souvent la façade des églises, où prédomine la verticale.

Celle-ci se retrouve dans le costume : robes longues, pour les hommes comme pour les femmes, amples manteaux ou chapes, manches tombantes et, sur les têtes féminines, après 1350, le hennin. Tissus bariolés, broderies d'or favorisent l'essor de l'industrie vestimentaire.

Les châteaux de la Loire...

Au début du XVe s., au plus fort de la guerre de Cent Ans, les Anglais ont contraint les rois de France à se retirer au sud de la Loire. Ceux-ci, en remontant le fleuve de château en château, mettront un siècle à regagner la capitale. C'est sur les bords de la Loire que, sous l'influence italienne, vont s'élaborer, avec la vie de cour, une culture et un art nouveaux.

1er acte : CHINON

1429 : Charles VII reçoit Jeanne d'Arc au château de Chinon, type de la forteresse féodale.

2e acte : PLESSIS-LÈS-TOURS

1463-1472 : Louis XI fait construire le château de Plessis-lès-Tours : toit aigu, tourelle, fenêtres à meneaux, escalier à vis.

XIVe-XVe S.

La guerre de Cent Ans

- 1346 — Défaite de Crécy.
- 1347 — Les Anglais prennent Calais.
- 1356 — Défaite de Jean le Bon, à Poitiers.
- 1360 — Paix de Brétigny.
- 1369/80 — Charles V le Sage, grâce à Du Guesclin, libère presque tout le territoire.
- 1392 — Charles VI devient fou.
- 1407 — Guerre civile : Armagnacs et Bourguignons.
- 1415 — Défaite d'Azincourt.
- 1420 — Traité de Troyes.
- 1428 — Siège d'Orléans.
- 1429 — Jeanne d'Arc délivre Orléans, puis Reims.
- 1431 — Jeanne d'Arc brûlée à Rouen.
- 1452 — Les Anglais perdent toutes leurs conquêtes sauf Calais.

France contre Bourgogne

Pendant la guerre de Cent Ans, le duché de Bourgogne est devenu un puissant État, foyer d'une civilisation brillante, et s'oppose au royaume de France. De 1461 à 1483, Louis XI mène contre Charles le Téméraire une longue lutte dont il sort vainqueur.

DU MOYEN AGE A LA RENAISSANCE

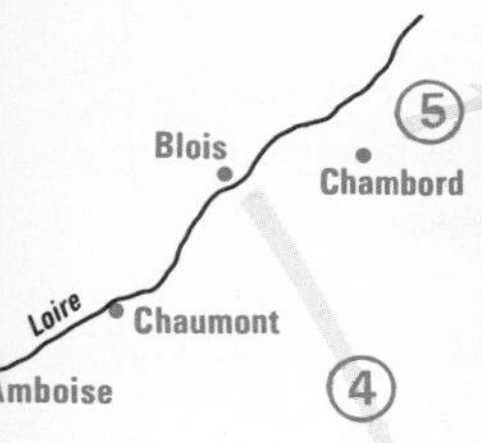

5e acte : CHAMBORD

1519-1533 : François Ier fait édifier Chambord, somptueuse résidence de chasse, française par son donjon, italienne par son décor.

3

4e acte : BLOIS

1498-1503 : Louis XII, né au château de Blois, le fait agrandir : l'aile Louis XII, mélange de gothique et de Renaissance (candélabres, feuilles d'acanthe, etc.)

1515-1524 : François Ier fait ajouter une autre aile, où s'épanouit avec exubérance l'influence italienne.

voir page suivante

3e acte : AMBOISE

1492-1498 : Charles VIII, né au château d'Amboise, le fait agrandir et transformer : fin du gothique, avec ornements Renaissance introduits par des artistes italiens.

Les guerres d'Italie

Les guerres d'Italie

- 1494/95 — Charles VIII conquiert l'Italie jusqu'à Naples, puis la perd.
- 1509 — Bayard "le chevalier sans peur et sans reproche", vainqueur à Agnadel.
- 1515 — François Ier victorieux à Marignan.
- 1525/26 — François Ier prisonnier à Pavie, traité de Madrid.
- 1547 — Paix de Crépy.

Une tentation pour les rois de France : le « voyage d'Italie ».

Le prétexte : faire valoir leurs droits sur Naples et le Milanais.

Le résultat : une invasion de l'italianisme dans les arts et dans les mœurs.

De la Loire à la Seine :

LA RENAISSANCE

PARIS
Seine
Fontainebleau

trois souverains, trois styles

Blois

Loire

Style Louis XII : la transition ▶

Louis XII ajoute une aile au château de Blois : les formes gothiques persistent (lignes verticales, toits à forte pente, fenêtres à meneaux et pinacles), mais déjà les artistes italiens innovent dans le détail du décor.

Style François Ier : l'italianisme exubérant

◀ François Ier s'entoure d'artistes italiens (château de Fontainebleau, galerie François Ier). Le contraste est frappant : lignes horizontales, frontons triangulaires, pilastres.

Style Henri II : retour à l'Antique

A partir de 1550, les artistes français s'inspirent de l'Antiquité : colonnes et chapiteaux, statues, attique (petit étage supérieur), corniches et frises caractérisent le Louvre de Pierre Lescot. ▼

1500-1570

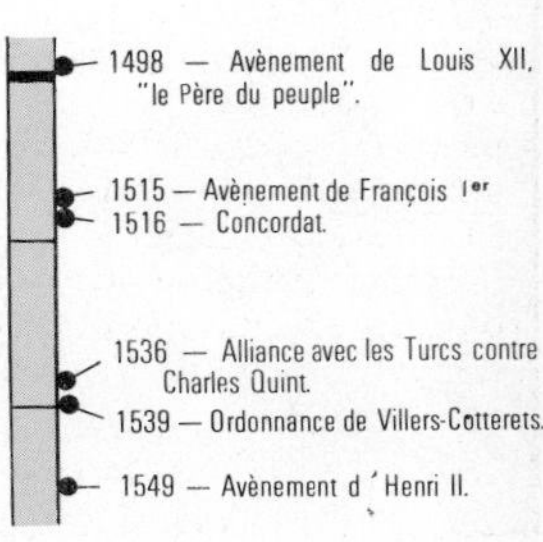
1498 — Avènement de Louis XII, "le Père du peuple".
1515 — Avènement de François Ier
1516 — Concordat.
1536 — Alliance avec les Turcs contre Charles Quint.
1539 — Ordonnance de Villers-Cotterets.
1549 — Avènement d'Henri II.

Un mouvement : **L'HUMANISME**

Au cœur de la Renaissance s'épanouit l'humanisme, issu d'un double retour aux sources : chrétienne, avec l'évangélisme et la Réforme; antique, avec la renaissance des belles lettres. Les poètes retrouvent le lyrisme et le sentiment de la nature, et sous l'influence de l'Italie s'élabore un nouveau type d'homme, le courtisan.

ERASME.

Évangélisme et Réforme

La vision du monde des hommes de la Renaissance reste centrée sur Dieu et la religion chrétienne. Sous l'influence de Marsile Ficin, puis d'**Érasme,** l'**évangélisme,** avec Lefèvre d'Étaples, tente même, en revenant à l'étude des Écritures en même temps qu'à la philosophie de Platon, de réaliser une vaste synthèse pagano-chrétienne. Mais les progrès du protestantisme précipitent la rupture et déclenchent les guerres de religion.

Humanistes et courtisans

Cependant, protégés et aidés par Marguerite de Navarre, la sœur de François Ier, les **humanistes,** grâce au développement de l'imprimerie, restaurent le goût des lettres antiques et fondent le Collège des Lecteurs royaux, futur Collège de France (G. Budé, 1530). **Rabelais** exalte la nature et la vie. Peu à peu, l'humanisme va s'opposer à l'esprit de la Réforme.

Séduits par le faste des princes d'Italie, les rois de France tentent d'introduire les bonnes manières à la cour, et jouent aux mécènes. Clément **Marot** crée le type du poète courtisan.

Art et poésie : la Pléiade

Tandis que les artistes rivalisent pour construire aux rois et à leur entourage de somptueuses demeures, la poésie, un moment centrée à Lyon (Maurice Scève), s'épanouit avec la **Pléiade,** que domine **Ronsard,** entouré des poètes Jodelle, Baïf, Belleau et surtout Joachim **Du Bellay,** dont la *Défense et illustration de la langue française* (1549) fait figure de manifeste.

LES HOMMES ET LEUR CADRE :

LA RENAISSANCE

Le mobilier imite maintenant l'architecture civile : façades de palais, avec colonnes, fronton, niches et pieds en forme de pilastres; exubérance de la décoration à l'italienne : rinceaux, chimères.

Même évolution dans le costume où la mode italienne introduit raffinement et fantaisie (dentelles, rubans, etc.).

Des guerres de religion

à L'ÉPOQUE LOUIS XIII

La question religieuse, après avoir divisé l'Europe, déchire la France, où les guerres de religion sonnent le glas de la Renaissance. Seul Montaigne, volontairement retranché des luttes, formule avec un scepticisme souriant les préceptes d'un art de vivre. En réalité, ces conflits révèlent un état de crise profonde, la première rupture entre la tradition et l'esprit moderne.

1570-1643

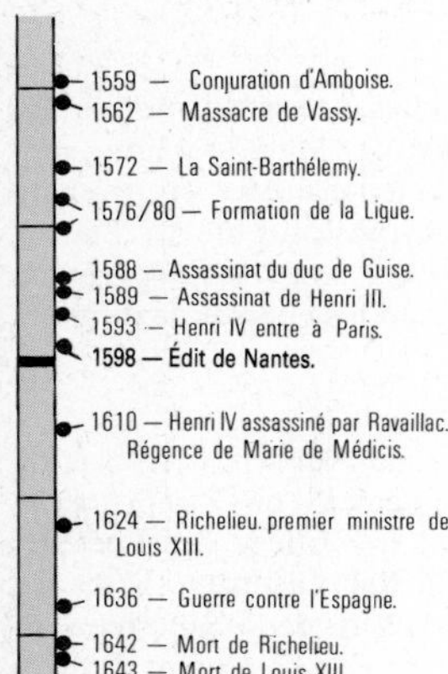

SULLY aide Henri IV à rétablir l'autorité royale et à remettre en ordre le pays.

Contre-Réforme et libertinage

La Réforme a provoqué le réveil de l'Église catholique. Les **Jésuites** se répandent en France et fondent de nombreux collèges d'un style nouveau, où l'éducation chrétienne se fonde sur un enseignement en latin, et qui vont jouer jusqu'en 1789 un rôle de premier plan dans la formation de la jeunesse française.

Mais les guerres de religion ont provoqué aussi une vague d'incrédulité, qui se rencontre avec le développement de l'esprit scientifique : la « cabale » des **libertins** professe le scepticisme ou un matérialisme athée.

Mondains et doctes

A partir de 1610, dans les salons mondains, dont le plus brillant est celui de la **marquise de Rambouillet,** se répandent l'esprit moderne, le raffinement du langage et des manières et l'art de la conversation qui aboutiront à la **préciosité.**

Mais, se séparant peu à peu des mondains, les « doctes », à la suite de **Malherbe,** cherchent à formuler un idéal inspiré d'Aristote et des anciens. Tendances contraires, qui pourtant, au moment même où l'autorité de **Richelieu,** après celle de **Mazarin,** met de l'ordre dans le royaume, s'équilibrent dans un premier classicisme, avec **Corneille** et avec **Descartes,** dont le rationalisme marquera la culture française durant trois siècles.

Un mouvement :

LE BAROQUE

L'esprit moderne, qui se dresse contre les règles, l'ordre, la logique, la mesure, se traduit en Europe par un art nouveau, le baroque. Celui-ci transparaît en France, moins sans doute dans les arts plastiques que dans la poésie, et surtout au théâtre, où le goût du décor, de l'illusion, de la métamorphose triomphe avec le ballet de cour, l'opéra et la pastorale, et se retrouve jusque chez Corneille.

SAINT-GERVAIS A PARIS. L'époque Louis XIII connaît une magnifique renaissance de l'art religieux et crée le « style jésuite ».

Le style jésuite

Dans cet art nouveau, le mouvement entraîne les lignes : la courbe, la contre-courbe, les volutes, les spirales l'emportent sur la ligne droite. Salomon de Brosse — qui a construit pour Marie de Médicis le palais du Luxembourg —, s'inspirant de l'église du Gesù à Rome, crée une façade nouvelle, à trois étages superposés, selon trois ordres différents.

Bientôt, à l'église de la Sorbonne (1635), au Val-de-Grâce (1645), plus tard aux Invalides (1679), le dôme apparaît, affirmant le triomphe du baroque.

CHÂTEAU DE MAISONS-LAFFITTE.

Le style Louis XIII

Sous Louis XIII cependant, l'art des châteaux évolue vers la sobriété classique : aspect froid et régulier, grandes fenêtres à petites vitres, pierres blanches et briques rouges, prédominance de l'horizontale.

LES HOMMES ET LEUR CADRE : LE STYLE LOUIS XIII

Il réalise un équilibre entre l'exubérance baroque et la tendance au classicisme : élégance, bon goût et raffinement. Dans le mobilier, les formes sont sobres, mais le détail affectionne courbes et ornements. Dans les salons, la place d'honneur est réservée au lit, meuble de parade entouré de la « ruelle » où l'on s'assemble pour la conversation.

On trouve dans le costume la même recherche d'élégance raffinée : chez les hommes, pourpoint ajusté, large rabat à dentelles, hauts de chausse amples; chez les femmes, la robe relevée laisse apparaître la jupe; un fichu de linon tombe sur les épaules.

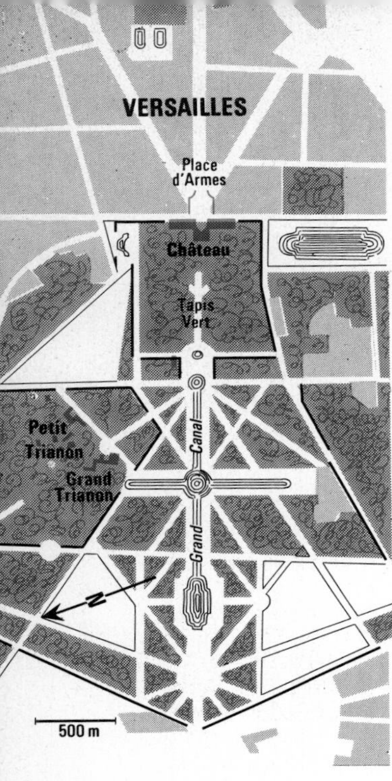

VERSAILLES

La ville

Une ville de 30 000 habitants, construite pour le palais et à sa mesure : une place immense, d'où rayonnent en éventail de larges avenues.

Le palais

Sous la direction personnelle de Louis XIV, une armée d'artistes et d'architectes, commandant 36 000 ouvriers, édifie en 50 ans un magnifique palais, **centre d'une étoile** que forment **la ville et le parc,** selon un symbolisme où tout évoque le soleil.

Tracé par Le Nôtre, prototype des jardins à la française : terrasses, parterres, escaliers, bassins, bosquets, statues et vases se combinent harmonieusement, de part et d'autre d'une immense perspective formée par le Tapis Vert et le Grand Canal.

Dans le palais, où logent 1 000 courtisans et 4 000 serviteurs, tout est conçu pour le culte du Roi-Soleil :

1. au centre de la perspective, la chambre du roi, lieu d'un cérémonial minutieusement réglé;

2. le salon de l'Œil-de-Bœuf, réservé aux courtisans;

3. la salle du Conseil, où le roi travaille avec ses ministres;

4. les grands Appartements, foyer de la vie de cour;

5. la galerie des Glaces, théâtre des grandes cérémonies.

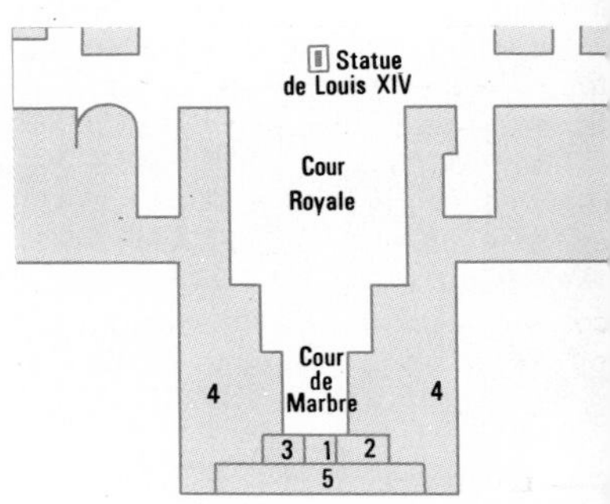

L'ART CLASSIQUE ATTEINT SON APOGÉE
ordonnance symétrique, goût pour la majesté et le grandiose; influence de l'Antiquité : attique, vases et trophées.

...création et symbole du

ROI-SOLEIL

Avec Louis XIV, la majesté royale est l'objet d'un véritable culte : c'est la monarchie de droit divin. Le roi, lieutenant de Dieu sur la terre et responsable devant lui seul, est le centre de toute la vie du royaume et sa résidence, Versailles, en est le foyer.

LOUIS XIV.

Le roi et la cour

Le roi a rassemblé autour de lui toute la noblesse pour mieux la dominer. Sa journée, comme celle de la cour, est réglée selon une étiquette sévère où alternent les conseils, le jeu, les réceptions et les fêtes.

La **maison du roi** ne comprend pas moins de 10 000 personnes. L'aumônerie, la bouche du roi, la chambre du roi, les bâtiments, les écuries, etc., composent la maison civile. Gentilshommes, gardes du corps, suisses, gendarmes, mousquetaires et grenadiers forment la maison militaire.

Le gouvernement personnel

Louis XIV entend gouverner seul. Il se substitue aux ministres, concentre entre ses mains tous les pouvoirs, réduit le rôle des Conseils, surveille toutes les provinces grâce au réseau des « **intendants** de justice, police et finance » qu'il nomme et révoque à volonté.

Image de Dieu, il est la source de toute justice, peut à tout moment juger en dernier ressort et, par les lettres de cachet, faire emprisonner ou exiler qui bon lui semble.

En fait, il délègue ses pouvoirs aux baillis, sénéchaux et prévôts et aux cours de justice. Son autorité est d'ailleurs limitée par les distances et par les contrats et coutumes innombrables qui remontent au Moyen Age.

LES HOMMES ET LEUR CADRE : LE STYLE LOUIS XIV

Au Grand Siècle, le costume combine le débraillé, l'élégance et la richesse. Au pourpoint orné de rabats et de dentelles succèdent bientôt le justaucorps, le gilet et la culotte. Les hommes de qualité portent perruque, signe de majesté. Le vêtement féminin, très décolleté, est damassé et broché d'or et comprend une large jupe à traîne.

La manufacture royale de meubles des Gobelins fixe le ton du mobilier : ici aussi majesté et somptuosité. Le meuble trouve avec la marqueterie de Boulle un style original : ébénisterie de cuivre, d'étain et d'écaille rehaussée de garnitures de bronze ciselé et doré.

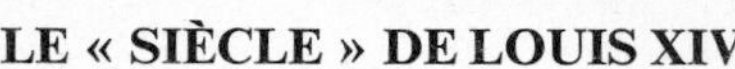
Un apogée :

LE « SIÈCLE » DE LOUIS XIV

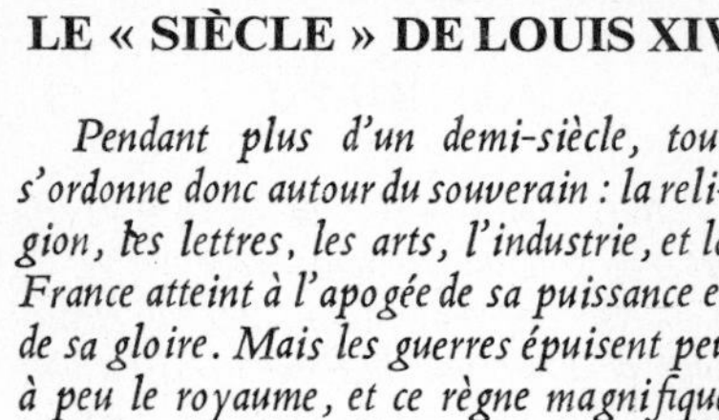

Pendant plus d'un demi-siècle, tout s'ordonne donc autour du souverain : la religion, les lettres, les arts, l'industrie, et la France atteint à l'apogée de sa puissance et de sa gloire. Mais les guerres épuisent peu à peu le royaume, et ce règne magnifique s'achève dans la misère et les deuils.

MOLIÈRE.

1643-1715

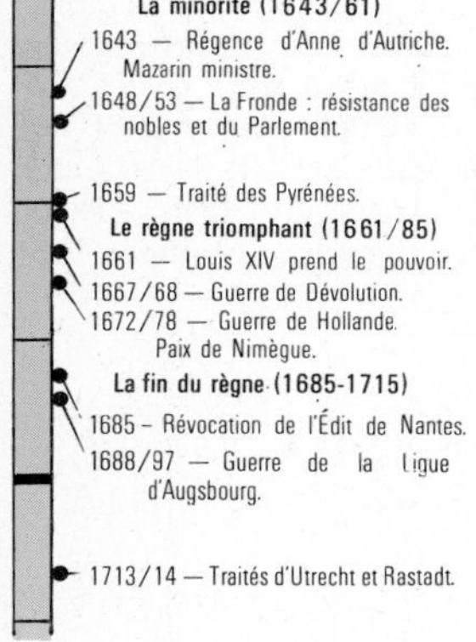

La minorité (1643/61)
1643 — Régence d'Anne d'Autriche. Mazarin ministre.
1648/53 — La Fronde : résistance des nobles et du Parlement.
1659 — Traité des Pyrénées.
Le règne triomphant (1661/85)
1661 — Louis XIV prend le pouvoir.
1667/68 — Guerre de Dévolution.
1672/78 — Guerre de Hollande. Paix de Nimègue.
La fin du règne (1685-1715)
1685 - Révocation de l'Édit de Nantes.
1688/97 — Guerre de la Ligue d'Augsbourg.
1713/14 — Traités d'Utrecht et Rastadt.

Absolutisme et religion

Une partie du siècle est marquée par les conflits religieux : lutte entre catholiques et protestants, lutte entre Jésuites et **Jansénistes.** Ceux-ci, groupés à l'abbaye de Port-Royal, défendus par **Pascal** dans ses *Provinciales* (1657), sont finalement persécutés sur l'ordre de Louis XIV, qui entend établir sa toute-puissance sur la religion. **Bossuet** se fait le champion de l'orthodoxie et de la monarchie de droit divin : « Le trône royal n'est pas le trône d'un homme, mais le trône de Dieu même. »

Académies et mécénat

La littérature et les arts sont également consacrés à la dévotion du souverain. **Colbert,** ministre de Louis XIV, organise le mécénat royal, et Chapelain est chargé de distribuer les pensions aux artistes. On crée les Académies de peinture et de sculpture (1663), des sciences (1666), d'architecture (1671).

Le développement de l'industrie et du commerce

Colbert place l'économie sous le signe du « **mercantilisme** » et exalte le travail industriel, source de revenus pour l'État. Il fonde les manufactures royales des Gobelins et de Beauvais (tapisseries) et développe le commerce en créant un réseau routier conçu comme une vaste toile d'araignée qui rayonne à partir de la capitale.

LOUIS XIV aimait recevoir les hommages de courtisans et d'ambassadeurs.

Un moment d'équilibre :

LE CLASSICISME

Le siècle est dominé par la lutte entre les forces de tradition et les forces de progrès. En littérature, cette lutte se manifeste tour à tour par la préciosité et la querelle des Anciens et des Modernes, entre lesquelles le classicisme représente un bref moment d'équilibre et d'harmonie.

RACINE.

La préciosité

La préciosité, « forme extrême du besoin de plaire » (D. Mornet), résurgence moderne de l'esprit courtois, préparée par l'hôtel de Rambouillet, s'épanouit entre 1650 et 1660 : galanterie, raffinement dans les sentiments (carte de Tendre) et dans le langage, modes littéraires (romans-fleuves, maximes, lettres, portraits). Elle marquera jusqu'à la fin du siècle la littérature mondaine (**La Rochefoucauld, Mme de Sévigné**), le théâtre (ballets, opéras, divertissements de cour) et les arts décoratifs.

Le classicisme

Favorisés par le mécénat, la littérature et l'art trouvent un équilibre inspiré de l'Antiquité, notamment en architecture et en peinture avec Mansart et Le Brun, au théâtre avec **Molière** et **Racine**, dans le roman avec Mme de La Fayette, tandis que **La Fontaine** trouve dans la fable le moule de sa fantaisie. Équilibre, ou plutôt compromis entre des tendances diverses (baroque, préciosité, réalisme), harmonie miraculeuse et précaire, fondée sur un « je ne sais quoi » qui est **l'art de plaire**, que **Boileau** tentera un peu lourdement de codifier après coup et qui s'exprime dans un idéal : celui de l'**honnête homme.**

La querelle des Anciens et des Modernes

Vers 1680, un esprit nouveau se fait jour, « crise de conscience » qui se développe en même temps que s'affaiblit le prestige royal, et se traduit par la « querelle » où s'affrontent ceux qui restent fidèles à l'admiration des anciens, au latin et à l'esprit classique (Boileau) et ceux qui défendent la supériorité du français et l'esprit moderne (Perrault, Fontenelle). Bientôt d'ailleurs le débat s'élargit : la critique des institutions (La Bruyère, Fénelon), l'idée de progrès (Bayle) annoncent déjà le siècle des lumières.

Un modèle de composition classique : l'ensemble des INVALIDES.

L'importance de Versailles décline et PARIS devient le centre des plaisirs, de l'art et de la vie mondaine.

Le « siècle » de Louis XV et d Louis XVI, c'est d'abord une époque d fêtes et de divertissements frivoles, o triomphent l'amour et la vie de société Mais c'est aussi le « siècle des lumières » où la civilisation française rayonne su l'Europe entière.

LE « SIÈCLE DES LUMIÈRES »

Amour, délices et fêtes

A l'austérité de la fin du règne de Louis XIV succède brusquement, avec la Régence, une atmosphère de frivolité joyeuse : on veut vivre et jouir de la vie. L'amour commande. C'est l'époque des fêtes galantes, des réceptions brillantes où les plaisirs succèdent aux plaisirs : on vit pour l'instant présent, et la mode règne en souveraine.

Grâce, vie mondaine et esprit critique

Paris devient le centre du bon goût et du raffinement, en même temps que le premier foyer artistique de l'Europe. La vie mondaine se concentre dans les *salons*, qui se multiplient et où la *femme* règne en souveraine (Mmes de Lambert, de Tencin, du Deffand, Geoffrin, Mlle de Lespinasse); véritables « bureaux d'esprit » où l'on cultive la *conversation*. C'est là que se développe l'esprit, fait d'un mélange de curiosité, de goût pour la satire et de hardiesse. Plus encore qu'au temps de la préciosité, l'amour et l'analyse des sentiments y tiennent une grande place.

Retour à l'Antiquité et sentiment de la nature

Dès le milieu du siècle, le goût et la sensibilité se transforment. Les fouilles archéologiques ramènent l'attention vers l'Antiquité. Le sentiment de la nature renaît, et avec lui le goût du rustique, des bergeries, de la simplicité champêtre. Avec **Jean-Jacques Rousseau,** l'émotion et le sentiment deviennent à la mode, puis la mélancolie, le goût des ruines, du mystère, du surnaturel. La poésie renaît : déjà s'annonce le romantisme.

1715-1789

La Régence

- 1715 — Régence du duc d'Orléans.
- 1719 — Faillite du système de Law.
- 1726/43 — Le cardinal Fleury.
- 1733/38 — Guerre de succession d Pologne.

Louis XV

- 1743 — Début du règne personnel d Louis XV.
- 1741/48 — Guerre de successic d'Autriche.
- 1756/63 — Guerre de Sept Ans.
- 1763 — Traité de Paris : abandon de colonies.

Louis XVI

- 1774 — Avènement de Louis XVI. Réformes de Turgot.
- 1778/82 — La France intervient dar la guerre de l'Indépendance amér caine : La Fayette.
- 1781/89 — Difficultés financières. La chute du régime se précipite.

L'HÔTEL MATIGNON, à Paris.

Trois moments... trois styles

Le style Régence

Style de transition, il est le reflet fidèle de l'époque. Les intérieurs sont conçus pour la vie intime et l'amour : cabinets, alcôves se multiplient. Les symboles guerriers font place aux armes de l'amour, arcs, carquois, cœurs percés de flèches.

Le style Louis XV

Un style aimable, où triomphent le mouvement et la courbe : c'est, par l'Italie et l'Allemagne, le retour du **baroque,** habillé à la française.

PANNEAU DÉCORANT L'HÔTEL DE ROHAN.

Raffinement et grâce souriante : le bibelot est roi. Les arts décoratifs se développent : tapisseries des Gobelins, porcelaines de Sèvres. Sur les cloisons, panneaux de boiserie, couverts de coquilles, de palmes et d'entrelacs : le **style** « **rocaille** » est né, qui agrémente les jardins de rochers et de grottes artificielles. Vers 1750 apparaît le goût de l'**exotisme** : turqueries, chinoiseries et singeries. Le vêtement n'échappe pas à ces influences : chez les hommes, la chemise s'orne d'un jabot de dentelle en forme de coquille; chez les femmes, jupes en paniers, manches en pagodes. Pourtant cette époque n'a pas oublié les leçons du Grand Siècle. Les grandes compositions urbaines se développent (places Louis-XV à Paris, Stanislas à Nancy).

Le style Louis XVI

Sous l'influence de l'art antique retrouvé (Pompéi), on tente de concilier la grâce avec l'ordre classique. La droite et la symétrie succèdent à la courbe, la simplicité à l'exubérance. L'ornementation, plus discrète, affectionne les thèmes rustiques : bouquets, guirlandes, pipeaux et houlettes.

Les meubles ont des silhouettes fines et géométriques, souvent ornées de cannelures; grandes surfaces nues délimitées par des filets de cuivre ou de bronze doré. Simplicité aussi dans le vêtement masculin, tandis que la mode féminine multiplie les excentricités, surtout dans la coiffure.

LE PETIT TRIANON, à Versailles.

VOLTAIRE.

LA LUTTE PHILOSOPHIQUE

La victoire des modernes n'est que le point de départ d'une lutte qui s'engage contre le principe d'autorité sous toutes ses formes : le « philosophe » combat pour faire triompher les « lumières », c'est-à-dire l'esprit scientifique, la raison, la liberté, la tolérance, le progrès et la justice sociale.

Sciences et techniques

Le philosophe est d'abord un savant : **d'Alembert** est mathématicien, **Buffon** naturaliste. A la suite d'un Newton et d'un Leibniz, l'esprit scientifique, fondé sur la raison, l'observation et l'expérimentation, se développe en France et les Académies se multiplient. En même temps s'amorce une révolution dans les techniques et dans l'économie. Sous l'influence anglaise, les philosophes se passionnent pour les arts mécaniques. L'industrie française occupe le second rang en Europe, l'agriculture progresse, le commerce extérieur quadruple en trente ans. Grâce au réseau routier la poste relie Paris à toutes les provinces : **la France est en pleine expansion.**

La soif de liberté

« Chaque siècle, écrit Diderot, a son esprit qui le caractérise; l'esprit du nôtre semble être celui de la liberté. » C'est pour elle en effet que lutte le philosophe. Liberté spirituelle : nombre d'esprits se détournent de la religion chrétienne au profit du scepticisme (**Bayle**), du déisme (**Voltaire, Rousseau**) ou même de la libre pensée (**Diderot**). Liberté politique : les fautes de la monarchie, les guerres incessantes, les prodigalités de la cour qui ruinent peu à peu le pays font souhaiter des réformes profondes.

Les lumières

Apôtre de la liberté, le philosophe est du même coup l'apôtre des lumières, qui caractérisent l'**esprit de civilisation :** foi dans le progrès, idées de tolérance, d'égalité et de justice, recherche du bonheur humain. L'esprit critique, en s'attaquant aux institutions, conduit ainsi à l'**esprit révolutionnaire :** de la lutte philosophique se dégage peu à peu un nouvel humanisme tourné vers l'action et l'efficacité sociale, appuyé sur une opinion publique dont les salons, les cafés et les clubs favorisent le développement.

Encyclopédisme, cosmopolitisme, universalisme

La curiosité pour toutes les formes d'activité de l'esprit, le sens du relatif, le goût pour l'histoire et pour les voyages, l'esprit cosmopolite qui en résulte se retrouvent dans l'**Encyclopédie,** vaste ouvrage collectif qui, sous la direction de **Diderot,** constitue à la fois la somme philosophique et le miroir du siècle. Ainsi, au moment même où la monarchie va s'effondrer, la France, par sa langue, sa littérature, son art, ses idées, exerce une sorte de souveraineté intellectuelle sur le monde.

4 LA FRANCE CONTEMPORAINE (1789-1940)

Un tournant décisif :

LA RÉVOLUTION FRANÇAISE

Les idées et les critiques de plus en plus violentes des philosophes, l'exemple des États-Unis d'Amérique, la crise financière et la misère du peuple ont rendu la Révolution inévitable. Celle-ci, déclenchée par la réunion des Etats Généraux, balaie en moins de cinq ans les structures de l'Ancien Régime et fixe pour longtemps la physionomie de la France contemporaine.

LE DRAPEAU FRANÇAIS

Le blanc, couleur du roi, entre le bleu et le rouge, couleurs de Paris : le drapeau tricolore symbolise à l'origine l'union de la royauté et du peuple.

1789 : une année sans égale dans l'histoire

Presque d'un seul coup, la Révolution est totale :

- 14 juillet : **révolution politique.** La prise de la Bastille symbolise le renversement de la monarchie absolue.
- nuit du 4 août : révolution **sociale.** Par l'abolition des privilèges, la France bourgeoise succède à la vieille France aristocratique.
- 26 août : révolution **juridique.** La Déclaration des Droits de l'Homme et du Citoyen affirme les grands principes qui figureront désormais sur le fronton des monuments publics.
- 22 décembre : révolution **administrative.** Les départements remplacent les provinces.

LA DÉCLARATION DES DROITS DE L'HOMME ET DU CITOYEN

Solennellement proclamée en tête de la nouvelle Constitution, elle affirme notamment :

ART. PREMIER. — Le but de la société est le bonheur commun.

Le gouvernement est institué pour garantir à l'homme la jouissance de ses droits naturels et imprescriptibles.

ART. II. — Ces droits sont l'égalité, la liberté, la sûreté, la propriété.

ART. III. — Tous les hommes sont égaux par la nature et devant la loi.

LA MARSEILLAISE, composée par un officier, Rouget de Lisle et introduite à Paris par les fédérés marseillais, deviendra l'hymne national.

1792 : la République

La Convention abolit la royauté et substitue au calendrier grégorien le calendrier révolutionnaire : 1792 sera l'an I de la République.

LA PRISE DE LA BASTILLE

LA RÉVOLUTION ...

Trois révolutions, deux républiques, deux restaurations, deux empires : tel fut le prix d'une laborieuse métamorphose, d'où est née la France moderne. Époque troublée, mais qui a pourtant son unité, celle que lui confère la classe nouvellement parvenue : la bourgeoisie libérale.

Les luttes révolutionnaires

Une suite d'occasions manquées : ainsi pourrait-on définir ces quinze années mouvementées qui, de l'exaltation libératrice de 1789, ont conduit à la dictature napoléonienne. La fuite du roi et son arrestation à Varennes condamnent la monarchie; la révolution sociale amorcée par **Robespierre** et la **Convention** s'achève dans le sang, avec la Terreur et le 9 Thermidor; le **Directoire**, aux mains de la bourgeoisie modérée, aboutit au 18 Brumaire.

Une France nouvelle

Pourtant l'œuvre de la Révolution est considérable : à l'intérieur, des structures nouvelles, administratives, financières, fiscales, judiciaires, militaires, éducatives, agraires (vente des biens nationaux) remplacent celles de l'Ancien Régime; à l'extérieur, victorieuse des coalitions formées contre elle, la France conquiert ses « frontières naturelles ».

1789-1815

La Révolution (1789/99)

- 14 juillet 1789 — Prise de la Bastille.
- 4 août 1789 — Abolition des privilèges.
- 1791/92 — L'Assemblée législative.
- juin 1791 — La fuite du roi.
- 1792/95 — La Convention.
- 21 janv 1793 — Exécution de Louis XVI.
- 1793/94 — La Terreur. Le 9 thermidor.
- 1795/99 — Le Directoire.
- 9 nov. 99 — Coup d'État du 18 Brumaire.

Le Consulat et l'Empire (1799-1815)

- 1799/1804 — Le Consulat.
- 1801 — Le Concordat.
- 1804 — Napoléon empereur.
- 1805 — Austerlitz.
- 1807 — Traité de Tilsitt.
- 1812 — Retraite de Russie.
- 1814 — Abdication de Napoléon.
- 1815 — Waterloo.

ROBESPIERRE

MARAT

DANTON

L'EMPIRE

L'épopée napoléonienne

Sous le prétexte de poursuivre la libération de l'Europe au nom des principes de la Révolution, **Napoléon Bonaparte,** d'abord **consul,** puis **empereur** des Français, volant pendant quinze ans de victoire en victoire — Austerlitz, Iéna, Eylau, Wagram —, étend un moment sa domination sur presque tout le continent : épopée grandiose qui hantera longtemps l'âme du peuple français et l'imagination des poètes. En s'effondrant après Waterloo et les Cent Jours, l'empire napoléonien laisse une France appauvrie, mais fortement organisée : l'administration préfectorale, les lycées, le Code civil témoignent encore aujourd'hui du génie organisateur de Napoléon et de sa volonté centralisatrice.

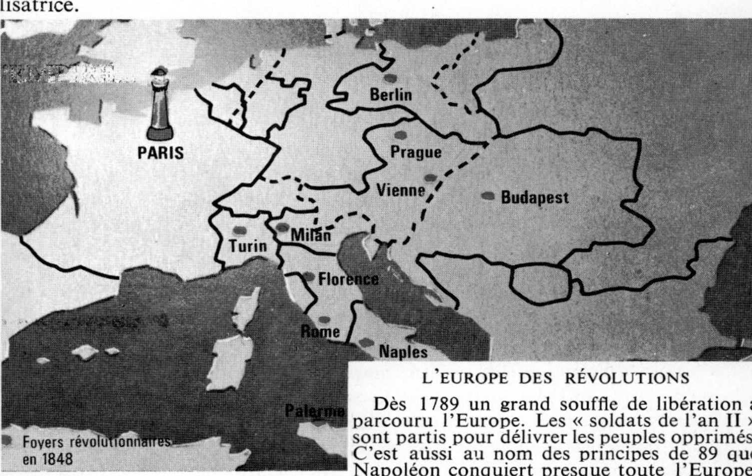

L'EUROPE DES RÉVOLUTIONS

Dès 1789 un grand souffle de libération a parcouru l'Europe. Les « soldats de l'an II » sont partis pour délivrer les peuples opprimés. C'est aussi au nom des principes de 89 que Napoléon conquiert presque toute l'Europe. De cette hégémonie éphémère subsisteront plus que des traces. Et la « Grande Nation » restera pour beaucoup la patrie de la révolution.

LES HOMMES ET LEUR CADRE : LE STYLE EMPIRE

Dès la Révolution et plus encore sous l'Empire, le goût de l'Antiquité règne partout : en architecture avec les arcs de triomphe et les colonnades (Panthéon, Madeleine, Bourse à Paris), en peinture avec David, animé d'un idéalisme austère et quelque peu solennel; dans le mobilier qui, plus rectiligne encore, s'alourdit de glaives, d'aigles et de sphinx et dont l'acajou se charge d'appliques de cuivre; dans le costume même, où David a lancé la robe à l'athénienne et à la romaine.

LE BOURGEOIS,
vu par Henri Monnier.

LA FRANCE BOURGEOISE

Après 1815, la bourgeoisie triomphe. Capitaliste et libérale, elle suscite une civilisation matérialiste et sans grandeur, qui favorise la révolte des jeunes générations et le développement du romantisme.

Crépuscule de la monarchie

Ni Louis XVIII, ni Charles X ne parviennent à concilier la restauration des valeurs traditionnelles de l'Ancien Régime et les exigences de l'esprit nouveau. Après la révolution de 1830, la monarchie bourgeoise de Louis-Philippe ne se révèle pas plus capable de trouver un équilibre entre l'ordre social et le libéralisme. La révolution de 1848 signe la condamnation définitive du régime.

La bourgeoisie triomphante

En fait, malgré la naissance d'une nouvelle noblesse sous l'Empire, le grand vainqueur de la Révolution fut la **bourgeoisie**. Tenant en main les leviers de commande, le bourgeois façonne la France à son image : banquier ou négociant, il développe un **capitalisme** commercial très protectionniste; **libéral** plus que démocrate, il s'assure sous tous les régimes le contrôle de la politique; intellectuel, il donne ses soins à l'organisation de l'**enseignement secondaire**, qui devient en fait un enseignement de classe; timoré, les chemins de fer l'inquiètent, et la révolution industrielle et technique qui transforme l'Angleterre le laisse longtemps indifférent.

L'envers du décor

Après l'exaltation des années révolutionnaires et impériales, l'atmosphère de cette France bourgeoise, que dépeint Balzac, est étouffante et sans grandeur. Nostalgie des grandes aventures, amertume consécutive aux défaites de 1815, sympathie à l'égard du prolétariat misérable que suscite déjà le capitalisme naissant : autant de raisons qui alimentent dans les jeunes générations le désir d'autre chose. Évasion ou révolte, telle est la seule option offerte à ceux qui n'acceptent pas le matérialisme envahissant d'une époque où, déjà, l'argent est roi.

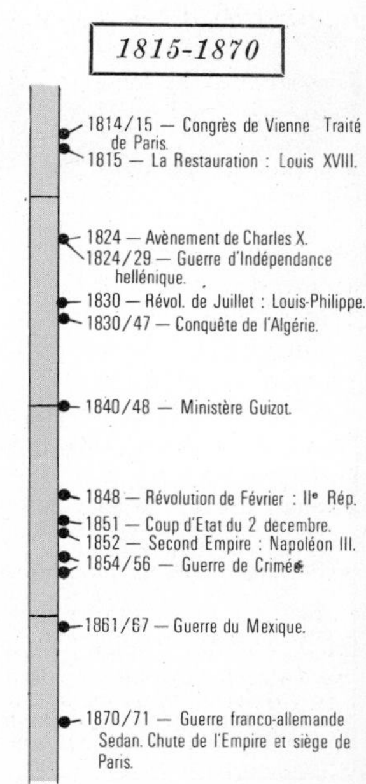
1815-1870
1814/15 — Congrès de Vienne Traité de Paris.
1815 — La Restauration : Louis XVIII.
1824 — Avènement de Charles X.
1824/29 — Guerre d'Indépendance hellénique.
1830 — Révol. de Juillet : Louis-Philippe.
1830/47 — Conquête de l'Algérie.
1840/48 — Ministère Guizot.
1848 — Révolution de Février : IIe Rép.
1851 — Coup d'Etat du 2 decembre.
1852 — Second Empire : Napoléon III.
1854/56 — Guerre de Crimée.
1861/67 — Guerre du Mexique.
1870/71 — Guerre franco-allemande Sedan. Chute de l'Empire et siège de Paris.

VICTOR HUGO.

... ET LE ROMANTISME

*Le Romantisme marque un tournant dans la culture européenne. Né dans les pays du Nord, il pénètre en France au début du XIX*e *siècle et s'affirme peu à peu comme un prolongement de la Révolution : une révolution dans l'art et la littérature, et jusque dans la conception même de la vie.*

La révolte et l'évasion

Préparé par **Chateaubriand,** dont le héros *René* (1802) incarne le « mal du siècle », importé d'Allemagne par Mme de **Staël,** le Romantisme est d'abord une **rupture** et une **révolte :** rupture avec la tradition classique et le culte de l'Antiquité, révolte contre un rationalisme desséchant; rupture avec la société du temps, révolte contre les conventions et la médiocrité bourgeoises. Cette révolte conduit tout naturellement à l'**évasion :** évasion dans la nature; vers un Moyen Age de légende; vers des paysages étranges et exotiques; enfin dans le rêve intérieur.

Imagination et lyrisme

L'imagination romantique suscite d'abord des modes littéraires : le macabre, qui s'épanouit avec le mélodrame et le roman noir; le **fantastique,** qu'on retrouve aussi bien en musique avec **Berlioz** (*Symphonie fantastique*) qu'en littérature avec **Nodier** (*Contes fantastiques*) et en peinture. Mais ces modes éphémères trahissent un état d'âme nouveau : la revanche de la sensibilité sur la raison, l'exaltation du moi, et surtout l'ennui, le vide ou l'inquiétude métaphysiques d'êtres avides d'infini et de mystère : le cœur s'épanche alors dans un **lyrisme** souvent débordant, comme chez **Lamartine** et **Musset,** ou plus concentré comme chez **Vigny** ou **Nerval.** Le Romantisme est la revanche de puissances poétiques longtemps refoulées.

Liberté et révolution

Partout le mot d'ordre est : **liberté**! Liberté dans l'art, surtout au théâtre, où le drame détrône la tragédie, et en peinture, où **Géricault,** puis **Delacroix** se dressent contre l'académisme; liberté du moi, et bientôt liberté des peuples. C'est au nom de cette liberté que les Romantiques, de cénacles en manifestes, mènent autour du jeune **Victor Hugo** un combat qui s'achève en 1830 par la bataille d'*Hernani.* Dès lors, tandis que certains, comme **Théophile Gautier,** épris de pittoresque et de beauté formelle, fondent l'école de **l'Art pour l'art,** les autres, touchés par la grâce socialiste, prennent le parti du peuple, proclament la mission sociale du poète et se tournent vers l'avenir.

Histoire, roman, épopée

Le Romantisme a le goût des grandes synthèses : l'histoire devient avec **Michelet** « résurrection intégrale du passé », le roman, d'abord historique, devient avec **Stendhal** la chronique du siècle et avec **Balzac** la *Comédie humaine,* la poésie retrouve un souffle épique avec **Lamartine** et le **Victor Hugo** de la *Légende des Siècles.* Les ambitions du Romantisme sont aux dimensions de l'univers.

LA TROISIÈME RÉPUBLIQUE

Après 80 ans de troubles et de révolutions, la France a connu sous la Troisième République une période de stabilité politique au moins apparente qui lui a permis de constituer un vaste empire colonial et d'accroître son influence dans le monde. Mais les sacrifices imposés par la guerre de 1914-1918, l'évolution de l'industrie et des techniques, les luttes sociales, minent secrètement le régime, qui ne résiste pas à la Seconde Guerre mondiale.

1870-1939

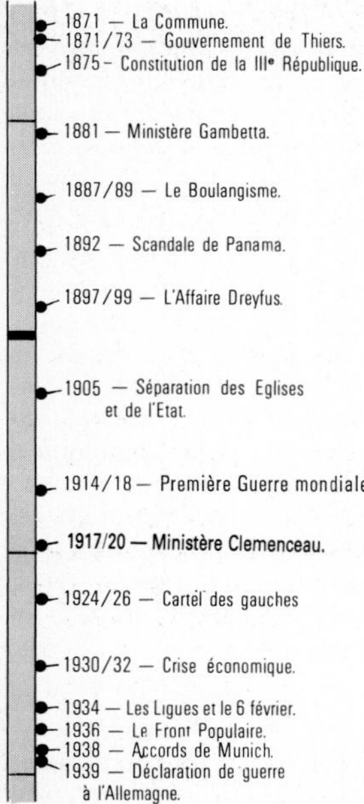
1871 — La Commune.
1871/73 — Gouvernement de Thiers.
1875 - Constitution de la IIIe République.
1881 — Ministère Gambetta.
1887/89 — Le Boulangisme.
1892 — Scandale de Panama.
1897/99 — L'Affaire Dreyfus.
1905 — Séparation des Eglises et de l'Etat.
1914/18 — Première Guerre mondiale.
1917/20 — Ministère Clemenceau.
1924/26 — Cartel des gauches
1930/32 — Crise économique.
1934 — Les Ligues et le 6 février.
1936 — Le Front Populaire.
1938 — Accords de Munich.
1939 — Déclaration de guerre à l'Allemagne.

Les luttes politiques

Au cours de la IIIe République, l'esprit civique s'est développé en France et le pays est devenu profondément républicain et démocrate. République où la grande bourgeoisie tend à céder le pas à la **petite bourgeoisie** des employés, des fonctionnaires et des commerçants; république **laïque** et souvent **anticléricale,** où la lutte des partis bat son plein et où le **radicalisme,** soutenu par la franc-maçonnerie, tient le plus souvent les leviers de commande ; république enfin qui, dans les années 30, voit l'irruption du **monde ouvrier** sur la scène politique.

L'histoire de la IIIe République est jalonnée de scandales, d' « affaires », d'accès de nationalisme et de crises ministérielles. Et pourtant la France, grâce surtout à la solidité de son administration, n'avait pas connu depuis un siècle de régime aussi stable.

LES COALITIONS DE L'ENTRE-DEUX-GUERRES

De 1919 à 1939, le jeu des coalitions fait alterner le pouvoir :

• 1919-1924 : **le Bloc National.** Coalition des partis de droite et du centre. Gouvernements : Clemenceau, Millerand, Briand, Poincaré.

• 1924-1926 : **le Cartel des Gauches.** Socialistes et radicaux gouvernent. E. Herriot se heurte au « mur de l'argent ». Le franc s'effondre.

• 1926-1929 : **l'Union Nationale.** Poincaré gouverne avec des modérés, des hommes de droite, des radicaux. Soutenu par les possédants, il redresse le franc qu'il stabilise en 1928 au cinquième de sa valeur-or de 1914 [p. 269].

• 1929-1936 : **grande instabilité.** Succession de coalitions hétérogènes, éphémères et inefficaces. La crise économique, sociale et morale s'aggrave.

• 1936-1938 : **le Front Populaire.** Les élections de mai 1936 portent au pouvoir une alliance électorale des partis de gauche. Les communistes (Maurice Thorez) soutiennent, sans y participer, un gouvernement présidé par le socialiste Léon Blum, formé de socialistes et de radicaux. L'œuvre sociale du Front populaire est importante [p. 128].

En 1938, Daladier (radical), rompant avec la majorité de Front populaire, s'appuie sur la droite.

Révolution scientifique et technique

Pierre et Marie Curie dans leur laboratoire

Au moment même où triomphe le positivisme, la science va connaître des bouleversements profonds, pour lesquels la France joue souvent le rôle d'initiatrice : en biologie avec **Pasteur,** en physique et en chimie avec P. et M. **Curie** qui découvrent la radio-activité (1895), P. **Langevin**, Jean Perrin, L. de Broglie et la mécanique ondulatoire (1925), enfin Fr. Joliot-Curie et la fission de l'atome d'uranium (1938). Les techniques se transforment non moins vite, et le développement de l'électricité, de l'automobile, du cinéma, de l'aviation modifie profondément le genre de vie des Français.

Le grand capitalisme

En retard sur la Grande-Bretagne, la révolution industrielle en France s'affirme avec le Second Empire. Le mouvement s'amplifie sous la Troisième République, accélérant l'**exode rural** et la **concentration urbaine,** au profit principalement de quatre régions : la région parisienne, le Nord, la région lyonnaise, l'Est (Alsace et Lorraine revenues à la France par le traité de Versailles en 1919).

Par ailleurs, l'évolution économique est marquée par les **progrès de l'outillage et des méthodes** qui permettent des gains de **productivité** et par l'accroissement de la **concentration technique et financière.**

Derrière les gouvernements, les puissances d'argent, celles qu'on nomme les « 200 familles » tirent les ficelles : c'est l'apogée en France du **grand capitalisme,** qui est lié à la haute finance internationale, ce qui ne l'empêche pas de susciter de solides barrières douanières pour défendre ses intérêts et ses profits.

L'expansion économique, vigoureuse dans les années 20, est brisée par la crise des années 30.

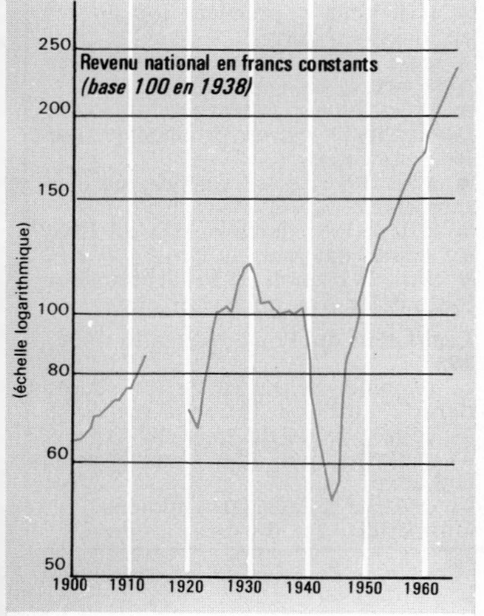

La crise économique des années 30

La **crise mondiale** atteint pleinement la France en 1932, mais les difficultés s'affirmaient, dans de nombreux domaines, dès la fin des années 20.
L'**agriculture** est durement frappée par la chute des prix accélérée en 1932-1935 par de bonnes récoltes de blé et de vin.
L'indice global de la **production industrielle** (base 100 en 1913) qui était monté à 140 en 1930 retombe à 124 en 1931 et à 96 en 1932.
Les **exportations** diminuent. Le déficit budgétaire atteint 10 milliards de francs en 1933. Dès 1932, on dénombre plus d'un demi-million **de chômeurs complets** auxquels s'ajoutent plusieurs centaines de milliers de chômeurs partiels.

Le mouvement ouvrier

Dans ce pays de **tradition agricole** et où l'agriculture conserve durant toute la durée de la IIIe République une importance économique de premier plan, la **révolution industrielle** accélère pourtant la formation d'un prolétariat urbain. Longtemps réduite à la misère, la classe ouvrière qui, jusque dans les années 30 du xxe s., constitue un monde à part, isolé de la bourgeoisie, prend peu à peu conscience d'elle-même. Elle s'organise au sein de deux mouvements nés du problème ouvrier : le socialisme, le syndicalisme.

► **Le mouvement socialiste :** après des dizaines d'années de division, les socialistes créent en 1905 un parti unifié rattaché à la IIe internationale : la S.F.I.O. (Section Française de l'Internationale Ouvrière) qui, aux élections de 1914, avec 1,4 million de voix, obtient 101 sièges de députés.

En 1920, au **Congrès de Tours,** s'opère une scission : la majorité se rallie à la IIIe Internationale et forme avec M. Cachin et L.O. Frossard le **Parti Communiste** S.F.I.C. (Section Française de l'Internationale Communiste) ; la minorité, avec Léon Blum et P. Faure, reste fidèle à la IIe Internationale et décide le maintien de la S.F.I.O.

En 1936, communistes et socialistes s'unissent au sein du **Front Populaire** [p. 126].

► **Le mouvement syndical :** le syndicalisme ouvrier est officiellement organisé à partir de 1884 (loi Waldeck-Rousseau). La **Confédération Générale du Travail** (C.G.T.) est créée en 1895. Elle est, au début du xxe s., fortement marquée par la tendance du syndicalisme révolutionnaire (charte d'Amiens, 1906). Divisé (la scission gagne la C.G.T. en 1922, avec la création de la C.G.T.U., de tendance communiste), minoritaire, le syndicalisme est néanmoins très actif et obtient une grande **amélioration** des conditions de vie de la classe ouvrière.

14 JUILLET 1936 : La foule place de la Bastille.

LA LÉGISLATION SOCIALE DE LA IIIe RÉPUBLIQUE

- mai 1874 : réduction de la durée du travail des femmes et des enfants, et organisation de l'inspection du travail.
- mars 1884 : libre constitution des organisations syndicales.
- avril 1893 : loi posant les normes d'hygiène et de sécurité du travail.
- avril 1898 : première loi sur les accidents du travail.
- mars 1900 : durée du travail fixée à 11 heures par jour.
- juillet 1906 : repos hebdomadaire (le dimanche est en principe le jour légal du repos).
- avril 1910 : loi sur les retraites ouvrières.
- avril 1919 : durée du travail fixée à 8 heures par jour.
- avril 1928-avril 1930 : premières lois sur les Assurances sociales.

Législation du Front Populaire 1936-1937 :

— semaine de travail de 40 heures dans l'industrie et le commerce.
— congés payés de 15 jours par an.
— généralisation des conventions collectives.
— création de délégués ouvriers.
— liberté totale du droit syndical.

L'EXPANSION COLONIALE

Cette république petite bourgeoise a pourtant le goût des grandeurs. L'expansion coloniale, depuis Jules Ferry, est sa grande affaire : il s'agit en effet non seulement de rendre à la France son rang de grande puissance, mais de trouver des matières premières et des débouchés.

★Dites que vous avez voulu une France grande en toutes choses, grande par les arts de la paix, grande par la politique coloniale.
Jules FERRY.

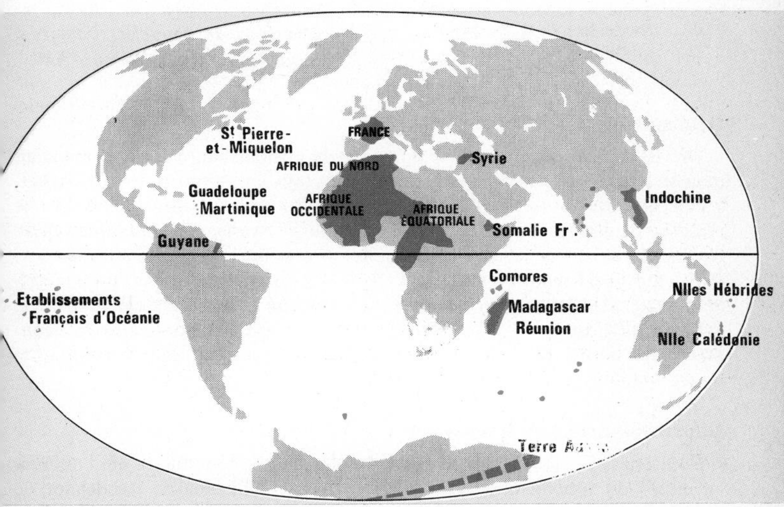

Seconde puissance coloniale mondiale

Sur les débris du **premier empire colonial** fondé aux XVIIe et XVIIIe s., la Monarchie de Juillet et le Second Empire avaient jeté les bases d'un nouveau domaine colonial. La IIIe République en réalisa **l'achèvement :** en Afrique du Nord, protectorat en Tunisie (1881), et au Maroc (1912) ; en Afrique Noire, acquisitions au Soudan, dans le Bassin du Congo et autour du Tchad ; dans l'océan Indien, annexion de Madagascar (1896) ; en Extrême-Orient, installation de la tutelle française sur le Tonkin, l'Annam et le Laos. A la veille de la Seconde Guerre mondiale, avec un empire de 10,5 millions de km^2 peuplé de 48 millions d'habitants, la France était la **seconde puissance coloniale** dans le monde.

Une puissance illusoire

Mais, dans la plupart des territoires, l'équilibre économique et social est rompu au profit d'une économie et d'une société coloniales. La **colonisation,** éveillant chez les peuples dominés l'aspiration à la liberté, engendre les **nationalismes.**

Après la Seconde Guerre mondiale, en moins de vingt ans, l'empire s'effondrera.

FANTIN-LATOUR : LE COIN DE TABLE.
A gauche, assis : Paul Verlaine, Arthur Rimbaud.

LA LITTÉRATURE

Sous la Troisième République, une série de mouvements successifs dont la France est le foyer va remettre en question les principes mêmes sur lesquels s'étaient édifiés l'humanisme, l'art et la poésie au cours des Temps modernes, préparant ainsi la quête de nouvelles formes et de nouvelles valeurs à laquelle on assiste aujourd'hui.

Réalisme et naturalisme

Dès le Second Empire, sous l'influence du positivisme, une réaction s'était manifestée contre l'idéalisme romantique : tant en peinture, avec **Courbet,** qu'en littérature, où **Flaubert** fait figure de chef d'école malgré lui, le **réalisme** triomphe. Il prend ensuite le nom de **naturalisme** quand, après 1870, le déterminisme scientifique alors en faveur conduit Émile **Zola** à formuler la doctrine du « roman expérimental », fondé sur l'impersonnalité de l'écrivain et sur l'observation scientifique de la société et des réactions humaines. Il applique librement cette doctrine dans la geste puissante des *Rougon-Macquart,* tandis que Guy de **Maupassant** excelle surtout dans le conte et la nouvelle réalistes.

Impressionnisme et symbolisme

Pourtant la poésie n'est pas morte. Le souffle révolutionnaire qui l'animait au temps du romantisme va maintenant, sous l'influence de **Baudelaire,** le premier « moderne », conduire artistes et poètes à s'interroger sur le problème de la création elle-même. Simultanément ou presque, impressionnistes en peinture et décadents en littérature décomposent la réalité en sensations quasi impalpables. Paul **Verlaine** chante les « au-delà troublants d'âme » ; Arthur **Rimbaud,** en un parcours bref et fulgurant d'illuminé, remet en cause toute la tradition et porte la poésie à l'incandescence ; Stéphane **Mallarmé,** dans un travail patient d'alchimiste, médite sur le langage et crée une œuvre quintessenciée dont on n'a pas encore dévoilé tous les mystères.

Issu de ces « poètes maudits », le mouvement symboliste s'efforce à la fois de libérer complètement le vers et la forme et de retrouver l'essence des choses en la suggérant par la musique et les symboles. Né en Belgique (autour de **Maeterlinck** et de **Verhaeren**), mûri dans le salon de Mallarmé où se pressaient nombre d'étrangers, le symbolisme a connu un vaste rayonnement international.

La génération de 1900

Le XXe siècle s'ouvre avec une pléiade d'écrivains dont la rencontre constitue un nouvel âge d'or de notre littérature. Tous plus ou moins héritiers du mouvement symboliste, ils le dépassent par la puissance de leur personnalité et de leur œuvre : Charles **Péguy,** poète chrétien, à la fois socialiste et patriote, témoin engagé dans son époque ; Marcel **Proust** qui poursuit, tout au long de *A la recherche du temps perdu,* sa quête de la vie intérieure à travers la peinture d'une certaine bourgeoisie ; André **Gide,** toujours prêt à toutes les aventures de l'esprit hors des conformismes et des règles morales établies ; Paul **Valéry,** poète hanté par la perfection, penseur rigoureux et observateur perspicace des transformations du « monde actuel » ; Paul **Claudel** enfin, poète catholique et cosmique, dramaturge puissant dont l'œuvre sera longtemps incomprise.

La révolution surréaliste

Tandis que fauves et cubistes tentent d'affranchir la peinture de toutes les conventions, et qu'en Italie Marinetti lance le futurisme, Guillaume **Apollinaire** (1880-1918), à la fois héritier du symbolisme et initiateur de l' « esprit nouveau », audacieux inventeur de formes poétiques *(Alcools, Calligrammes),* ouvre les voies au surréalisme.

Celui-ci, né de la Première Guerre mondiale et du mouvement Dada (créé à Zurich par Tristan **Tzara**), va grouper à Paris vers 1924, date du premier Manifeste, autour d'André **Breton** (1896-1966), qui en sera jusqu'à sa mort le chef incontesté, de jeunes poètes et artistes qui dénoncent la faillite de la société et sont décidés à « changer la vie » : Paul **Éluard,** Louis **Aragon,** Antonin **Artaud,** Robert **Desnos,** Michel **Leiris,** Jacques **Prévert,** qui « popularisera » le surréalisme par ses poèmes et ses chansons *(Paroles) ;* ainsi que des peintres d'origine étrangère : Chirico, Hans Arp, Picabia, Mirò, Salvador Dali et sa « méthode paranoia-critique » qu'il défend encore aujourd'hui, sans se lasser.

Influencé par Freud à l'origine, le surréalisme entreprend l'exploration méthodique de l'inconscient, grâce notamment à l' « écriture automatique » et au « rêve éveillé ». Il se veut l'initiateur d'une révolution totale, y compris par l'engagement politique (Aragon entre au parti communiste en 1928) ; mais il est défini aussi par Breton comme une « aventure spirituelle », qui renoue avec la tradition ésotérique.

Le surréalisme, qui renouvelait profondément notre regard sur le monde, n'a cessé depuis un demi-siècle d'exercer son influence sur toutes les formes d'expression et jusque sur la vie quotidienne : cinéma (avec Luis Bunuel), affiche, publicité, etc. Certains de ses mots d'ordre devaient être repris par les étudiants en mai 68.

Itinéraires poétiques

Certains poètes importants de l'entre-deux-guerres échappent cependant en tout ou partie à l'influence du surréalisme et suivent leur itinéraire personnel. C'est le cas de Max **Jacob** (1876-1944), chez qui s'unissent l'humour et le mysticisme (*Le Cornet à dés,* 1917), de Jules **Supervielle,** né à Montevideo (1884-1960), délicat poète de l' « hommage à la vie », de la mesure humaine et de la réconciliation avec le monde (*Oublieuse Mémoire,* 1949), de Pierre **Reverdy** (1889-1960), solitaire de l'attente, établi « à l'intersection du rêve et de la réalité » ; de Pierre-Jean **Jouve** (1887-1975), dont l'œuvre explore l'inconscient à la recherche d'une spiritualité aux prises avec l'instinct de mort ; enfin de **Saint-John Perse** (1887-1975), dont la carrière poétique qui s'annonçait fulgurante (*Anabase,* 1924) sera interrompue par ses fonctions au Quai d'Orsay jusqu'en 1940 [v. p. 192].

E. FEUILLÈRE, J.-L. BARRAULT interprètent Claudel (Le Partage de Midi)

Cependant les genres traditionnels conservent leur vitalité en explorant de nouveaux espaces. Au théâtre surtout, on voit s'amorcer des ruptures et des expériences riches en promesses.

Le roman

Durant l'entre-deux-guerres, dans la lignée de Balzac et de Zola, et sous l'influence plus directe de Romain **Rolland** et de son *Jean-Christophe,* se multiplient les « romans-fleuves » qui déroulent leurs immenses fresques psychologiques et sociales : *les Thibault* de Roger **Martin du Gard** (1880-1958), *les Hommes de bonne volonté* de Jules **Romains** (1885-1972), imposante mise en œuvre de l'unanimisme, que celui-ci avait fondé avec Georges Duhamel en 1906.

A côté de ces grands massifs, les voies que suit le roman sont multiples : saveur de vivre chez **Colette,** sens du terroir chez **Ramuz** ou **Giono,** de la vie intérieure chez **Estaunié,** exploration des âmes aux prises avec le péché avec François **Mauriac** (*Thérèse Desqueyroux,* 1927) et **Bernanos** aux accents prophétiques (*Journal d'un Curé de campagne,* 1936), quête de l'homme intérieur chez Julien **Green,** violence verbale du visionnaire chez **Céline** (*Voyage au bout de la nuit,* 1932).

Dans les années 30 domine surtout une éthique de l'héroïsme qu'expriment les romans de l'aviateur **Saint-Exupéry** (*Vol de nuit,* 1931 ; *Terre des hommes,* 1939) et d'André **Malraux** (1901-1976), engagé dans les tragédies de son temps (*La Condition humaine,* 1933 ; *l'Espoir,* 1937), avant de devenir compagnon fidèle, puis ministre et mémorialiste du général de Gaulle.

Le théâtre

A côté des grands théâtres subventionnés, le « théâtre du boulevard » maintient durant tout le siècle une tradition bien parisienne ; un public bourgeois y applaudit aux mots d'esprit et au comique un peu facile de Sacha Guitry, à qui succédera Marcel Achard, puis André Roussin.

En 1913, quelqu'un s'élevait contre ce théâtre commercial : Jacques **Copeau** créait le Vieux-Colombier pour rendre à la scène sa vérité et sa dignité et la réconcilier avec les masses. En 1926, deux de ses compagnons, Charles Dullin et Louis Jouvet, auxquels se joignent Gaston Baty et Georges Pitoëff, fondent le « Cartel des quatre » afin de poursuivre l'œuvre de Copeau. A côté de chefs-d'œuvre étrangers, ils vont révéler au public de nouveaux talents : Jules **Romains** (*Knock,* 1924), **Giraudoux** (*La guerre de Troie n'aura pas lieu,* 1935 ; *Électre,* 1937), **Salacrou,** Jean **Cocteau** *(Les Parents terribles),* enfin les débuts de Jean **Anouilh** (*Le Voyageur sans bagages,* 1937).

Mais l'œuvre la plus considérable du théâtre français du XXe s. est incontestablement celle de Paul **Claudel.** Or, paradoxalement, écrite entre 1889 *(Tête d'Or)* et 1929 *(Le Soulier de satin),* longtemps incomprise, elle ne fut jouée (à l'exception de trois pièces) qu'à partir de 1943, grâce à Jean-Louis Barrault, qui monta *Le Soulier de Satin* en 1943 et qui fit triompher *Partage de midi* (1905) en 1948 au théâtre Marigny.

LA PENSÉE PHILOSOPHIQUE

Cette évolution de la littérature s'inscrit sur un fond de pensée philosophique qui en commande les étapes. Du positivisme à l'existentialisme, on y voit s'aggraver le conflit entre les exigences d'une science qui envahit tous les domaines et l'inquiétude spirituelle de l'homme en désarroi.

GASTON BACHELARD.

Positivisme et scientisme

Durant la seconde moitié du XIXe siècle, la philosophie dominante reste influencée par le positivisme d'Auguste **Comte,** dont le *Catéchisme* (1852) a parachevé l'œuvre. En 1865, l'*Introduction à la médecine expérimentale* de Claude **Bernard** fait figure de nouveau *Discours de la Méthode :* la science ne veut connaître que des faits fondés sur la raison, laquelle pense pouvoir tout expliquer par le déterminisme. Ce rationalisme donne naissance à un nouveau mythe, le scientisme, dont **Taine,** philosophe, historien, critique d'art et critique littéraire, se fait l'artisan et **Renan** le prophète dans l'*Avenir de la Science* (1848, publié en 1890).

Bergson et l'intuitionnisme

Vers 1890, Henri **Bergson** (1859-1941) prend le contre-pied de ces idées : à la raison positiviste il oppose l'intuition, aux catégories de la psychologie classique le flux de la conscience, la durée, l'élan vital, à la causalité déterministe la liberté de *l'Évolution créatrice* (1907). Dans *Les deux sources de la morale et de la religion* (1932), il prônera une morale ouverte, une religion animée par la mystique et l'amour. Sa pensée séduira de jeunes écrivains comme Charles Péguy et Marcel Proust. Depuis lors, son influence, en dépit de critiques et de réserves, n'a cessé de se faire sentir.

Dans l'entre-deux-guerres

Pourtant, après 1920, l'opposition entre la pensée scientifique et les revendications philosophiques ou spirituelles en faveur de l'homme allaient prendre une autre forme. D'une part les recherches et découvertes de Jean Perrin sur la structure discontinue de la matière, de Paul Langevin sur la relativité, de Louis de Broglie sur la mécanique ondulatoire (pour ne pas parler d'Einstein et de Max Planck) remettent en question le scientisme hérité du XIXe siècle et entraînent chez les savants et les philosophes une réflexion critique sur les fondements et les méthodes mêmes de la science, réflexion qui trouve son couronnement dans le *Nouvel esprit scientifique* de Gaston **Bachelard** (1934). D'autre part, le catholique Emmanuel **Mounier,** en groupant autour de la revue *Esprit* des philosophes comme Jacques **Maritain,** défenseur du néo-thomisme (*Humanisme intégral,* 1936) et Gabriel **Marcel** (*Journal métaphysique,* 1930), met alors l'accent sur la nécessité du réveil et de l' « engagement » de la personne humaine (*Manifeste en faveur du personnalisme,* 1936).

Au sein même de l'Église, l'œuvre considérable de P. **Teilhard de Chardin** (1881-1955), témoigne du profond renouvellement de la pensée catholique [p. 168].

RÉTROSPECTIVES

LES "QUARANTE" ROIS.. QUI EN MILLE ANS FIRENT LA FRANCE

987

1223

CAPÉTIENS DIRECTS

HUGUES CAPET (987-996)
ROBERT II le Pieux (996-1031)
HENRI Ier (1031-1060)
PHILIPPE Ier (1060-1108)
LOUIS VI le Gros (1108-1137)
LOUIS VII le Jeune (1137-1180)
PHILIPPE II Auguste (1180-1223)
LOUIS VIII (1223-1226)
LOUIS IX Saint Louis (1226-1270)
PHILIPPE III le Hardi (1270-1285)
PHILIPPE IV le Bel (1285-1314)

LOUIS X le Hutin (1314-1316) — JEAN Ier (1316)
PHILIPPE V le Long (1316-1322)
CHARLES IV le Bel (1322-1328)

VALOIS

CHARLES DE VALOIS non régnant
PHILIPPE VI de Valois (1328-1350)
JEAN II le Bon (1350-1364)
CHARLES V le Bon (1364-1380)

CHARLES VI le Bien Aimé (1380-1422)
CHARLES VII le Victorieux (1422-1461)
LOUIS XI (1461-1483)
CHARLES VIII (1483-1498)

LOUIS D'ORLÉANS non régnant

1498

1610

ORLÉANS

LOUIS XII (1498-1515)
FRANÇOIS Ier (1515-1547)
HENRI II (1547-1559)
FRANÇOIS II (1559-1560)
CHARLES IX (1560-1574)
HENRI III (1574-1589)

BOURBONS

HENRI IV (1589-1610)
LOUIS XIII (1610-1643)
LOUIS XIV (1643-1715)
LOUIS XV (1715-1774)
LOUIS XVI (1774-1793)
LOUIS XVIII (1814-1824)
CHARLES X (1824-1830)

LOUIS-PHILIPPE (1830-1848)

1789-1940

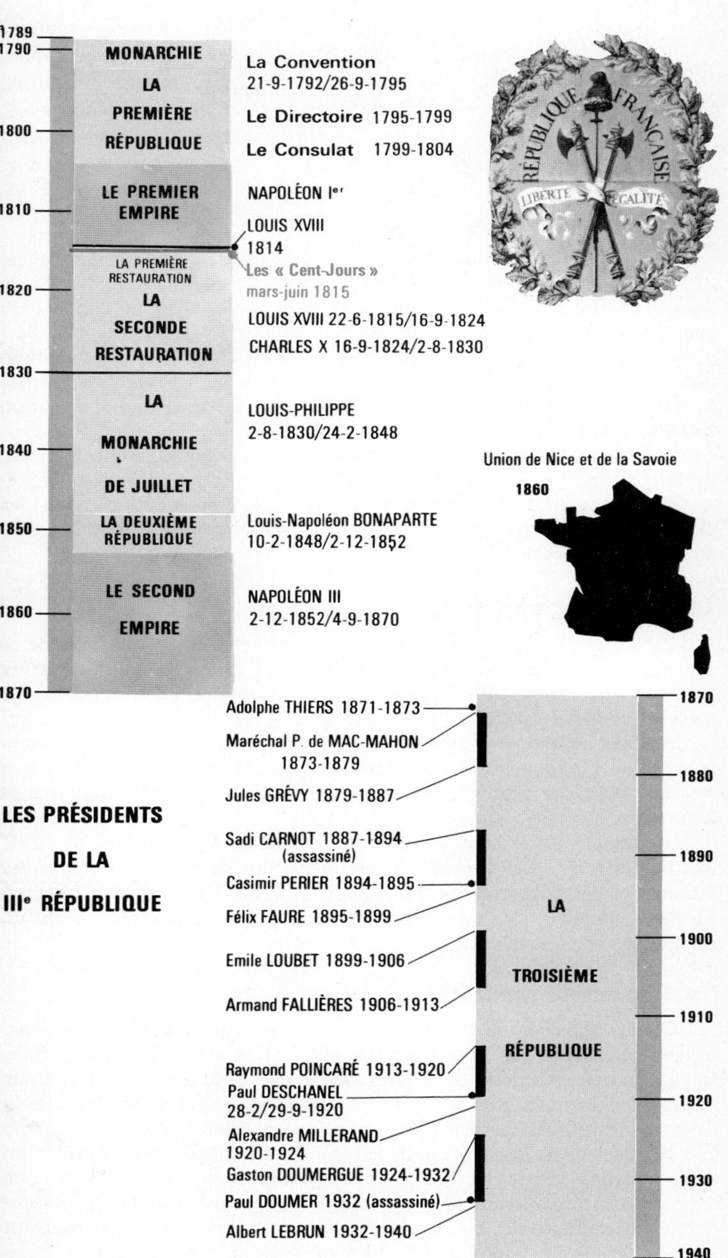
1789
1790
MONARCHIE
LA PREMIÈRE RÉPUBLIQUE
La Convention 21-9-1792/26-9-1795
Le Directoire 1795-1799
1800
Le Consulat 1799-1804
LE PREMIER EMPIRE
NAPOLÉON Ier
1810
LOUIS XVIII 1814
LA PREMIÈRE RESTAURATION
Les « Cent-Jours » mars-juin 1815
1820
LA SECONDE RESTAURATION
LOUIS XVIII 22-6-1815/16-9-1824
CHARLES X 16-9-1824/2-8-1830
1830
LA MONARCHIE DE JUILLET
LOUIS-PHILIPPE 2-8-1830/24-2-1848
1840
1850
LA DEUXIÈME RÉPUBLIQUE
Louis-Napoléon BONAPARTE 10-2-1848/2-12-1852
LE SECOND EMPIRE
NAPOLÉON III 2-12-1852/4-9-1870
1860
1870
RÉPUBLIQUE FRANÇAISE
LIBERTÉ
EGALITÉ
Union de Nice et de la Savoie
1860
LES PRÉSIDENTS DE LA IIIe RÉPUBLIQUE
Adolphe THIERS 1871-1873
Maréchal P. de MAC-MAHON 1873-1879
Jules GRÉVY 1879-1887
Sadi CARNOT 1887-1894 (assassiné)
Casimir PERIER 1894-1895
Félix FAURE 1895-1899
Emile LOUBET 1899-1906
Armand FALLIÈRES 1906-1913
Raymond POINCARÉ 1913-1920
Paul DESCHANEL 28-2/29-9-1920
Alexandre MILLERAND 1920-1924
Gaston DOUMERGUE 1924-1932
Paul DOUMER 1932 (assassiné)
Albert LEBRUN 1932-1940
LA TROISIÈME RÉPUBLIQUE
1870
1880
1890
1900
1910
1920
1930
1940

LES COURANTS D'IDÉES

La vie spirituelle française, comme la mentalité où elle s'enracine, est faite d'oppositions et de tensions, qui en assurent la diversité et la richesse : idéalisme et réalisme, traditionalisme et esprit révolutionnaire, etc. D'où des « familles d'esprits » et des courants d'idées qui se sont affrontés tout au long de l'histoire.

Traditionalisme et esprit révolutionnaire

Depuis la fin du Moyen Age, on peut dire que la France est partagée, sur le plan philosophique et religieux, entre deux grandes traditions de sens contraire, qui semblent correspondre sensiblement aux données du **tempérament** national [pp. 18-19] :

la tradition **catholique,** fondée sur le principe d'autorité, généralement conservatrice en politique, classique en littérature; elle est représentée au XVIIe s. par Bossuet et par Malebranche, plus tard par Maine de Biran, Joseph de Maistre, Louis Veuillot, et au XXe s. par Maurras;

la tradition **révolutionnaire,** fondée sur l'esprit critique et le libre examen, souvent athée et matérialiste, progressiste en politique; elle a pour représentants au XVIIe s. les libertins, au XVIIIe les philosophes, au XIXe les promoteurs du positivisme, du socialisme et du scientisme, et les défenseurs du jacobinisme et de la laïcité.

Idéalisme et réalisme

Il est deux autres tendances, également opposées entre elles, qui ne se confondent nullement avec les précédentes et qui, issues du **caractère** national, s'expriment plutôt dans le domaine littéraire, où elles ont donné naissance à deux courants persistants :

l'**idéalisme,** composé d'esprit aristocratique, de galanterie et de préciosité, exaltant la femme et l'amour platonique; on le retrouve dans l'**esprit courtois**, chez les précieux, Marivaux, Banville et jusqu'à Mallarmé et Giraudoux;

le **réalisme,** qui se combine d'ordinaire avec l'esprit critique, la satire, l'antiféminisme ; c'est l'**esprit gaulois,** celui du Roman de Renart, des fabliaux et des farces, qui se perpétue chez Rabelais, Mathurin Régnier, Molière, Boileau, Voltaire, Beaumarchais, les romanciers réalistes, A. France et Courteline...

Un humanisme rationaliste

Très tôt, ces diverses tendances, quelles que soient leurs oppositions, se sont néanmoins équilibrées grâce à une faculté maîtresse de la **personnalité** française, la **raison,** qui commande le **sens de la mesure.** Préparé par Montaigne, formulé par Descartes — dont on a d'ailleurs simplifié la philosophie jusqu'à la caricature, — le **rationalisme** est en effet comme le fil conducteur de la pensée et de la littérature françaises, favorisant d'un siècle à l'autre le goût de l'analyse psychologique et suscitant toute une lignée d'écrivains **moralistes** — de Montaigne à André Gide, en passant par La Rochefoucauld, La Bruyère et Vauvenargues — préoccupés avant tout de définir un humanisme, une sagesse et un art de vivre.

RELIGION ET PHILOSOPHIE

En France la philosophie a rarement constitué une forme d'activité autonome de l'esprit; elle est liée tantôt à l'expression des convictions religieuses, tantôt à la pensée scientifique, tantôt à la pensée politique, tantôt à la morale, toujours à la littérature. Aussi ne peut-on la dissocier de l'histoire des courants d'idées et de l'histoire littéraire elle-même. En retraçant cette histoire, on constate que le fond du patrimoine philosophique français est constitué essentiellement, soit par des écrivains religieux, soit par les encyclopédistes, les moralistes et les réformateurs sociaux. Ils se répartissent d'eux-mêmes relativement à cette « droite » et à cette « gauche » littéraire dont parlait Thibaudet et dont l'opposition est si caractéristique de l'histoire nationale.

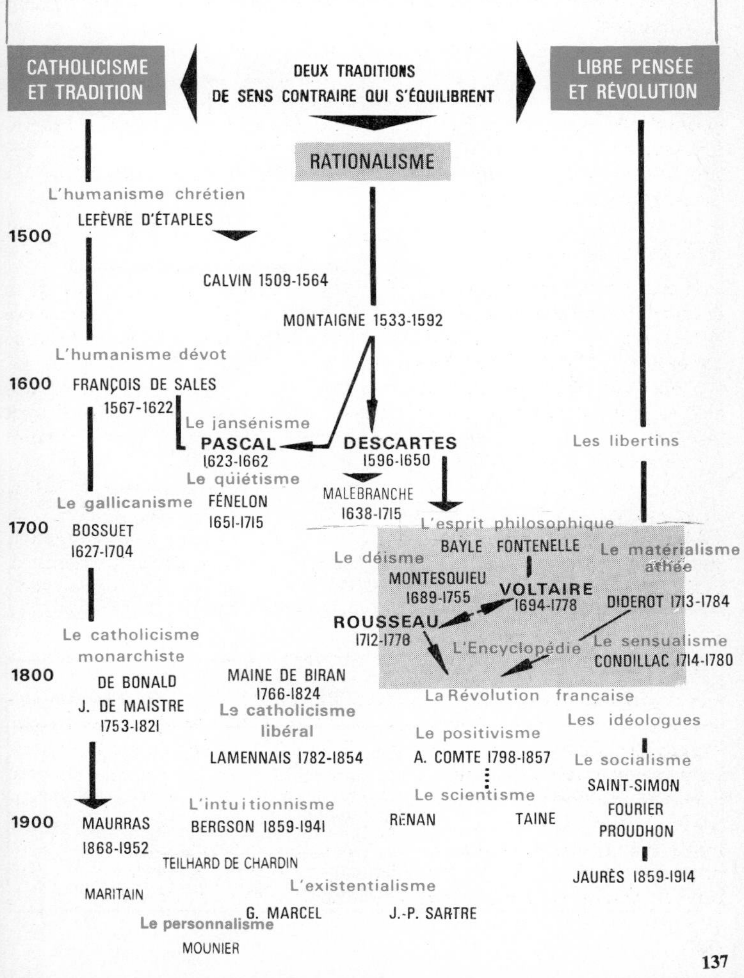

LES MOUVEMENTS...

Mieux sans doute que les siècles, les mouvements littéraires marquent les heures sur le cadran de l'histoire. Si, dans sa recherche obstinée d'un humanisme, la France, au cours des derniers siècles, a subi tour à tour l'influence des diverses cultures de l'Europe, elle a su à chaque fois transformer ces influences en un mouvement et traduire les aspirations nouvelles dans des manifestes et des formules assimilables par tous, en même temps qu'elle définissait un type d'homme nouveau.

AU CADRAN DE L'EUROPE :

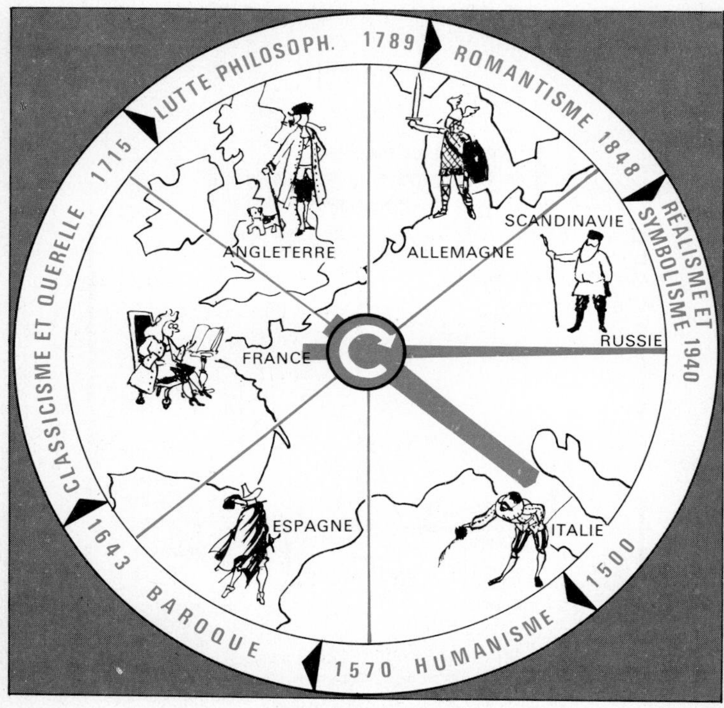

ÉPOQUES ET MOUVEMENTS

Époque	*Influence dominante*	*Mouvement littéraire*	*Idéal humain*
Renaissance	Italie	L'humanisme	Le courtisan
Époque baroque	Espagne	Le baroque	Le « cavalier »
Époque classique	France	Le classicisme, la « querelle »	L'honnête homme
Ép. des lumières	Angleterre	La lutte philos.	Le philosophe
Ép. révolutionnaire	Allemagne	Le romantisme	Le héros
IIIe République	Russie	Le réalisme et le symbolisme	Le savant ou le prophète

ET LES GENRES LITTÉRAIRES

Courants d'idées, mouvements et thèmes se moulent à chaque époque dans les « genres » littéraires : poésie, roman, théâtre, essai, histoire. L'évolution de ces genres présente dans la littérature française, à de rares exceptions près, une continuité remarquable : c'est que chacun d'eux ou presque répond à un trait de la mentalité nationale, notamment le théâtre, à qui il convient par là même de faire une place à part [pp. 140-141].

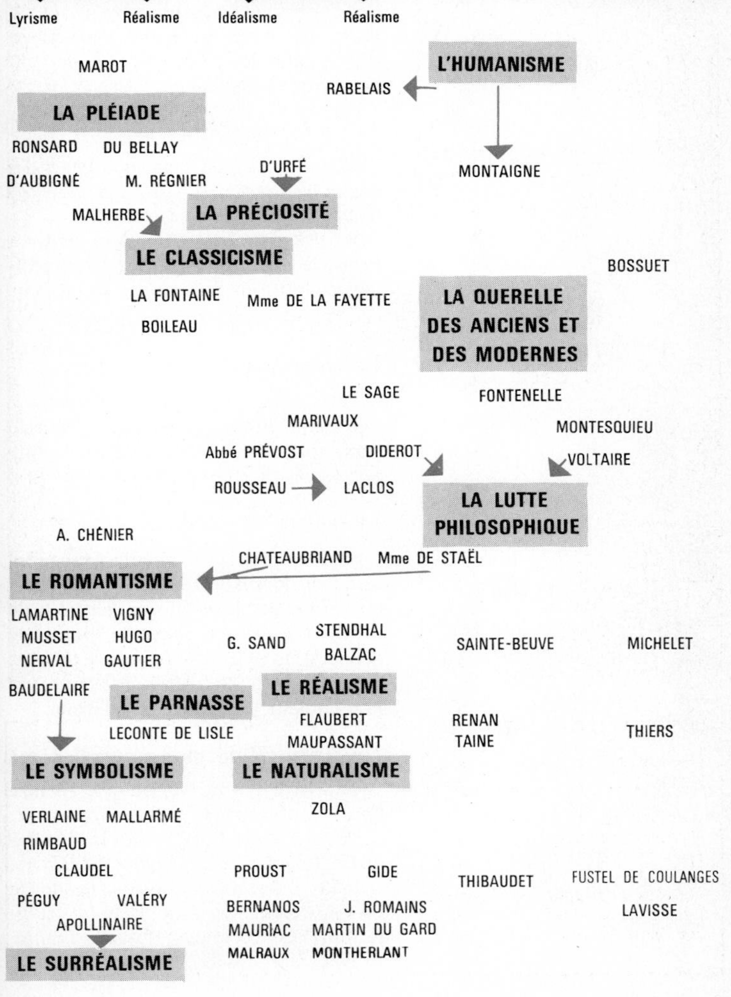

LE THÉÂTRE

Le théâtre s'est développé en France d'une façon continue. A toutes les époques, il a séduit un public épris de spectacle et de vie de société. Au surplus, les deux genres traditionnels, tragédie et comédie, ne satisfaisaient-ils pas les deux tendances cardinales de son caractère : idéalisme et esprit critique?

Le théâtre est né du culte

XIIIe s. : les premiers miracles sont joués dans l'église même.

XIVe s. : sur le parvis des cathédrales, des confréries d'amateurs représentent, dans une mise en scène simultanée, d'interminables mystères où la cité entière communie.

Le goût du spectacle

XVIe s. : on joue dans les collèges des pièces inspirées de l'Antiquité; puis des troupes itinérantes se constituent.

XVIIe s. : le théâtre fixe son centre à Paris; la mise en scène (féeries, machineries, illusions, métamorphoses) suscite des débauches d'ingéniosité.

La concentration des effets

Paris adopte la scène à l'italienne : une petite boîte à cinq faces, ouverte vers le public — d'où une action réduite aux récits et aux conflits psychologiques.

La vogue du théâtre

XVIIIe s. : la Comédie-Française, installée depuis 1687 dans un théâtre en forme de demi-ellipse, inspirée de l'hémicycle romain, est le point de départ d'un engouement pour le théâtre.

XIXe s. : la mise en scène tend vers la « couleur locale » et le réalisme.

Un demi-siècle de renouvellement

vers 1880 : Antoine fonde le *Théâtre libre* : naturalisme, simplicité, vérité.

1891 : Paul Fort fonde le *Théâtre d'Art*, Lugné-Poë le *Théâtre de l'Œuvre*.

1913 : Jacques Copeau, fonde le *Vieux Colombier* : sobriété et stylisation. Ses disciples : Pitoëff, Dullin, Jouvet, Baty, J.-L. Barrault.

.. ET LES GENRES DRAMATIQUES

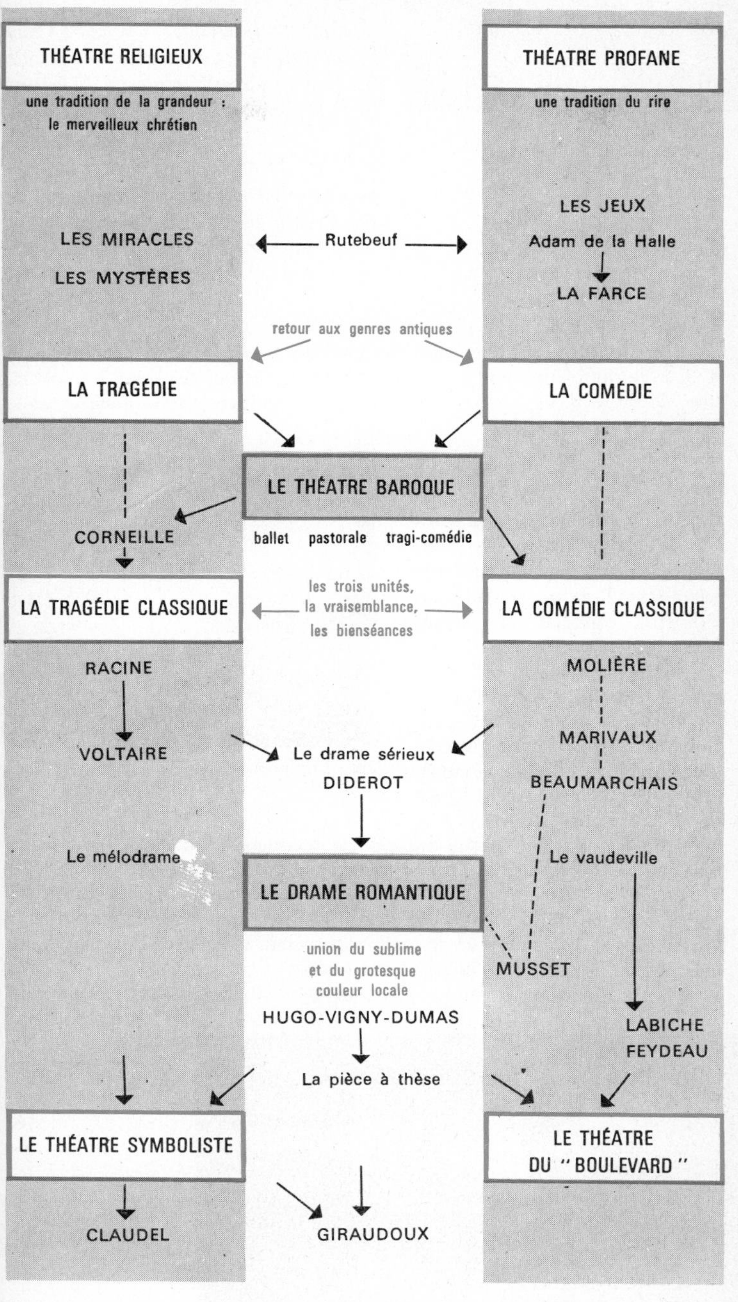

THÉATRE RELIGIEUX
une tradition de la grandeur : le merveilleux chrétien
THÉATRE PROFANE
une tradition du rire
LES JEUX
LES MIRACLES
Rutebeuf
Adam de la Halle
LES MYSTÈRES
LA FARCE
retour aux genres antiques
LA TRAGÉDIE
LA COMÉDIE
LE THÉATRE BAROQUE
CORNEILLE
ballet pastorale tragi-comédie
les trois unités,
LA TRAGÉDIE CLASSIQUE
la vraisemblance,
LA COMÉDIE CLASSIQUE
les bienséances
RACINE
MOLIÈRE
MARIVAUX
VOLTAIRE
Le drame sérieux
DIDEROT
BEAUMARCHAIS
Le mélodrame
Le vaudeville
LE DRAME ROMANTIQUE
union du sublime
et du grotesque
MUSSET
couleur locale
HUGO-VIGNY-DUMAS
LABICHE
FEYDEAU
La pièce à thèse
LE THÉATRE SYMBOLISTE
LE THÉATRE DU "BOULEVARD"
CLAUDEL
GIRAUDOUX

J. Fouquet, détail d'une miniature.

LA PEINTURE

Après la littérature, la peinture a tenu à toutes les époques une place importante dans la vie culturelle française. Toujours en quête de formules nouvelles, les peintres s'y sont néanmoins gardés généralement de tout excès, jusqu'au jour où l'impressionnisme engage la peinture dans la grande aventure de l'art contemporain.

Moyen Age

• En France la peinture naît de la miniature : les manuscrits enluminés, hauts en couleurs, évoquent des paysages et des scènes de la vie familière.
• Sous la double influence des écoles flamande et italienne naît, au XVe s., une véritable école française avec Nicolas Froment, **Jean Fouquet** et le Maître de Moulins.

XVIIe siècle

• Après la Renaissance, la peinture s'acclimate définitivement en France. Un nouveau mécénat encourage l'art du portrait où s'illustre **Philippe de Champaigne.**
• Les frères **Le Nain** peignent des scènes réalistes; **Claude Lorrain** (1600-1682) évoque des architectures de féerie dans une lumière méridionale; **Nicolas Poussin** (1594-1665), imprégné à Rome de l'esprit de l'Antiquité, annonce le classicisme par sa maîtrise de la composition et des formes (*Les Saisons*); **Georges de La Tour** sort aujourd'hui d'un injuste oubli.

Cl. Lorrain, Port de mer au soleil couchant.

• Sous Louis XIV, **Le Brun** (1619-1690) règne en maître, décorant les plafonds et le grand escalier de Versailles, peignant pour la postérité le Grand Roi et fixant dans un style d'apothéose la majesté de l'art classique; avec lui, la peinture devient architecturale.
• A la fin du règne, **Rigaud** et **Largillière** maintiennent l'art du portrait.

Watteau, Le rendez-vous de chasse.

XVIIIe siècle

CHARDIN, Le Bénédicité.

• Avec la Régence, la peinture acquiert de la souplesse et de la grâce. **Watteau** (1684-1721) exprime l'esprit parisien dans toute sa finesse et définit l'atmosphère et les thèmes d'un siècle heureux de vivre.

• Après lui, **Boucher** (1703-1770) triomphe dans la pastorale ou dans la mythologie galante, **Fragonard** (1732-1806) dans les tableaux de genre et les sujets rustiques.

FRAGONARD, La Leçon de musique.

INGRES, La Famille Stramchy.

• La société aristocratique se mire dans les pastels de **Quentin de La Tour,** la bourgeoisie et la classe paysanne dans les toiles de **Chardin** et de **Greuze.** Les ruines d'**Hubert Robert** annoncent le Romantisme.

Le Romantisme

• Tandis que **David** (1748-1825) et **Ingres** (1780-1867) maintiennent la tradition classique, les Romantiques cultivent le pittoresque et l'imagination et réclament une liberté totale, tels **Géricault** (*le Radeau de la Méduse*, 1824) et surtout **Delacroix** (1798-1863), dans des œuvres passionnées (*Virgile et Dante aux Enfers*, 1822), dont les audaces annoncent la peinture moderne.

DELACROIX, La Liberté.

CorOT, Le Coup de vent.

Les paysagistes

Les Romantiques avaient réintroduit le sentiment de la nature. Vers 1830, **Corot** (1796-1875) puis l'école de Fontainebleau, à Barbizon, avec **Millet** et Théodore **Rousseau,** donnent la première place au paysage, tandis que **Courbet** (1819-1877) fait triompher le réalisme (*L'Enterrement à Ornans*, 1851).

L'impressionnisme

L'impressionnisme marque le début d'un renouvellement complet de la peinture. Préparé par Édouard **Manet** (1832-1883), dont l'*Olympia* (1865) fait scandale, il s'impose avec Claude **Monet** (1840-1926), **Sisley, Pissarro,** qui peignent en plein air et rendent le miroitement de la lumière en divisant les tons. **Degas** et **Renoir** traduisent le mouvement de la vie moderne. **Van Gogh** dans son œuvre de visionnaire, **Gauguin** qui, avec l'école de Pont-Aven, introduit le symbolisme, **Cézanne** par sa recherche de formes géométriques, annoncent les fauves et les cubistes.

▲ MANET, Le Fifre.

◀ CL. MONET, La Cathédrale de Rouen.

▼ RENOIR, La Loge.

Fauves et cubistes.

Vers 1905, les « fauves », **Matisse, Vlaminck, Dufy,** s'efforcent d'exprimer leur sentiment intérieur par une véritable orchestration des couleurs. Vers 1908, les cubistes cherchent à créer un art libéré des apparences sensibles, en recomposant la réalité selon des formes abstraites. **Braque** (1882-1963) introduit dans sa peinture des matériaux réels : bois, papier collé. Pablo **Picasso,** espagnol résidant en France, a traversé toutes les écoles. Après l'époque bleue et l'époque rose, il est venu au cubisme avec *Les Demoiselles d'Avignon* (1907), puis au surréalisme et à l'expressionnisme. De leur côté le douanier **Rousseau,** le Montmartrois **Utrillo** revendiquent les droits de la peinture « naïve ».

CÉZANNE, Gardanne.

◀ MATISSE, Les Poissons rouges.

BRAQUE, La corbeille.

L'entre-deux-guerres

Vers 1925, les surréalistes, avec **Chirico,** tentent d'exprimer sur la toile le monde du rêve et de l'inconscient. A la même époque, l'école de Paris groupe des peintres tels que le Russe **Chagall,** l'Italien **Modigliani,** le Japonais **Foujita,** qui se rattachent, avec **Rouault,** au mouvement expressionniste.

PICASSO (1881-1973), Le fauteuil rouge. ▶

CLAUS SLUTER. Puits de Moïse.

LA SCULPTURE

« Le Français naît sculpteur, comme il naît géomètre. » (Luc-Benoist.) Ainsi s'explique peut-être une remarquable continuité dans l'histoire de la sculpture française, de cet art proche de la réalité, éminemment rationnel, à trois dimensions, où certaines qualités du caractère national ont pu s'exprimer mieux qu'ailleurs.

Moyen Age

• La **sculpture romane,** souvent maladroite, mais bouillonnante de vie, est essentiellement monumentale : elle fait corps avec le bâtiment (bas-reliefs), sous la forme de chapiteaux et de tympans où les thèmes de l'Écriture s'animent d'une faune et d'une flore tumultueuses.

• La **sculpture gothique** se détache du mur tout en restant subordonnée à l'ensemble : figures et formes se calment et prennent leur place dans l'ordre symbolique de l'édifice, véritable encyclopédie du monde visible et invisible.

• Au XIVe s., la sculpture tend à se séparer complètement de l'église et cherche son autonomie : statues de la Vierge et des saints, tombeaux et calvaires.

GERMAIN PILON. Saint François.

XVIe siècle

• La sculpture subit tardivement l'influence de l'Italie, et surtout celle de l'Antiquité : Jean Goujon, virtuose des formes, sculpte des nymphes et des allégories; le catholique Germain Pilon partage son art entre les bustes saisissants de grands personnages et des compositions imprégnées d'un profond mysticisme.

XVIIe siècle

• Tandis que, baroque attardé, Puget exprime dans des bas-reliefs audacieux son sentiment tragique de la vie, presque tous les sculpteurs du Grand Siècle travaillent pour la gloire de Versailles et du roi, sous la direction de Girardon *(Bains d'Apollon)*.

• Coysevox, dont l'art triomphe dans le buste, est le sculpteur attitré de Louis XIV, dont les statues équestres ornent un peu partout les places royales.

BAINS D'APOLLON

XVIIIe siècle

• De véritables dynasties de sculpteurs se constituent (les Coustou) pour répondre à la commande française et étrangère.

• Bouchardon réagit contre l'art rocaille (*l'Amour*); Pigalle tend vers un réalisme épique, Falconet incarne le siècle de l'amour, tandis que Houdon excelle dans le buste (Diderot, Voltaire Rousseau).

HOUDON. Rousseau.

XIXe siècle

• Le Romantisme ne s'affirme guère que dans l'œuvre de Préault et de Rude. La sculpture s'en tient le plus souvent à l'académisme ou à l'éclectisme, sauf avec les compositions mouvementées de Carpeaux (*La Danse*, 1869).

• Après le naturaliste Dalou, **Rodin** (1840-1917) domine la fin du siècle par son génie puissant imprégné de romantisme et par son incomparable maîtrise technique : le célèbre *Penseur* (1880), *Les Bourgeois de Calais* (1889) s'insèrent dans le plan d'une composition immense, *La Porte de l'Enfer*, où s'exprime la hantise de la destinée humaine.

RODIN. Le Penseur.

• **Bourdelle** (1861-1929), son disciple, produit une œuvre considérable où se concilient malaisément une imagination débordante et un retour à l'archaïsme grec, comme dans *Héraklès archer* (1909), et dont le sommet est constitué par le *Monument du général Alvear*, à Buenos Aires (1914-1923).

• **Maillol** (1861-1944) ramène la sculpture à une simplicité dépouillée et sereine, proche de cette terre qu'il incarne dans des déesses pleines de force et de grâce telles que *Flore*, *Vénus*, *Pomone*.

BOURDELLE. L'ARCHER.

DEUX MUSICIENS AU MOYEN AGE.

LA MUSIQUE

On a longtemps cru et répété que la musique était étrangère au génie français. S'il est de fait que celui-ci, au cours de l'histoire, s'est généralement mieux exprimé à travers la littérature ou les arts plastiques, on doit cependant noter, non seulement la continuité de la musique française, mais son caractère novateur, et la place importante qu'elle a conquise depuis la fin du siècle dernier.

Le Moyen Age

XIIe-XIIIe s. • Troubadours et trouvères chantent leurs poèmes en s'accompagnant de la vielle ou de la harpe.
• Pérotin invente un nouveau langage musical, la **polyphonie,** au moment même où s'élèvent les premières cathédrales gothiques.
• Adam de la Halle crée l'**opéra-comique** (*Jeu de Robin et Marion*).

XIVe s. • L'*Ars nova* (Guillaume de Machaut) introduit la mesure.

XVe s. • Le **contrepoint** triomphe (école franco-flamande, Josquin des Prés).

Les temps modernes

XVIe s. • « Premier âge d'or de la musique française », qui s'allie à la poésie (Roland de Lassus, Janequin).

XVIIe s. • **Lulli** introduit l'**opéra** d'Italie en France et en définit les caractéristiques essentielles. C'est alors que sont fixées les règles de la grande danse classique, grâce à la fondation de l'*Académie royale de danse* (1661), puis de l'*École de danse* de l'Opéra (1723).
• L'œuvre des **Couperin** impose en Europe l'usage du clavecin.

XVIIIe s. • **Rameau** établit les bases de l'**harmonie** moderne et introduit dans l'opéra la musique symphonique (*Les Indes galantes*, 1735).
• L'Allemand **Gluck** compose ses opéras sur des livrets français et les fait représenter à Paris (*Orphée*, 1774; *Alceste*, 1776).
• **L'opéra-comique,** né dans les foires, trouve sa forme avec Philidor et Grétry. L'introduction en France du *bel canto* italien provoque la « querelle des bouffons ».

UN CONCERT BERLIOZ, caricature de Geiger.

XIXe s.
• **Berlioz** (1803-1869), mal compris de son temps, réforme la symphonie en y introduisant le « programme » et l'autobiographie (*Symphonie fantastique*, 1830) et bouleverse les traditions par sa fougue romantique (*La Damnation de Faust*, 1846).

L'époque contemporaine : un renouveau

CLAUDE DEBUSSY

Ce renouveau est préparé durant la deuxième moitié du siècle par une pléiade de compositeurs qui imposent la musique française : **Gounod** (*Faust,* 1859) ; **Saint-Saëns,** qui réintroduit le goût de la musique symphonique, goût développé à Paris par la création des grands concerts ; **Bizet** (*L'Arlésienne,* 1872), **Lalo** (*Symphonie espagnole,* 1875), **Chabrier** (*España,* 1883), qui, en cultivant le folklore, enrichissent le mouvement, la couleur et les timbres ; Gabriel **Fauré,** qui excelle dans la mélodie comme dans la musique de chambre ; enfin César **Franck** (1822-1890), qui, renouant avec la tradition de Bach et de la musique religieuse (*Béatitudes,* 1869-1879), domine son époque et forme de nombreux disciples : Duparc, Ernest Chausson et Vincent d'Indy, fondateur de la Schola cantorum.

Claude Debussy et la génération de 1900

Claude **Debussy** (1862-1918) marque un tournant décisif. Son œuvre qui « bouleverse toutes les traditions de la musique occidentale, recèle en effet un pouvoir de jeunesse qui n'est pas encore épuisé » (P. Boulez). Ouvert à toutes les influences (symbolisme de Mallarmé, modes antiques, Extrême-Orient), épris de liberté formelle, maniant subtilement les rythmes, les timbres, les tonalités et même le silence, il renouvelle tous les genres : mélodie, pièces pour piano *(Estampes, Préludes),* poème symphonique (du *Prélude à l'après-midi d'un faune,* inspiré de Mallarmé, 1892, à *La Mer,* 1904-1905), musique dramatique (*Pelléas et Mélisande,* 1902 : un « scandale » parisien), ballet (*Jeux,* dont la création en 1913 au théâtre des Champs-Élysées coïncide avec celle du *Sacre du printemps* de Stravinsky).

La génération de 1900 compte, comme en littérature, une série de créateurs au talent riche et puissant : Paul **Dukas** (*L'Apprenti sorcier,* 1897), Albert **Roussel** (*Le festin de l'araignée,* 1912), Florent **Schmitt** (*Salomé,* 1907), et surtout Maurice **Ravel** (1875-1937), novateur lui aussi, virtuose des rythmes et des timbres (*Boléro,* 1928), mariant l'imagination, la rigueur et l'ironie (*Ma Mère l'Oye,* 1908 ; *L'Enfant et les sortilèges,* 1925).

Le « groupe des Six »

1917 : aux ballets russes de Diaghilev, Jean **Cocteau** fait créer *Parade* d'Erik **Satie,** un contemporain de Debussy, dont la fantaisie déroutante et l'amour du burlesque séduisent quelques jeunes musiciens. Ceux-ci vont se réunir un moment sous le nom de « groupe des Six » autour d'une œuvre collective (*Les mariés de la Tour Eiffel,* 1921), avant de développer leur personnalité propre.

Parmi eux, Georges **Auric** s'est surtout consacré à la musique de film et de ballet, Francis **Poulenc** à la mélodie et à la musique chorale. Darius **Milhaud** (1892-1974), musicien fécond et généreux, s'est fait le champion de la polytonalité. **Honegger** (1892-1955) exprime son pessimisme et son angoisse dans des œuvres d'une intensité tragique (*Le roi David,* 1921 ; *Jeanne au bûcher,* 1935 ; *Symphonies*).

LA CHANSON

La chanson française procède d'une longue et riche tradition. Elle plonge de profondes racines dans le terroir national, mais elle subit également les influences venues de l'étranger.

Des troubadours au « Chat Noir »

La tradition est ancienne, depuis les chansons d'amour des trouvères et des troubadours, les chansons de toile et les pastourelles du Moyen Age en passant par les chansons galantes, satiriques ou populaires du Grand Siècle, les bergerettes et les chansons poissardes, puis les chansons politiques et révolutionnaires du temps de Louis XV et de Louis XVI, les romances de **Béranger,** poète national populaire au XIXe s., jusqu'aux chansonniers du **Chat-Noir.**

Lorsqu'en 1882 Rodolphe de Salis ouvre à Montmartre le cabaret du *Chat-Noir,* où les poètes-chansonniers — parmi eux Aristide **Bruant** *(A la Bastoche, A la Villette, Nini-peau-de-chien...)* — viennent interpréter eux-mêmes leurs œuvres, la chanson connaît une véritable résurrection. Et la **chanson d'actualité** restera désormais l'une des veines principales de la chanson française.

De la « Belle Époque » à la Seconde Guerre

Y. Guilbert
vue par Toulouse-Lautrec.

Maurice Chevalier.

Le début du XXe s. voit le triomphe de la chanson de charme, de la chanson **comique-troupier** et d'un certain genre de chanson mi-satirique mi-grivoise qu'illustrent de grands interprètes tels **Mayol, Fragson, Polin, Y. Guilbert** (Le Fiacre, Madame Arthur).

Dans l'entre-deux-guerres, le café-concert disparaît progressivement au profit du **music-hall,** de la revue à grand spectacle, de l'opérette à refrains avec **Mistinguett, M. Chevalier** *(Prosper, Ma pomme),* **J. Baker** *(J'ai deux amours).*

En même temps s'affirme un goût prononcé pour l'exotisme ; bientôt c'est l'irruption du **jazz** et des rythmes noirs. Avec le cinéma parlant, la chanson s'annexe un nouveau domaine. L'invention du microphone permet la création du style **intimiste (J. Sablon).** Les grands noms de la chanson sont **Tino Rossi, Damia, Lys Gauty, Frehel, Lucienne Boyer, Marie Dubas.**

Les années 30 annoncent un grand renouveau de la chanson française qui reprend ses droits en tant que valeur poétique, sous l'influence des frères Prévert, d'Agnès Capri, Mireille, J. Nohain, **Charles Trenet** *(Y'a d'la joie, Je chante, Fleur bleue, Boum).*

.E CINÉMA

La France a été le berceau du inéma et depuis la fin du XIXe *iècle, ses cinéastes n'ont cessé l'apporter une riche contribution ì l'épanouissement de « l'art des emps modernes ».*

.es pionniers

En 1895, Louis **Lumière** présente à Paris ses premières projections ınimées : *La sortie des usines Lumière, La baignade en mer, L'arrivée du rain en gare de La Ciotat...* En 1897, Georges **Méliès** construit à Montreuil le remier studio du monde où il invente les trucages : *Voyage dans la Lune* 1902). Bientôt se fondent en France plusieurs sociétés pour exploiter la ıouvelle technique : Pathé, Gaumont, Éclair.

.' « avant-garde »

Dès les années 20, une « avant-garde » donne au cinéma français ses ettres de noblesse : **Germaine Dulac ; Abel Gance :** *La Roue* (1922), *Vapoléon,* sur triple écran (1927) ; **Marcel L'Herbier :** *L'homme du large* 1920), *Eldorado* (1921), *l'Argent* (1928) ; **Louis Delluc :** *Fièvre* (1921), *La Temme de nulle part* (1922) ; **Jean Epstein :** *Cœur fidèle* (1923), *La glace à rois face* et *Finis terrae* (1928) ; **Jacques Feyder :** *Thérèse Raquin* (1928) ; **René Clair :** *Paris qui dort* (1924), *Entracte* (1924), *Un chapeau de paille l'Italie* (1927).

.es « classiques »

Les années 30 sont dominées par les œuvres de **Jean Vigo :** *Zéro de onduite* (1932), *L'Atalante* (1934) ; **Marcel Carné :** *Drôle de drame* (1937), *Hôtel du Nord* et *Quai des brumes* (1938), *Le Jour se lève* (1939) ; **Jean Renoir :** *La Chienne* (1931), *Boudu sauvé des eaux* (1932), *Le crime de M. Lange* (1935), *La Grande Illusion* et *La Marseillaise* (1937), *La Bête ıumaine* (1938), *La Règle du jeu* (1939) ; **Sacha Guitry :** *Le roman d'un richeur* (1934) ; **Jacques Feyder :** *La Kermesse héroïque* (1935) ; **Marcel Pagnol :** *César* (1936) ; **Julien Duvivier :** *Pépé le Moko* (1936) ; **Jean Grémillon :** *Gueule d'amour* (1937) ; **René Clair :** *Le Million* (1931), *Quatorze Juillet* et *A nous la liberté* (1932). Déjà on pouvait parler des classiques du cinéma »...

De la photographie au cinéma

- 1827. Niepce : première *photographie* sur verre.
- 1838. Daguerre : premier *daguerréotype* permettant de fixer une image sur une plaque métallique.
- 1882. Marey : invention du *chronophotographe.*
- 1895. Les frères Louis et Auguste Lumière : première représentation du *cinématographe.*
- 1927. Premier *film parlant.*

René Clair au travail.

Chaire gothique.

LE MOBILIER

A travers les siècles de notre histoire le mobilier, rudimentaire à l'origine, s'e: peu à peu diversifié pour mieux répondı aux besoins des hommes et leur assure un plus grand confort. Il a dû pour cel se dégager progressivement de la tutell de l'architecture et de la sculpture, e conquérir son autonomie.

• Au Moyen Age : massif e sommaire

Le **coffre** ou **bahut,** en bois massi sert de siège : il est l'ancêtre et l'élé ment de base de tout le mobilier. Muni d'un dossier, il devient une **chair** pour le chef de famille ; garni de coussins, un **lit** (surmonté souvent d'un to que supportent des colonnes) ; monté sur pieds, une **armoire** (appelée aus crédence, buffet ou dressoir).

En même temps que la vie civile, se développent le luxe et le senti ment de l'art : les meubles se chargent de sculptures et d'ornement gothiques et finissent par ressembler parfois à des cathédrales en miniature

• Au XVIe siècle : plus élégant et plus varié

L'influence italienne détermine, surtout à partir de Henri II, une transformation profonde du mobilier. L'armoire prend des formes larges et monumentales ; le **cabinet** est un bahut avec tiroirs dressé sur quatre pieds et déjà orné parfois de marqueterie. Les meubles, toujours sculptés, se chargent de trophées, d'emblèmes, de mascarons, et sont décorés de ciselures et d'incrustations. Les sièges, sous l'influence hispano-flamande, se garnissent de cuir et de velours cloué : on s'achemine vers plus d'élégance et de confort.

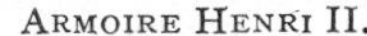

Armoire Henri II.

• Au XVIIe siècle : naissance de l'ébénisterie

Le meuble conserve un caractère d'apparat et reste lourd et massif; sou Louis XIV, il tend vers la majesté. Mais il se libère peu à peu de l'archı tecture et trouve ses formes propres, grâce à l'emploi du tournage (pied en spirale) et surtout à l'apparition de **l'ébénisterie** qui, en substituant l placage aux sculptures massives, transforme complètement le mobilie Boulle excelle dans la marqueterie de bois, d'écaille ou de métaux. Le sièges se diversifient, larges, confo tables et rembourrés, souvent garnis d tapisserie : le canapé, le lit de repc apparaissent ainsi que la commode e la console. Le décor s'enrichit de guirlandes et d'entrelacs.

Commode Louis XIV.

Bergère Louis XV.

• Au XVIIIe siècle : intimité et variété

Le meuble, cessant d'être un décor d'apparat, s'adapte aux proportions humaines. Conçu davantage pour la vie intime, il est plus petit et plus varié; les sièges se multiplient avec le triomphe de la vie de salon et de conversation : sofas, bergères, gondoles, cabriolets. Le meuble le plus typique est la *commode*, avec ses tiroirs superposés. Sous Louis XV apparaît le bureau à cylindre et sous Louis XVI se multiplient les vitrines et les bibliothèques.

Au XIXe siècle : imitations et pastiches

Bureau empire.

Depuis la Révolution de 1789, qui ›mpt plus ou moins violemment avec s traditions, et durant tout le XIXe s., ı style nouveau se cherche à travers ›utes les imitations : retour aux ›rmes et au décor antique sous l'Em- ›re, retour au gothique avec les omantiques, au style Renaissance et enri II à l'époque de la bourgeoisie iomphante, en attendant les japo- ıiseries du « modern style » à la fin ı siècle. Les formes deviennent de us en plus conventionnelles et la ınalité des meubles stéréotypés, fabriqués en série dans les grands maga- ns, est le fidèle reflet de la vie bourgeoise : salle à manger avec sa ande table et ses rangées de chaises, salon où dorment sous leurs ›usses des fauteuils « d'époque », chambre à coucher avec son lit de ilieu, son armoire à glace (inventée sous le Ier Empire) et sa commode.

Au XXe siècle : recherche d'un style fonctionnel

Bureau « Arts déco ».

Dès la fin du XIXe siècle cependant, sous la double influence de l'Union centrale des Arts Décoratifs et de l'École Boulle, se manifeste un effort pour libérer le mobilier du pastiche. L'Exposition des Arts Décoratifs de 1925 témoigne de cette recherche d'un style nouveau, qui s'efforce de définir une esthétique dans l'adaptation même du meuble à sa fonction. Dès lors, les lignes se simplifient, le décor se dépouille. Après le règne du fer forgé, le métal léger se combine au bois clair, les couleurs vives apparaissent.

LE COSTUM

XIIIe s.
chainse (chemise ou tunique, bliaud (blouse), robe longue, chape (manteau ample), toque.

XVe s.
M : pourpoint court et ajust chausses collantes, turban, toqu ou bonnet, souliers à la poulain avec un dard).
F : robe collante ouverte pa devant, traîne, hennin (coiffu haute et conique).

1750
Louis XV
M : veste très longue, culotte à boucles, habit à la française à pans froncés à la taille ou redingote à l'anglaise, jabot de dentelle.
F : jupe à panier, manches en pagodes, talons très élevés.

1780
Louis XVI
F : mode excentrique, coiffure à sujets extravagants, robe à paniers, nœuds, guirlandes et bouquets innombrables.

1795
Révolution
M : un sans-culotte : les révolutionnaires ont remplacé la culotte par le pantalon. Un incroyable, jeune élégant royaliste : cravate énorme, habit à basques.
F : une merveilleuse : tunique à la romaine, grand chapeau à brides.

1830
Romantisme
M : jaquette à pans courts, pantalon, haut de-forme.
F : crinoline, petit chapeau, ombrelle.

M = masculin

F = féminin

1530
François Ier

M : pourpoint décolleté, taille ine, hauts-de-chausses (culotte lottante), bouffants à crevés, toque avec plumet.

F : basquine (corsage) garnie de dentelles, vertugadin (robe bouffante).

1600
Henri IV

M : pourpoint à crevés, trousse bouffante attachée à la veste, fraise (collerette de dentelle).

F : vertugadin très ample, grande collerette à dentelles.

1640
Louis XIII

M : pourpoint ajusté, rabat, hauts-de-chausses, bottes à entonnoir, manteau sur l'épaule, perruque.

F : corsage ouvert en pointe, fichu, robe relevée laissant apparaître la jupe.

1690
Louis XIV

[M] : veste (gilet à manches), cravate de mousseline, justaucorps (redingote ajustée), culotte courte et collante.

[F] : tuyaux de dentelle [sur] les cheveux, robe à tournure.

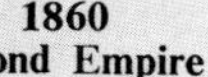

1860
Second Empire

[M] : redingote, haut[-d]e-forme, badine.

[F] : jupe évasée [ta]ille mince, capote [(c]hapeau à coulisse et à brides).

1900
la Belle Époque

M : veston et pantalon noirs, gilet blanc, melon ou haut-de-forme, moustache en pointe.

F : corsage à col très haut, jupe-cloche, robe à tournure, voire à « strapontin », manches à gigots, manteau pèlerine, chapeau à fleurs et plumes.

1930

M : veston serré à la taille, pantalon étroit, chapeau mou.

F : allure sportive, jupe courte, taille très basse, cheveux coupés « à la garçonne ».

L'Apocalypse d'Angers (fin du XIVe s.), de Nicolas Bataille, est l'œuvre la plus saisissante de l'époque.

LA TAPISSERIE

Moyen Age

Inspiré de l'Orient, l'art de la tapisserie est une création du Moyen Age français. Les premiers ateliers organisés apparaissent au début du XIVe s. à Paris, à Arras et à Tournai.

Au XVe s. se multiplient les « tapisseries aux mille-fleurs » célèbres par leur coloris et leur fraîcheur : la *Dame à la licorne*.

La Dame à la Licorne.

XVIe siècle

La tapisserie connaît un succès éphémère avec François Ier (ateliers de Fontainebleau), puis, après les guerres de religion, renaît sous Henri IV (ateliers du Louvre).

XVIIe siècle

Sous Louis XIII, les « ateliers de Paris » atteignent à une grande maîtrise. Mais c'est la création par Colbert des manufactures royales de Beauvais (1664), d'Aubusson (1665) et surtout des Gobelins (1667), sur laquelle Le Brun règne en maître, qui donne définitivement à la tapisserie ses lettres de noblesse.

Les manufactures alimentent les châteaux royaux ou princiers en œuvres allégoriques et somptueuses à la gloire du Grand Roi : *Histoire du roi*, *Maisons royales*, *Conquêtes de Louis XIV*.

XVIIIe siècle

Tandis que les manufactures poursuivent une production devenue plus ornementale et plus fantaisiste (*Histoire de Don Quichotte*, *les Dieux*), la tapisserie française se répand dans toute l'Europe, où se multiplient les ateliers animés par des artistes français : Berlin, Munich, Berne, Florence, Rome, Saint-Pétersbourg, Madrid...

Mais la Révolution française marque, pour plus d'un siècle, le déclin de la tapisserie.

Histoire de Don Quichotte.

6 INTRODUCTION AU PRÉSENT (1940-1968)

La France d'aujourd'hui est née au lendemain de la Seconde Guerre mondiale. Vaincue en 1940, elle figure en 1945 parmi les vainqueurs.

Dans le drame de la défaite et de l'occupation, dans l'épopée de la Résistance, elle puise les forces d'un renouveau. Certes, le poids de la tradition pèsera sur les forces d'évolution, mais la transformation — non exempte de difficultés — sera rapide et profonde.

LA DÉFAITE

Le désastre militaire de 1940 apparaît comme l'épilogue tragique d'une longue période de stagnation.

La « drôle de guerre »

Pour la France, la guerre éclate en septembre 1939. Le pays est mal préparé à l'affronter. La « **drôle de guerre** » se stabilise sur la ligne Maginot, puissante ligne de fortifications contre laquelle, pense l'état-major, l'ennemi usera ses forces. Patrouilles, faibles duels d'artillerie ; c'est à peine la guerre.

A l'intérieur de la ligne Maginot.

La débâcle

La grande offensive allemande commence le 10 mai 1940. Dès lors, la **retraite est générale,** elle s'opère dans le plus grand désordre. Aux unités désorganisées, coupées de leur commandement, s'ajoute sur les routes le dramatique **exode** de millions de civils qui fuient sous les bombardements de l'aviation. Les troupes allemandes, qui ne se heurtent qu'à la résistance sporadique et souvent héroïque d'unités isolées, réalisent une avance foudroyante. Le gouvernement se replie à Bordeaux. Paris est occupé le 14 juin. En quelques jours la moitié de la France est **envahie.**

L'exode en 1940.

VICHY...

La défaite militaire de la France entraîne la chute de la IIIe République. Le 10 juillet 1940, des parlementaires réunis à Vichy accordent les pleins pouvoirs au maréchal Pétain. Chef de l'« État français », Pétain annonce une « Révolution nationale ». Il instaure un régime d'ordre moral, paternaliste et autoritaire, qui prend pour devise « Travail, Famille, Patrie ».

La collaboration

L'entrevue Pétain-Hitler à **Montoire** (octobre 1940) marque le début de la « collaboration ». Le chef de l'État espère-t-il modérer les exigences du vainqueur ? Le régime de Vichy évolue en fait vers une **soumission** de plus en plus totale à la politique allemande : sous l'influence de Pierre Laval, qui souhaite la victoire allemande, il entérine la déportation des Juifs, l'instauration du travail obligatoire en Allemagne (S.T.O.), l'implantation de la police politique nazie (Gestapo).

Le régime évolue également vers le fascisme : l'État devient **corporatif,** la Nation est encadrée par la « Légion des combattants », une **Milice** est créée, participant à la répression des Résistants.

L'ENTREVUE DE MONTOIRE (octobre 1940).

LE POIDS DE L'OCCUPATION

Sommes perdues (en francs 1940) au profit de l'Allemagne :

- **Frais d'entretien des troupes d'occupation :** 632 milliards de francs
- **Réquisitions, dettes non remboursées :** 450 milliards de francs
- **Total :** 1 100 milliards de francs

LA QUEUE DEVANT UNE CRÈMERIE A PARIS EN 1941. La pénurie alimentaire entraîne le rationnement.

La pénurie

L'occupation de la France devient **totale** le 11 novembre 1942, peu après le débarquement anglo-américain en Afrique du Nord. Les difficultés économiques s'accentuent, les **prélèvements** des occupants deviennent plus lourds, la pénurie accroît la misère : pénurie de matières premières, de combustibles et surtout de produits alimentaires. Le **rationnement** institué à partir de septembre 1940 devient de plus en plus sévère.

... ET LA RÉSISTANCE

La Résistance, qui rassemble tous ceux qui veulent continuer le combat contre l'occupant, prend des formes variées. Timide au début, elle s'organise progressivement et s'étend malgré les tortures, la déportation et les exécutions.

Le général Eisenhower estimera à 15 divisions l'apport militaire des Forces Françaises de l'Intérieur (F. F. I.).

APPEL DU 18 JUIN 1940 (extrait)

... « Moi, général de Gaulle, actuellement à Londres, j'invite les officiers et les soldats français qui se trouvent en territoire britannique ou qui viendraient à s'y trouver, avec leurs armes ou sans leurs armes, j'invite les ingénieurs et les ouvriers spécialistes des industries d'armement qui se trouvent en territoire britannique ou qui viendraient à s'y trouver, à se mettre en rapport avec moi. Quoi qu'il arrive, la flamme de la résistance française ne doit pas s'éteindre et ne s'éteindra pas. »

Général de Gaulle.

La France libre

Le général de Gaulle qui, le 18 juin 1940, lance de Londres son célèbre **appel à la Résistance,** rassemble les Français de l'extérieur. Obtenant le ralliement de l'Afrique équatoriale française, il organise des forces qui **reprennent le combat** aux côtés des Alliés. Installé à Alger en juin 1943, de Gaulle devient président du Comité Français de Libération Nationale, puis chef du Gouvernement Provisoire de la République Française.

La Résistance intérieure

Les **patriotes** qui, sur le territoire national, engagent la lutte contre le gouvernement de Vichy et contre l'occupant sont issus de toutes les familles spirituelles. Les organisations sont multiples et les communistes jouent un grand rôle.

Les jeunes, qui fuient le Service du Travail Obligatoire, se réfugient dans les régions montagneuses et organisent des « **maquis** » qui harcèlent l'occupant. Pour les réduire, les Allemands montent de véritables expéditions militaires, comme dans le **Vercors** en juillet 1944.

En 1943, **Jean Moulin** parvient à regrouper tous les résistants français au sein du **Conseil National de la Résistance,** en liaison avec Londres. La Résistance, qui conquiert la sympathie agissante de la plus grande partie de la population, joue un rôle important dans la Libération de la France qui commence le 6 juin 1944 avec le **débarquement** anglo-américain en Normandie.

Par ailleurs, les troupes françaises constituées en Afrique du Nord — parmi lesquelles s'illustrent la colonne Leclerc, la 1re Armée française, le 7e chasseur d'Afrique... — contribuent activement à la victoire aux côtés des Alliés, participant à la campagne d'Italie, au débarquement en Provence (août 1944) et aux combats de la Libération jusqu'à Berlin.

RÉSISTANT FUSILLÉ PAR DES SOLDATS ALLEMANDS.

Ami si tu tombes
Un ami sort de l'ombre
A ta place

(*Chant des partisans*, écrit par J. Kessel et M. Druon.)

De Gaulle défilant aux Champs-Élysées le 26 aout 1944.

LA QUATRIÈME RÉPUBLIQUE

Sur la France libérée souffle un vent de renouveau. Renouveau démographique d'abord, qui s'accompagne de profondes réformes des structures économiques et sociales. L'esprit de la Résistance anime les gouvernements de l'immédiat après-guerre. Au gouvernement provisoire (1944-1946) succède la IVe République (1946-1958).

Le gouvernement provisoire

Installé à Paris en août 1944, le Gouvernement Provisoire de la République présidé par le général de Gaulle s'inspire du programme du Conseil National de la Résistance : châtiment des traîtres, retour à la démocratie, réformes économiques ôtant aux puissances d'argent la direction d'importants secteurs de l'économie, réformes sociales...

La fin de la guerre (mai 1945), le retour des prisonniers et des déportés permettent un premier référendum populaire (octobre 1945) auquel les femmes participent pour la première fois : la Constitution de 1875 est condamnée, une Assemblée Constituante fixera les nouvelles institutions de la France. La Constituante élue place à la direction du gouvernement le général de Gaulle (novembre 1945) qui gouverne avec des ministres socialistes, communistes et M.R.P. (Mouvement Républicain Populaire). Mais, refusant le « Système des partis », le général démissionne en janvier 1946. Lui succèdent à la présidence du Conseil : Félix Gouin (janvier-juin 1946) et Georges Bidault (juin-décembre 1946).

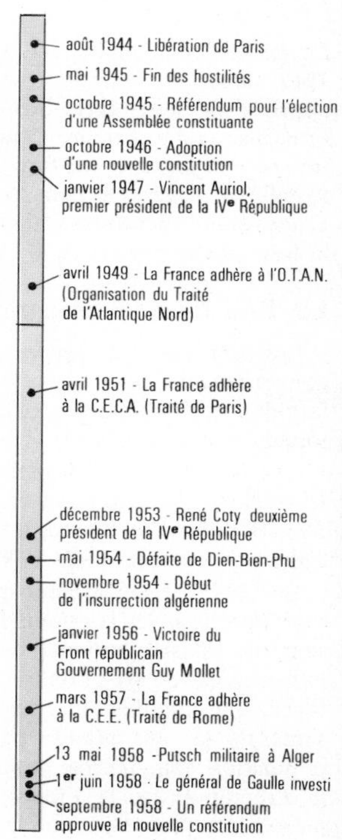

août 1944 - Libération de Paris
mai 1945 - Fin des hostilités
octobre 1945 - Référendum pour l'élection d'une Assemblée constituante
octobre 1946 - Adoption d'une nouvelle constitution
janvier 1947 - Vincent Auriol, premier président de la IVe République
avril 1949 - La France adhère à l'O.T.A.N. (Organisation du Traité de l'Atlantique Nord)
avril 1951 - La France adhère à la C.E.C.A. (Traité de Paris)
décembre 1953 - René Coty deuxième président de la IVe République
mai 1954 - Défaite de Dien-Bien-Phu
novembre 1954 - Début de l'insurrection algérienne
janvier 1956 - Victoire du Front républicain Gouvernement Guy Mollet
mars 1957 - La France adhère à la C.E.E. (Traité de Rome)
13 mai 1958 - Putsch militaire à Alger
1er juin 1958 - Le général de Gaulle investi
septembre 1958 - Un référendum approuve la nouvelle constitution

Une nouvelle Constitution

L'élaboration d'une nouvelle constitution qui fonde la IVe République s'avère difficile. La démocratie parlementaire instaurée en octobre 1946 octroie de grands pouvoirs à l'Assemblée nationale. Après une éphémère expérience de tripartisme (gouvernement à ministres socialistes, communistes et M.R.P.), qui prend fin en mai 1947, c'est l'émiettement des partis, et les gouvernements de « troisième force » sont condamnés à l'immobilisme.

LE BILAN DE LA GUERRE (1939-1945)

Pertes humaines	
Morts :	
— Militaires tués à l'ennemi	200 000
— Prisonniers et déportés décédés	240 000
— Civils fusillés ou tués (bombardements)	160 000
Total	600 000
Invalides	800 000

Pertes matérielles

Transports :

— Destruction d'une grande partie de l'infrastructure routière (2 500 ponts) et ferrée (500 ouvrages).

— 30 % des quais portuaires détruits ou hors d'usage.

— Disparition de :
2/3 des wagons de marchandises
2/3 des cargos
3/4 des pétroliers
4/5 des péniches.

Agriculture :	
— Exploitations totalement détruites	54 000
Partiellement détruites	155 000
Industrie :	
— Entreprises totalement détruites	60 000
— Partiellement détruites.	115 000
Immeubles :	
— Totalement détruits	445 000
— Partiellement détruits	1 556 000

LES PRÉSIDENTS ET GOUVERNEMENTS DE LA IVe RÉPUBLIQUE

Léon Blum	(18-12-1946/22-1-1947)
Vincent Auriol	(1947-1954)
Paul Ramadier	(22-1-1947/22-11-1947)
Robert Schuman	(22-11-1947/24-7-1948)
André Marie	(26-7-1948/31-8-1948)
Robert Schuman	(31-8-1948/12-9-1948)
Henri Queuille	(12-9-1948/27-10-1949)
Georges Bidault	(28-10-1949/24-6-1950)
Henri Queuille	(2-7-1950/4-7-1950)
René Pléven	(12-7-1950/28-2-1951)
Henri Queuille	(10-3-1951/10-7-1951)
René Pléven	(11-8-1951/7-1-1952)
Edgar Faure	(20-1-1952/29-2-1952)
Antoine Pinay	(8-3-1952/22-12-1952)
René Mayer	(6-1-1953/21-5-1953)
Joseph Laniel	(26-6-1953/...
René Coty	(1954-1958)
Joseph Laniel	.../12-6-1954)
Pierre Mendès-France	(17-6-1954/5-2-1955)
Edgar Faure	(23-2-1955/24-1-1956)
Guy Mollet	(30-1-1956/21-5-1957)
Maurice Bourges-Maunoury	(12-6-1957/30-9-1957)
Félix Gaillard	(6-11-1957/15-4-1958)
Pierre Pfimlin	(13-5-1958/31-5-1958)
Charles De Gaulle	(1-6-1958/8-1-1959)

L'œuvre économique et sociale

L'économie a été gravement atteinte par la guerre. L'œuvre de reconstitution entreprise dans le cadre d'un « Plan de modernisation et d'équipement » (Plan Monnet) et réalisée à partir de 1947 grâce à l'aide du plan d'assistance des États-Unis à l'Europe (Plan Marshall) est rapide : en 1949-1950 le niveau de production d'avant-guerre est dépassé.

Le gouvernement provisoire et la IVe République réforment les structures économiques en décidant de nombreuses nationalisations, ils se préoccupent du progrès social en instituant, de 1945 à 1946, la Sécurité sociale [p. 326] et en garantissant un salaire minimum (le Salaire Minimum Interprofessionnel Garanti).

Les difficultés

Si l'œuvre économique et sociale est, par maints aspects, positive, si au plan extérieur la IVe République entreprend une audacieuse politique de « construction européenne », les difficultés et les problèmes se multiplient. L'instabilité ministérielle (21 gouvernements se succèdent de 1946 à 1958), la dépendance à l'égard des États-Unis, la division de la gauche alourdissent le climat politique. Les difficultés financières s'accroissent, la monnaie s'effondre, et il faut procéder à de nombreuses dévaluations du franc. La situation sociale demeure tendue, les conflits se multiplient. Mais c'est de la politique coloniale que viennent les plus graves préoccupations. Après la désastreuse guerre d'Indochine (jusqu'en 1954), le drame algérien, qui éclate le 1er novembre 1954, divise les Français et est à l'origine directe de la chute de la IVe République en 1958.

LE GÉNÉRAL DE GAULLE, fondateur de la Ve République.

LES DÉBUTS DE LA CINQUIÈME RÉPUBLIQUE

Née en 1958, la Ve République est dominée jusqu'en 1969 par la personnalité du général de Gaulle.

Après trois semaines de crise ministérielle, appelé par le président de la République René Coty, le général est investi comme chef de gouvernement par l'Assemblée nationale et reçoit en juin la mission de préparer une nouvelle Constitution.

★ Toute ma vie je me suis fait une certaine idée de la France. La France ne peut être la France sans la grandeur.

Général de GAULLE.

Les institutions

La constitution qui fonde la Cinquième République [p. 226], soumise à un référendum populaire, en septembre 1958, est approuvée massivement : 79 % de oui. Le mois suivant, le général de Gaulle est élu président de la République par un collège de 81 500 notables (grands électeurs) dont les neuf dixièmes sont délégués par les municipalités. Après modification de la constitution (1962), il sera réélu, en 1965, au suffrage universel direct.

Issue d'une situation de **crise,** la Ve République se dote des moyens nécessaires à la fois pour réformer les structures de la Nation et pour mettre fin à la guerre d'Algérie. L'évolution des institutions est caractérisée par un **renforcement** constant du **pouvoir exécutif** [pp. 234-235]. Un affaiblissement du rôle du Parlement permet une vie gouvernementale plus stable, non exempte, toutefois, de crises.

La décolonisation

La Ve République achève la **décolonisation** opérée sans grands heurts en Afrique Noire mais qui, en Algérie, est réalisée dans des circonstances dramatiques, après une prolongation et une intensification de la guerre menée depuis 1954. L'**indépendance de l'Algérie** est consacrée par les accords d'Évian (1962). Plus de 1 million de Français d'Algérie, les « rapatriés », regagnent la Métropole. Leur intégration est facilitée par des indemnisations jugées toutefois insuffisantes.

FRANÇAIS D'ALGÉRIE REGAGNANT LA MÉTROPOLE (mai 1962).

- septembre 1958 - Début de la Ve République
- janvier 1959 Le général de Gaulle premier président de la Ve République
- mars-juillet 1962 - Accords d'Evian, indépendance de l'Algérie
- oct-nov. 1962, réforme de la constitution (président élu au suffrage universel).
- décembre 1965 - Élections présidentielles général de Gaulle réélu contre François Mitterrand
- mai-juin 1968 - Agitation des étudiants, puissantes grèves
- avril 1969 - Démission du général de Gaulle
- juin 1969 - Georges Pompidou élu deuxième Président de la Ve République
- novembre 1970 - Mort du général de Gaulle
- juin 1972 - Le Parti communiste français et le Parti socialiste adoptent un programme commun de gouvernement
- avril 1974 - Mort du Président Pompidou
- mai 1974 - Valéry Giscard d'Estaing élu 3e Président de la Ve République

L'indépendance nationale

Le nouveau régime proclame hautement **l'indépendance** de la France, notamment à l'égard des États-Unis. La France entreprend la constitution d'une force de dissuasion atomique, elle se retire de l'Organisation du Traité de l'Atlantique Nord [p. 259].

Une monnaie forte

L'inflation avait été la « maladie de langueur » de la IVe République. La Ve République veut doter la France d'une monnaie forte. Une dévaluation réussie, en décembre 1958, et un **assainissement financier** permettent, dans les années qui suivent, d'améliorer la balance commerciale et d'accroître les réserves de change. En 1960 un « nouveau franc » est créé. Toutefois, la situation financière se dégrade, le franc est de nouveau dévalué en 1969 [p. 268]. Dans les années 70 les prix augmentent et la lutte contre l'inflation devient une préoccupation majeure.

La crise de mai-juin 1968

Le général de Gaulle et les gouvernements de la Ve République se montrent plus soucieux de **croissance économique** que de réformes sociales. Des critiques s'élèvent contre l'**autoritarisme du régime** et sa politique de prestige. Le mécontentement grandit et, en mai-juin 1968, les émeutes estudiantines à Paris et un puissant mouvement de grèves dans tout le pays (9 à 10 millions de grévistes) révèlent un profond malaise de la société française. La **crise,** à la fois sociale et politique, ébranle le régime. Après l'échec de son projet de réforme des institutions (avril 1969), le général de Gaulle se retire de la vie politique. Élu en juin 1969, Georges Pompidou lui succède à la présidence de la République.

MAI 1968 à PARIS : affrontement entre C.R.S. et étudiants. Boulevard St-Michel.

Une séance du Parlement européen à Strasbourg

L'ENGAGEMENT EUROPÉEN

C'est sous la IVᵉ République que la France s'engage dans la voie européenne ; elle participe activement à la création de l'Europe des Six. Sous la Vᵉ République, le Général de Gaulle s'oppose à toute solution supranationale. Après 1969, les présidents Pompidou (1969-74) et Giscard d'Estaing (1974-1981) prennent plusieurs initiatives de « relance européenne ».

La coopération européenne

Au cours des années qui suivent la Seconde Guerre mondiale, la France adhère aux organismes qui se constituent en vue de favoriser la **coopération économique et politique** entre les pays d'Europe occidentale. En 1948, elle devient membre de l'Organisation Européenne de Coopération Économique (O.E.C.E.) et, en 1950, adhère à l'Union Européenne des Paiements (U.E.P.).

Son adhésion, en 1949, au **Conseil de l'Europe,** qui siège à Strasbourg, souligne son souci de contribuer à une **union politique** des États du vieux continent européen.

La création de l'Europe des Six

En 1950, le ministre des Affaires étrangères, Robert Schuman, propose de « *placer l'ensemble de la production franco-allemande de charbon et d'acier sous une Haute autorité commune, dans une organisation ouverte à la participation des autres pays d'Europe* ».

Cette initiative révolutionnaire aboutit, l'année suivante, à la création de la **Communauté Européenne du Charbon et de l'Acier** (C.E.C.A.), présidée par Jean Monnet, à laquelle adhèrent, aux côtés de la France, la République Fédérale d'Allemagne, l'Italie et les trois pays du Bénélux.

En mars 1957, les six pays membres de la C.E.C.A. signent les traités de Rome qui instituent simultanément la Communauté Économique Européenne (C.E.E. ou **Marché Commun**) et la Communauté Européenne de l'Énergie Atomique (C.E.E.A. ou **Euratom**).

Ainsi est constitué un **vaste marché** de 180 millions de consommateurs. Les marchandises, les hommes, les capitaux doivent pouvoir y circuler librement ; les partenaires y créent les conditions d'une réelle concurrence entre les entreprises et mettent en œuvre des politiques communes : politique agricole commune, et tentatives pour définir une politique européenne de l'énergie, des transports.

L'élargissement de la Communauté européenne

Après le départ du général de Gaulle, qui s'était montré hostile à l'adhésion de la Grande-Bretagne au Marché Commun, le président Pompidou « relance » l'Europe à la **Conférence de La Haye** (1ᵉʳ et 2 décembre 1969). Les négociations engagées aboutissent à l'adhésion de trois nouveaux partenaires : la Grande-Bretagne, l'Irlande, le Danemark. Le 1ᵉʳ janvier 1973, l'Europe des Six se transforme en **Europe des Neuf.** En 1981, la Grèce devient le dixième partenaire européen. L'Espagne et le Portugal sont candidats à l'adhésion.

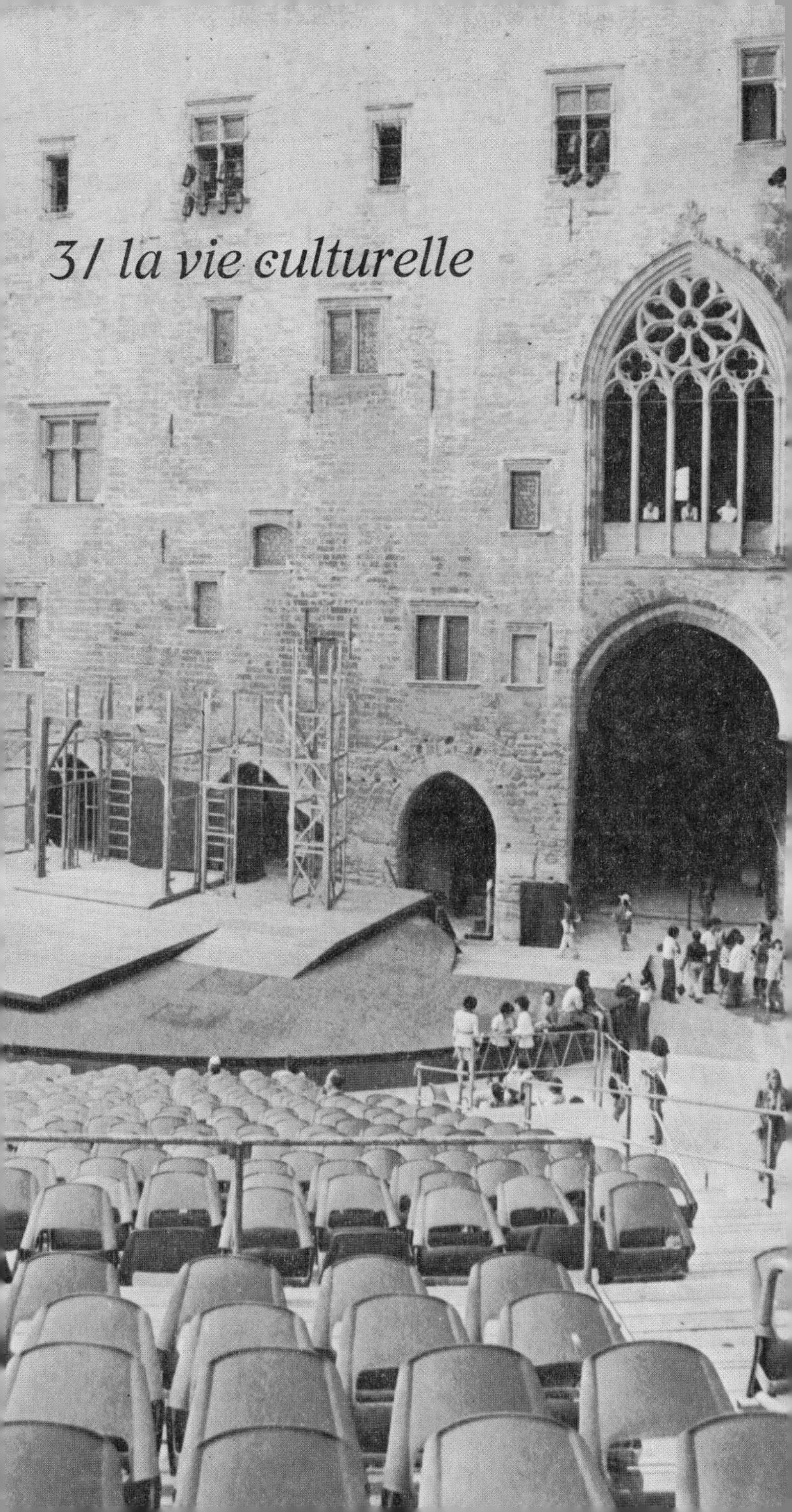

3/ la vie culturelle

La basilique de Lourdes attire chaque année des foules de malades, de pèlerins et de curieux.

1

LES FONDEMENTS

LA VIE RELIGIEUSE...

Religion et laïcité : deux traditions solidement enracinées en France, et qui correspondent à deux tendances de l'esprit national. Depuis près de dix siècles, l'histoire de ce pays est marquée par leurs conflits. Même si aujourd'hui d'autres clivages sont apparus, ces tendances motivent et éclairent encore bien des comportements.

La France, pays de tradition catholique

La France est traditionnellement un pays catholique : « fille aînée de l'Église », couverte d'églises et de cathédrales, elle fut aussi de tous temps et est encore un pays de sanctuaires et de pèlerinages : il existe même un Comité général des pèlerinages nationaux.

Certes, patrie de la liberté et de l'esprit critique, elle fut le théâtre de bien des **luttes spirituelles** et de sanglants **conflits** (guerres de Religion). Mais, tandis que celles-ci scindaient l'Allemagne en deux confessions et conduisaient l'insulaire Angleterre à un compromis — l'anglicanisme —, la France, par souci d'ordre et d'unité, a tout fait pour éliminer le protestantisme de son sol. Aujourd'hui encore, l'**Église catholique** y apparaît toute-puissante : elle possède une structure administrative solidement hiérarchisée : 38 000 paroisses réparties entre 95 diocèses ; son clergé groupe 40 000 prêtres diocésains, 20 000 religieux et 110 000 religieuses, enfin 90 % des Français sont baptisés catholiques. Mais cette puissance n'est-elle pas plus apparente que réelle ?

Une large diversité de confessions

Le protestantisme, à l'origine, s'était répandu un peu partout en France. Mais les guerres de Religion, et surtout la Révocation de l'Édit de Nantes (1685) lui portèrent un coup sérieux [p. 112]. En 1789, il ne possédait plus ni temples ni écoles. Depuis lors, il s'est peu à peu reconstitué autour des îlots où il avait survécu : Alsace et Franche-Comté, sud du Massif Central et des Cévennes, ainsi que dans quelques grandes villes.

Aujourd'hui, on compte 800 000 protestants — soit moins de 1,5 % de la population — divisés en plusieurs Églises, dont la plus importante est l'Église Réformée de France. L'action de ces Églises est coordonnée par **la Fédération protestante de France** fondée en 1905.

En dépit des terribles persécutions et des déportations dont les Juifs ont été victimes sous l'occupation, le **culte israélite** est resté très vivace en France. Placé sous l'autorité du Consistoire central et du grand rabbin, il groupe aujourd'hui quelque 700 000 fidèles.

Enfin, il existe une importante minorité de Français de confession **orthodoxe,** ainsi que de **musulmans** de nationalité française.

ET LA « LAÏCITÉ »

Le mot est né au XIXe s., mais le fait est beaucoup plus ancien. S'appuyant sur le principe de libre examen, certains humanistes au XVIe s., les libertins au XVIIe, les philosophes au XVIIIe ont peu à peu sapé l'autorité de l'Église; en 1789, l'État cessait d'être catholique; le Concordat de 1804 le déclarait seulement « chrétien ». Enfin, en 1905, par la loi de **séparation des Églises et de l'État,** celui-ci devient **laïque :** sans salarier aucun culte, il garantit à tous les citoyens la liberté de croyance et de pratique. La laïcité, concept spécifiquement français, se définit donc par la **neutralité** de l'État en matière religieuse, la tolérance et la coexistence pacifique des diverses familles spirituelles. Plus profondément, elle repose sur la libre pensée, le doute méthodique, l'épanouissement de l'homme. Ces idées ont été propagées notamment par la franc-maçonnerie et ont pris souvent, sous la IIIe République, la forme extrême de l'anticléricalisme. Les francs-maçons continuent à jouer un rôle actif dans la politique : en majorité de gauche, ils occupent bon nombre de postes importants depuis 1981.

Des structures parallèles

Conséquence de la loi de 1905 : l'Église catholique a dû créer toute un réseau d'institutions parallèles à celles de l'État, institutions dont certaines ont pris une grande extension. Le catholicisme français possède son propre enseignement (p. 171), sa presse (p. 214), ses éditeurs, ses œuvres sociales, ses associations professionnelles ; il a enfin ses mouvements de jeunesse et d'adultes, groupés au sein de l'Action catholique (créée en 1931).

La crise religieuse

En dépit de ses efforts, on pouvait constater depuis le début du siècle un lent processus de déchristianisation, qui affectait les différentes confessions et devait aboutir dans les années 60 à une véritable crise de la foi, liée à une crise plus générale, celle de la civilisation occidentale. Selon un sondage de l'Institut Français d'Opinion Publique (I.F.O.P.) réalisé en 1979, si 87 % des Français se disent catholiques, 15 % pratiquent régulièrement, 60 % occasionnellement. En huit ans, le recrutement des prêtres a diminué de moitié. Et cette crise s'étend à la doctrine elle-même. Les causes d'une telle désaffection sont multiples : recherche du bien-être matériel, concentration urbaine, crise des valeurs... Ajoutons que, sauf peut-être en Alsace, qui jouit d'un régime particulier hérité du Concordat, il ne reste aucune trace dans les structures officielles de la France contemporaine de ce qui constituait « la chrétienté ».

LA FRANC-MAÇONNERIE EN FRANCE

Principaux ordres ou « obédiences » :
- **Grand Orient de France** (30 000 membres), attaché à la laïcité et au progrès ;
- **Grande Loge de France** (15 000 membres), qui met l'accent sur les aspects ésotériques de la tradition.
- **Grande Loge féminine,** créée en 1952 (10 000 membres), issue de la précédente.

UN RÉVEIL SPIRITUEL

La crise qui rongeait le catholicisme français depuis un siècle a suscité, surtout depuis Vatican II, un vaste mouvement de rénovation dans l'Église et chez les fidèles. Ce mouvement, parfois contesté, semble bien être un des signes d'un réveil spirituel dont un des traits les plus saillants est l'œcuménisme.

Réveil spirituel et renouveau philosophique se trouvèrent un moment réunis après la Libération grâce à la publication posthume de deux séries d'œuvres : celles de Simone Weil qui, après avoir éprouvé la condition ouvrière et médité sur le marxisme, a vécu une intense expérience spirituelle ; celles de Pierre Teilhard de Chardin, à la fois paléontologiste, théologien et philosophe, qui s'efforçait de préciser à la lumière des derniers progrès de la science la place de l'homme dans la genèse universelle *(le Phénomène humain)* et son rôle dans la société future *(l'Avenir de l'Homme)* en une audacieuse synthèse.

L'Église : rénovation et réactions

Le Concile Vatican II (1962-1965), comprenant que la cause la plus profonde de la crise de l'Église était l'inadaptation croissante de ses conceptions, de ses structures et de ses pratiques aux réalités du monde contemporain, a donné le signal d'un « aggiornamento » qui s'est traduit par un vaste mouvement de réformes et de rénovation. Au-delà des changements les plus visibles (tenue des prêtres, office en français, simplification de la liturgie), c'est l'esprit même de l'Église qui s'est transformé : retour à l'Évangile, effort de « conscientisation », engagement social.

Cette transformation n'a pas été sans susciter chez certains prêtres et fidèles des réactions parfois violentes. Animé par Mgr Lefebvre, qui fonde en 1970 le Séminaire d'Écône, le mouvement intégriste — ouvertement lié à des positions politiques d'extrême-droite — dénonce « déviations » et « subversion » au nom de l'unité indissoluble de la tradition. Même si celui-ci ne représente qu'une minorité infime dans l'Église, il a troublé certaines consciences et l'on s'interroge aujourd'hui sur l'opportunité d'un « retour aux sources ».

Vers un œcuménisme ?

En même temps, un peu partout des dialogues se nouent, non seulement entre chrétiens de différentes confessions (« groupe des Dombes », Semaine pour l'Unité des Chrétiens), mais entre les religions. Plus que jamais, l'œcuménisme est à l'ordre du jour, par la voix du nouvel archevêque de Paris comme par celle du nouveau grand rabbin de France.

De telles initiatives, si on les rapproche de phénomènes significatifs comme la multiplication des sectes ou encore l'intérêt nouveau porté aux sciences traditionnelles, semblent bien s'inscrire dans une vaste quête spirituelle qui cherche des réponses au désarroi de notre époque et dont on ne peut encore mesurer les conséquences.

ET PHILOSOPHIQUE

En philosophie, ce réveil, suscité par la crise des concepts et des valeurs, prend d'abord la forme d'une réflexion sur les conditions de l'existence et de la pensée. Ce qui le caractérise en France, c'est qu'il est associé à un ordre de préoccupations précises : littéraires, politiques ou scientifiques.

JEAN-PAUL SARTRE.

L'existentialisme

Réaction à la fois contre le rationalisme classique et l'intuitionnisme bergsonien, l'existentialisme, héritier de la philosophie allemande (Husserl, Heidegger), s'affirme vers 1945 comme un réveil philosophique : l'homme, livré à lui-même, surgi sans comprendre pourquoi dans un monde absurde, cherche à se saisir d'abord comme existant et comme sujet, à la fois libre, responsable et engagé dans le monde et dans l'histoire. Son chef incontesté est Jean-Paul **Sartre** (1905-1979) qui illustre sa philosophie (*L'Être et le Néant,* 1943 ; *Critique de la Raison dialectique*) par des romans, des pièces de théâtre et des œuvres de critique [p. 193]. A la revue *Les Temps modernes,* qui lui sert de tribune, a collaboré le philosophe **Merleau-Ponty.** Mais, à l'existentialisme athée de Sartre, Gabriel **Marcel** (à qui l'on doit le terme) oppose, dans la lignée de Jaspers, un existentialisme d'inspiration chrétienne, qui met l'accent sur la transcendance des valeurs religieuses.

Le courant marxiste

Sartre, à partir de 1950, avait fait de plus en plus de l'existentialisme une réflexion sur le marxisme. Celui-ci en effet jouait depuis la Libération, notamment grâce à Louis **Aragon,** théoricien et romancier du communisme, et continue à jouer un rôle important dans la pensée française, où il entretient un climat de polémique souvent fécond. Après la période stalinienne, on retourne aux sources avec **Althusser,** qui invite à *Lire le Capital.* Les penseurs marxistes explorent alors tout le champ des sciences humaines et confrontent leurs approches avec la psychanalyse, le structuralisme, l'analyse de systèmes. Les « lectures » de Marx se multiplient, de même que la contestation au sein ou en marge du Parti : la pensée marxiste est en plein renouvellement.

Science et philosophie

Marxiste ou non, la philosophie ne pouvait en effet rester indifférente à la révolution qui se produisait dans la pensée scientifique et dont l'importance était notée dès 1937 dans *Le Nouvel Esprit Scientifique,* par le philosophe Gaston Bachelard, qui devait consacrer une partie de son œuvre à le définir.

Au cours des années 60, en réaction contre l'existentialisme, l'ethnologue **Lévi-Strauss,** le philosophe Michel **Foucault,** le critique Roland **Barthes,** le théoricien marxiste **Althusser** vont être groupés — un peu rapidement — sous la bannière du **structuralisme** [p. 188]. Dans le même temps s'amorçait un renversement significatif de notre époque. La réflexion épistémologique, voire philosophique allait être de plus en plus le fait des hommes de science : prix Nobel de physique comme Jacques **Monod** ou André **Jacob,** biologistes comme **Costa de Beauregard.**

JULES FERRY
(1832-1893)

2

L'ENSEIGNEMENT

LES PRINCIPES

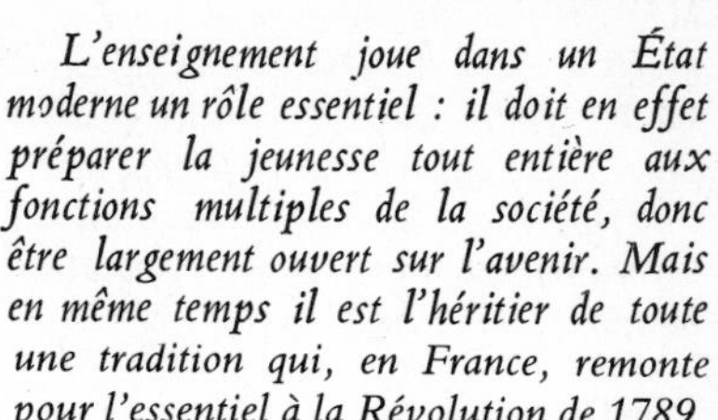

L'enseignement joue dans un État moderne un rôle essentiel : il doit en effet préparer la jeunesse tout entière aux fonctions multiples de la société, donc être largement ouvert sur l'avenir. Mais en même temps il est l'héritier de toute une tradition qui, en France, remonte pour l'essentiel à la Révolution de 1789.

DEPUIS 1789

▸ Les principes directeurs de l'enseignement français ont été fixés par la **Révolution française :**
- L'instruction est publique, c'est-à-dire « commune à tous les citoyens » (Constitution de 1793).
- L'enseignement comporte trois degrés : primaire, secondaire et supérieur (décret du 15 septembre 1793).
- La culture s'étend aux sciences et à l'instruction civique : la Convention crée à cet effet en 1795 des Écoles Centrales et des Grandes Écoles.

▸ Le Premier Empire détermine les structures administratives des enseignements secondaire et supérieur selon une hiérarchie fortement centralisée et donne à l'État, dans ces deux domaines, le monopole de l'enseignement.

▸ La loi Guizot (1833) crée une école primaire dans chaque commune.

▸ La loi Falloux (1850), en proclamant la liberté de l'enseignement secondaire, tend à favoriser l'enseignement confessionnel.

▸ La **Troisième République** achève de réaliser les promesses de la Révolution : les lois de 1881-1882 (Jules Ferry) déclarent l'enseignement primaire laïque, gratuit et obligatoire. Elles créent les écoles normales d'instituteurs.

Mais la société bourgeoise du XIXe siècle a soigneusement maintenu la distinction entre l'enseignement primaire, ouvert à tous, et l'enseignement secondaire, réservé en fait aux enfants de la bourgeoisie, destinés à constituer les « élites » dirigeantes. L'opposition entre l'esprit « primaire » et l'esprit « secondaire » a marqué de son sceau l'histoire de la Troisième République.

L'enseignement français présente un certain nombre de caractères qui résultent directement de cette évolution historique :

Gratuité

L'enseignement pré-élémentaire et élémentaire public est gratuit depuis 1881 ; l'enseignement secondaire est devenu progressivement gratuit depuis 1933 ; dans l'enseignement supérieur les droits exigés des étudiants sont modiques, sauf dans certaines écoles privées de Commerce. Dans le primaire et les quatre premières années du secondaire, les manuels sont fournis gratuitement. Des **bourses d'études** et des aides diverses peuvent être octroyées aux élèves et aux étudiants.

Obligation

L'obligation scolaire est imposée par la loi : jusqu'à l'âge de 13 ans (1882), 14 ans (1936), 16 ans (1959).

Liberté

L'enseignement est un service public mais **non un monopole d'État.** A côté des écoles publiques existent des établissements d'enseignement privés qui peuvent être créés, sous certaines conditions, par des particuliers, des groupements, des institutions religieuses.

Certains de ces établissements reçoivent une aide financière de l'État.

L'ÉTAT ET LES ÉTABLISSEMENTS PRIVÉS

Quatre statuts différents sont actuellement en vigueur :

• Etablissements sans lien avec l'Etat	→	sont simplement contrôlés : salubrité, hygiène, moralité...
• Etablissements intégrés dans l'enseignement public	→	Sous certaines conditions, les maîtres en fonction peuvent être reclassés dans les cadres de l'enseignement public.
• Etablissements qui ont passé avec l'Etat un contrat simple	→	Les maîtres agréés (d'une partie ou de la totalité des classes) reçoivent de l'Etat leur rémunération. L'enseignement est organisé par référence aux règles de l'enseignement public.
• Etablissements qui ont passé avec l'Etat un contrat d'association	→	Les dépenses de fonctionnement des classes sont prises en charge par l'Etat. L'enseignement est donné selon les règles de l'enseignement public.

Mais le gouvernement issu des élections législatives de 1981 entend « ouvrir des discussions d'abord, des négociations ensuite, en vue de la constitution d'un **grand service public laïc et unifié** de l'éducation nationale sans spoliation ni monopole et dans le respect de la liberté d'enseignement. »

Neutralité

Dans les établissements publics, l'État assure aux enfants et aux adolescents la possibilité de recevoir un enseignement conforme à leurs aptitudes dans un égal respect de toutes les croyances. Dans les établissements secondaires et les établissements primaires ayant un internat, l'instruction religieuse peut être donnée, à la demande des parents, en dehors des horaires officiels.

ARTICLE 2
DE LA CONSTITUTION (1958)

« La France est une république indivisible, laïque, démocratique et sociale. Elle assure l'égalité devant la loi de tous les citoyens sans distinction d'origine, de race ou de religion. Elle respecte toutes les croyances... »

Collation des grades

Les grades et les diplômes ne sont accordés que par l'État. Toutefois certaines écoles techniques reconnues par l'État peuvent, sous certaines conditions, délivrer des diplômes.

L'ORGANISATION

Les structures administratives de l'enseignement français, héritées en grande partie de l'empire napoléonien, sont à l'image des structures politiques : une pyramide administrative — qui, malgré des mesures de déconcentration — demeure fortement centralisée.

L'administration générale

L'enseignement relève du ministère de l'Éducation nationale ; toutefois, certains établissements dépendent d'autres ministères : Agriculture, Défense, Relations extérieures...

La **centralisation** commande le fonctionnement de l'édifice : dans chacun des ordres d'enseignement, tous les fonctionnaires (administrateurs et enseignants) sont **nommés par le ministre ;** ils appliquent partout les mêmes programmes et, en théorie du moins, les mêmes méthodes. En réalité, les uns et les autres jouissent d'une grande liberté dans l'exercice de leurs fonctions. De plus, l'autorité de l'Administration centralisée est tempérée par des **organismes consultatifs** élus. Enfin, la Loi d'orientation de 1968 accorde une **plus grande autonomie** à l'enseignement supérieur [pp. 178-179].

Les dépenses consacrées à l'**Éducation** représentent environ 17 % du budget de l'État. Le corps enseignant des enseignements primaire et secondaire (public et privé) compte plus de 600 000 personnes. S'y ajoutent 42 000 enseignants des Universités.

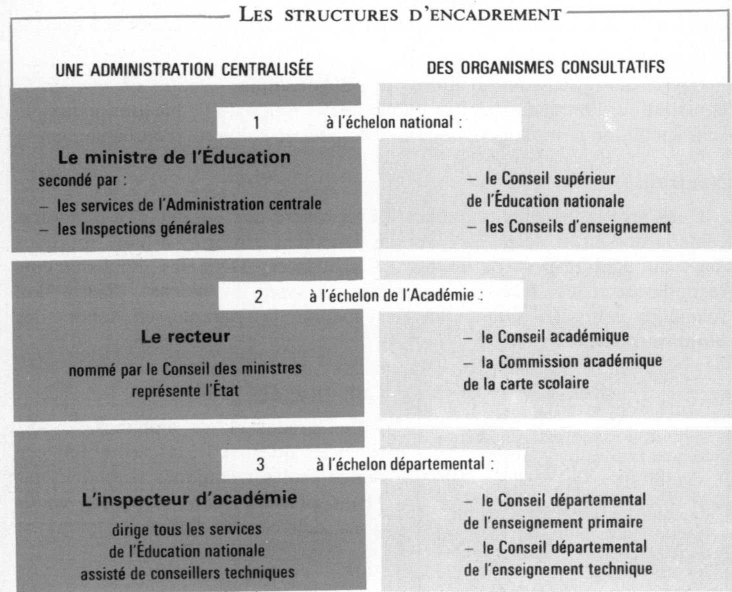

LES STRUCTURES D'ENCADREMENT
UNE ADMINISTRATION CENTRALISÉE
DES ORGANISMES CONSULTATIFS
1 à l'échelon national :
Le ministre de l'Éducation
secondé par :
– les services de l'Administration centrale
– les Inspections générales
– le Conseil supérieur de l'Éducation nationale
– les Conseils d'enseignement
2 à l'échelon de l'Académie :
Le recteur
nommé par le Conseil des ministres
représente l'État
– le Conseil académique
– la Commission académique de la carte scolaire
3 à l'échelon départemental :
L'inspecteur d'académie
dirige tous les services
de l'Éducation nationale
assisté de conseillers techniques
– le Conseil départemental de l'enseignement primaire
– le Conseil départemental de l'enseignement technique

Enseignement public et privé

Parallèlement au service public d'éducation, un secteur privé, en partie hérité de l'histoire, se répartit en trois composantes : privé confessionnel, privé à but lucratif, privé patronal.

— Dans les **enseignements du premier et du second degré,** les établissements privés scolarisent plus de deux millions d'élèves, soit environ 14 % de la population scolaire : le poids de l'enseignement catholique (98,6 % de l'enseignement privé dans le premier degré et 88,4 % dans le second degré) est important en Bretagne, dans le centre du Massif Central, la région lyonnaise, le Nord ; les écoles privées lucratives prolifèrent dans la région parisienne.

— Dans les **classes post-baccalauréat,** les établissements privés scolarisent environ 12 % des effectifs des classes préparatoires et accueillent 32 % des élèves des classes de techniciens supérieurs.

— Dans l'**enseignement supérieur,** de nombreuses écoles d'ingénieurs et instituts de formation de cadres ont un statut privé. L'enseignement catholique possède cinq centres universitaires importants, regroupant 20 000 étudiants.

Les effectifs

De 1950 à 1980, le nombre d'élèves et d'étudiants a — sous l'influence de la poussée démographique et de l'accroissement du taux de scolarisation — plus que doublé, passant de 6,4 à près de 14 millions. Toutefois, depuis 1977, on enregistre une légère baisse des effectifs (due à la baisse de la natalité depuis le début des années 60) dans les établissements primaires et secondaires.

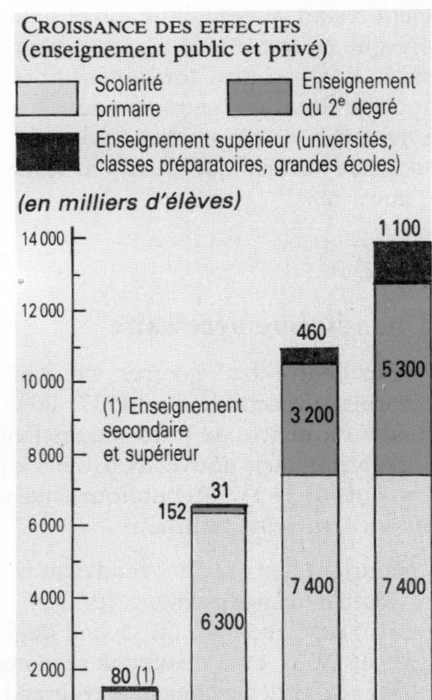

LES DIPLÔMES

Sur quelque 37 millions de personnes âgées de plus de 15 ans, 33,3 % n'ont aucun diplôme ; 72,9 % n'ont pas de diplôme supérieur au certificat d'études ; 6,9 % ont un diplôme supérieur au baccalauréat.

Nombre de diplômes délivrés chaque année :

Baccalauréat : 215 000
Brevet d'Études Professionnelles : 76 000
Certificat d'Aptitude Professionnelle : 230 000.

LA RÉFORME DES ENSEIGNEMENTS

Le système scolaire et universitaire français a, au cours des dernières années, subi de profondes modifications structurelles et pédagogiques.

A des ordres d'enseignement hiérarchisés, qui conservaient leurs élèves d'un bout à l'autre de la scolarité, a été substitué un régime de cycles et de degrés accueillant successivement les élèves puis les étudiants.

Un édifice composite et mal adapté

Une grande rigidité dans les structures a empêché longtemps l'enseignement français de s'adapter à l'évolution sociale. Pendant un siècle, pour répondre aux besoins nouveaux, on a usé de palliatifs : création d'**Écoles primaires supérieures** parallèles aux lycées, d'un enseignement secondaire féminin (1880), d'écoles d'apprentissage (1880), d'un enseignement secondaire moderne (1891), d'un enseignement technique (1919), etc. On aboutissait ainsi à un **édifice composite,** aux multiples cloisonnements. L'enseignement restait orienté dans son ensemble vers la formation d' « élites » issues presque en totalité de la classe bourgeoise et l'éducation civique et sociale en était à peu près totalement absente.

Cette situation, en raison des blocages qui en résultaient, devait conduire à **remettre en cause** non seulement la conception de l'éducation, le **rôle social de l'école,** mais aussi l'attitude à l'égard de la jeunesse et les rapports d'autorité.

Une réforme nécessaire

Dès l'entre-deux-guerres, on avait pris conscience de la nécessité d'une réforme d'ensemble. En 1937, le ministre Jean Zay proposait un projet tendant à mettre de l'ordre dans l'édifice; mais la guerre survint. Après la Libération, cinq nouveaux projets au moins furent élaborés par les gouvernements de la IVe République; mais ils apparaissaient tour à tour ou trop timides ou trop ambitieux.

Pourtant deux raisons rendaient cette réforme de plus en plus urgente : la **révolution démographique** [p. 314], qui exigeait des structures nouvelles (dans l'enseignement du second degré le nombre d'élèves avait triplé entre 1939 et 1958), et la **révolution économique et sociale,** qui réclamait des cadres nouveaux et des techniciens en grand nombre.

C'est en fonction de ces deux impératifs que plusieurs ministres de la Ve République (Fouchet, Fontanet, Haby...) ont mis en chantier une série de réformes de l'éducation.

UNE CLASSE MATERNELLE.

’ENSEIGNEMENT RIMAIRE

L’enseignement primaire, dispensé à ’,4 millions d’enfants comporte deux ycles : un cycle pré-élémentaire (écoles naternelles) et un cycle élémentaire écoles primaires).

Dans ces deux ordres d’enseignement, es progrès de la pédagogie ont été articulièrement remarquables.

’enseignement pré-élémentaire

2,6 millions d’enfants de moins de 6 ans fréquentent quelque 15 000 coles **maternelles.** Les élèves y sont admis dans la mesure des places lisponibles. Si tous les enfants âgés de 6, 5 et 4 ans sont scolarisés, la roportion tombe à 85 % pour les enfants âgés de 3 ans et à 28 % pour ceux gés de 2 ans.

Les activités de ces classes sont **éducatives** au sens large : initiation à la vie le groupe, activités d’éveil, travaux manuels ; l’apprentissage de la lecture ’est abordé qu’en fin de période.

’enseignement élémentaire

Il accueille les enfants de 6 ans (scolarité obligatoire) à 11 ans et dure ans :

– un an de **cours préparatoire** (C.P.),
– deux ans de **cours élémentaire** (CE_1 et CE_2),
– deux ans de **cours moyen** (CM_1 et CM_2).

4,7 millions d’élèves sont scolarisés dans quelque 47 000 écoles primaires réées et entretenues par les communes (l’État verse des subventions et ssure la rémunération des instituteurs). L’enseignement, mixte, porte sur la ecture, l’expression orale et écrite, le calcul, le dessin. L’école développe galement l’observation, l’imagination, la maîtrise de l’activité motrice et estuelle. Un enseignement d’histoire et de géographie a été de nouveau endu obligatoire.

LA RÉVOLUTION PÉDAGOGIQUE

Au XXe s., du fait du développement des sciences, l’enseignement tendait de plus en plus à devenir une acquisition de connaissances encyclopédiques pratiquée « en série ». Sous l’influence d’expériences étrangères comme celles de Dewey, de Decroly, de Mme Montessori, et des progrès de la psycho-pédagogie de l’enfant avec les travaux de Binet et de Piaget, une réaction se dessina en France. Entre les deux guerres, le mouvement de l’**Éducation nouvelle** lutta pour mettre au centre des préoccupations de l’éducateur non plus le savoir, mais l’enfant : véritable révolution pédagogique, qui tendait vers l’épanouissement de la personnalité et une meilleure adaptation à la vie.

Grâce à des pionniers comme Cousinet (le travail libre par groupes), Profit (les coopératives scolaires), Freinet (l’imprimerie à l’école), le mouvement se répandit d’abord dans l’enseignement primaire. Puis il gagna l’enseignement du second degré.

Ce mouvement de renouveau est — dans les enseignements primaire et secondaire — favorisé par de multiples organismes.

Le Centre National de Documentation Pédagogique (C.N.D.P., 29 rue d’Ulm, 75230 Paris Cedex 05) assure des émissions de radio et de télévision, édite des films, diapositives, disques, dossiers... ; il coordonne les initiatives en matière pédagogique, par l’intermédiaire d’un réseau de centres régionaux.

De son côté le Centre International d’Études Pédagogiques de Sèvres organise des stages pour les professeurs français et étrangers.

L'ENSEIGNEMENT SECONDAIRE

Longtemps réservé à une minorité issue des classes sociales les plus favorisées, l'enseignement du second degré est devenu un enseignement de masse dispensé aujourd'hui à plus de 5,3 millions d'élèves.

Les diverses formes d'enseignement sont réparties en trois groupes.

Le premier cycle du second degré

Au terme des études élémentaires tous les élèves sont dirigés vers un enseignement dit du **premier cycle** du second degré qui dure 4 années, en principe de 11 à 15 ans. Cette formation, assurée dans 4 900 **Collèges,** est fondée sur l'étude de disciplines dites « de base » (français, mathématiques, langues vivantes étrangères) et « d'éveil » (histoire et géographie, économie, éducation civique, sciences expérimentales, éducation artistique, manuelle et technique) ; elle est complétée par une éducation physique et sportive.

Les 4 années de scolarité au Collège sont réparties en **deux cycles :**

— **le cycle d'observation** (classes de 6e et de 5e) : tous les élèves reçoivent un enseignement commun ;

— **le cycle d'orientation** (classes de 4e et de 3e) : à côté des enseignements communs, les élèves choisissent des enseignements complémentaires appelés « options » (générales ou technologiques).

Le **Brevet des Collèges** est délivré par le Conseil de classe.

Le second cycle court

Le second cycle court de l'enseignement secondaire est organisé dans 1 300 lycées d'Enseignement Professionnel (L.E.P.).

— Les élèves des classes de 5e ou de 4e des Collèges orientés vers les L.E.P. peuvent y préparer en trois ans un **Certificat d'Aptitude Professionnelle** (C.A.P.).

— Ceux issus des classes de 3e des Collèges peuvent, dans un L.E.P., obtenir en deux ans un **Brevet d'Études Professionnelles** (B.E.P.).

(Des L.E.P. agricoles préparent en deux ans à un B.E.P. agricole.)

DES CAS PARTICULIERS

▸ Certains établissements comportent des sections sport-études qui offrent à des élèves ayant atteint un haut niveau dans la compétition sportive la possibilité de poursuivre des études secondaires tout en pratiquant un entraînement intensif dans leur spécialité.

▸ Des lycées climatiques sont implantés dans des régions favorables au traitement de certaines maladies (par exemple les lycées climatiques de La Baule et de Briançon).

▸ Le Centre National d'Enseignement par correspondance (60 bd du Lycée, 92171 Vanves Cedex 171) dispense un enseignement par correspondance à des élèves empêchés de fréquenter un établissement d'enseignement direct pour des raisons de santé, d'éloignement, de situation de famille...

Le second cycle long

L'enseignement du second cycle long prend en charge les élèves issus des Collèges qui, après orientation, sont admis à préparer en trois ans (de 15 à 18/19 ans) un **Baccalauréat** ou un **Brevet de Technicien.** Cet enseignement est dispensé dans 1 100 **lycées** où, comme dans le premier cycle, la mixité se généralise.

A l'exception de quelques sections particulières, tous les élèves des classes de seconde des lycées (devenues **« secondes de détermination »**) suivent dans les disciplines fondamentales des enseignements identiques auxquels s'ajoutent des enseignements optionnels. Cet aménagement est destiné à n'arrêter la spécialisation des études qu'au moment où cela est indispensable.

Les lycéens entrant en classe de première sont orientés vers différentes sections :

- **Baccalauréat de l'enseignement du second degré :** A (philo-lettres) ; B (économique et social) ; C (mathématiques et sciences physiques) ; D (mathématiques et sciences de la nature[1]) ; E (mathématiques et techniques).

Baccalauréat D' délivré par les lycées agricoles.

- **Baccalauréat de technicien** (BTn) **F** comportant quatre ensembles d'options :

– Option technologies industrielles pour les BTn F_1, F_2, F_3, F_{10} (mécanique-électricité) ; F_4 (génie civil) ; F_9 (équipement technique du bâtiment).

– Option sciences et technologie des laboratoires pour les BTn F_5 (physique) ; F_6 (chimie) ; F_7 et F_7 bis (sciences biologiques).

– Option sciences médico-sociales pour le BTn F_8.

– Option musique pour le BTn F_{11} (instrument ou danse).

- **Baccalauréat de technicien** (BTn) **G :** G_1 (techniques administratives) ; G_2 (techniques quantitatives de gestion) ; G_3 (techniques commerciales).

- **Baccalauréat de technicien** (BTn) **H :** techniques informatiques, programmation.

- **Brevet de technicien** (B.T.) du secteur industriel (B.T. de la fonderie, des métaux en feuilles, mécanique, électricité, verrerie, céramique, bâtiment et travaux publics, chimie, industries alimentaires, industrie de l'habillement...) ou B.T. divers (B.T. des Transports, ameublement, tourisme, agencement...).

1. Au mois de décembre 1981, il a été décidé que les lycéens des sections scientifiques (anciennement C et D) seraient regroupés dans une section appelée S.

LES « SECONDES DE DÉTERMINATION »

L'enseignement hebdomadaire comporte :

— **Un tronc commun :** français (7 h), mathématiques (4 h), sciences physiques (2 h), histoire et géographie (4 h), langue vivante (3 h), éducation physique et sportive (2 h).

— **Des options obligatoires :** soit un enseignement technique spécialisé (11 h) ; soit initiation économique et sociale (2 h) et un enseignement optionnel : grec (3 h), latin (3 h), 3e langue vivante, langue vivante pour débutant (5 h), technologie industrielle non spécialisée (3 h), gestion et dactylographie (3 h), arts plastiques (4 h), musique (4 h), sport (3 h).

— **Des enseignements facultatifs :** 3e langue vivante (3 h), préparation à la vie sociale et familiale (1 h)...

LA SORBONNE.

L'ENSEIGNEMENT SUPÉRIEUR

L'enseignement supérieur — qui, au sens large, englobe les diverses formations post-baccalauréat — rassemble 1,1 million d'étudiants.

Aux universités — dont les origines remontent au Moyen Age — s'ajoute un réseau très diversifié d'Établissements spécialisés et de Grandes Écoles.

Les universités

La loi d'orientation de l'Enseignement supérieur (novembre 1968) a substitué aux anciennes **facultés** de droit, de médecine, de sciences, de lettres et de pharmacie des établissements publics à caractère scientifique et culturel : **les universités.**

On compte 76 universités (dont 13 dans la région parisienne) regroupant en leur sein 785 **Unités d'Enseignement et de Recherche** (U.E.R.), cellules de base des universités. L'U.E.R. est gérée par un **Conseil élu,** composé de représentants des enseignants, des chercheurs, des étudiants, des membres du personnel non enseignant et éventuellement de personnalités extérieures.

On distingue trois types d'études universitaires :

▸ Les études technologiques en I.U.T.

Les **Instituts Universitaires de Technologie** (I.U.T.) rattachés aux universités, dispensent en deux ans une formation générale et technologique. Les études sont sanctionnées par le **Diplôme Universitaire de Technologie** (D.U.T.).

▸ Les études universitaires générales.

L'enseignement est organisé en trois cycles d'études successifs, chacun d'eux étant sanctionné par un ou plusieurs diplômes nationaux :

— *le premier cycle* (deux ans) est un cycle de **formation générale** et d'**orientation** sanctionné par le **Diplôme d'Études Universitaires Générales** (D.E.U.G.) qui comporte de très nombreuses options ;

— *le deuxième cycle* (un an ou deux) est un cycle d'**approfondissement** et de **spécialisation** qui offre des formations fondamentales et des formations à finalité professionnelle. Les études du second cycle sont sanctionnées par la **licence** et la **maîtrise ;** il existe des maîtrises plus spécialisées : maîtrise de sciences et techniques (M.S.T.) ; maîtrise des méthodes informatiques appliquées à la gestion (M.I.A.G.E.) ; maîtrise de sciences de gestion (M.S.G.)...

— *le troisième cycle* (un à cinq ans) est un cycle de **haute spécialisation** et de **formation à la recherche.** Il sanctionne des formations à finalité professionnelle : diplôme d'études supérieures spécialisées (D.E.S.S.) ; diplôme de docteur-ingénieur ; des formations orientées vers la recherche : doctorat du 3ᵉ cycle, doctorat d'État.

▸ Les études universitaires conduisant aux professions de santé.

— *Études de médecine,*
— *Études odontologiques,*
— *Études pharmaceutiques,*
— *Études de biologie humaine.*

Les Établissements spécialisés

Bien que faisant partie des filières post-baccalauréat, les **sections de Techniciens Supérieurs** — qui en deux ou trois ans permettent d'obtenir un Brevet de Technicien Supérieur (B.T.S.) — fonctionnent dans les lycées. Il en est de même des **classes préparatoires** aux Grandes Écoles.

Par ailleurs, de très nombreux établissements spécialisés (instituts et écoles) dispensent une formation professionnelle de haut niveau. Le recrutement propre à chaque établissement se fait souvent sur concours. Les études (en général deux ou trois ans) recouvrent divers secteurs d'activité : le secteur industriel et scientifique ; l'architecture ; la gestion, l'administration des entreprises, l'information ; la santé et les carrières sociales ; les carrières artistiques ; la fonction publique et l'enseignement ; le secteur militaire.

LES ENSEIGNEMENTS UNIVERSITAIRES

Pour les sciences et les lettres : DOCTORAT D'ÉTAT	Pour le droit, la médecine, la pharmacie : AGRÉGATION (de l'ens. supérieur)	PROFESSEUR MAÎTRE DE CONFÉRENCE
AGRÉGATION OU DOCTORAT DE 3ᵉ CYCLE		MAÎTRE ASSISTANT

L'ENSEIGNEMENT UNIVERSITAIRE

Il comprend des matières obligatoires et des matières à option.

D'une manière générale, chaque matière se compose d'un certain nombre d'éléments de base ou Unités de Valeur (U.V.) correspondant à un enseignement spécialisé homogène. Il subsiste néanmoins une organisation par année de certains enseignements (Médecine, Pharmacie, enseignements dispensés par les I.U.T....).

Le contrôle des connaissances est assuré de façon continue pendant l'année universitaire au cours de séances de travaux pratiques (T.P.), de travaux dirigés (T.D.) et d'examens périodiques ou terminaux.

Universités 852 000	• Droit :	15,8 %
	• Sciences économiques :	6,6 %
	• Sciences :	15,2 %
	• Lettres :	30,8 %
	• Dentaire :	1,4 %
	• Médecine :	16,8 %
	• Pharmacie :	4,3 %
	• Instituts universitaires de technologie	6,1 %
	• Divers	3 %
259 000	Établissements spécialisés (instituts, écoles), classes préparatoires, grandes écoles	
1 111 000 étudiants au total		

LA NOUVELLE FACULTÉ DES LETTRES DE CAEN.

ÉCOLES NORMALES SUPÉRIEURES
LETTRES
SCIENCES
ÉCOLE POLYTECHNIQUE
ÉCOLE DES PONTS ET CHAUSSÉES, DES MINES, ETC
Première supérieure (« Khâgne »)
Mathématiques spéciales (« Taupe »)
Lettres supérieures
Mathématiques supérieures
A, B
BACCALAURÉAT
C, E

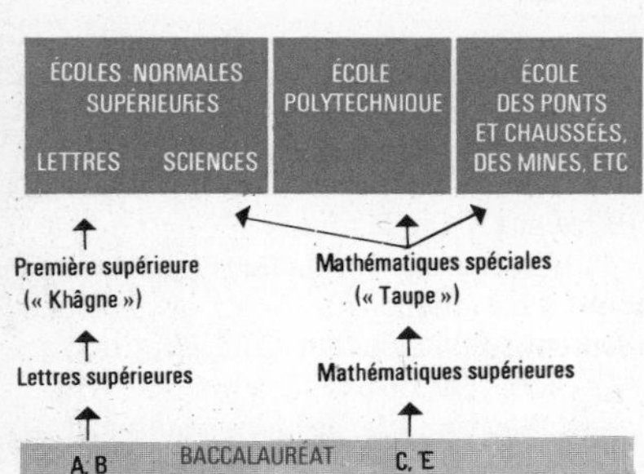

LES GRANDES ÉCOLES

Parmi les Établissements d'enseignement supérieur, les ***Grandes Écoles*** *ont acquis une place privilégiée. Assurant un enseignement de très haute qualité, destinées à fournir les cadres supérieurs de la nation, elles offrent une voie très recherchée. On y accède par* ***concours.***

TABLE D'ORIENTATION DES GRANDES ÉCOLES

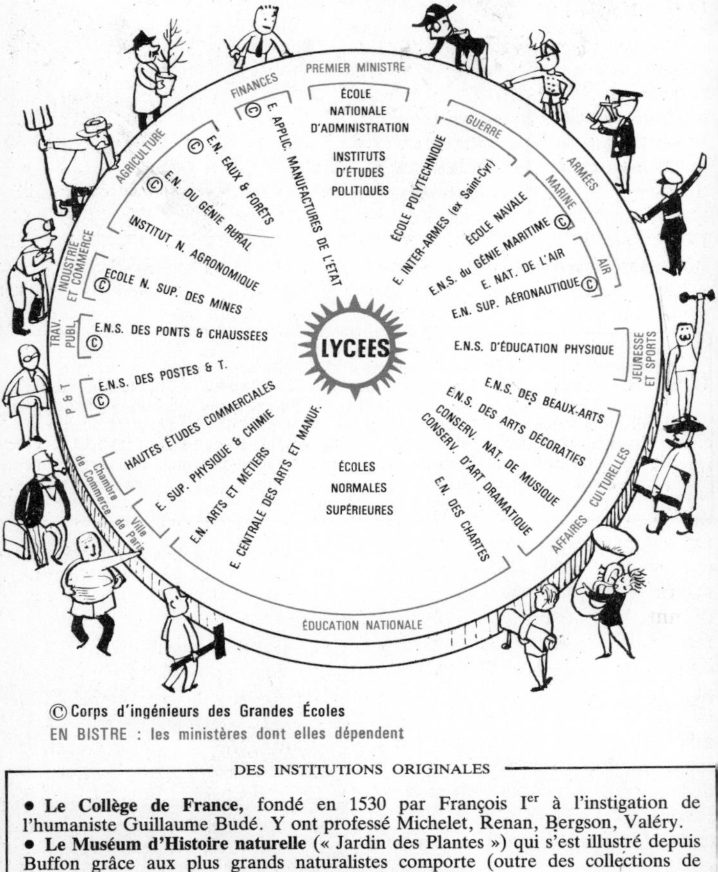

PREMIER MINISTRE
ÉCOLE NATIONALE D'ADMINISTRATION
INSTITUTS D'ÉTUDES POLITIQUES
FINANCES
© E. APPLIC. MANUFACTURES DE L'ÉTAT
AGRICULTURE
© E.N. EAUX & FORÊTS
© E.N. DU GÉNIE RURAL
INSTITUT N. AGRONOMIQUE
INDUSTRIE ET COMMERCE
© ÉCOLE N. SUP. DES MINES
TRAV. PUBL.
E.N.S. DES PONTS & CHAUSSÉES ©
P & T
E.N.S. DES POSTES & T. ©
Chambre de Commerce de Paris
HAUTES ÉTUDES COMMERCIALES
Ville de Paris
E. SUP. PHYSIQUE & CHIMIE
E.N. ARTS ET MÉTIERS
E. CENTRALE DES ARTS ET MANUF.
ÉCOLES NORMALES SUPÉRIEURES
ÉDUCATION NATIONALE
LYCEES
GUERRE
ARMÉES
ÉCOLE POLYTECHNIQUE
E. INTER-ARMES (ex Saint-Cyr)
MARINE
ÉCOLE NAVALE
E.N.S. du GÉNIE MARITIME ©
AIR
E. NAT. DE L'AIR
E.N. SUP. AÉRONAUTIQUE ©
JEUNESSE ET SPORTS
E.N.S. D'ÉDUCATION PHYSIQUE
AFFAIRES CULTURELLES
E.N.S. DES BEAUX-ARTS
E.N.S. DES ARTS DÉCORATIFS
CONSERV. NAT. DE MUSIQUE
CONSERV. D'ART DRAMATIQUE
E.N. DES CHARTES

© Corps d'ingénieurs des Grandes Écoles
EN BISTRE : les ministères dont elles dépendent

DES INSTITUTIONS ORIGINALES

- **Le Collège de France,** fondé en 1530 par François Ier à l'instigation de l'humaniste Guillaume Budé. Y ont professé Michelet, Renan, Bergson, Valéry.
- **Le Muséum d'Histoire naturelle** (« Jardin des Plantes ») qui s'est illustré depuis Buffon grâce aux plus grands naturalistes comporte (outre des collections de premier ordre) un enseignement hautement scientifique.
- **Le Conservatoire des Arts et Métiers,** fondé en 1794, d'abord musée technologique, auquel fut adjointe en 1819 une École supérieure pour l'application des sciences.

LA FORMATION PERMANENTE

Dès le début du siècle, les œuvres périscolaires et postscolaires et les universités populaires prolongeaient l'action de l'école parmi les jeunes et les adultes qui n'avaient pu continuer leurs études au-delà du premier degré.

L'évolution accélérée des connaissances et des techniques, la nécessité d'assurer la promotion sociale des travailleurs ont progressivement imposé l'idée que l'éducation ne saurait plus se limiter à l'école, mais doit se prolonger toute la vie.

De multiples organismes

Plusieurs ministères contribuent à la **formation permanente :** Éducation nationale, Agriculture, Postes et Télécommunications, Armées, etc. Le ministère de l'Education nationale, par exemple, dispose de deux importants organismes d'enseignement **postscolaire** et **postuniversitaire :** le Conservatoire National des Arts et Métiers (C.N.A.M.) ; l'Office français des techniques modernes d'éducation (O.F.R.A.T.E.M.E.) par l'intermédiaire du Centre national de télé-enseignement et de la télévision scolaire (qui a réalisé ses premiers programmes pour adultes en 1967). Par ailleurs, l'université intervient dans l'éducation permanente sous deux formes : ouverture de cycles ou de sections spécialisées dans l'enseignement des **adultes** ; accueil, au milieu des autres étudiants, des adultes qualifiés pour des études malgré l'absence de diplômes.

Une mesure importante : la loi de juillet 1971

La loi du 16 juillet 1971 sur la **formation professionnelle continue** dans le cadre de la formation permanente étend le bénéfice d'un congé de formation à l'ensemble des travailleurs : salariés de l'industrie, du commerce, de l'agriculture et de l'artisanat (un régime particulier est prévu pour les agents de l'État). Concrètement, les salariés ont le droit de s'absenter durant les heures de travail pour recevoir une formation, sans que le contrat de travail soit rompu. Cinq grandes catégories de **stages** sont organisées : conversion, prévention, adaptation, promotion, perfectionnement-entretien. Le stage ne peut excéder une certaine durée : un an pour un stage à temps plein et 1 200 heures en cas de stage instituant un cycle pédagogique comportant des enseignements discontinus ou à temps partiel. Le **financement** est assuré par l'État et par les employeurs.

FORMATION CONTINUE ET ÉDUCATION NATIONALE

Par rapport à l'Education nationale, la formation continue peut être définie comme ayant une triple mission :

- **Correction :**
pallier les aléas de la prévision en matière de formation.
- **Complément :**
permettre d'adapter des diplômés à l'exercice d'un métier déterminé.
- **Rattrapage :**
tendre à rétablir entre les travailleurs l'égalité des chances en leur offrant des possibilités de promotion professionnelle et de promotion sociale.

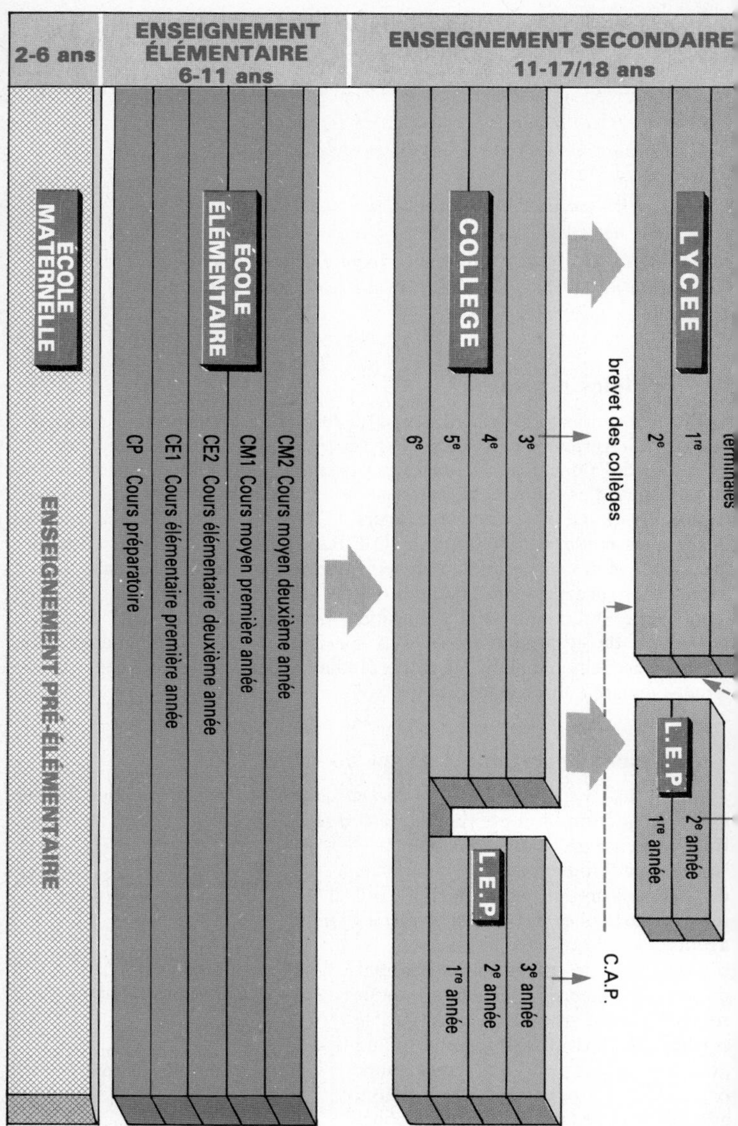

LES STRUCTURES GÉNÉRALES DE L'ENSEIGNEMENT

Itinéraires de formation. L.E.P. : Lycée d'Enseignement Professionnel. U.E.R. : Unité d'Enseignement et de Recherche. I.U.T. : Institut Universitaire de Technologie. P.C.E.M. : Premier Cycle d'Études Médicales.

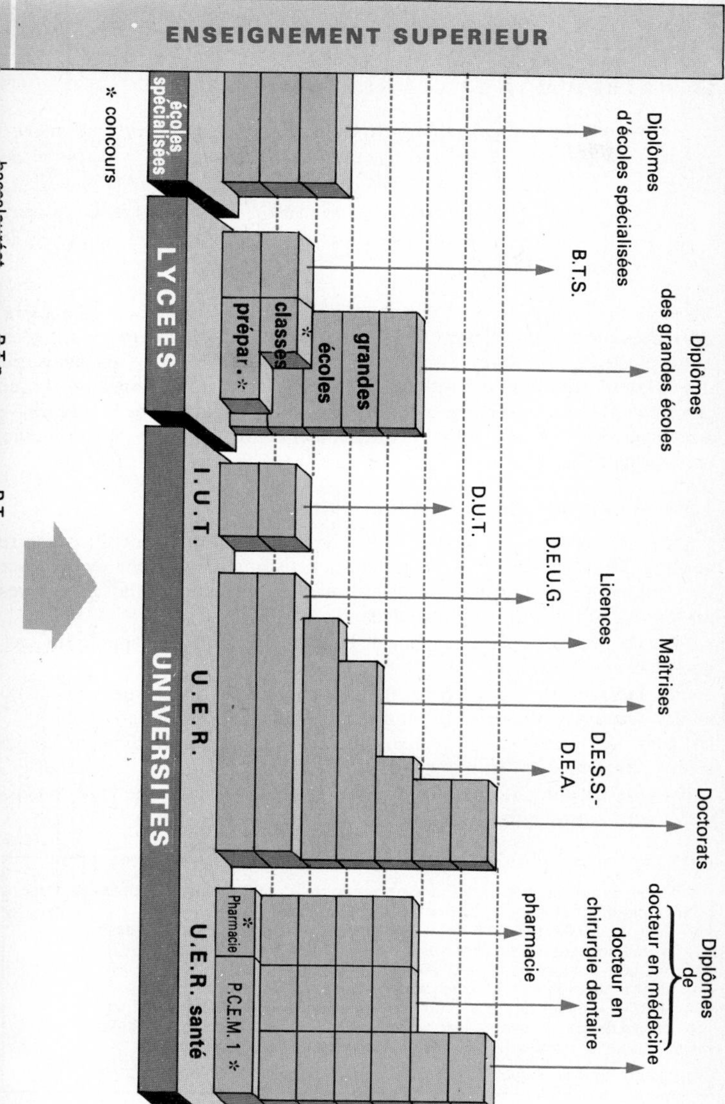

D'après l'Office National d'Information sur les Enseignements et les Professions (O.N.I.S.E.P.).

Diplômes. C.A.P. : Certificat d'Aptitude Professionnelle. B.E.P. : Brevet d'Enseignement Professionnel. B.T. : Brevet de Technicien. B.T.n. : Baccalauréat de Technicien. B.T.S. : Brevet de Technicien Supérieur. D.U.T. : Diplôme Universitaire de Technologie. D.E.U.G. : Diplôme d'Études Universitaires Générales. D.E.S.S. : Diplôme d'Études Supérieures Spécialisées.

LE PATRIMOINE CULTUREL NATIONAL

En matière culturelle, l'État a traditionnellement joué en France le rôle de « protecteur des arts ». L'intervention, dans ce domaine longtemps réservé à une élite, s'accroît dans la mesure où l'élévation du niveau culturel de la nation tend à confier à la culture un caractère de service public.

Un ministère de la culture a d'abord pour mission les compétences en matière de **« beaux-arts »** qui étaient, sous la IIIe et la IVe République, dispersées entre plusieurs ministères. La Ve République institua en 1959 un **ministère des Affaires culturelles** qui fut confié à *André Malraux.* Ce ministère — qui changea plusieurs fois de nom pour devenir en 1981 **ministère de la Culture** — a pour mission la conservation, la diffusion et l'enrichissement du patrimoine culturel national.

La conservation du patrimoine culturel

Depuis 1964 fonctionne une « Commission nationale de l'Inventaire général des monuments et des richesses artistiques » chargée de recenser les témoins du passé (monuments historiques, châteaux, palais, demeures anciennes, vitraux, meubles anciens...).

Afin de protéger les monuments et les sites, le ministère s'appuie sur une législation qui distingue :
— **les monuments classés** (principaux monuments historiques),
— **les monuments inscrits** (monuments moins importants) ;
les peintures murales, sculptures, vitraux, orgues... font également l'objet d'un « classement » ou d'une « inscription ».

De plus, certains sites remarquables et quartiers anciens de villes « classés » sont « protégés ».

L'HÉRITAGE ARTISTIQUE ET CULTUREL

• **Un riche patrimoine :** La France possède un capital d'œuvres artistiques d'une incomparable richesse, légué par toutes les époques :
— plus de 30 000 immeubles et 110 000 objets « monuments historiques » ;
— 4 millions d'œuvres d'arts conservées dans des musées [p. 211] ;
— 900 000 dossiers classés aux Archives ;
— 20 000 gisements archéologiques prospectés ;
— 400 000 bobines de films détenues par le Centre National du Cinéma.
• **Un patrimoine vivant,** qui ne cesse de s'enrichir. Chaque année, 300 immeubles sont classés et quelque 3 000 œuvres d'art entrent dans les musées.

ont lieu « sous la coupole », dans l'ancienne chapelle du Collège [p. 193].

Une politique de la culture

En un sens, pour la nouvelle équipe au pouvoir, toute politique est d'abord une politique de la culture et se fonde sur une idée de l'homme. Cette politique ne doit donc pas seulement « conserver » un patrimoine, mais donner un nouvel élan à la décentralisation des initiatives, y associer les travailleurs et les représentants de toutes les classes sociales, grâce à des conventions de développement culturel et à des États généraux de la culture, bref favoriser la créativité sous toutes ses formes.

LES ACADÉMIES

L'Institut de France

Installé quai Conti à Paris, dans l'ancien Collège des Quatre-Nations, l'Institut de France, le plus illustre des grands corps savants, groupe depuis 1795 cinq grandes Académies, dont les plus anciennes remontent au XVIIe siècle, au temps où une mode venue d'Italie multipliait dans toute la France cercles et cénacles littéraires.

L'ACADÉMIE FRANÇAISE

Créée par Richelieu en 1635, elle comprend 40 membres, les « immortels », élus par cooptation. Elle a toujours compté, outre des écrivains, des diplomates, des juristes, des savants, des militaires, etc.

Elle a pour mission essentielle de « travailler à épurer et à fixer la langue, à en éclaircir les difficultés et à en maintenir les caractères et les principes ». Une de ses tâches principales est donc la rédaction et la mise à jour d'un *Dictionnaire* dont les huit éditions successives (1694, 1718, 1740, 1762, 1798, 1835, 1877, 1935) permettent de suivre l'évolution de la langue. Elle a publié également en 1933 une *Grammaire*. Elle décerne en outre chaque année des prix (prix littéraires et prix de vertu).

Ses membres, titulaires des « quarante fauteuils » (qui sont aujourd'hui des chaises), portent dans les cérémonies l'« habit vert », agrémenté d'une cape, d'un bicorne et d'une épée.

Les séances publiques annuelles et les réceptions de nouveaux membres ont lieu « sous la coupole », dans l'ancienne chapelle du Collège. [p. 193].

L'ACADÉMIE DES INSCRIPTIONS ET BELLES-LETTRES

Fondée par Colbert en 1664, 40 membres ordinaires (linguistes, historiens, orientalistes), des membres libres, associés et correspondants. Elle assure la publication de grands ouvrages collectifs (recueils d'inscriptions, *Journal des Savants*, etc.)

L'ACADÉMIE DES SCIENCES

Fondée par Colbert en 1666, 68 membres titulaires et 66 autres membres répartis en 11 sections spécialisées.

L'ACADÉMIE DES SCIENCES MORALES ET POLITIQUES

Fondée en 1795, 40 membres répartis en 5 sections (philosophes, historiens, juristes, économistes).

L'ACADÉMIE DES BEAUX-ARTS

Fondée en 1795, 50 membres répartis en 6 sections. Elle contrôle et organise les concours des « grands prix de Rome ».

L'**Académie de médecine,** formée de 130 membres, n'est pas rattachée à l'Institut.

Il faut citer encore, sur le plan national, les Académies d'agriculture, d'architecture, de marine, de pharmacie, etc.

En province, de nombreuses académies, dont la plus ancienne et la plus célèbre est l'*Académie des jeux floraux* de Toulouse (dont l'origine remonte à 1323), maintiennent les traditions régionales et constituent des foyers de culture plus ou moins actifs.

LA RECHERCHE SCIENTIFIQUE

Le problème est le même dans tous les pays : il s'agit de concilier le libre développement de la recherche créatrice et les efforts dirigés en vue d'atteindre rapidement certains objectifs déterminés d'ordre politique ou économique.
P. PIGANIOL.

La recherche scientifique et le développement des technologies occupent en France plus de 250 000 personnes dont 100 000 chercheurs et ingénieurs de recherche. Le financement, assuré pour près de 50 % par l'État, représente quelque 2 % du Produit Intérieur Brut.

Des hommes

De grands noms ont assuré à la science française, depuis le début du siècle, une place de premier plan, notamment en physique, avec les travaux de Pierre et Marie Curie sur le radium, de Jean Perrin, puis d'Irène et Frédéric Joliot-Curie sur la structure de l'atome, du prince Louis de Broglie sur la mécanique ondulatoire; en mathématiques, avec les travaux d'Henri Poincaré et d'Émile Picard, puis d'une équipe de savants qui a pris le nom collectif et fictif de Bourbaki; en médecine, en biologie, etc.

Cette grande tradition est maintenue aujourd'hui par des savants de réputation internationale. Quatre médailles Fields ont récompensé depuis 1950 les travaux des mathématiciens Schwartz, Serre, Thom, Grothendieck ; **le prix Nobel** a été attribué en 1965 aux professeurs F. Jacob, A. Lwoff et J. Monod pour leurs travaux sur les mécanismes de la génétique bactérienne, la synthèse des protéines et le rôle de l'acide ribonucléique ; en 1966, au professeur Kastler pour la découverte du pompage optique ; en 1970, à Louis Néel pour l'ensemble de ses travaux concernant le magnétisme.

DEUX RÉALISATIONS DU C. N. R. S.

Pour observer les nébuleuses, le télescope électronique de l'Observatoire de Haute-Provence est un des instruments les plus puissants du monde.

Grâce aux fours solaires de Mont-Louis et d'Odeillo, dans les Pyrénées, la France occupe une situation exceptionnelle pour l'utilisation de l'énergie solaire.

Des organismes

Il a fallu presque un demi-siècle pour que la recherche scientifique, d'abord limitée aux Universités, parvienne à acquérir son autonomie : c'est seulement en 1939 en effet que la Caisse des recherches scientifiques créée en 1901 est devenue le **Centre National de la Recherche Scientifique.**

Le C.N.R.S. a pour mission de développer, orienter et coordonner les recherches scientifiques de tous ordres, et d'analyser pour le gouvernement d'une manière permanente la conjoncture scientifique.

Il crée et entretient des laboratoires (Bellevue, Gif, Marseille, etc.). Il subventionne la publication de périodiques, de thèses et d'ouvrages scientifiques, ainsi que des colloques et des voyages d'études.

Parmi les autres grands centres de recherche, il convient de citer : l'Institut national de la recherche agronomique (I.N.R.A.), l'Institut national de la santé et de la recherche médicale (I.N.S.E.R.M.), le Centre national d'études des télécommunications (C.N.E.T.), le Centre national d'études spatiales (C.N.E.S.), le Commissariat à l'énergie atomique (C.E.A.), l'Institut Pasteur, l'Institut du Cancer...

L'INSTITUT NATIONAL DE LA RECHERCHE AGRICOLE (I.N.R.A.)

L'I.N.R.A., créé en 1946, est un organisme d'Etat placé sous l'autorité du ministère de l'Agriculture. Il a pour mission :

- d'organiser, exécuter et publier tous les travaux de recherche scientifique intéressant l'agriculture ;
- de diffuser les modalités pratiques de l'application des résultats de nos recherches.

Parmi les réalisations de l'I.N.R.A. :

- mise au point de variétés nouvelles de céréales ;
- perfectionnement de méthodes d'utilisation des engrais azotés ;
- « création » de poules pondeuses (M. 41) et de poulets de choix (Vedette I.N.R.A.).

Une politique de la recherche

Les pouvoirs publics s'efforcent de favoriser une action concertée entre les institutions existantes autour de quelques **actions prioritaires :**

— Mise en valeur des acquis scientifiques et techniques notamment dans trois secteurs : **information et communication, espace, microbiologie.**

— Développement des recherches appelées à avoir un impact important sur l'économie et la société : **énergie, génétique, biologie...**

— Accentuation de la coopération notamment dans **le secteur des matériaux** associant physiciens, chimistes, mécaniciens : élaboration de matériaux nouveaux, meilleure utilisation des matériaux traditionnels.

— Étude des systèmes complexes interactifs, système atmosphérique, milieu océanique, interactions biologie-société...

En 1981, le nouveau ministre de la Recherche et de la Technologie, J.-P. Chevènement, annonce le lancement de trois grands programmes : biotechnologies, microélectronique et énergies nouvelles.

Claude Levi-Strauss.

Il a transformé l'ethnologie par l'emploi de la méthode structuraliste, qui vise à dégager les structures communes sous-jacentes aux mythes, aux langues, aux liens de parenté, aux modes de vie, etc.

LES SCIENCES HUMAINES

Les sciences humaines et sociales, dont certaines sont nées en France il y a moins d'un siècle, ont subi depuis une trentaine d'années le contrecoup des mutations intervenues dans les sciences exactes, les techniques et l'ensemble de la société. Elles ont remis en question leurs concepts et leurs méthodes et tendent de plus en plus aujourd'hui à converger autour de leur objet commun : l'homme, dans sa double dimension individuelle et sociale.

Vers une science de l'homme

Entre les deux guerres, l'ethnologue Marcel Mauss considérait déjà toute société comme un « fait global total ». Après 1945, son disciple Claude **Lévi-Strauss** définit l'anthropologie comme « une connaissance de l'homme associant diverses méthodes et diverses disciplines » et, s'inspirant du raisonnement par analogie remis en honneur par la cybernétique, établit des relations entre les structures linguistiques, les systèmes de parenté, les systèmes d'organisation sociale et les mythes. Il pose ainsi les fondements du **structuralisme** (*Anthropologie structurale,* 1958), dont Jean **Piaget** montrera la fécondité pour le développement des recherches interdisciplinaires.

Psychologie et psychanalyse

Mais de quel homme s'agit-il? Et que reste-t-il aujourd'hui, après un demi-siècle de psychanalyse, après le surréalisme et l'existentialisme, de ces images et de cet humanisme sur lesquels s'était fondée la culture française [p. 136]? La personnalité, éclatée depuis longtemps en instances multiples, se cherche et se structure à travers le langage, selon Jacques **Lacan** (1901-1981, *Écrits,* 1966), prêtre mallarméen de l'inconscient, dont le *Séminaire* propose une nouvelle lecture de Freud à une génération de disciples subjugués, parmi lesquels certains, comme Serge **Leclaire,** deviendront des maîtres à leur tour.

Mais l'individu est aussi à la fois un être en continuel développement et un être social. Les travaux de Jean **Piaget** sur la psychologie génétique ont donné un nouvel essor en France aux sciences de l'éducation, tandis que la psychologie sociale s'attache de plus en plus aujourd'hui à l'étude des groupes (ethniques, nationaux, etc.) en quête de leur différence.

La nouvelle histoire

L'histoire avait été la première à reconvertir ses méthodes, puisque dès 1929, Lucien **Febvre** et Marc **Bloch,** en fondant les *Annales,* la définissaient comme une science interdisciplinaire qui s'efforce d'embrasser l'ensemble des faits de civilisation dans leur dynamisme. Depuis lors la « nouvelle histoire » n'a cessé de préciser sa démarche, en se définissant avant tout comme structurale, c'est-à-dire privilégiant l'étude des structures profondes de la société, en particulier celle des mentalités (**Le Roy Ladurie,** R. **Mandrou**) ; d'où l'idée, développée par Fernand **Braudel,** de différents temps de l'histoire (la « longue durée »).

Linguistique et sémiotique

Après 1945, la linguistique, grâce notamment à la rencontre de Lévi-Strauss et de Roman **Jakobson,** issu du Cercle de Prague, a joué en France un rôle de premier plan pour la « formalisation » des sciences humaines selon des modèles logico-mathématiques. S'inspirant des principes formulés au début du siècle par F. de Saussure, **Greimas** a énoncé les règles d'une *Sémantique structurale* (1966), puis, au cours des années 60, Roland Barthes posait les principes d'une sémiologie ou étude des systèmes de signes (*Éléments de sémiologie,* 1964), bientôt appliquée par le groupe *Tel Quel* et par d'autres à la littérature, à l'art, au cinéma et à toutes les formes d'expression.

Économie et politique

Le développement spectaculaire des ordinateurs et de l'informatique depuis 1950 a donné naissance à des disciplines nouvelles (sciences de l'information, de la communication). Il a conduit d'abord les sciences économiques à renouveler leurs méthodes et leur a permis l'élaboration de modèles sophistiqués, tant pour l'étude des phénomènes micro-économiques (ménages, entreprises) que macro-économiques (monnaie, comptabilité nationale, échanges internationaux) où les écoles s'affrontent. Dans le domaine des sciences politiques, où s'étaient distingués André **Siegfried,** puis Raymond **Aron,** l'analyse systémique, née aux États-Unis, a introduit également en France à partir de 1970 des méthodes de modélisation rigoureuses.

La sociologie en question

Mais la crise de la civilisation, dont les événements de mai 68 ont précipité la prise de conscience, le renouvellement de la biologie, l'introduction de l'analyse systémique ont conduit la sociologie à s'interroger sur elle-même. Tandis qu'Alain **Touraine** jetait les bases d'une sociologie de l'action (*Production de la société,* 1973), et s'efforçait de définir les grandes lignes d'une société post-industrielle, Edgar **Morin** (*Le paradigme perdu,* 1973) entend promouvoir une théorie transdisciplinaire fondée sur un « organisationnisme » régissant à la fois le biologique et le social, où la société se présente comme un système ouvert auto-éco-ré-organisateur, et où la vie introduit en permanence le désordre et la créativité (*Pour sortir du xxe siècle,* 1981).

Choc du futur et prospective

Durant les vingt dernières années, on a pris conscience du fait que le futur agissait de plus en plus sur le présent : pollutions, urbanisation, relations internationales, etc. Déjà les géographes avaient réorienté leur travail en ce sens : la « géographie appliquée » se consacrait à l'aménagement de l'espace, l'écologie s'imposait comme science. Mais, tandis qu'aux États-Unis se développait une discipline spécifique, la futurologie, le philosophe Gaston **Berger** créait en France la **prospective,** qui s'efforce d'anticiper sur ce que peut être l'avenir à long terme et d'orienter dès maintenant les choix et les décisions qui l'engagent. Depuis dix ans, grâce à l'apport de la dynamique des systèmes, prévision et prospective n'ont cessé de se développer et de donner lieu à des travaux collectifs considérables, tels que le rapport *Interfuturs,* dû à l'Association « Futuribles ».

LE THÉÂTRE

A la suite de la poésie, et précédant les autres « genres » littéraires, le théâtre, peu après la Libération, a été le lieu d'expériences souvent extrêmes dont les effets sont loin d'être épuisés. Un des éléments qui les ont favorisées a été la politique de décentralisation culturelle qui a précédé de trente-cinq ans la décentralisation générale du pays.

Le théâtre service public et la décentralisation

Depuis Louis XIV jusqu'à la Libération, le théâtre en France était resté une sorte de **monopole parisien** : scènes, auteurs, acteurs, metteurs en scène, critiques étaient concentrés dans la capitale, qui est encore aujourd'hui le lieu où se font les réputations. 30 000 places de spectateurs réparties entre une soixantaine de salles : telles étaient les limites de son public. Parmi elles, deux seulement étaient traditionnellement subventionnées par l'État : **la Comédie-Française** (la « maison de Molière ») et **l'Odéon.**

Or, au lendemain de la Libération, reprenant certaines des idées de Copeau et du Cartel [p. 132], la Direction des Arts et Lettres, animée alors par Jeanne Laurent, inaugura une politique de **décentralisation théâtrale** et de **subventions** aux jeunes compagnies : le théâtre devenait dans une certaine mesure un service public. Ainsi furent créés le Grenier de Toulouse, la Comédie de Saint-Étienne, le Théâtre de Villeurbanne (Roger Planchon), d'autres encore ; les festivals d'été se développent, l'exemple étant donné en Avignon (1947) par Jean **Vilar,** qui dirigera durant douze ans (1951-1963) le Théâtre National Populaire (le T.N.P.) à Paris, où il s'efforcera d'attirer dans l'immense salle du Palais de Chaillot un public neuf avec des moyens nouveaux, tandis que Jean-Louis **Barrault,** autre élève de Dullin, installera sa compagnie à l'Odéon-Théâtre de France, où il révélera notamment l'œuvre de Claudel.

Parmi les grands acteurs qui ont illustré la scène (et aussi l'écran) depuis un demi-siècle, citons aussi : **Raimu, Fernandel,** Michel **Simon, Bourvil, Arletty,** Jean **Gabin,** Pierre **Brasseur,** Pierre **Fresnay,** Gérard **Philipe,** Michèle **Morgan,** Edwige **Feuillère,** Madeleine **Renaud,** Jean **Marais...**

Le théâtre de tradition

Après 1945, des écrivains déjà célèbres se tournent vers le théâtre pour exprimer leur philosophie ou leur conception de la vie. Dans un style d'une densité classique, **Montherlant** (1896-1973), à travers *la Reine morte, le Maître de Santiago, Port-Royal, Le Cardinal d'Espagne,* poursuit sa quête d'un héroïsme aux accents cornéliens qui cachent mal un cynisme désabusé, tandis que l'on confond abusivement sous l'étiquette d' « existentialistes » les pièces d'Albert **Camus** (*Caligula,* 1944 ; *Les Justes,* 1949) et celles où Jean-Paul **Sartre,** sous une forme dramatique qui reste traditionnelle, exprime sa conception de la liberté et de l'engagement (*Les Mouches,* 1943 ; *Les Mains sales,* 1948 ; *Les Séquestrés d'Altona,* 1960).

Cependant, tandis qu'**Audiberti** dissimule ses obsessions sous des prouesses verbales parfois déconcertantes *(Quoat-Quoat, Le Mal court),* **Salacrou** poursuit non sans mérite un théâtre métaphysique, et Jean **Anouilh,** alternant *Pièces roses* et *Pièces noires* avec succès, jette sur le monde qui l'entoure un regard impitoyable et amusé. La tradition du boulevard ne se dément pas, avec Marcel **Achard,** André **Roussin** et leurs émules.

Le nouveau théâtre

C'est vers 1950 qu'en marge de cette production restée conformiste, le théâtre est remis totalement en question par plusieurs auteurs, tous d'origine étrangère et s'ignorant entre eux, dont les œuvres, d'abord incomprises, puis contestées, vont connaître en quelques années un succès international : Eugène **Ionesco,** qui crée un théâtre de la dérision, du rien, où le langage tourne fou *(La Cantatrice chauve, Les Chaises, Tueur sans gages, Rhinocéros),* mais derrière lequel se profile l'obsession de la mort *(Le Roi se meurt)* ; **Adamov,** dont les premières pièces *(La Parodie, La grande et la petite Manœuvre)* expriment la solitude et l'incommunicabilité entre les êtres ; **Beckett** ou l'anti-théâtre, celui de l'attente, du vide et de la négation de tout *(En attendant Godot, Fin de partie)*. Théâtre d'avant-garde, nouveau théâtre, théâtre de l'absurde ? En tout cas, « degré zéro » du théâtre, à partir duquel était engagé un processus irréversible.

Nouvelles influences

Durant les années 60, deux influences, s'exerçant l'une et l'autre de façon posthume, vont donner une impulsion à la recherche d'un théâtre neuf : celle de **Brecht** (mort en 1956), qui oriente un Armand **Gatti** vers l'éclatement du temps et de l'espace scénique et des personnages ; celle d'Antonin **Artaud,** ce surréaliste qui avait fondé sans succès en 1932 le Théâtre de la Cruauté : mort en 1948, voici qu'on croit le retrouver dans le « théâtre panique » d'**Arrabal** où se mêlent le happening, le sacré et le sacrilège, ou encore dans les pièces de Jean **Genet,** découvert par Sartre en 1952 (*Les Nègres,* 1959), et qui semblait faire éclater l'idée même de représentation théâtrale.

Le théâtre mis en question

Mai 68, la « prise de l'Odéon », la contestation de toutes les formes établies, la fête, l'improvisation collective, à l'instar du Living Theater (fondé aux États-Unis en 1951) ou du Théâtre-Laboratoire du Polonais Grotowski (fondé en 1959 à Wroclaw), qui vient d'être révélé à Paris : toutes les influences convergent alors pour remettre en question à la fois le statut de l'acteur, de l'œuvre, du théâtre, et du public.

D'où une réalisation exemplaire comme la création de *1789,* puis de *1793* par Ariane **Mnouchkine** au Théâtre du Soleil [photo p. 190], qui a touché près de 300 000 spectateurs en quatre ans (1971-1974) : à la fois création collective, jeu total où le public devient la foule participant à l'événement, et réflexion politique sur l'histoire. D'où aussi les spectacles d'Antoine **Vitez** au Théâtre des Quartiers d'Ivry pour faire « le théâtre de tout ».

Ouvert à toutes les recherches, aux courants venus de tous les pays, le théâtre aujourd'hui, éclaté en centres innombrables, scènes d'essai, cafés-théâtres, est en effervescence : sa métamorphose est en cours.

LES CENTRES DRAMATIQUES ET « TROUPES PERMANENTES ».

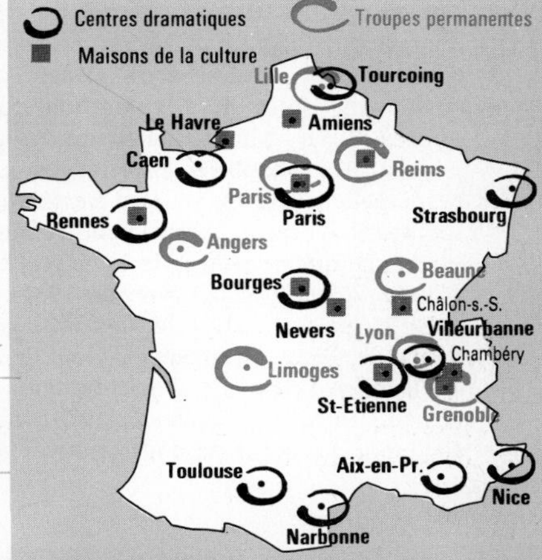

ALBERT CAMUS

LA LITTÉRATURE :

Depuis la Libération, sous l'apparence d'une certaine continuité, ce sont, après le théâtre, tous les genres qui sont tour à tour mis en question : nouveau roman, nouvelle critique, nouveaux philosophes ; ces modes successives ne sont-elles pas le signe d'un renouvellement total des formes, des fins et des valeurs ?

Présence de la poésie : continuité...

En dépit de la révolution surréaliste, qui avait remis en cause les fondements mêmes de la littérature et de la poésie, celle-ci devait retrouver dans la clandestinité, chez d'anciens surréalistes comme Paul **Éluard** *(Le Livre ouvert)* ou **Aragon** *(Le Crève-cœur)* des accents d'une émouvante actualité.

Après la tourmente, on voit se poursuivre et s'épanouir l'œuvre de poètes majeurs issus de la génération précédente [p. 131] : Jules **Supervielle,** Pierre-Jean **Jouve,** Patrice de **La Tour du Pin,** Jean **Cocteau** et son *Requiem* (1962), sorte de testament poétique ; **Claudel,** qui relit et commente inlassablement la Bible ; enfin **Saint-John Perse,** dont les recueils successifs (*Exil,* 1941-1944 ; *Vents,* 1945 ; *Amers,* 1957) évoquent l'épopée du monde avec un souffle et une richesse d'images qui paraissent inépuisables (il obtint le Prix Nobel de littérature en 1960).

Quant au surréalisme, il reprend un nouveau souffle grâce à André **Breton** qui, avec *Arcane 17* et l'*Ode à Charles Fourier* (1945), l'engage « sur le chemin de la Gnose » et reconstitue un groupe actif avec Benjamin Péret et Jean Arp (ce dernier surtout peintre et sculpteur — voir p. 204), surréalistes de la première heure, les romanciers Julien Gracq et Pieyre de Mandiargues, enfin des jeunes unis autour d'eux par la ferveur.

... et novation

René **Char** (né en 1907) s'est assez vite dégagé de l'emprise surréaliste pour réaliser une poésie concentrée où s'exprime la vie dans sa présence immédiate et lumineuse, cependant qu'Henri **Michaux** (né en 1899), poète sans visage, ne cesse d'explorer les ressources du langage et de l'esprit et d'interroger *l'Espace du dedans* (1944) en faisant de la drogue un moyen de connaissance. Avec Francis **Ponge,** ce sont les choses elles-mêmes qui deviennent objet de l'exploration poétique (*Proêmes,* 1948 ; *Le Grand Recueil,* 1961). Michel **Leiris,** un des premiers adeptes du surréalisme, n'a jamais cessé d'explorer les étranges ressources du langage pour éclairer sa perpétuelle quête de soi (*La Règle du jeu,* 1948 ; *Fibrilles,* 1966). Quant à Raymond **Queneau,** destructeur et réinventeur infatigable, il joue presque mathématiquement avec le langage (*Exercices de style,* 1947) ou la poésie (*Cent mille milliards de poèmes,* 1961).

De la guerre est née une nouvelle génération de poètes, dominée par les noms de Pierre **Emmanuel,** dont le lyrisme puissant exprime à la fois « l'Épopée spirituelle d'une époque » et les conflits d'un poète chrétien engagé (*Babel,* 1952 ; *Jacob,* 1970), d'André **du Bouchet** et d'Yves **Bonnefoy,** pour qui la poésie doit retrouver son caractère sacré.

UNE LENTE MUTATION

Autour de l'existentialisme

Après *La Nausée* (1938), **Sartre,** parallèlement au théâtre, exprime sa philosophie dans une vaste suite romanesque, *Les Chemins de la Liberté* (1945-1949). Simone de **Beauvoir** lui fait écho (*L'Invitée,* 1943 ; *Les Mandarins,* 1955). En marge, Albert **Camus** (1913-1960), parti du nihilisme avec *L'Étranger* (1942), s'oriente vers un humanisme empreint de pessimisme dans des œuvres denses et fortes (*La Peste,* 1947 ; *L'Homme révolté,* 1952). Critiques et public ont cru pouvoir parler alors de groupe ou d'école (malgré l'immense succès et l'influence profonde de leurs œuvres, Sartre et Camus n'auront d'ailleurs pas de véritable postérité littéraire) : il n'y eut en réalité, en dehors de fortes œuvres, qu'une mode « existentialiste » qui se répandit durant quelques années dans les cafés et les caves de Saint-Germain-des-Prés, où l'on chantait les *Paroles* de **Prévert** et où s'agitait l'étrange silhouette de Boris **Vian** (1920-1959), ingénieur, trompettiste, cinéaste, chansonnier et surtout auteur méconnu de romans, dont on ne découvrira qu'avec vingt ans de retard la richesse d'invention mêlée à la plus violente des satires sociales (*L'Écume des jours,* 1947 ; *L'Automne à Pékin,* 1947 ; *L'Arrache-cœur,* 1953).

Continuités romanesques

Si l'après-guerre a vu des romanciers comme Maurice **Genevoix** rester fidèles jusqu'au bout à la saveur du terroir, Marcel **Cohen** poursuivre sa vaste saga d'une famille juive, Marcel **Jouhandeau** ou Julien **Green** leur interminable recherche autobiographique du péché, **Céline** construire son propre mythe dans la langue tourmentée qui avait fait le succès du *Voyage* et qui le replace aujourd'hui au premier rang des écrivains du siècle, d'autres comme Jean **Giono** ont su se renouveler et trouver, dans une réflexion sur son temps et sur lui-même, une véritable maîtrise (*le Bonheur fou,* 1957).

Une nouvelle génération, fidèle dans l'ensemble à la tradition romanesque, a pris dès la Libération la relève des aînés. Favorisé par la multiplication des prix littéraires, le développement du livre de poche et des media, le roman connaît dès lors une expansion sans précédent et un public élargi. Des noms s'imposent un moment à des titres divers : Hervé **Bazin,** Françoise **Sagan,** Roger **Nimier,** Romain **Gary...** Sans oublier la poursuite de l'œuvre considérable et populaire de l'écrivain belge Georges **Simenon.**

Il faut mentionner à part la longue et discrète carrière de Marguerite **Yourcenar,** dont les *Mémoires d'Hadrien* (1951), *L'Œuvre au noir* (1968), et bien d'autres chefs-d'œuvre longtemps méconnus, où se marient heureusement l'érudition et la fiction, devaient ouvrir pour la première fois à une femme les portes de l'Académie française [photo ci-dessous].

Littérature et politique

Il faut faire une place à part — signe des temps — à deux romanciers d'une autre génération, convertis sur le tard à la politique : François **Mauriac** qui, à 70 ans, se découvre une plume de pamphlétaire pour dénoncer dans son *Bloc-Notes* le colonialisme au Maghreb, puis pour soutenir tour à tour Pierre Mendès-France et le général de Gaulle ; André **Malraux,** un des chefs de la Résistance, se consacre, dans *Les Voix du Silence,* puis dans ses *Antimémoires,* à une vaste méditation sur l'art et les civilisations ; parallèlement, il est ministre du général de Gaulle, puis son compagnon de route, prononçant des discours d'une étrange puissance oratoire.

Expériences

Tandis que, suivant les voies tracées par le surréalisme, **Pieyre de Mandiargues** cultive dans ses poèmes et ses romans (*La Marge,* 1967) une sorte d'érotisme onirique et fantastique, et que Julien **Gracq** fait surgir le merveilleux du quotidien et de l'attente (*Au château d'Argol,* 1938 ; *Le Rivage des Syrtes,* 1951 ; *Un balcon en forêt,* 1958), deux autres écrivains préparent depuis longtemps dans la solitude les mutations prochaines : Georges **Bataille** (1897-1962), dont *L'Expérience intérieure* (1943) offre une sorte de théologie négative ; et Maurice **Blanchot** (né en 1907), dont l'œuvre, oscillant entre l'essai et le roman, s'efforce de définir *Le Livre à venir* (1959), celui où se crée *L'Espace littéraire* (1955) du langage dans lequel l'auteur va s'anéantir, s'il est vrai que « la littérature se passe maintenant de l'écrivain ».

Le nouveau roman

Ainsi se prépare le « nouveau roman » : ni école, ni groupe, mais quatre écrivains qui, dans les œuvres qu'ils publient entre 1953 et 1959 aux Éditions de Minuit, postulant l'agonie du roman traditionnel, proscrivent l'anecdote et toutes les conventions de forme, de temps, d'espace, de cohérence psychologique. Nathalie **Sarraute** (*Martereau,* 1953 ; *Le Planétarium,* 1959) ; Claude **Simon** (*La Route des Flandres,* 1960) ; Alain **Robbe-Grillet** (*Les Gommes,* 1953 ; *Dans le labyrinthe,* 1959 ; *Djinn,* 1981), qui se donne volontiers après coup comme le théoricien de l'équipe (*Pour un nouveau roman,* 1963) ; Michel **Butor** (*L'Emploi du temps,* 1956 ; *La Modification,* 1957).

On pourrait y rattacher sans trop d'arbitraire les romans de Marguerite **Duras** (*Dix heures et demie du soir en été,* 1960) et ses dialogues de film (*Hiroshima mon amour,* 1959) où elle pratique la « sous-conversation », ainsi que ceux de Jean **Cayrol.**

QUELQUES LAURÉATS DU PRIX GONCOURT

1904, Léon Frapié, *La Maternelle* — 1910, Louis Pergaud, *De Goupil à Margot* — 1916, Henri Barbusse, *Le Feu* (prix 1914) — 1919, Marcel Proust, *A l'ombre des jeunes filles en fleurs* — 1925, Maurice Genevoix, *Raboliot* — 1933, André Malraux, *La Condition humaine* — 1948, Maurice Druon, *Les grandes Familles* — 1949, Robert Merle, *Week-end à Zuydcoote* — 1954, Simone de Beauvoir, *Les Mandarins* — 1955, Roger Ikor, *Les Eaux mêlées* — 1956, Romain Gary, *Les Racines du ciel* — 1957, Roger Vaillant, *La Loi* — 1966, Edmonde Charles-Roux, *Oublier Palerme* — 1968, Bernard Clavel, *Les Fruits de l'hiver* — 1970, Michel Tournier, *Le Roi des Aulnes* — 1972. Jean Carrière, *L'Epervier de Maheux* — 1975, Ajar, *La vie devant soi.* — 1977, Didier Decoin, *John l'Enfer* — 1979, Antonine Maillet, *Pélagie-la-charrette* — 1980, Yves Navarre, *Le jardin d'acclimatation* — 1981, Lucien Bodard, *Anne-Marie.*

La nouvelle critique

En réalité, le renouvellement de la critique, en partie conséquence du développement des sciences humaines [p. 188], est dû autant aux célèbres ouvrages du philosophe Gaston **Bachelard** sur la psychanalyse de l'imagination (*L'eau et les rêves,* 1942) qu'à la « psychanalyse existentielle » de Sartre (*Baudelaire,* 1947, *Saint-Genêt,* 1952). La critique thématique issue de Bachelard sera développée par Georges **Poulet,** Jean **Rousset,** Jean **Starobinski,** Jean-Pierre **Richard.** La critique sociologique, sous l'influence de Lukács, progresse dans un sens marxiste avec Lucien **Goldmann.** La psychanalyse se fait « psycho-critique » avec Charles **Mauron.**

Mais le renouvellement le plus important procède de la linguistique et du structuralisme. En 1963 se déclenche la querelle de la « nouvelle critique » : Roland **Barthes** (*Essais critiques,* 1964 ; *Critique et vérité,* 1966), dénonçant la « critique universitaire », plaide pour une analyse du langage littéraire défini comme un ensemble de structures signifiantes, donc pour une sémiologie de la littérature.

Sous l'impulsion de Philippe **Sollers,** la revue *Tel Quel,* se référant à la fois à Bataille, Artaud, aux philosophes Michel Foucault et Jacques Derrida, à Jacques Lacan, au linguiste Chomsky, au marxiste Althusser, présente dans *Théorie d'ensemble* (1968) une « théorie de l'écriture textuelle » et proclame la « mort de l'auteur », à la suite de Blanchot.

A la suite de *Tel Quel* naîtront plusieurs revues consacrées au langage, à la pratique littéraire et à la poétique.

Une littérature de transgression ?

Après le nouveau théâtre des années 50, le nouveau roman des années 55, la nouvelle critique dix ans plus tard, après les « nouveaux philosophes » comme André **Glucksman** ou Bernard-Henri **Lévy** contestés par les philosophes, on peut constater d'abord que si les genres littéraires continuent en apparence à se bien porter (le roman en particulier garde son public et ses producteurs attitrés), leurs frontières tendent à s'effacer : tandis qu'un Patrick **Modiano** cherche son identité entre l'imagination et le souvenir autobiographique, les romans de Michel **Tournier** (*Le Roi des aulnes,* 1970 ; *Les Météores,* 1975) sont traversés de méditations philosophiques ; chez **Le Clézio** (*La Guerre,* 1970 ; *Désert,* 1981), on est aux prises avec des visions cosmiques et des vertiges d'apocalypse.

Nouveau baroque, qui tenterait de cerner, à travers les jeux de la réalité et de l'illusion, la métamorphose du monde actuel ? Il vaudrait peut-être mieux parler d'une littérature de « transgression », au sens où elle transgresse ses limites, sous des influences multiples : le roman policier, le cinéma, les media, la révolution scientifique et technologique, et aussi le roman de science-fiction, qui la prolonge dans le futur et qui, en dépit d'œuvres comme celles de Gérard Klein ou de René Barjavel, n'a pas encore acquis en France ses titres de noblesse. Ici, les recherches d'un Michel **Butor** dans *Mobile,* qui évoquent les mobiles de Calder, rejoignent celles poursuivies en musique par Boulez ou par Xenakis [p. 200] : l'œuvre s'ouvre à son destinataire avec ses possibilités multiples et celui-ci est invité à devenir lui-même créateur. De nouvelles relations se tissent entre l'auteur, l'œuvre et le public, comme entre les diverses formes d'expression. La création elle-même — les « modes de production » —, où l'ordinateur vient relayer l'imagination, se transforme. On ne peut prévoir encore l'issue d'une telle mutation.

L'ÉDITION

L'édition française, héritière d'une longue tradition, adapte lentement ses structures au monde actuel. Mais elle conserve, grâce à sa qualité et à sa personnalité, une grande puissance de rayonnement, et de nombreuses initiatives s'efforcent aujourd'hui de lui conquérir un public nouveau.

Des formules nouvelles

Le marché de l'édition — malgré la crise qu'il subit depuis quelques années — a enregistré une rapide progression au cours des deux dernières décennies. Si le **livre « de luxe »** n'a pas perdu de son prestige, le grand développement du **livre de poche,** imité des « pocket books » américains, vendu à un prix modéré, permet d'atteindre de nouvelles couches de la population (plus de 79 millions d'exemplaires commercialisés chaque année). Par ailleurs se multiplient les **collections de petit format** dont le rôle essentiel est de faire le point des connaissances et des problèmes actuels, sous une forme maniable et accessible à tous.

Une grande diversité

L'édition française emploie environ 100 000 personnes. La production annuelle de livres, de l'ordre de 27 000 titres (quelque 375 millions d'exemplaires), est d'une très grande **diversité** (voir ci-contre), mais moins de 50 % des ouvrages sont des nouveautés et 15 % sont des traductions.

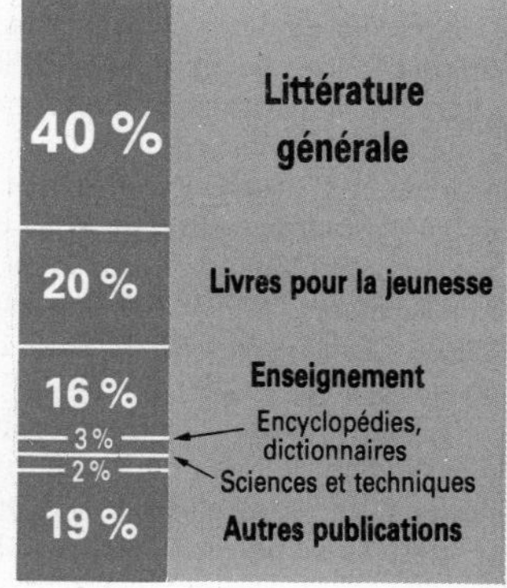

Depuis 1945 la France fait un gros effort pour la diffusion de ses livres **à l'étranger** (12 % du chiffre d'affaires), diffusion qui est naturellement liée au rayonnement de la langue française dans le monde [p. 217].

Concentration de l'édition

Le nombre d'éditeurs qui déposent au moins un titre est, chaque année, supérieur à 2 500, mais la concentration financière ne cesse de s'accentuer. Onze maisons d'édition réalisent plus du quart du chiffre d'affaires total de la branche ; parmi elles, quatre groupes importants : Hachette, les Presses de la Cité, Bordas, Gallimard. D'autre part, l'édition française est caractérisée par une extrême **concentration géographique :** les sièges sociaux de la presque totalité des grands éditeurs sont installés à Paris, et en particulier dans le 6e arrondissement.

ET LE LIVRE

Le livre français est généralement vendu broché. Sa couverture, étudiée avec autant de soin qu'un vêtement, lui donne sa personnalité.

L'édition est un pari

L'éditeur français digne de ce nom, surtout l'**éditeur littéraire,** conçoit son métier un peu comme une **aventure,** voire un pari. Il s'agit surtout d'avoir du flair, de découvrir les bons auteurs, et de constituer une « **écurie** », qui donnera à la firme sa personnalité et lui permettra de faire bonne figure dans la « course aux prix » [p. 194].

PRINCIPAUX PRIX LITTÉRAIRES

Prix Goncourt (décerné depuis 1904 par l'Académie Goncourt).
Prix Fémina (décerné depuis 1904 par un jury de douze femmes de lettres).
Prix Théophraste Renaudot (décerné depuis 1925 en même temps que le Goncourt et pour « réparer ses injustices »).
Prix interralié, fondé en 1930, décerné de préférence à un journaliste professionnel.
Prix des critiques (fondé en 1945).
Autres prix : Deux-Magots - Humour noir - Libraires - Littérature policière - Médicis.

Une tradition française : le dictionnaire encyclopédique

La tradition créée par l'Académie française au XVIIe s. [p. 185], continuée au XVIIIe par Bayle, Voltaire et les Encyclopédistes, entretenue au XIXe par Littré et Pierre Larousse, semblait au XXe avoir perdu de sa force. Or, depuis 1930 et surtout 1945, on assiste dans ce domaine à une flambée nouvelle. Dictionnaires et encyclopédies se multiplient, témoignant non plus, comme au XVIIIe s., d'une volonté de combat, mais du besoin de voir clair dans la profusion croissante des disciplines et des connaissances, et de mettre celles-ci à la portée d'un public de plus en plus vaste.

PRINCIPAUX DICTIONNAIRES ET ENCYCLOPÉDIES

DICTIONNAIRES DE LANGUE.

Dictionnaire de l'Académie française (9e éd. commencée en 1932) : reste le législateur de la langue.

Le « **Littré** », véritable « trésor » de la langue ; deux rééditions récentes (Hachette-Gallimard, Club français du Livre).

Le « **Robert** » (6 vol.), refonte complète du Littré avec mise à jour des citations.

La série des **Dictionnaires Larousse.**
Les **Dictionnaires Hachette.**

ENCYCLOPÉDIES GÉNÉRALES.

L'**Encyclopédie française** (commencée en 1932).

L'**Encyclopédie de la Pléiade** (commencée en 1951), sous la direction de Raymond Queneau, comprendra environ 40 vol. et se présente comme un « cycle d'études».

La **Grande Encyclopédie Larousse** (20 vol.).

Le **Dictionnaire encyclopédique Quillet** (6 vol.), clair et pratique.

L'**Encyclopædia Universalis** (20 volumes et suppléments annuels).

SALLE DE BIBLIOTHÈQUE DES ARCHIVES.

LES BIBLIOTHÈQUES...

Vers un service public

En 1939, l'organisation des bibliothèques remontait exactement à un siècle. La formation par l'École des Chartes des bibliothécaires spécialisés y entretenait souvent le culte de la « conservation ». Par ailleurs, l'absence de cadres moyens qualifiés, la vétusté des locaux et des méthodes, l'insuffisance des crédits, le manque de coordination empêchaient une adaptation aux besoins d'usagers de plus en plus nombreux et aux exigences d'un **service public.** Cependant, depuis quelques années, d'importants progrès ont été réalisés dans l'équipement des bibliothèques et leur utilisation à des fins pédagogiques.

Bibliothèques parisiennes...

Outre la Bibliothèque Nationale, Paris possède plus de vingt **grandes bibliothèques.** Les plus riches sont la bibliothèque de la *Sorbonne* (3 millions de livres et de brochures), la bibliothèque *Sainte-Geneviève* (3 millions de livres), la bibliothèque de l'*Arsenal,* la bibliothèque de l'Institut de France dite *« Mazarine »* (350 000 imprimés, 1 900 incunables et 5 000 manuscrits), la *Bibliothèque publique d'Information* du Centre Pompidou (350 000 livres, 2 400 titres de périodiques).

LA BIBLIOTHÈQUE NATIONALE

La première bibliothèque de France est la **Bibliothèque Nationale,** héritière de la Bibliothèque royale fondée par François Ier, qui instaura en 1537 le **Dépôt légal,** ou obligation d'y déposer un exemplaire de tous les ouvrages publiés en France — idée de génie que les autres pays devaient reprendre à leur tour. C'est en effet grâce au Dépôt légal, qui fonctionne depuis lors, que la Bibliothèque Nationale comprend aujourd'hui près de 8 millions de volumes, auxquels s'ajoutent plus d'un million de cartes et plans, les 5 millions de gravures et documents du Cabinet des estampes et les 400 000 pièces du Cabinet des médailles. Ces richesses innombrables permettent à la Bibliothèque Nationale d'organiser de nombreuses et remarquables expositions. En outre, en collaboration avec le Cercle de la Librairie, elle rédige la **Bibliographie de la France,** qui paraît régulièrement depuis sa fondation par Napoléon en 1811 et signale tout ce qui est publié.

... et de province

Sur l'ensemble du territoire, aux bibliothèques universitaires s'ajoutent :

— **Les bibliothèques centrales de prêt** qui, grâce aux **bibliobus,** desservent les petites communes de plus de 75 départements. Elles prêtent annuellement plus de 23 millions de volumes.

— **Les bibliothèques municipales.** On en dénombre un millier environ, dont 600 dans les communes de plus de 10 000 habitants. Elles prêtent chaque année 50 millions de livres (22 millions en 1970).

— De très nombreuses **bibliothèques spécialisées,** publiques ou privées. L'évolution récente est marquée par l'introduction de l'audiovisuel et le développement des activités d'animation [photo p. 199].

ET LES ARCHIVES

★ Les archives sont le grenier de l'histoire. L. FEBVRE.

Les plus belles archives du monde...

Les **Archives nationales,** véritable « mémoire de la nation », furent organisées par la Révolution. Napoléon en établit le dépôt central au Palais Soubise à Paris. Pendant longtemps, les administrations publiques négligèrent d'y envoyer régulièrement leurs documents soigneusement triés. Aujourd'hui, la direction des Archives nationales collabore étroitement avec les différents services ministériels et étend son activité aux archives économiques et même aux archives privées.

La masse des documents ainsi engrangée dans les dépôts publics, à Paris et en province dans les **Archives départementales,** s'élève à environ 6 milliards de documents, ce qui représente 100 000 m^3, 50 000 tomes et plus de 1 000 km de rayonnages : ce sont les plus belles archives du monde.

...ont secoué leur poussière

Grâce aux initiatives hardies de deux écrivains, Charles Braibant et André Chamson, qui ont dirigé tour à tour les Archives nationales depuis 1948, celles-ci sont désormais à même de livrer une partie de leurs trésors au public, érudits, historiens, journalistes, grâce à des expositions et à la publication de nombreux inventaires. Elles ont ainsi, en adoptant des méthodes nouvelles pour la sélection, le classement et l'utilisation du flot de documents qui leur parvient chaque jour, en créant des centres départementaux et des services éducatifs, en rajeunissant le musée de l'Histoire de France, largement contribué à cette « résurrection de la vie intégrale du passé » à laquelle s'était consacré **Michelet,** un des premiers et des plus illustres conservateurs des Archives nationales.

L'ÉCOLE NATIONALE DES CHARTES

Fondée en 1821, installée depuis 1897 à la Sorbonne, elle dispense l'enseignement des sciences auxiliaires de l'histoire : paléographie, archéologie, classement des archives et bibliothèques, etc. Elle forme, en trois ans, des *archivistes-paléographes* qui constitueront les cadres des archives et des bibliothèques publiques.

LA MUSIQUE,

La musique, au cours du XXe siècle, a entièrement revisé ses structures traditionnelles. Dans cette métamorphose, la France, après Debussy, a joué un rôle de premier plan, en intégrant notamment les découvertes de novateurs européens tels que Stravinsky, Bartok et Schoenberg.

Les « aurores nouvelles »

L'aventure a commencé dans l'entre-deux-guerres avec les recherches originales d'un précurseur, Edgar **Varèse** (1885-1965) qui, installé aux États-Unis depuis 1917, n'a cessé, d'*Intégrales* (1926) à *Déserts* (1954), d'anticiper sur toutes les innovations qui devaient suivre. La musique électro-acoustique, notamment, allait pouvoir se développer en France dès 1928 grâce aux Ondes Martenot, qui vont tenter de nombreux compositeurs, de Florent **Schmitt** à Messiaen.

Olivier **Messiaen** (né en 1909) a joué dans l'histoire de la musique contemporaine un rôle décisif. Tout en introduisant en Occident « la musique du monde entier » (modes du Moyen Age, rythmes de l'Inde), il se construit un langage très personnel, fondé à la fois sur l'inspiration et sur une réflexion théorique. Son inspiration, il la puise dans la nature, particulièrement dans les chants d'oiseaux, ses « plus grands maîtres » (*Le Réveil des Oiseaux,* 1953) et surtout dans la religion : pour ce fervent catholique, la musique est un acte de foi (*Petites Liturgies de la Présence divine,* 1945), l'orgue l'instrument privilégié (du *Livre d'orgue,* 1935, aux *Méditations sur le mystère de la Sainte Trinité,* 1972). Sa réflexion théorique, qui le conduit à multiplier les rythmes et les modes au moyen de « valeurs ajoutées », alimente l'enseignement qu'il dispense dès 1945 au Conservatoire de Paris : sa classe, où se forme la nouvelle génération, suscite parmi les jeunes compositeurs venus de tous les pays une curiosité passionnée.

André **Jolivet** (1905-1974), novateur audacieux, influencé par Varèse, et séduit par l'atonalité (*Mana,* 1935), explorateur lui aussi des modes africains et asiatiques, a tenté, dans de puissantes œuvres symphoniques, d'exprimer sa spiritualité.

La nouvelle musique

Au lendemain de la Libération, un ingénieur français, Pierre **Schaeffer** (né en 1910), invente la musique concrète en enregistrant et en manipulant les bruits les plus divers, créant ainsi un monde sonore entièrement nouveau (*Orphée,* opéra concret avec Béjart, 1953). Au Groupe de recherches de la R.T.F., il va former une brillante école de compositeurs français et étrangers (Ivo Malec, Pierre Henry, F. Bayle) et réaliser peu à peu la synthèse de la musique concrète et de la musique électronique fille de l'ordinateur, née à Cologne en 1951 avec Stockhausen : dans ce nouveau langage, compositeur et interprète sont entièrement confondus.

Pierre **Boulez** (né en 1925), formé par Messiaen, découvre grâce à Leibowitz la musique sérielle (fondée sur les douze sons de la gamme chromatique) imaginée trente ans plus tôt à Vienne par Schoenberg ; il la développe à sa manière (*Le Marteau sans maître,* 1955) en explorant sans cesse de nouveaux horizons. S'efforçant de concilier, dans des œuvres puissantes d'accès difficile, la rigueur mathématique de la construction et des rythmes et la liberté de choix de l'interprète (*Structures pour deux pianos ; Pli selon pli, Portrait de Mallarmé,* 1960), P. Boulez a exercé une influence considérable, notamment grâce au *Domaine musical* où il a révélé durant vingt ans (1954-74) de nombreuses œuvres d'avant-garde. En particulier celles d'Iannis **Xenakis** (né en 1922), Grec naturalisé Français, révolutionnaire passionné, architecte, élève de Messiaen, qui fait de la musique une quête perpétuelle où il intègre toutes les recherches nouvelles (*Diamorphoses,* 1958 ; *Herma,* 1961 ; *Nuits,* 1967) et invente la musique « stochastique » ou aléatoire.

L'ART LYRIQUE, LA DANSE

L'Art lyrique

L'art lyrique s'efforce de renouveler son répertoire et, surtout, depuis quelques années, d'introduire des innovations dans la mise en scène (Daniel Mesguich). Encouragé par les pouvoirs publics, il est diffusé à Paris par le Théâtre National de l'Opéra (qui depuis 1978 intègre l'Opéra et l'École d'Art lyrique), le Théâtre lyrique municipal (Châtelet) ; en province par la réunion des théâtres lyriques municipaux créée en 1964 : Avignon, Bordeaux, Lille, Lyon, Marseille, Metz, Nancy, Nantes, Nice, Rouen, Strasbourg (Opéra du Rhin), Toulouse, Tours...

Danses du xviiie siècle
Troupe Ris et Danceries.

La danse

Après 1945, les compagnies de ballets se sont multipliées : ballets des Champs-Élysées, Ballets de Paris, Grand Ballet du marquis de Cuevas... Aujourd'hui, le public applaudit les compagnies chorégraphiques d'une douzaine de théâtres de province, le Ballet de Maurice Béjart, le prestigieux Ballet de l'Opéra de Paris (154 danseurs et danseuses).

Venu d'Italie, le ballet fit fureur dès la fin du xvie s. en France. Il connut de grandes heures au temps de **Lulli** (1632-1687), puis au xviiie s., grâce à la fondation de l'*Académie royale de danse* (1661) et du *Conservatoire de danse* de l'Opéra (1713), qui établit les règles de la grande danse classique. Après s'être épanoui à l'époque romantique, le ballet français, tombé dans la convention, émigre en Russie, d'où il revient bouleverser la scène française en 1909 sous la forme des **Ballets russes** de Serge de Diaghilev. Dès lors, le ballet devient un art complet, auquel collaborent poètes, musiciens et peintres en renom. **Serge Lifar** renouvelle la danse à l'Opéra, où il entre en 1929.

Le ballet du xxe siècle, de Maurice Béjart.

LA CENTRALE GAZIÈRE D'ALFORTVILLE intègre les arts plastiques à une réalisation technique.

LES ARTS PLASTIQUES

Depuis 1945, les arts plastiques sont entraînés dans la révolution des formes qui travaille le monde entier. La France est un lieu où s'affrontent les courants les plus opposés, depuis l'expressionnisme jusqu'à l'art abstrait, qui groupe dans l' « École de Paris » des artistes venus de tous les pays.

L'architecture : audace et tradition.

Transformée par des techniques nouvelles, notamment par l'emploi du verre, l'architecture est de plus en plus conditionnée par les vastes programmes d'urbanisme suscité par l'essor des villes [p. 336]. A cet égard, l'influence de Le Corbusier n'a pas cessé de se faire sentir sur les jeunes générations.

Cependant d'autres architectes, tels que Guillaume **Gillet,** dans la conception de l'église de Royan ou le Pavillon de la France à l'Exposition Internationale de Bruxelles de 1958, Bernard **Zehrfuss** dans celle du Palais de l'UNESCO ou du C.N.I.T., Jean **Prouvé,** Jean **Renaudie,** ont cherché depuis la dernière guerre à concilier le respect de la tradition française avec les audaces que permet aujourd'hui la technique et les exigences qu'impose une société nouvelle.

De plus en plus d'ailleurs l'architecture réclame le concours des autres arts plastiques, notamment la peinture, la sculpture, la tapisserie, les arts décoratifs, qui concourent tous ensemble à l'édification d'une « architecture de lumière ».

La peinture : art abstrait ou art figuratif ?

On peut dire sans exagération que, depuis vingt ans plus encore qu'avant la guerre, Paris est la véritable métropole de l'art moderne. Ce que l'on est convenu d'appeler l'« **École de Paris** » continue à rassembler nombre d'artistes étrangers venus se fixer dans la capitale, où s'affrontent l'art figuratif et l'art abstrait.

TAL COAT : Les Goëlands.

A la suite de **Kandinsky** et de **Mondrian,** qui entendaient remplacer en peinture « le pittoresque par la mathématique », les jeunes promoteurs de l'**art abstrait** ou **non-figuratif,** héritiers du cubisme, encouragés par les recherches audacieuses de Matisse, de Picasso, de Jacques Villon, veulent ramener le fait pictural à son expression la plus pure. D'où les offensives successives du Salon des *Réalités nouvelles,* en 1946, du *tachisme* en 1953, du Salon de Mai en 1957, où les toiles de Herbin, de Deyrolle, de Mathieu ont fait scandale. Or il est remarquable que ces recherches rejoignent les jeux de structures révélés par la biochimie ou la physique nucléaire, ce qui tend à conférer à certaine peinture abstraite une dimension cosmique lorsqu'elle évoque *l'Aventure nucléaire* ou *Soleils perdus*.

Néanmoins de nombreux peintres restent attachés à la tradition française de l'**art figuratif.** Les uns, comme André **Fougeron,** Amblard, Pignon, fondaient en 1948 le *« Réalisme progressiste »*. Les autres, sous le drapeau de *« l'Homme témoin »*, expriment, comme l'existentialisme, l'angoisse de l'homme moderne, tels **Lorjou** évoquant *l'Age atomique* ou Bernard **Buffet** voué à un « misérabilisme » en noir et blanc.

ANDRÉ BRASILIER : Ombre et lumière.

La tapisserie : un renouveau

La **tapisserie** connaît aussi un renouveau remarquable, grâce au peintre Jean **Lurçat,** qui, avec Gromaire, ranimait en 1939 la manufacture d'Aubusson. Son œuvre abonde en symboles : *Terre, Air, Eau et Feu, l'Apocalypse.* Saint-Saëns *(Thésée et le Minotaure),* Picart Le Doux *(Migrations),* dom Robert ont contribué pour leur part à cette renaissance, ainsi que Matisse, Léger et Cocteau *(Judith et Holopherne),* cependant que G.-H. Adam tentait d'exprimer sa vision du cosmos *(Galaxie).*

SALONS ET GALERIES

- Les œuvres des artistes sont présentées à Paris dans des Grands Salons annuels ; Salon des Indépendants, Salon d'Automne, Salon des Artistes français, Salon des Artistes décorateurs, Salon de la Société des Beaux-Arts, Salon des Tuileries, Salon de la jeune peinture et de la jeune sculpture.
- La Biennale de Paris réunit les artistes de moins de 35 ans, originaires d'une soixantaine de pays, qui confrontent leurs expériences.
- Plus de 300 galeries parisiennes exposent et vendent des œuvres d'art.

LURÇAT : Liberté.

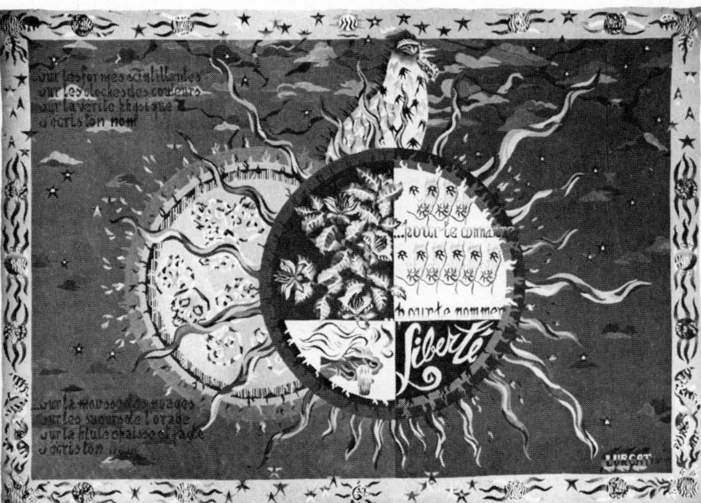

JEAN ARP : Ombre chinoise.
Pierre de bronze.

La sculpture

Comme les autres arts, la sculpture, « chose tangible », se prête à des cheminements très différents : art abstrait avec **Arp, Zadkine, E. Martin** *(Les Demeures),* **Adam, Stahli** *(Le Grand Astre) ;* expressionnisme avec Germaine **Richier** *(La Chauve-Souris, La Sauterelle, L'Orage, La Tauromachie, La Montagne, Le Christ d'Assy),* **Gimond, Giacometti** *(Sept figures et une tête) ;* influencée par la civilisation mécanique et les matériaux modernes avec **César** *(Le Poisson, la Victoire de Villetaneuse, La Pacholette),* **Tinguely** *(Hannibal)...*

L'affiche

On a pu dire de l'affiche qu'elle montre les idées et les valeurs véhiculées par une société. S'il acquiert très tôt ses lettres de noblesse avec Édouard **Manet** *(Les Chats),* **Daumier** *(Les entrepôts d'Ivry),* **Gavarni** *(La vie conjugale),* l'art de l'affiche triomphe à la fin du XIXe et au début du XXe s. : **Toulouse-Lautrec, Chéret, Legrand, Steinlein, Robbe, Chahiné, Lunois, Mucha, Cappiello...**

L'affiche se transforme, prend une place de plus en plus importante dans notre société (vie politique, publicité, spectacles, sport...) et devient un élément-clé de la communication avec **Cassandre, P. Colin, Topor, Folon, Villemot, Tim, Morvan, Savignac...**

Par ailleurs, les arts mineurs voient revivre des traditions artisanales, sous des formes inspirées de l'esthétique la plus moderne : la **céramique,** à laquelle Picasso a donné à Vallauris une impulsion décisive, le grès, le verre soufflé, les émaux, les bijoux, le tissage, etc.

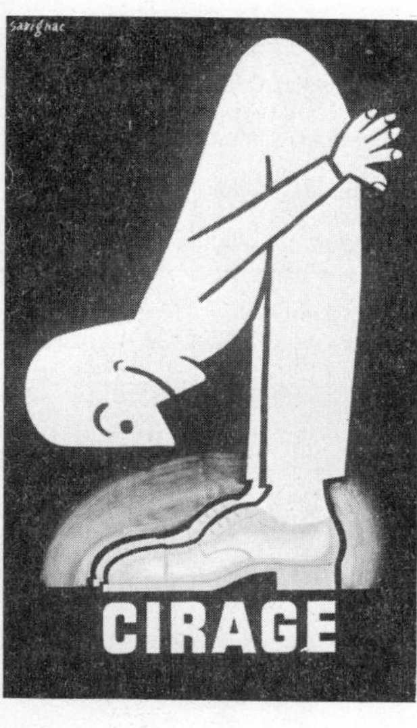

◂ Affiche de SAVIGNAC.

> Si éphémère qu'elle doive être, l'affiche peut présenter un excédent qui la rende capable de survivre à son usage et qui l'apparente alors à l'œuvre d'art.
>
> G. GAËTAN-PICON

HENRI CARTIER-BRESSON : Enfants à Simiane.

« Pour moi, la seule et véritable joie est cette jouissance physique, cette lutte avec le temps, cette nécessité angoissante de mettre dans la même ligne de mire, l'œil, la tête, le cœur. »

H. C.-B.

La photographie

Objet de laboratoire dans le premier quart du XXe s., la photographie est devenue un des phénomènes majeurs de notre époque, tout à la fois mémoire de l'histoire, technique au service de la science et moyen de transmission de messages. **Photo documentaire** et de reportage ou **photo « de création »,** la limite entre ces deux genres est imprécise et dans cette zone intermédiaire en photographie se déplace constamment la **notion d'art.**

Depuis Nadar dont les portraits nous restituent le mystère de Beaudelaire, l'ironie d'Offenbach, l'humour de Rossini, nombre de grands photographes ont enrichi et enrichissent notre **patrimoine artistique :** Yan-Dieuzaide, Henri Cartier-Bresson, Robert Doisneau, Jeanloup Sieff, Jean-Jacques Lartigue, André Kertez, Willy Ronis, Marc Riboud, Édouard Boubat, William Klein, Guy Le Querrec...

La bande dessinée

Si la recherche des origines de la **bande dessinée** donne lieu à de subtiles controverses, nul ne conteste aujourd'hui l'entrée de ce moyen d'expression graphique et narrative au panthéon des arts. « Plus immédiatement accessible que le cinéma ou la télévision, la B.D. constitue un media privilégié où s'entrecroisent les idéologies, explicites ou implicites, les héritages et les références culturels, les impératifs économiques, les carcans législatifs, mais aussi les révoltes, les innovations, les refus... » (Michel Pierre).

En France, aux héros de **Christophe** (Georges Colomb) : *La Famille Fenouillard* (1889), *Le Sapeur Camembert* (1890), *Le Savant Cosinus* (1893) ; de Pinchon et Caumery : *Bécassine* (1905) ; de Louis Forton : *Les Pieds Nickelés* (1908), *Bibi Fricotin* (1924) ; d'Alain Saint-Ogan : *Zig et Puce* (1925), du Bruxellois **Hergé :** *Tintin et Milou* (1929), se sont ajoutés ceux de Morris et Goscinny *(Lucky Luke)* ; de Franquin *(Spirou, Gaston Lagaffe)* ; d'Arnal *(Pif le Chien)* ; de **Goscinny** et **Uderzo** (*Asterix*) [p. 23] ; ceux de Cabu, Greq, Gotlib, Gir, Druillet, Fred, Fournier, Willem, Sempé, Masse, Pichard, Bretecher...

GEORGES BRASSENS.
(1921-1981)

LA CHANSON

La radio, la télévision, le disque, la bande magnétique et la cassette, en diffusant massivement la chanson, en la faisant entrer plus intimement dans notre vie quotidienne, l'ont transformée et en font un véritable phénomène sociologique.

Une foisonnante richesse

La chanson française — plongeant de profondes racines dans le terroir national et subissant les influences venues de l'étranger (p. 150) — est aujourd'hui caractérisée à la fois par une **foisonnante richesse** et une prodigieuse diversité. Parmi les auteurs et les compositeurs, ceux-ci se confondant d'ailleurs souvent avec ceux-là, ont poursuivi avec succès une longue carrière inaugurée avant la Seconde Guerre mondiale : **Edith Piaf** (1915-1963),**Tino Rossi, Charles Trenet... ;** d'autres s'affirment avec les **grandes vagues** qui, après 1945, renouvellent le répertoire. Les uns et les autres s'intègrent dans de multiples courants qui se perpétuent, se chevauchent, s'opposent ou se complètent, si bien que toute tentative de classification se révèle illusoire.

Trois grands moments

En schématisant, on pourrait distinguer, dans l'évolution de la chanson française depuis une quarantaine d'années, trois grands moments :

- Après la Libération naît la **chanson intellectuelle.** Sortie des caves de Saint-Germain-des-Prés et des cabarets du Quartier Latin, elle privilégie le **texte. Juliette Gréco** chante les couplets de Prévert, de Raymond Queneau, de Jean-Paul Sartre *(La Rue des Blancs-Manteaux)*; **Léo Ferré,** tour à tour tendre et contestataire, fait descendre la poésie dans la rue ; **Catherine Sauvage** chante Mac-Orlan, Brecht... La plupart des grands chanteurs actuels font leurs premières armes dans les cabarets de la « rive gauche » : *La Contrescarpe, Le Tabou, La Rose Rouge, L'Échelle de Jacob, L'Écluse, Le Cheval d'Or...*
- Vers la fin des années 50 avec **le triomphe du rock** venu d'Outre-Atlantique, la chanson privilégie le **rythme. Johnny Halliday** fait la conquête d'un vaste public jeune. A sa suite s'imposent Richard **Anthony, Eddie Mitchell,** Sylvie Vartan, Claude François, Michel Polnareff, Sheila...
- Depuis quelques années, la « **nouvelle chanson française** » se met à l'écoute de la vie quotidienne. Dans le même temps, en quête de nouveaux horizons, elle revendique la liberté du rêve. Alain **Souchon,** Maxime **le Forestier,** Marie-Paule **Belle, Renaud,** Bernard **Lavilliers,** Yves **Duteil,** Yves **Simon,** Francis **Cabrel,** Jean **Guidoni,** Jean-Patrick **Capdevielle...** renouvellent le genre dans les domaines les plus divers.

LA CHANSON QUÉBÉCOISE

Parmi les auteurs compositeurs interprètes de langue française, une place particulière doit être faite aux chanteurs québécois qui connaissent en France un grand succès : **Félix Leclerc** *(Le p'tit bonheur),* **Gilles Vigneault** *(Mon pays),* **Robert Charlebois** *(Québec Love),* Pauline Julien, Jean-Pierre Ferland, Claude Leveillé...

RENAUD (à gauche) et JULIEN CLERC (à droite).

130 millions de disques

Chaque année quelque 130 millions de **disques,** 20 millions de **bandes** enregistrées (tous genres) et 27 millions de **cassettes** vierges sont vendus en France. Environ 200 sociétés d'édition phonographique (Phonogram, Pathé-Marconi, Barclay...) s'efforcent de répondre aux goûts variés du public. La société des auteurs, compositeurs et éditeurs de musique (S.A.C.E.M.) fondée en 1851 par E. Bourget assure la **protection** des œuvres en France et dans une soixantaine de pays liés par des accords de réciprocité.

Au-delà des engouements

Des dizaines de jeunes sont lancés à grand renfort de **publicité,** mais seuls quelques-uns parviennent à s'imposer. Dans des genres très variés, des chanteurs triomphent depuis plusieurs années auprès de divers publics. Aux noms déjà cités il convient d'ajouter ceux de Michel **Sardou,** Serge **Lama,** Serge **Gainsbourg,** Michel **Fugain,** Julien **Clerc,** Marie **Laforêt,** Pia **Colombo,** Serge **Reggiani,** Georges **Moustaki, Nicoletta,** Leny **Escudéro, Dalida,** Enrico **Macias,** Nana **Mouskouri...** Enfin, au-delà des modes et des engouements passagers, la chanson française est dominée par les **grands noms** de Georges **Brassens,** Charles **Aznavour,** Jean **Ferrat,** Jacques **Brel,** Gilbert **Bécaud,** Yves **Montand, Mouloudji,** Claude **Nougaro,** Anne **Sylvestre,** Guy **Béart,** Pierre **Perret...**

BERNARD LAVILLIERS.

ALAIN RESNAIS
et l'acteur ROGER PIERRE.

LE CINÉMA

Le cinéma, à la fois industrie, divertissement et moyen d'expression artistique, est depuis quelques années en pleine mutation. Face à une crise qui au cours des années soixante, l'a sévèrement atteint, il s'efforce d'améliorer ses assises économiques et de renouveler ses thèmes et ses moyens d'expression.

Des problèmes

Par rapport aux années 50, l'activité cinématographique française a accusé un très net **recul :** de 435 millions en 1957, le nombre annuel de spectateurs (c'est-à-dire d'entrées) est passé à 182 millions en 1969.

Le développement de la télévision, le poids de la fiscalité, le prix élevé des places (en moyenne 20 francs) permettent d'expliquer cet effondrement de la fréquentation. Certains n'hésitent pas à ajouter l'excès de sophistication d'un cinéma élitiste et la grande médiocrité des productions commerciales.

Plusieurs facteurs ont, depuis, contribué à une **stabilisation : l'aide de l'État** à l'industrie cinématographique qui se manifeste par l'octroi d'« avances sur recettes », le reversement aux producteurs d'une partie des taxes perçues ; la modification des **circuits de distribution,** l'amélioration des **salles de projection** (développement des complexes multisalles et, plus récemment rénovation des cinémas de quartiers).

Dans le même temps, les rapports cinéma-télévision se sont modifiés ; ils tendent à s'analyser en termes de cohabitation, de complémentarité, voire de complicité...

Aujourd'hui, la débâcle semble enrayée : la fréquentation annuelle des 4 500 salles de cinéma (1,5 million de fauteuils) est estimée à quelque 180 millions de spectateurs.

L'éducation du public

Les 10 000 **ciné-clubs** enregistrés en France, groupés dans 9 fédérations nationales, fréquentés chaque année par 12 millions de spectateurs, jouent un rôle important dans la formation du goût du public. Parallèlement, 700 salles classées **« art et essai »** diffusent des films de qualité. Enfin, diverses revues sont publiées à l'intention des cinéphiles : *Cinéma, La Revue du Cinéma, Image et son, Écran, Positif, Les Cahiers du Cinéma, Jeune Cinéma...*

FESTIVAL DE CANNES.

FESTIVALS DU CINÉMA

Cannes : Festival international
Poitiers : Journée du cinéma
Tours : Courts métrages
Annecy : Films d'animation
Hyères : Jeune cinéma
Dinard : Films d'expression française
Grenoble : Film et jeunesse
Perpignan : Confrontation.
Avoriaz : Film fantastique.

Un constant renouvellement

Sous l'Occupation, de nombreux réalisateurs (J. **Renoir,** R. **Clair,** J. **Duvivier**) quittent la France pour Hollywood. Les œuvres marquantes du cinéma français sont des œuvres d'« évasion » : *Les Visiteurs du soir* (1942) et *Les Enfants du Paradis* (1943), de Marcel **Carné ;** *La nuit fantastique* (1942), de Marcel **L'Herbier ;** *Le Mariage de Chiffon* (1942) et *Douce* (1943) de Claude **Autant-Lara.**

▸ Après la Libération, la production française connaît un nouvel essor marqué par des films inspirés de la Résistance : *La Bataille du rail,* de **René Clément ;** des œuvres poétiques : *La Belle et la Bête* (1948), *Orphée* (1950), de **Jean Cocteau ;** des œuvres réalistes : *Antoine et Antoinette* (1947), de **Jacques Becker ;** des adaptations d'œuvres littéraires : *Le Journal d'un curé de campagne* (1950), de **Robert Bresson ;** *Le Parisien* (1951), de **Max Ophüls ;** tandis que **Jacques Tati** invente un nouveau comique : *Jour de fête* (1948), *Les Vacances de M. Hulot* (1952)...

Aux cinéastes de l'entre-deux-guerres qui continuent de créer s'ajoutent de nouveaux réalisateurs et la production se diversifie avec **Christian-Jaque, H. Decoin, Delannoy, P. Kast, L. Daquin, A. Cayatte, M. Camus, M. Allegret, Y. Allegret, Ph. de Broca, R. Leenhardt, J.-P. Melville, G. Oury, R. Vadim...**

▸ Dans cette grande diversité de création, la fin des années 50 marque une rupture avec la révélation de la « *nouvelle vague* », dont les initiateurs sont pour la plupart membres de l'équipe des **Cahiers du Cinéma** réunie autour du critique André **Bazin.** Révolution à la fois critique et économique, le mouvement de la *« nouvelle vague »* se caractérise par une plus grande liberté de style, liberté parfois insolente, la recherche de thèmes plus proches de la vie, les faibles budgets, l'emploi d'acteurs inconnus... Il conduit à mettre en question les routines professionnelles et accélère le progrès de la technique. Parmi les cinéastes qui s'imposent alors doivent être cités : J.-L. **Godard** *(A bout de souffle),* F. **Truffaut** *(Les quatre cents coups),* L. **Malle** *(Les Amants),* C. **Chabrol** *(Les Cousins),* E. **Rohmer** *(Ma nuit chez Maud),* J. **Doniol-Valcroze** *(La maison des Bories),* J. **Rivette** *(La religieuse),* Agnès **Varda** *(Le bonheur),* A. **Resnais** *(Hiroshima mon amour)...*

▸ Plus près de nous, de nouveaux réalisateurs s'affirment dans les genres les plus divers : **P. Étaix, J. Girault, P. Richard** (comique), **J. Rouch** (recherche ethnographique), **M. Deville, J. Demy** (comédie), **Costa Gavras** (politique)... mais aussi Claude **Sautet** *(Les choses de la vie, Un amour simple),* Claude **Lelouch** *(Un homme une femme, Les uns et les autres),* Marcel Thomas *(Confidence pour confidence),* Yves Robert *(Nous irons au paradis),* Bernard Tavernier *(L'horloger de Saint-Paul, Que la fête commence),* Bertrand Blier *(Les valseuses, Beau-père),* Yves Boisset *(Le juge Fayard dit Le shérif, La femme flic),* Claude Pinoteau *(La gifle),* Laurent Heynemann *(Il faut tuer Brigitt Haas),* Alain Corneau *(Le choix des armes),* Coline Serreau *(Pourquoi pas ? Mais qu'est-ce qu'elles veulent ?),* Jacques Doillon *(La femme qui pleure, La fille prodigue),* Yannick Bellon, Michel Lang...

UN CINÉMA MULTISALLES

LES FESTIVALS

La multiplication des festivals dramatiques, musicaux, chorégraphiques... est le signe d'une grande vitalité des activités artistiques et culturelles. On en compte plus de trois cents, répartis dans toutes les régions.

Festival de Prades.
Pablo Casals en l'église Saint-Pierre.

Paris et la province

A Paris, le théâtre, la danse et la musique animent au mois de juin le cadre prestigieux des **hôtels du Marais.** Plus particulièrement dédiés à la musique et à la danse, doivent être cités, dans la capitale, le *Festival Estival,* les *Semailles musicales internationales,* le *Festival d'Automne.*

La région parisienne et la province rivalisent d'imagination et d'initiative pour animer la vie culturelle locale et attirer un public étranger : *Festival des nuits de Bourgogne, des nuits de Flandre, des nuits d'Anjou, Festival de la Cité* à Carcassonne, *Théâtre d'été* de Beaune (Bourgogne), *Festival de la mer* à Sète, *Festival de Provins, de Royan.* La musique et la danse triomphent au *mai de Versailles,* au *Festival d'Aix-en-Provence* (musique classique), aux *chorégies d'Orange* (art lyrique), à Prades, Besançon, Bordeaux, Antibes, aux *Choralies de Vaison-la-Romaine.*

A toutes ces manifestations s'ajoutent les *festivals du cinéma* [p. 208] et les spectacles *Son et Lumières* qui permettent d'admirer les palais, châteaux, églises... et d'assister à des évocations historiques.

Le Festival d'Avignon

Créé en 1947 à l'initiative de **Jean Vilar,** le *Festival d'Avignon* proposait à l'origine d'initier au théâtre un vaste public populaire. Depuis 1966 il a élargi ses activités et la *Cité des Papes* accueille, en plus du Théâtre National Populaire (T.N.P.), d'autres troupes françaises ou étrangères, des corps de ballets classiques et modernes, des orchestres... De plus, sont organisés des spectacles-rencontres au cours desquels poètes, musiciens, cinéastes dialoguent avec le public. Le festival parvient à présenter, au cours d'une seule saison (12 juillet-14 août), 150 représentations théâtrales, musicales, chorégraphiques, de cirque ; 150 films, 15 expositions. Lieu de rencontre de toutes les formes d'art et de publics les plus divers, le Festival d'Avignon voit sa **réputation** s'étendre au-delà de nos frontières.

Les principaux festivals.

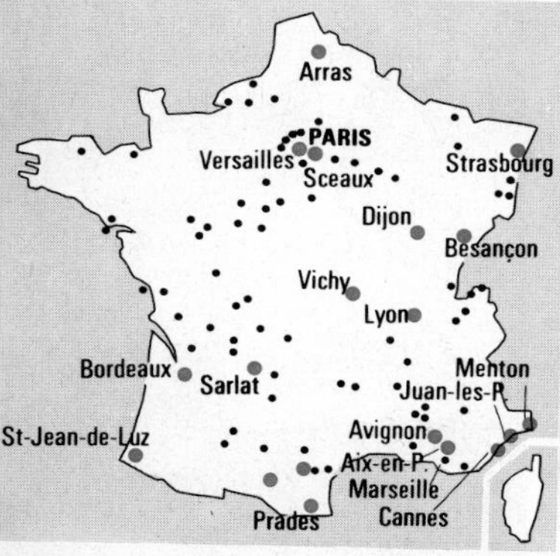

MUSÉES ET MAISONS DE LA CULTURE

Les musées qui rassemblent le patrimoine artistique et historique de la France reçoivent chaque année des millions de visiteurs. Les maisons de la culture, créées à partir de 1961, ont l'ambition de devenir des foyers de diffusion et de création artistique.

LE CENTRE NATIONAL D'ART ET DE CULTURE GEORGES-POMPIDOU (Paris)

Un millier de musées

On compte en France **31 musées nationaux,** une trentaine de musées appartenant à des collectivités locales et quelque 900 musées contrôlés par l'État.

Le **Louvre,** ancienne résidence royale, le plus célèbre des musées nationaux, abrite 6 000 peintres, 2 250 sculptures, 46 000 gravures, 90 000 dessins et plus de 150 000 pièces d'antiquités égyptiennes, grecques et romaines... D'autres musées nationaux sont spécialisés : **Guimet** (art oriental), **Cluny** (art médiéval), **Saint-Germain-en-Laye** (antiquités gallo-romaines), **musée d'Art moderne, musée du Jeu de Paume** (Impressionnistes) et **musée de Sèvres** (céramiques), **musée Rodin...** Parmi les musées à caractère scientifique et technique : le Palais de la Découverte, le musée d'Histoire naturelle, le musée de l'Homme... Les musées nationaux organisent chaque année de grandes expositions : Vermeer, Picasso, Toutankhamon (1,2 million de visiteurs), Ingres, Chagall...

Les villes de province détiennent également de riches collections : Lille, Lyon, Nantes, Montpellier, Dijon, Grenoble, Nancy, Rouen, Colmar (*Grunewald*), Albi (*Toulouse-Lautrec*), Le Havre (*Boudin*)...

Les maisons de la culture

Créées à l'initiative d'**André Malraux,** les Maisons de la Culture devaient répondre au souci de « mettre la culture à la portée de tous », d'intéresser aux activités culturelles le public qui ne se sent pas concerné, de développer en province des foyers de création artistique. L'objectif initial était d'implanter une **Maison de la Culture** dans chaque région. On en compte aujourd'hui 17, implantées dans des villes de plus de 100 000 habitants.

La décentralisation est complétée, dans les petites villes, par la création de 23 **Centres d'Animation Culturelle.**

LES MAISONS DE LA CULTURE

★ L'essentiel des Maisons de la Culture c'est la décentralisation, la fin du privilège parisien et le développement en province de foyers de diffusion, mais aussi de création artistique, c'est la conquête d'un public qui ne serait allé ni au théâtre, ni au concert, ni au musée, parce qu'il n'en avait pas la possibilité matérielle ou parce qu'il pensait que cela ne le concernait pas.

André MALRAUX (1968).

- **Fonction :** présenter à un large public des œuvres et des activités culturelles de haute qualité.
- **Fonctionnement :** construction et entretien financé par les pouvoirs publics.
- **Activités :** une Maison de la Culture est à la fois un théâtre, une salle de concert, un ciné-club, une galerie d'art (peinture, sculpture), une bibliothèque, une discothèque...

L'INFORMATION

LA PRESSE
ou le « quatrième pouvoir »

La presse tient une place importante dans la vie culturelle et politique du pays. Les Français lisent chaque année plus de 7 milliards d'exemplaires de journaux et périodiques répartis en quelque 15 000 titres.

DEPUIS TROIS SIÈCLES....

En 1630, Théophraste Renaudot fonde la première gazette, qui, en 1762, devient l'organe officiel du gouvernement sous le nom de *Gazette de France.*

La **presse moderne** naît en France avec la Révolution de 1789 : presse d'opinion, qui prend son essor sous la monarchie de Juillet. Émile de Girardin introduit dans son journal, *la Presse*, le feuilleton et la publicité.

Posée en principe par la Déclaration des Droits de l'Homme, la **liberté de la presse** ne s'établit réellement en France que progressivement tout au long du XIXe siècle.

Mais pendant l'occupation, de nombreux journaux se sabordent ou paraissent clandestinement. Ceux qui ont continué à paraître sont suspendus à la Libération et leurs biens confisqués.

La presse quotidienne : concentration et décentralisation

Depuis 1945, la concurrence grandissante de la radio et de la télévision, l'élévation des prix de revient et des coûts d'exploitation ont entraîné diverses conséquences :

- **Concentration :** le nombre des quotidiens est passé de 220 en 1939 à 85 en 1980 ;
- Développement relatif de la **presse de province,** qui a su se moderniser et s'adapter à son public par des pages régionales et locales, sans toutefois parvenir à un rayonnement international comme dans d'autres pays ;
- Régression de la presse « d'opinion » proprement dite considérée dans son ensemble. Néanmoins la presse « d'information » représente l'éventail des principales tendances politiques.

ÉVOLUTION DE LA PRESSE QUOTIDIENNE D'INFORMATION.

1er chiffre 43 = nombre de titres
2e chiffre *(6)* = tirage (en millions d'exemplaires)

	1939	1945	1965	1980
PARIS	43 *(6)*	26 *(6,5)*	14 *(5)*	11 *(4)*
PROVINCE	177 *(5)*	153 *(8,5)*	92 *(7)*	74 *(7)*
TOTAL	**220** *(11)*	**179** *(15)*	**106** *(12)*	**85** *(11)*

Les plus grands journaux de province

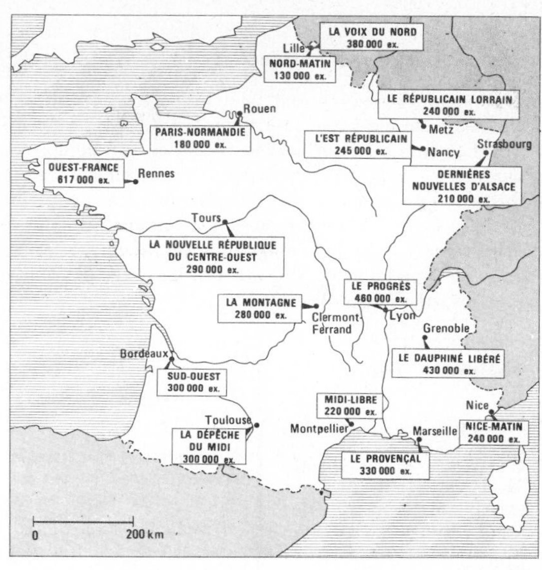

s chiffres sont les chiffres de diffusion suivis de la date de cette diffusion ; d'après Presse Actualité, avril 1981)

LES GRANDS QUOTIDIENS D'INFORMATION À PARIS (1)

L'Aurore : 217 989 ex. au 31-11-79
La Croix : 118 554 ex. au 4-7-80
Le Figaro : 312 683 ex. au 30-4-80
France-Soir : 460 085 ex. au 26-6-80
L'Humanité : 137 103 ex. au 15-7-80
Libération
Le Matin de Paris : 143 977 ex. au 10-10-80
Le Monde : 445 372 ex. au 20-3-80
Le Parisien libéré : 351 741 ex. au 12-6-80
(chiffres de diffusion, publiés par Presse-Actualité, avril 1981).

(1) Auxquels s'ajoutent Le Quotidien de Paris, dont la diffusion est en expansion, des **quotidiens spécialisés :** La Cote Desfossés ; les Échos ; L'Équipe ; Forum International ; Le Nouveau Journal ; Panorama du Médecin ; Paris-Turf/Sport Complet ; Le Quotidien du Médecin…

(Source : Presse Actualité, avril 1981)

Triomphe de la presse périodique

Si la presse quotidienne connaît de sérieuses difficultés, la presse périodique en revanche n'a jamais été aussi prospère. En récapitulant et en jugeant les événements avec un certain recul, en offrant un condensé de l'évolution du monde, en complétant la vie professionnelle ou en apportant à chacun la distraction ou l'évasion nécessaires, elle forme en quelque sorte la toile de fond de sa vie privée. Aussi est-elle le raccourci de tous les secteurs de l'activité humaine : politique, religion, sport, jeunesse, sans oublier la presse féminine : au total plus de 15 000 titres. Le tirage des 1 250 hebdomadaires dépasse désormais celui des quotidiens.

Magazines illustrés

Hebdomadaires et mensuels :

Actuel (M) ; Le Chasseur français (M) ; Clair Foyer (M) ; Confidences (H.) ; Géo (M) ; Historia (M) ; Horoscope (M) ; Intimité (H.) ; Jours de France (H.) ; Lui (M) ; Notre Temps (M) ; Nous Deux (H.) ; Panorama Aujourd'hui (M) ; Parents (M) ; Paris-Match (H) ; Le Pèlerin (H) ; Photo (M) ; Point de Vue Images du Monde (H) ; Science et Vie (M) ; Sélection du Reader's Digest (M.) ; La Vie (H) ; La Vie du Rail (H) ; La Voix des Parents (B.M.) ; V.S.D. (H.) ; Week-end (H).

Mensuel :
Réalités : 100 000 ex.

Presse « d'opinion »

Le Canard Enchaîné (H.) ; L'Express (H) ; L'Humanité Dimanche (H) ; Minute (H) ; Le Nouvel Observateur (H) ; Le Point (H) ; Réforme (H) ; Hebdo T.C. (H) ; Valeurs Actuelles (H).

Presse sportive

L'Action Automobile (M) ; L'Auto-Journal (B.M.) ; L'Automobile (M) ; Dimanche-Turf (H) ; France Foot-Ball (H.) ; Onze (M) ; Tennis (M.).

Périodiques divers

L'Enseignement Public (B.M.) ; France-Dimanche (H) ; Ici Paris (H) ; Jeune Afrique (H.) ; Messages du Secours Catholique (M) ; Le Monde de l'Éducation (M) ; Spéciale Dernière (H).

Presse des Jeunes

Hit Magazine (M.) ; Le Journal de Mickey (H) ; OK Age tendre (M) ; Picsou Magazine (M) ; Pif Gadget (H) ; Podium Hit-Magazine (M.) ; Salut ! Quinze ans (B.M.) ; Pomme d'Api (M.) ; Okapi (B.M.) ; Phosphore (M.) ; Ça m'intéresse (M.).

Presse économique, financière et sociale

Cadres et Maîtrise (B.M.) ; Les Échos (Q.) ; L'Expansion (B.M.) ; F.O. Magazine (M) ; Le Nouvel Économiste (H) ; Le Particulier (B.M.) ; Syndicalisme Magazine (M) ; L'Usine Nouvelle (H) ; La Vie Française/L'Opinion (H.) ; Vie Ouvrière (H.).

Presse Féminine

Hebdomadaires et mensuels :

Biba (M) ; Bonne Soirée (H) ; Chez Nous (H) ; L'Écho Madame (H) ; Elle (H) ; Femme Pratique (M) ; Femmes d'Aujourd'hui (H) ; F. Magazine (M) ; Marie-Claire (M) ; Marie-France (M) ; La mode chic de Paris (trim.) ; Modes et Travaux (M) ; Pour vous Madame Modes de Paris (H) ; Vogue (10 par an).

Presse Radio-Télévisée

Super-Télé (H.) ; Télé-Guide (H) ; Télé Journal (H) ; Télé-Magazine (H) ; Télé-Poche (H) ; Télérama (H) ; Télé-7 jours (H) ; Télé-Star (H).

Les revues

Il est publié en France des centaines de revues, mensuelles pour la plupart, concernant tous les domaines de l'activité nationale et internationale. Dans le domaine culturel, les plus anciennes sont la *Revue des Deux Mondes,* fondée en 1829 et la *Nouvelle Revue française,* fondée en 1909. D'autres revues représentent des groupes ou des tendances particulières, comme *Esprit,* fondé par E. Mounier, les *Temps modernes,* fondés et dirigés jusqu'à sa mort par J.-P. Sartre, *Études, La Pensée, La Nef, Europe, Autrement...*

Les agences de presse

Les journaux se procurent une partie de leurs **informations** auprès d'agences de presse.

Remplaçant l'ancienne **Agence Havas** — qui avait constitué un monopole de fait des informations — l'Agence France-Presse (A.F.P.), créée en 1944, possède depuis 1957 un statut qui assure son indépendance. Une part de son financement est cependant assurée par l'État. C'est une des 10 grandes agences mondiales d'information, qui dispose de 18 bureaux en France et de 92 à l'étranger, collectant des informations dans 157 pays.

Les autres grandes agences françaises sont l'Agence Centrale Parisienne de Presse (A.C.P.) et l'Union Française d'Information (U.F.I.).

La distribution

Plus de 12 millions d'exemplaires de journaux parviennent chaque jour à quelque 40 000 points de vente et au domicile de 2 millions d'abonnés. Les journaux représentent 2,2 milliards de colis par an, soit 30 % du tirage transporté par les P et T.

Les Messageries de Presse assurent le tri, le groupage, le transport et la distribution des publications. Les **Nouvelles Messageries de la Presse Parisienne** (qui associent cinq coopératives de presse et la Société Hachette) diffusent 2 000 titres français et 600 étrangers.

Les groupes de presse

La presse française est en grande partie contrôlée par quelques groupes, chaque groupe de presse rassemblant un faisceau de titres divers dans une même société ou un jeu de sociétés. Parmi les principaux groupes de presse figurent : le groupe Hersant, Filippachi-Édi 7, Amaury, Prouvost...

UN « EMPIRE » DE LA PRESSE : LE GROUPE HERSANT

Le groupe de presse animé par M. Robert Hersant contrôle ou possède :

- **Des quotidiens** parmi lesquels : « France-Soir », « le Figaro », « Nord-Matin », « Nord-Eclair », « Paris-Normandie »...
- **Des hebdomadaires et bihebdomadaires** : « le Courrier de l'Eure », « la Voix du Bocage », « le Pont-Audemer », « les Nouvelles de Falaise », « le Journal d'Elbeuf »...
- **Des magazines** : « l'Auto-Journal », « Champion », « Sport-Auto », « le Cahier du yachting », « Bateaux » « la Revue nationale de la chasse », « Points de vente », « Market », la « Bonne Cuisine »...
- Le groupe Hersant comporte également une agence de presse générale (L'Agence Générale de Presse et d'Information), une agence de publicité (Publiprint), et un important secteur d'imprimerie.

LA RADIO-TÉLÉVISION

L'O.R.T.F. (Office de la Radio-Télévision Française), « établissement public de l'État à caractère industriel et commercial », supprimé par une loi (votée en juillet 1974), est remplacé, depuis le 1er janvier 1975, par sept sociétés à capitaux d'État : un établissement de diffusion ; une société de production ; un institut de l'audio-visuel ; une société nationale de radiodiffusion ; trois sociétés nationales de télévision (correspondant aux trois chaînes : TF 1, A 2, FR 3). Le financement de la radio-télévision est assuré par une redevance payée par tout possesseur d'un poste et — dans la limite de 25 % — par la publicité.

La radio

Née avec la **station militaire de la tour Eiffel,** révélée au public parisien en 1921, la radio n'a cessé de connaître un succès grandissant.

Radio France (Société nationale) émet sur cinq réseaux (allant des grandes ondes aux ondes courtes et des ondes moyennes à la modulation de fréquence) : France Inter, France Culture, France musique, FIP et Radio France internationale.

Des **postes privés,** qui vivent de la publicité, ont installé leurs antennes aux frontières de la France (Radio-Télé Luxembourg (R.T.L.), Europe n° 1, Radio Monte Carlo, Sud-Radio)... L'État français détient, par l'intermédiaire de la SOFIRAD (Société Financière de Radio-diffusion) une part importante des actions de ces sociétés. L'évolution récente est caractérisée par la multiplication des « Radios Libres » implantées localement.

La télévision

La France a été l'un des pionniers de la **télévision :** installation du premier appareil récepteur en 1927 par R. Bartélémy et démonstration publique en 1931. Mais en 1951 on ne comptait que 10 000 postes récepteurs déclarés ; on en compte aujourd'hui plus de 17,5 millions, dont 6 millions de TV couleur.

Les programmes ont été étendus en 1973 à une **troisième chaîne.** La télévision en couleur (procédé français SECAM) émet depuis 1967.

LA CULTURE FRANÇAISE DANS LE MONDE

L'INSTITUT FRANÇAIS DE RIO DE JANEIRO.

LE RAYONNEMENT FRANÇAIS

La vie culturelle française est loin de se limiter aux frontières nationales. Malgré la concurrence toujours plus sévère d'autres cultures qui lui ont fait perdre au moins en partie son ancienne prééminence, elle n'a jamais cessé de rayonner sur le monde et connaît même aujourd'hui un regain de vitalité.

Les Français à l'étranger

La présence de la France à l'étranger est d'abord assurée par les Français eux-mêmes.

Près de 1,4 million de Français résident à l'étranger : 225 000 en Amérique (dont 90 000 aux États-Unis), 519 000 en Europe, 203 000 en Afrique du Nord et au Moyen-Orient, 207 000 en Afrique noire, 49 000 en Asie et Océanie.

Présence de la langue française

Mais la présence de la France, c'est aussi celle de la langue française. Certes, depuis le siècle dernier, celle-ci a vu sa primauté supplantée par celle de l'anglais. Pourtant 90 millions d'habitants du globe, répartis sur tous les continents, ont aujourd'hui pour **langue maternelle** le français. On estime par ailleurs à 190 millions le nombre de personnes sachant le français mais vivant dans des sociétés non francophones.

En outre, le français occupe encore une position privilégiée comme **langue diplomatique** (30 délégations sur 138 interviennent à l'O.N.U. en français) et reste pour beaucoup de peuples une langue de culture.

LA PRESSE ÉTRANGÈRE DE LANGUE FRANÇAISE

La présence française dans le monde est renforcée par la presse de langue française qui ne compte pas moins de 2 000 journaux et périodiques : 225 en Suisse, 180 au Canada, 160 en Belgique, 70 au Maghreb...

Belgique
Le Soir
La Libre Belgique
Bonnes soirées

Suisse
Feuille d'avis de Lausanne
La Tribune de Lausanne
L'Illustré
Le journal de Genève

Canada
La Presse
Le Soleil
Le Petit journal
La Patrie du Dimanche

L'ENSEIGNEMENT A L'ÉTRANGER

- 25 000 professeurs et instituteurs français enseignent hors de France.
- On dénombre 1 500 établissements français qui s'adressent à près d'un million d'élèves et d'étudiants : instituts, lycées, centres de l'Alliance française, centres culturels.

Un réseau d'institutions culturelles

Cette présence, la France en effet s'emploie depuis plus d'un siècle à la maintenir et à la développer méthodiquement. Ce fut pendant longtemps l'œuvre des **missions catholiques.** Puis naissaient tour à tour l'**Alliance israélite universelle** (1852), l'**Alliance française** (1883) et la **Mission laïque** (1902), qui fondaient un peu partout dans le monde des lycées et des foyers de culture française.

L'**Alliance française,** présidée par M. Marc Blancpain, compte 1 300 comités ou associations affiliées ; son activité enseignante s'exerce dans plus de 600 centres répartis dans 86 pays et intéresse quelque 250 000 personnes. Elle possède à Paris une école internationale de langue française fréquentée chaque année par plusieurs dizaines de milliers d'étrangers.

ASSOCIATIONS CULTURELLES OU RELIGIEUSES

L'Alliance française : 101, bd Raspail, Paris (6e).
La Mission Laïque Française : 8, rue du Général-Clergerie, Paris (7e).
Le Comité Protestant des amitiés françaises à l'étranger : 49, rue de Clichy, Paris (9e).
Le Comité Catholique des Amitiés françaises dans le Monde, 99, rue de Rennes, Paris (6e).
L'Alliance Israélite Universelle : 45, rue La Bruyère, Paris (9e).

Ces diverses associations sont plus vivantes aujourd'hui que jamais. Elles ont préparé les voies d'une véritable politique culturelle de la France à l'étranger. C'est pour mieux définir et développer cette politique que fut fondé en 1900 dans le cadre du ministère des Affaires Étrangères un modeste *Bureau des Écoles et des Œuvres,* transformé en 1945 et devenu depuis **Direction Générale des Affaires Culturelles et Techniques.**

La D.G.A.C.T. est représentée à l'étranger par 40 conseillers et attachés culturels qui travaillent dans le cadre des ambassades françaises. Elle entretient plus de 226 Instituts ou Centres culturels et 77 lycées français. Elle dispose hors des frontières d'un réseau de plus de 25 000 enseignants. Elle envoie dans tous les pays, ainsi que l'Alliance française, des conférenciers, des expositions et les meilleures compagnies dramatiques. Elle fait de plus un effort considérable pour la diffusion du livre et du film français, ainsi que de programmes de radio et de télévision.

Le Haut-Comité de la Langue française est chargé de soutenir la promotion et le rayonnement de notre langue dans les différents pays.

Par ailleurs, le nombre d'**étudiants étrangers** dans les universités françaises s'est fortement accru (plus de 60 % depuis 1973). On en compte aujourd'hui 108 000 dont 56 000 originaires du continent africain.

ORGANISMES CULTURELS

Un certain nombre d'organismes techniques sont au service de l'enseignement à l'étranger. Voici les principaux :

- Le **Centre de Recherche et d'Études pour la diffusion du français** (C. R. E. D. I. F.), à Saint-Cloud (École Normale Supérieure), élabore des méthodes et du matériel pédagogique pour l'enseignement du français, notamment à l'aide d'auxiliaires audio-visuels.

- Le **Bureau pour l'Enseignement de la Langue et de la Civilisation françaises à l'étranger** (B. E. L. C.), à Sèvres (Centre International d'Études Pédagogiques) et à Paris (9, rue Lhomond) est un centre de renseignements et d'élaboration de méthodes et de matériel pédagogique.

Ces différents organismes animent chaque année de nombreux stages en France et à l'étranger.

LA FRANCOPHONIE

Si le terme de francophonie est récent (formulé par la revue *Esprit* en 1962), la réalité est ancienne. La diffusion de la langue française dans le monde tient d'abord au prestige d'une culture, dont l'apogée se situe au XVIIIe s. ; elle a été ensuite amplifiée par la politique coloniale de la France.

La francophonie constitue un espace linguistique qui dépasse considérablement les frontières de l'hexagone. Mais elle constitue également désormais un espace littéraire spécifique. C'est là un fait majeur de l'histoire contemporaine : depuis 1945, et plus encore depuis la décolonisation, la langue française n'est plus la propriété exclusive des Français ; bien plus, cette langue réputée pour son caractère « universel » montre aujourd'hui son aptitude à exprimer des différences, voire, comme au Québec, à affirmer des identités.

La francophonie, comprise comme une communauté de cultures diverses unies par la langue, est devenue une réalité et possède ses structures de liaison : Agence de Coopération culturelle et technique, A.U.P.E.L.F. (Association des Universités partiellement ou entièrement de langue française), Communautés de radiodiffusion et de télévision, etc.

Wallonie et Suisse romande

Elles font assurément partie l'une et l'autre de nations qui ont, tant par la mentalité que du point de vue historique et politique, leur personnalité propre. Par ailleurs, elles font partie intégrante de l'espace francophone par la langue et la culture. Mais cette culture, même si elle présente certains traits caractéristiques, a été si étroitement associée au cours des derniers siècles à la culture française qu'il serait arbitraire de l'en séparer. Qu'il s'agisse de Rousseau, des symbolistes belges, de Ramuz, et davantage encore de Michaux ou de Simenon, des critiques Georges Poulet ou Starobinski, ne se sont-ils pas intégrés d'eux-mêmes à notre littérature nationale ?

Le Québec

Il en va tout autrement du Québec. Depuis la dernière Guerre mondiale, qui a vu affluer en Amérique du Nord de nombreux écrivains et artistes français, celui-ci a non seulement comblé en quelques années un retard soigneusement entretenu par un tout-puissant clergé conservateur, mais accompli au cours d'une génération une « révolution tranquille », que le discours du général de Gaulle en 1967, avec sa formule : « Vive le Québec libre ! » devait seulement précipiter ; révolution qui s'est traduite sur le plan culturel par un véritable réveil que marquèrent successivement le manifeste *Refus global* (1948), la fondation de la revue *Liberté* par le poète Jean-Guy **Pilon** (1958), puis de la revue *Parti pris* (1963), organe du « Front intellectuel de libération du Québec ». Dans la poésie originale et authentique d'Alain **Grandbois,** de Rina **Lasnier,** d'Anne **Hébert,** de Gaston **Miron** et de bien d'autres, comme dans les romans de Gérard **Bessette,** de Gabrielle **Roy,** de Marie-Claire **Blais,** d'André **Langevin,** de Réjean **Ducharme,** d'Antonine **Maillet,** il s'agit à la fois de s'opposer à l'influence anglo-saxonne et de définir la culture québécoise comme différente par rapport à celle de la « mère-patrie », bref de trouver son identité, qui s'affirme aujourd'hui sous de multiples formes : le théâtre, la chanson [p. 206], la télévision, et aussi la langue, ce *joual* qui est le parler de Montréal et qui voudrait être l'expression de cette différence.

L'Afrique noire

On a coutume de parler de littérature afro-antillaise depuis que, vers 1930, le Sénégalais Senghor et l'Antillais Césaire fondaient à Paris *l'Étudiant noir* et tentaient de définir ensemble la « négritude ». Pourtant il est difficile après un demi-siècle de confondre deux domaines aussi différents.

Léopold Sédar **Senghor** (né en 1906) est le véritable fondateur de la poésie noire d'expression française. Dans *Chants d'ombre* (1945), *Éthiopiques* (1958), *Nocturnes* (1961), son lyrisme, qui s'alimente aux sources de la tradition orale, a su concilier l'ampleur du verset claudélien et les visions cosmiques d'un Saint-John Perse. Il a tenté toute sa vie de promouvoir la synthèse de la culture africaine et de l'humanisme européen vers une « civilisation de l'universel ». D'autres, avant ou après les Indépendances, ont demandé au roman, comme Cheikh Hamidou **Kane,** de dire *l'Aventure ambiguë* (1961) du jeune Africain partagé entre deux cultures, ou comme le Camerounais Mongo **Beti** dans une œuvre riche et violente (*Le pauvre Christ de Bomba,* 1956; *Mission terminée,* 1957; *Perpétue,* 1974; *Remember Ruben,* 1974), de dénoncer à la fois les méfaits de la colonisation et les erreurs des nouveaux pouvoirs. L'Ivoirien Ahmadou **Kourouma,** dans *Les Soleils des Indépendances* (1968), a su créer une nouvelle langue, tandis que Sembène **Ousmane,** après de fortes œuvres romanesques, créait le cinéma africain en vue d'atteindre un public authentique.

Les Antilles

Mais c'est sans doute grâce au grand poète antillais Aimé **Césaire** (né en 1913), dont le *Cahier d'un retour au pays natal* (1939) fut salué à l'époque à la fois par Breton et par Sartre, que la littérature afro-antillaise va trouver un public africain. Son théâtre, avec *La Tragédie du roi Christophe* (1964), *Une Saison au Congo* (1965), retrace en effet la tragédie du peuple noir en quête de son indépendance. L'influence du surréalisme, la puissance du verbe, la violence de la révolte s'unissent dans l'œuvre de Césaire pour en faire l'une des plus significatives de notre temps. A sa suite, des Antillais comme Paul **Niger** ou Édouard **Glissant** se sont imposés à l'attention par le roman. Depuis lors, dans une situation politique et culturelle ambiguë, une jeune génération d'écrivains est à la recherche de son identité.

Le Maghreb

Peut-on rassembler sous une même rubrique les littératures francophones d'Algérie, de Tunisie et du Maroc? Certes non, si l'on songe aux données propres à chacun de ces pays, à ce qui les distingue dans leur histoire et leur culture. Pourtant, outre ce qui constitue leur unité profonde (langue arabe, religion : Islam), on peut dire que les problèmes y sont les mêmes pour l'écrivain : relation conflictuelle entre culture arabe et culture française, attitude envers le ou l'ex-colonisateur, conquête d'un public. Ces problèmes apparaissent dès les années 50 dans *La Statue de sel* (1952) d'Albert **Memmi,** qui y expose la situation ambiguë du juif tunisien, dans *La Terre et le Sang* (1953) de l'Algérien Mouloud **Feraoun,** dans *Les Boucs* (1955) du Marocain Driss **Chraïbi.** *Nedjma* (1956) de Kateb **Yacine** évoque de façon saisissante la tragédie algérienne. Depuis la décolonisation, des œuvres comme *La Répudiation* (1969) de l'Algérien Rachid **Boudjedra,** *Harrouda* (1973), *Le vainqueur de coupe* (1981), du Marocain Tahar **Ben Jelloun** prouvent que la langue française reste pour les écrivains maghrébins le moyen privilégié d'exercer leur regard critique sur leur propre société en devenir.

4 / la vie politique

1 LES PRINCIPES ET LES FAITS

LES GRANDS PRINCIPES

La vie politique en France a toujours reposé sur des principes. La monarchie absolue se fondait sur le principe du droit divin. La Révolution lui a substitué de nouveaux principes (souveraineté du peuple) formulés dans la Déclaration des Droits de l'Homme et résumés dans les trois mots inscrits sur ses édifices publics : liberté, égalité, fraternité.

Liberté

La Déclaration des Droits de l'Homme affirme : « Les hommes naissent et demeurent libres... ». Par là les Français restent fidèles à un individualisme issu des profondeurs de leur tempérament [p. 19], mais qu'ils ont érigé en principe philosophique. Au cours du XIXe s., la passion de la liberté s'est traduite par des conquêtes successives dans tous les domaines : la pensée, la religion, la presse...

Le **libéralisme** en a été la première expression dans le domaine de l'idéologie.

Égalité

La Déclaration ajoute : « ... et égaux en droit ». Chaque homme est aussi un être social, un citoyen, et la société doit assurer non seulement le bonheur individuel, mais le bien commun. Or celui-ci repose sur la justice, et la volonté de justice sociale s'est traduite par l'égalité des droits et des devoirs : suffrage universel (1848), égalité de tous devant l'impôt, devant le service militaire, etc.

Le **radicalisme** a exalté simultanément la liberté et l'égalité, se référant sans cesse aux « immortels principes de 89 ».

Fraternité

Héritiers de Rousseau, les Français de 1789 et leurs descendants voient dans le « contrat social » l'affirmation d'une solidarité. Traduction laïque de la charité chrétienne, la fraternité est le complément naturel de l'égalité.

Le **socialisme** propose d'unir étroitement l'égalité et la fraternité exprimées par les citoyens dans le désir de vivre ensemble, de mettre en commun les grands moyens de production de la nation.

Ainsi se sont constituées, depuis plus d'un siècle, les grandes familles politiques françaises, à partir des principes de 1789 qui, pour les uns et les autres, définissaient la **démocratie.**

La démocratie en question

Mais il y a loin des principes à l'application. Si la France, à travers régimes et révolutions, est parvenue en un siècle et demi à inscrire dans la réalité son idéal de liberté, l'égalité comme la fraternité n'ont été souvent que des mots d'ordre ou des espoirs.

LA LIBÉRATION DE PARIS (25 août 1944).

Au reste, depuis la Première Guerre mondiale, les excès du capitalisme, la montée des fascismes, la naissance et le développement des États socialistes, le bouleversement des techniques et des conditions d'existence ont remis en question la définition de la démocratie. Depuis 1945, la France, à travers ses régimes successifs, s'efforce de l'adapter aux conditions d'un monde nouveau.

POUR COMPRENDRE LES ÉVÉNEMENTS
(Indications bibliographiques.)

Ouvrages généraux

J. Chapsal : *La vie politique en France depuis 1940,* Coll. Thémis, Paris 1966.

G. Dupeux : *La France de 1945 à 1965,* Colin, Coll. U2, Paris 1969.

Y. Trotignon : *La France au XXe siècle,* t. II : depuis 1968, Bordas 1972.

M. Agulhon et A. Nouschi: *La France de 1940 à nos jours,* F. Nathan 1972.

Vichy et l'occupation

R. Aron : *L'Histoire de Vichy,* Fayard 1954.

H. Michel : *Histoire de la Résistance,* Coll. Que Sais-je?, P.U.F.

H. Noguères, J.-L. Vidier, M. Degliame-Fouché : *Histoire de la Résistance en France,* Laffont.

Michaël R. Marrus - Robert O. Paxton : *Vichy et les juifs,* Calmann-Lévy.

IVe République

J. Fauvet : *La IVe République,* Fayard 1960.

A. Grosser : *La IVe République et sa politique extérieure,* Colin 1961.

G. Elgey : *La République des illusions* (1945-1961), Fayard 1965. *La République des contradictions,* Fayard 1968.

J. Barsalou : *La mal-aimée, Histoire de la IVe République,* Plon 1964.

J. Julliard : *La IVe République,* Calman-Lévy 1968.

J.-P. Rioux : *La France de la IVe République,* 2 vol., Le Seuil 1980.

Ve République

M. Duverger : *Ve République,* Coll. P.U.F.

P. Viansson-Ponté : *Histoire de la République gaullienne,* 2 tomes, Fayard 1970 et 1971.

A. Dansette : *Mai 1968,* Plon 1971.

Vie religieuse, politique et syndicale.

R. Rémond : *La droite en France,* Aubin 1963.

G. Lefranc : *Le mouvement syndical de la libération aux journées de mai-juin 1968,* Payot 1969.

J. Fauvet : *Histoire du parti communiste français,* 2 vol., Fayard 1964-1965 (nouvelle éd. en 1977).

J. Charlot : *Le gaullisme,* A. Colin, Coll. U2 1970.

F. Dreyfus et A. Coutrot : *Les forces religieuses dans la vie française,* Colin.

Biographies

J. Lacouture : *De Gaulle,* Seuil 1965.

P.-M. de la Gorce : *De Gaulle entre deux mondes,* Fayard 1964.

J. Nantet : *Pierre Mendès-France,* éd. du Centurion 1967.

P. Rouanet : *Pompidou,* Grasset 1969.

Jean Lacouture : *Pierre Mendès-France,* Seuil, 1981.

Claude Manceron, Bernard Pingaud : *François Mitterrand,* Flammarion.

Franz-Olivier Giesbert : *François Mitterrand,* Seuil.

PLACE de la BASTILLE le soir du 10 MAI : La gauche fête sa victoire.

L'ÉVOLUTION RÉCENTE

Vingt-trois ans après la fondation de la Vᵉ République, la gauche arrive au pouvoir. Au printemps 1981, elle conquiert la présidence de la République et acquiert une très large majorité à l'Assemblée nationale. C'est là le signe de mutations décisives opérées au sein de la société française.

L'après-de Gaulle

La crise de mai 1968 [p. 163], sans provoquer de changement révolutionnaire, accélère un mouvement de **contestation** de l'ordre établi et de **libéralisation** des mœurs.

Après la démission du général de Gaulle, l'élection de **Georges Pompidou** à la présidence de la République (juin 1969) assure la continuité des institutions dans un contexte de forte expansion économique.

A la République pompidolienne succède en 1974 la République giscardienne. Sous le septennat de **Valéry Giscard d'Estaing** la France doit faire face à une **crise** économique qui se généralise dans le monde [p. 263] : les difficultés économiques et sociales s'accumulent.

PRÉSIDENTS ET GOUVERNEMENTS DE LA Vᵉ RÉPUBLIQUE

Ch. De Gaulle	(1958-1969)
M. Debré	(8-1-1959/14-4-1962)
G. Pompidou	(14-4-1962/21-7-1968)
M. Couve de Murville	(21-7-1968/16-6-1969)
G. Pompidou	(1969-1974)
J. Chaban-Delmas	(20-6-1969/7-7-1972)
P. Messmer	(7-7-1972/20-5-1974)
V. Giscard d'Estaing	(1974-1981)
J. Chirac	(1974-1976)
R. Barre	(1976-1981)
F. Mitterrand	(1981)
P. Mauroy	(1981)

La montée de la gauche

Les années 1970 sont caractérisées, dans le domaine de la vie politique intérieure, par la montée de l'**opposition de gauche.** En juin 1972, communistes, socialistes et radicaux de gauche signent un « programme commun de gouvernement » et, aux élections législatives de mars 1973, l'opposition de gauche rassemble 46,2 % des suffrages exprimés. Après la mort du Président Pompidou (2 avril 1974), **Valéry Giscard d'Estaing** n'est élu Président de la République (mai 1974) qu'avec 50,81 % des suffrages, contre 49,19 % à son concurrent François Mitterrand.

La gauche enregistre d'importants succès aux élections sénatoriales de septembre 1974, aux élections cantonales de mars 1976 et aux élections municipales de mars 1977. Toutefois, lors de la campagne pour les élections législatives de 1978, les trois partis

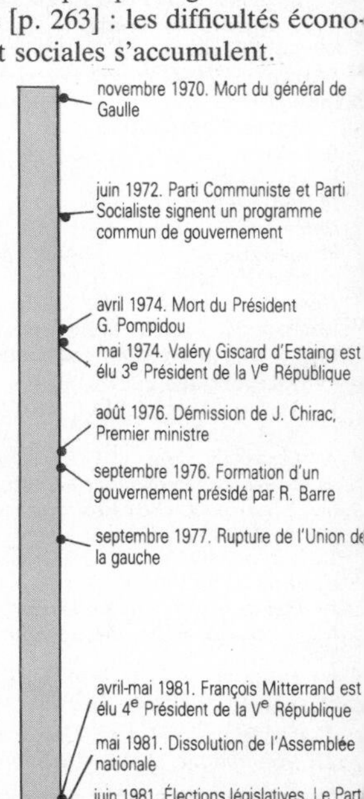
novembre 1970. Mort du général de Gaulle
juin 1972. Parti Communiste et Parti Socialiste signent un programme commun de gouvernement
avril 1974. Mort du Président G. Pompidou
mai 1974. Valéry Giscard d'Estaing est élu 3ᵉ Président de la Vᵉ République
août 1976. Démission de J. Chirac, Premier ministre
septembre 1976. Formation d'un gouvernement présidé par R. Barre
septembre 1977. Rupture de l'Union de la gauche
avril-mai 1981. François Mitterrand est élu 4ᵉ Président de la Vᵉ République
mai 1981. Dissolution de l'Assemblée nationale
juin 1981. Élections législatives. Le Parti Socialiste obtient la majorité absolue des sièges
juin 1981. Deuxième gouvernement Pierre Mauroy

e gauche échouent dans leurs négociations pour actualiser le « Programme commun » signé en 1972. Cette désunion assure de justesse la victoire de la majorité en place (mars 1978).

Le changement

C'est au printemps 1981 que les conditions de la vie politique française se trouvent profondément bouleversées. Au second tour de l'élection présidentielle, le 10 mai 1981, le candidat socialiste **François Mitterrand** bénéficiant à la fois de l'exceptionnel dynamisme du Parti Socialiste, de la discipline de l'électorat communiste, après le mauvais score de G. Marchais au premier tour, et du report massif de voix écologistes en sa faveur, obtient 51,75 % des suffrages exprimés, contre 48,24 % au candidat sortant Valéry Giscard d'Estaing.

Le nouveau Président de la République nomme un gouvernement de transition présidé par le socialiste **Pierre Mauroy** et dissout l'Assemblée nationale. Les élections législatives des 14 et 21 juin 1981 confirment et amplifient le **succès de la gauche :** tandis que le Parti Communiste Français enregistre un recul (16,12 % des suffrages exprimés au premier tour), les candidats présentés ou soutenus par le Parti Socialiste totalisent 37,77 % des voix et s'attribuent la majorité absolue des sièges à l'Assemblée nationale [p. 237]. Si l'on ajoute les voix de l'extrême-gauche (1,31 %) et des divers gauche, les forces de gauche totalisent près de 56 % des suffrages.

Après ce **« raz de marée »** en faveur des orientations qu'il avait définies au cours de sa campagne électorale, F. Mitterrand nomme un second gouvernement P. Mauroy au sein duquel prennent place, pour la première fois depuis 1947, quatre **ministres communistes.**

La défaite de la majorité en place depuis plus de vingt ans et l'appel à de nouvelles forces politiques apparaissent comme le refus d'une certaine façon de gouverner, le rejet d'une politique économique et sociale ressentie comme inefficace et injuste et, surtout, la manifestation d'un **profond désir de changement.**

FRANÇOIS MITTERRAND

Né en 1916 à Jarnac (Charentes). Avocat. Prisonnier de guerre évadé. Résistant. Député de la Nièvre en 1946. Dix fois ministre de 1947 à 1958. Candidat unique de la gauche en 1965 contre le général de Gaulle. Adhère au Parti Socialiste en 1971 et en devient le premier secrétaire. Candidat à l'élection présidentielle de mai 1974. Est élu 4e Président de la ve République en mai 1981.

L'ÉLECTION PRÉSIDENTIELLE D'AVRIL—MAI 1981

• **Au premier tour** (26 avril) 10 candidats sont présents. Inscrits : 36,39 millions. Votants : 81,09 %. Exprimés : 79,77 %. Obtiennent (en % des suffrages exprimés) :
Huguette Bouchardeau 1,10 % ; Marie-France Garaud 1,33 % ; Michel Debré 1,65 % ; Michel Crépeau 2,21 % ; Arlette Laguillier 2,30 % ; Brice Lalonde 3,87 % ; Georges Marchais 15,34 % ; Jacques Chirac 17,99 % ; François Mitterrand 25,84 % ; Valéry Giscard d'Estaing 28,31 %.

• **Au second tour** (10 mai) 2 candidats s'affrontent.
Inscrits 36,39 millions. Votants 85,86 %. Abstentions 14,13 %. Blancs ou nuls 2,43 %. Exprimés 30,36 millions.
Résultats (Métropole et Outre-Mer)
François Mitterrand : 15,71 millions de voix soit 51,75 % des suffrages exprimés ; 43,18 % des inscrits : ÉLU.
Valéry Giscard d'Estaing : 14,64 millions de voix soit 48,24 % des suffrages exprimés ; 40,24 % des inscrits.

UN BUREAU DE VOTE

LES ÉLECTIONS

Dans toute démocratie, le choix des gouvernants est entre les mains des citoyens. La vie politique se concentre donc autour des élections.

Le nombre des électeurs inscrits est passé de moins de 10 millions en 1848 à plus de 36 millions en 1981.

Le système électoral

Le suffrage universel a été institué pour la première fois en France en 1848 ; il était alors réservé aux hommes. Les femmes n'ont acquis le droit de vote qu'en 1945. En 1974, l'âge minimum des électeurs et des électrices a été ramené de 21 à 18 ans.

▸ **Élection présidentielle :** voir p. 225.

▸ **Élections législatives :** l'élection des **députés** à l'**Assemblée nationale** était assurée sous la IVe République au scrutin de liste à la **représentation proportionnelle** (avec quelques aménagements en 1951 et en 1956) : le système traduit le plus fidèlement l'opinion des électeurs. La Ve République a institué le **scrutin uninominal majoritaire** à deux tours : chaque électeur doit voter, non pour une liste, mais pour un candidat ; si l'un des candidats de la circonscription réunit plus de la moitié des suffrages exprimés (majorité absolue) au premier tour, il est élu ; sinon, on procède à un second tour à la majorité relative. Seuls, les candidats déjà inscrits au premier tour et ayant obtenu au moins 5 % des suffrages exprimés peuvent se présenter au deuxième tour. Ce système, actuellement en vigueur, conduit à une concentration du vote au bénéfice des candidats les plus favorisés. De nombreuses formations politiques demandent le retour à la représentation proportionnelle.

L'élection des **sénateurs** s'effectue au suffrage universel indirect [p. 237].

▸ **Élections cantonales :** le Conseil général est élu au scrutin uninominal majoritaire à deux tours.

▸ **Élections municipales :** dans les communes de moins de 30 000 habitants, le **Conseil municipal** est élu au scrutin de liste majoritaire à deux tours (panachage autorisé) ; dans les communes de plus de 30 000 habitants : scrutin de liste à un tour avec représentation proportionnelle.

Les élections

Dès l'ouverture de la campagne, l'électeur découvre les affiches des candidats sur les panneaux officiels. L'affichage, publicitaire ou « sauvage », va jouer un rôle croissant. Les réunions se multiplient, la presse et les radios s'enfièvrent, les débats télévisés retiennent l'attention de millions d'électeurs. Les résultats des sondages d'opinion, réalisés par **l'Ifop, la Sofres,** Louis **Homès,** provoquent d'abondants commentaires. Leur publication est interdite huit jours avant le scrutin.

Le scrutin est ouvert sans interruption pendant un seul jour, un dimanche. Le vote est secret : chaque électeur passe à son tour dans l'« isoloir », puis dépose son bulletin dans l'urne et le dépouillement est effectué en public par les « scrutateurs » qui constituent le « bureau électoral ».

LES FORCES POLITIQUES

L'évolution récente des forces politiques en France est caractérisée par une tendance à la bipolarisation, ce qui n'exclut pas, au sein de chacune des deux grandes familles politiques qui s'affrontent, l'existence de clivages, de divergences, voire de dissensions.

« Les partis et groupements politiques concourent à l'expression du suffrage. Ils se forment et exercent leurs activités librement. Ils doivent respecter la souveraineté nationale et la démocratie. »
Constitution de 1958 - Art. 4

Depuis un siècle : la multiplication des partis

Outre l'individualisme national et le mode de scrutin, les circonstances historiques ont favorisé la multiplication des partis. Pendant la première moitié du XIXe siècle, l'opinion se partageait dans l'ensemble entre la **droite** et la **gauche** (selon la place occupée par les députés à l'Assemblée par rapport au président), autrement dit entre les **conservateurs** et les **libéraux,** ceux-ci se confondant peu à peu avec les républicains.

Mais sous la IIIe République, la droite se fractionna, tandis qu'on voyait se constituer successivement à l'extrême gauche les radicaux, puis les socialistes, enfin les communistes (1920), qui, chaque fois, repoussaient les précédents vers la droite. Ce **glissement progressif des partis vers la droite** caractérise la vie parlementaire française, tout autant que l'alternance des scissions et des regroupements.

Homme « de gauche »...

Aujourd'hui, en France, tout le monde accepte, au moins officiellement, les « principes de 89 ». On peut donc dire que la gauche libérale du XIXe s. a triomphé, et avec elle les idées démocratiques. Mais il n'en subsiste pas moins deux attitudes fondamentalement opposées, qui caractérisent l'homme de gauche et l'homme de droite.

L'« **homme de gauche** » est généralement rationaliste, universaliste, démocrate, anticolonialiste et antiraciste. Il croit au progrès, dénonce les inégalités sociales et condamne les privilèges de la fortune.

... et « de droite ».

Depuis le triomphe des idées républicaines et démocratiques, la droite française a mauvaise conscience et n'ose pas dire son nom : aucun député ne s'avoue « de droite ». Son attitude a été souvent négative et réactionnaire, plutôt que sagement modératrice, et ses divisions ont contribué, sous la IVe République, à l'instabilité des gouvernements.

L'« **homme de droite** » est volontiers nationaliste, attaché aux traditions et souvent à l'Église d'avant le Concile Vatican II. Pour lui la souveraineté vient d'en haut. Plein de défiance à l'égard du peuple, il est partisan d'un pouvoir autoritaire. Il est souvent lié aux milieux d'affaires.

Aujourd'hui : bipolarisation nuancée

La **pluralité des partis** demeure une caractéristique de la vie politique française, mais l'élection du Président de la République au suffrage universel direct [p. 234] a provoqué diverses tentatives de regroupement des grandes formations. L'évolution est caractérisée par une **tendance à la bipolarisation** du combat politique.

Forces de gauche

▸ **Le Parti Socialiste** (P.S.).

L'actuel Parti Socialiste est l'un des héritiers des multiples courants qui ont traversé le mouvement socialiste en France. Il est le résultat de l'évolution de sa principale composante, la **Section Française de l'Internationale Ouvrière** (S.F.I.O.), et représente le courant du socialisme démocratique, membre de la IIe Internationale. Fondée en 1905 (union du Parti socialiste français et du Parti socialiste de France) et dirigée successivement par J. Jaurès, L. Blum, G. Mollet, la S.F.I.O. a connu de nombreuses scissions. Elle a été au pouvoir de 1936 à 1938, puis de 1944 à 1951 et enfin de 1956 à 1958. En juillet 1969 (à Issy-les-Moulineaux), un « nouveau Parti Socialiste » se crée par l'entrée à la S.F.I.O. de l'Union des clubs pour le renouveau de la gauche (U.C.R.G.) et de l'union des groupes et clubs socialistes (U.G.C.S.).

En juin 1971 (congrès d'unification des socialistes à **Épinay-sur-Seine**), la fusion de la Convention des Institutions Républicaines, que dirige François Mitterrand, avec le « nouveau parti socialiste », donne naissance au **Parti Socialiste** actuel au sein duquel s'expriment plusieurs tendances, parmi lesquelles le C.E.R.E.S. (Centre d'Études, de Recherches et d'Éducation Socialistes), et la « tendance Rocard ».

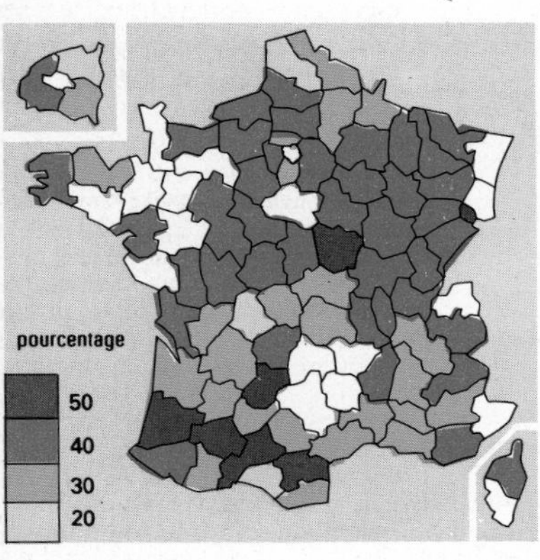

VOIX DES SOCIALISTES ET DES RADICAUX DE GAUCHE (v. tableau ci-dessus)

LES FORCES POLITIQUES AUX ÉLECTIONS LÉGISLATIVES DE JUIN 1981 (1er TOUR) (1)

Métropole et Outre-Mer
Inscrits : 36,25 millions
Votants : 25,50 M (70,35 %)
Abstentions : 10,74 M (29,64 %)
Suffrages exprimés : 25,14 M

Voix obtenues (en % des suffrages exprimés) (2) :

• Parti Socialiste + Mouvement des Radicaux de Gauche	37,51 %
• Parti Communiste Français	16,17 %
• Extrême-Gauche	1,33 %
• Divers gauche	0,72 %
• Écologistes	1,08 %
• Rassemblement pour la République (R.P.R.)	20,80 %
• Union pour la Démocratie Française (U.D.F.)	19,20 %
• Divers droite	2,80 %
• Extrême-Droite	0,35 %

(1) Voir composition de l'Assemblée Nationale p. 237.
(2) Les cartes des pages 228, 229 et 230 permettent d'analyser l'implantation électorale des grandes formations politiques françaises. Les résultats sont donnés en % des suffrages exprimés le 14 juin 1981 (1er tour).

Après le Congrès d'Épinay, le Parti Socialiste réalise, sous la direction de F. Mitterrand, des **progrès spectaculaires.** Son audience grandit sans cesse. En 1981, il accède au pouvoir : présidence de la République (F. Mitterrand), gouvernement (Pierre Mauroy), Assemblée nationale où ses députés disposent de la majorité absolue des sièges.

Premier secrétaire : L. Jospin.
Hebdomadaire : l'Unité.

▸ **Le Mouvement des Radicaux de Gauche** (M.R.G.).

Le M.R.G. émane du Parti Radical (fondé en 1901) à la suite d'une scission intervenue en juin 1972. Il est présidé par R.-G. Schwartzenberg, après l'avoir été par M. Crépeau.

Le Parti Communiste Français (P.C.F.).

Né en 1920, le P.C.F. fonde son action sur le marxisme-léninisme. Son ode d'organisation est basé sur le « centralisme démocratique » qui tente e concilier une certaine démocratie dans l'élaboration des décisions : une stricte discipline dans leur pplication. Sous la direction de laurice Thorez (de 1930 à 1964), uis de MM. Waldeck-Rochet : **G. Marchais** (depuis 1972), le .C.F. s'est attaché à justifier on titre de parti de la classe uvrière et d'organisation de asse.

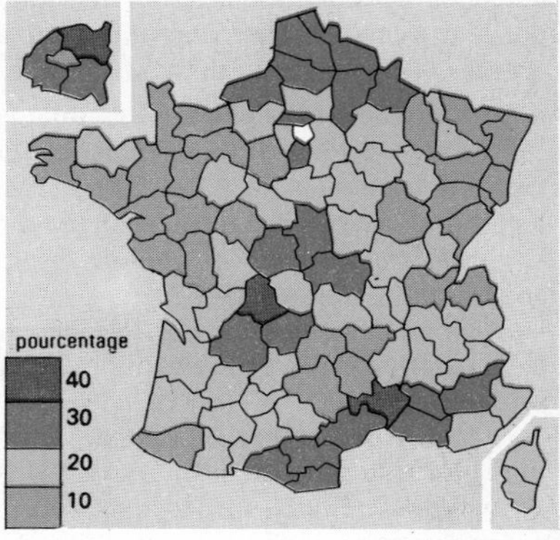

VOIX DES COMMUNISTES (voir tableau p. 228)

En 1936 il soutient, sans y rendre de responsabilités, le ouvernement de Front Populai- :. Clandestin sous l'occupation, prend une part active à la ésistance. A la Libération et isqu'en mai 1947, il participe à exercice du pouvoir. Depuis ette date et jusqu'en 1981, le .C.F. est dans l'opposition. En 1972, il se prononce pour l'élaboration d'un rogramme commun de la gauche qui sera abandonné en 1977. Le :Xe Congrès, en 1976, décide l'abandon de la notion de dictature du rolétariat. En 1981 (élection présidentielles et élections législatives), le '.C.F. enregistre une perte importante de son électorat. La même année, il evient parti du gouvernement.

Presse communiste : L'Humanité (quotidien) ; L'Humanité-Dimanche, Révolution (hebdomadaires) ; Économie et Politique, Les Cahiers du Communisme, Action, La Terre (mensuels).

LES RELATIONS SOCIALISTES-COMMUNISTES

- **Avril 1905.** Fondation de la Section Française de l'Internationale Ouvrière (S.F.I.O.). Principaux dirigeants : Jean Jaurès, Jules Guesde.
- **Décembre 1920.** Scission de la S.F.I.O. : la majorité fonde le Parti Communiste (Section Française de l'Internationale Communiste, S.F.I.C.) ; la minorité conserve le nom du parti S.F.I.O.
- **1936-1937.** Front Populaire : gouvernement socialiste soutenu par les communistes.
- **1946-1947.** Tripartisme : gouvernements formés de socialistes, de communistes et de chrétiens sociaux (M.R.P.).
- **Juin 1972.** Socialistes et communistes signent un programme commun de gouvernement.
- **Septembre 1977.** Rupture des pourparlers pour l'actualisation du programme commun.
- **Juin 1981.** Reprise des discussions qui prennent en compte la personnalité propre de chaque parti. Elles confirment l'existence de désaccords sur un certain nombre de questions, mais vérifient dans le même temps l'existence de nombreuses convergences. Les deux partis se mettent d'accord pour confirmer et conforter la victoire du 10 mai et décident, pour le deuxième tour des élections législatives, le désistement en faveur du candidat de gauche placé en tête par le suffrage universel.

A la suite d'un nouvel accord présenté comme une déclaration commune après les élections législatives, quatre ministres communistes participent au deuxième gouvernement du septennat présidé par le socialiste Pierre Mauroy.

Forces de droite et du centre

Diverses formations constituaient la majorité battue à la fois à l'électi présidentielle et aux élections législatives de mai-juin 1981.

Divisés — et depuis longtemps — à la veille et pendant le premier tour l'élection présidentielle, les partis de l'ex-majorité sont durement ébranl par leur double défaite. Ils s'efforcent désormais d'organiser une oppositic efficace à la gauche au pouvoir.

▸ **Le Rassemblement pour la République** (R.P.R.)

Héritier du mouvement gaulliste, le R.P.R. est issu de plusieurs group ments qui, depuis la Libération, se sont successivement réclamés d'ur « certaine idée de la France » forgée par le général de Gaulle :

— *Le Rassemblement du Peuple Français* (R.P.F.), créé et présidé par général de Gaulle en 1947 ;

— *l'Union pour la Nouvelle République* (U.N.R.), née le 1er octobre 19 de la fusion du Centre national des Républicains sociaux et de la Conventic républicaine ;

— *l'Union des Démocrates pour la Ve République* (U.D.-Ve), créée e juin 1967 à la suite de la fusion de l'U.N.R. et de l'Union Démocratique d Travail (U.D.T.).

En décembre 1976, l'Union des Démocrates pour la République s'e transformée en **Rassemblement pour la République.** Présidé par Jacqu Chirac (secrétaire général Bernard Pons), le R.P.R. publie *La lettre de Nation.*

▸ **L'Union pour la Démocratie Française** (U.D.F.)

Née en février 1978, présidée par M. Jean Lecanuet, l'U.D.F. fédè plusieurs formations rassemblées à l'origine pour soutenir l'action d Président de la République Valéry Giscard d'Estaing :

— **Le Parti Républicain** (P.R.), héritier de la Fédération Nationale d Républicains Indépendants (F.N.R.I.) fondée en juin 1966 et présidée alo par Valéry Giscard d'Estaing. En mai 1977 (congrès de Fréjus), la F.N.R. s'est transformée en Parti Républicain. Son secrétaire général : Jacqu Blanc.

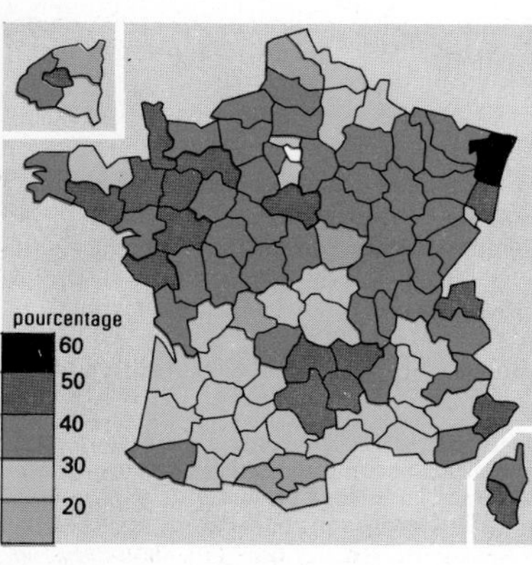

VOIX DE LA MAJORITÉ SORTANTE
UNION POUR LA NOUVELLE MAJORITÉ
(R.P.R. ET U.D.F.) + DIVERS MODÉRÉS
(voir tableau p. 228)

— **Le Centre des Démocrates So ciaux** (C.D.S.), héritier de la Dé mocratie Chrétienne. Fondé e mai 1976 (congrès de Rennes), l C.D.S. est né de la fusion d Centre Démocrate (créé par Jea Lecanuet) et du Centre Démocra tie et Progrès fondé en 1969 pa Jacques Duhamel). Le C.D.S. es présidé par Jean Lecanuet.

— **Le Parti Radical,** le plus ancie des partis politiques français, qui refusé en 1972 l'alliance à gauch avec le Parti Socialiste et le Par Communiste Français, est présid par Didier Bariani.

— Les **Clubs Perspectives et Réa lités** (J.-P. Fourcade) ; le **Mouve ment des Démocrates Sociau** (Max Lejeune).

utres formations

En dehors des grands courants qui viennent d'être présentés se placent de ultiples formations de faible audience, qui jouent un moindre rôle dans la : politique. Une place particulière doit néanmoins être faite aux mouve-ents écologistes, en raison des progrès réalisés au cours des dernières inées.

Les mouvements écologistes. Ils constituent, par le nombre de voies cueillies aux élections, le cinquième courant politique en France : *Réseau s Amis de la Terre* (R.A.T.), *Mouvement d'Écologie Politique* (M.E.P.) éé en février 1980, *S.O.S. Environnement...* Scellant l'unité des divers ouvements, **Brice Lalonde** *(Aujourd'hui l'écologie)* a obtenu 3,87 % des ffrages exprimés lors du premier tour de l'élection présidentielle d'avril 81.

A l'extrême-gauche. Parmi les groupements qui se situent à l'extrême-uche :

- **Le Parti Socialiste Unifié** (P.S.U.) né en 1960 du regroupement du *Parti ocialiste Autonome* séparé de la S.F.I.O. en 1958 et de *l'Union de la Gauche ocialiste* fondée en 1957. Lieu de rencontre, et souvent de passage de urants très divers (sociaux-démocrates, gauchistes, chrétiens progressis-s...), le P.S.U. se prononce pour un « socialisme autogestionnaire ». crétaire nationale : Huguette Bouchardeau. Hebdomadaire : Tribune cialiste (un nouveau secrétaire national sera désigné en mars 1982).
- **Le courant trotskyste** dans lequel se côtoient la Ligue Communiste évolutionnaire (L.C.R.), Alain Krivine; Lutte Ouvrière (L.O.), rlette Laguiller; l'Organisation Communiste Internationaliste (O.C.I.)...
- **Le courant « maoïste » :** Parti Communiste Marxiste-Léniniste de rance (P.C.M.L.F.), Parti Communiste Révolutionnaire (marxiste-léni-ste) P.C.R. (m.l.)...
- **Le courant libertaire :** Union des Travailleurs Communistes Libertaires J.T.C.L.), Fédération Anarchiste, Organisation Combat Libertaire).C.L.)...

A l'extrême-droite : le Parti des Forces Nouvelles (P.F.N.), Pascal auchon ; le Front National, J.-M. Le Pen ; les Monarchistes (Restauration ationale, Fédération des Unions Royalistes de France, Nouvelle Action oyaliste).

QUE DEMANDENT LES ÉCOLOGISTES ?

Au cours de la campagne présidentielle de 1981, le candidat Brice Lalonde formulait 12 « mesures d'urgence » que les écologistes souhaitent voir appliquer :

1) Arrêt de l'industrie nucléaire, développement des économies d'énergie et des énergies renouvelables ; **2)** réunion d'une conférence européenne pour la réduction concertée du temps de travail ; **3)** conservation de toutes les terres cultivables (sauvegarde du Larzac, abandon des projets autoroutiers, des mines d'uranium et du canal à grand gabarit ; **4)** abandon de la force de frappe nucléaire. Mise en place d'une véritable défense civile ; **5)** arrêt des ventes d'armes et reconversion des industries concernées ; **6)** réforme constitutionnelle instituant des référendums d'initiative populaire aux niveaux local, régional, national ; **7)** élection des assemblées régionales au suffrage universel avec suppression des préfets ; **8)** représentation proportionnelle, limitation du cumul des mandats, contrôle public des dépenses électorales ; **9)** possibilité pour les citoyens d'attribuer jusqu'à 5 % de leurs impôts à des associations d'intérêt général ; **10)** création d'un organisme indépendant d'évaluation et de contrôle des choix techniques ; **11)** suppression de la Cour de sûreté de l'État ; **12)** fin du monopole de la radio et de la télévision.

STATUE DE LA RÉPUBLIQUE
place de la République, à Paris.

2

LES POUVOIR

Depuis 1789, la France a expéri-menté tous les régimes politiques. Osci-lant entre deux extrêmes, elle a peu à peu trouvé l'équilibre dans la démocrat- parlementaire. Mais celle-ci do- constamment faire face à de nouveau problèmes.

Seize Constitutions en moins de deux siècles

Sous l'Ancien Régime, la France n'avait pas de Constitution écrite ; e fait, des coutumes limitaient le « bon plaisir » du souverain.

Depuis la Révolution, la France, comme la plupart de ses voisins, a d apprendre la démocratie. Ce n'a pas été sans tâtonnements ni heurt: Conduits par leur esprit codificateur, les Français n'ont pas élaboré moins d seize **Constitutions** en 170 ans. La plupart reposent sur des principes hérité des philosophes du XVIIIe siècle : séparation des pouvoirs, responsabili des ministres devant le Parlement. Mais, trop rigides dans leur formulatic écrite, elles ont souvent conduit à l'**instabilité** politique.

LES CONSTITUTIONS DE LA FRANCE

Monarchie constitutionnelle

- *Constitution de 1791* (3-9).
— Le Roi a le droit de veto.
— Assemblée législative élue au suffrage censitaire indirect.

Ire République

- *Constitution de 1793* (An I).
— Une Assemblée élue au suffrage universel (ne fut pas appliquée).
- *Constitution de 1795* (An III).
— Etablit le Directoire.
- *Constitution de 1799* (An VIII).
— Etablit le Consulat.
- *Constitution de 1802* (An X).
— Etablit le Consulat à vie.

Ier Empire

- *Constitution de 1804* (An XII).
— Etablit l'Empire.

Restauration

- *Constitution sénatoriale de 1814* (6-4).
— Le Roi est rétabli.
- *Charte de 1814* (4-6).
— Le Roi nomme les ministres.
— Deux assemblées : Chambre des Pairs, Chambre des Députés.
— Suffrage censitaire.

Cent jours

- *Acte additionnel aux Constitutions de l'Empire* (23-4-1815).
— L'Empire est rétabli.

Monarchie de Juillet

- *Charte de 1830* (7-8).
— Le Roi nomme les ministres.
— Deux assemblées : Chambre des Pairs, Chambre des Députés.
— Suffrage censitaire.

Seconde République

- *Constitution de 1848* (4-11).
— Président de la République élu.
— Une Assemblée législative.
— Suffrage universel.

Seconde République puis Second Empire

- *Constitution de 1852* (14-1).
Constitution plusieurs fois modifiée. Le 7 novembre 1852 le Prince-Président devient Empereur.

IIIe République

- *Constitution de 1875.*

IVe République

- *Loi constitutionnelle de 1945.*
- *Constitution de 1946* (27-10).

Ve République

- *Constitution de 1958* (4-10).
Modifiée en 1962 (référendum du 28 octobre) : Le Président de la République est élu au suffrage universel direct.

’organisation actuelle des pouvoirs

En 1940, la défaite entraîne **l’effondrement de la IIIe République** à laquelle : substitue un régime de fait dit de l’ « État français » [p. 158]. Après la ibération de la France, la **IVe République,** organisée par la Constitution de 946, est caractérisée par l’instabilité ministérielle [p. 160]. Sous la **Ve Répu-lique** fondée en 1958 [p. 162], le fonctionnement du régime, du moins ısqu’en 1981, est conçu de façon à renforcer le pouvoir exécutif, donc à miter par divers moyens le rôle du Parlement. La France évolue vers un ;gime de type présidentiel.

Toutefois, un revirement s’opère en 1981. Élu Président de la République, **rançois Mitterrand** déclare : « J’entends que le Parlement exerce davantage ı fonction dans l’élaboration, la discussion et le vote des lois et je emanderai que l’on revienne sur tous les procédés inutiles et dangereux qui nt conduit à son abaissement. »

L’ORGANISATION DES POUVOIRS

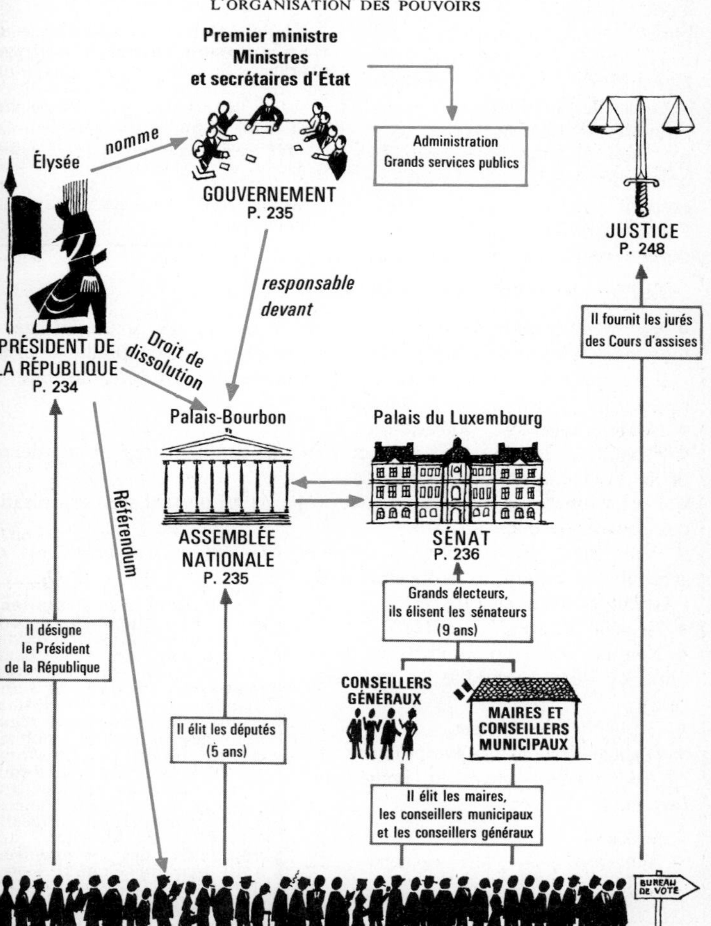

LE POUVOIR EXÉCUTIF

Le Président de la République

Le Président de la République est le **chef de l'État,** le premier personna de la nation. Sous la IIIe et la IVe République, il était élu par les membr du Parlement réunis en **Congrès du Parlement.** La Constitution de 19 a élargi considérablement le nombre des électeurs présidentiels et u réforme de la Constitution (référendum du 28 octobre 1962) a étal l'élection du Président de la République au **suffrage universel direct.**

Le mandat présidentiel, renouvelable, est de 7 ans. Le Président travai au **palais de l'Élysée** à Paris ; les châteaux de Rambouillet et de Vizi sont mis à sa disposition.

Ses pouvoirs

Le Président de la République avait, sous les précédents régimes constitutionnels, surtout des fonctions **représentatives.** La Constitution de 1958 lui confère de **nouvelles attributions** et ses pouvoirs se trouvent renforcés par son élection au suffrage universel direct. Le pouvoir exécutif, en la personne du Président de la République, est devenu prépondérant.

COMMENT EST ÉLU LE PRÉSIDENT DE LA RÉPUBLIQUE ?

Le Président de la République es **élu à la majorité absolue des suffrage exprimés.** Si celle-ci n'est pas obtenue au premier tour de scrutin, il es procédé, le deuxième dimanche suivant, à un second tour. Seuls peuven s'y présenter les deux candidats qui le cas échéant après retrait de can didats plus favorisés, se trouven avoir recueilli le plus de suffrages a premier tour.

Le Président de la République :

- Veille au **respect de la Constitution.** Il assure, par son arbitrage, fonctionnement régulier des pouvoirs publics ainsi que la continuité de l'Éta

Il est garant de l'indépendance nationale, de l'intégrité du territoire, respect des accords et des traités (art. 5).

- Nomme le Premier Ministre (art. 8).
- Promulgue les lois (art. 10) et signe les ordonnances et les décre délibérés en Conseil des Ministres.
- Peut soumettre à **référendum** tout projet de loi portant sur l'organisati des pouvoirs publics (art. 11).
- Peut, après consultation du Premier Ministre et des présidents d Assemblées, prononcer la **dissolution de l'Assemblée nationale** (art. 12).
- Négocie et ratifie les traités.
- Nomme aux emplois civils et militaires de l'État, accrédite les ambassadeurs.
- Est le chef des armées.
- Dispose de **pouvoirs exceptionnels** en cas de **menace grave** et immédiate (art. 16).

L'ARTICLE 16

« Lorsque les institutions de la République, l'indépendance de la Nation, l'intégrité de son territoire ou l'exécution de ses engagements internationaux sont menacés d'une manière grave et immédiate et que le fonctionnement régulier des pouvoirs publics constitutionnels est interrompu, le Président de la République prend les mesures exigées par ces circonstances après consultation officielle du Premier Ministre, des Présidents des Assemblées ainsi que du Conseil Constitutionnel. »

.e gouvernement

En un siècle, le nombre des membres du gouvernement a quadruplé. En 1873, le premier cabinet de la Présidence de Mac-Mahon ne compre-ait que 9 ministères. En 1981, le deuxième gouvernement de **Pierre Mauroy** ɔmpte 34 ministres et 9 secrétaires d'État.

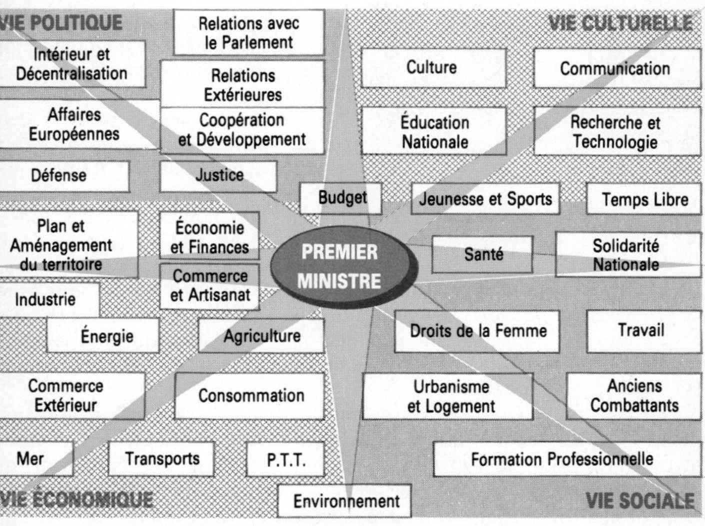

LE PREMIER MINISTRE

(Article 21 de la Constitution - extraits).

Le Premier Ministre dirige l'action du Gouvernement. Il est responsable de la Défense Nationale. Il assure l'exécution des lois.

Il peut déléguer certains de ses pouvoirs aux ministres.

Il supplée, le cas échéant, le Président de la République dans la présidence des conseils.

ːs attributions

Le Gouvernement détermine t conduit **la politique de la ɫation.** Il dispose de l'adminis-ːation et de la force armée. ɫ est **responsable** devant le arlement dans les conditions t suivant les procédures pré-ues aux articles 49 et 50 de la ːonstitution (voir ci-contre).

Le Premier Ministre **dirige action du Gouvernement.** Il ssure l'exécution des lois.

Les fonctions de membre du ɨouvernement sont incompa-bles notamment avec l'exer-ːce de tout mandat par-ːmentaire.

LA CENSURE DU GOUVERNEMENT

Articles 49 et 50 : extraits.

• L'Assemblée nationale met en cause la responsabilité du Gouvernement par le vote d'une motion de censure. Une telle motion n'est recevable que si elle est signée par un dixième au moins des membres de l'Assemblée nationale... Seuls sont recensés les votes favorables à la motion de censure qui ne peut être adoptée qu'à la majorité des membres composant l'Assemblée.

• Lorsque l'Assemblée nationale adopte une motion de censure ou lorsqu'elle désapprouve le programme ou une déclaration de politique générale du gouvernement, le Premier ministre doit remettre au Président de la République la démission du Gouvernement.

L'HÉMICYCLE DE L'ASSEMBLÉE NATIONALE PENDANT UNE SÉANCE. Le public, dans les tribunes (au haut de la photo), assiste aux débats.

LE POUVOIR LÉGISLATIF LE PARLEMEN'

Les pouvoirs du Parlement

La Constitution de 1958 a voul limiter et préciser les pouvoirs d Parlement, tout en s'efforçant de rajeu nir et de « rationaliser » son fonction nement pour le rendre plus rapide e plus efficace.

Le Parlement siège 5 mois et dem par an au maximum (8 mois et dem au minimum sous la IVe République) Toutefois des sessions extraordinaire peuvent être convoquées soit par l Gouvernement, soit sur la demande d la majorité des membres de l'Assemblée

Le Parlement incarne en principe le pouvoir législatif. Mais, pour évite la prolifération des lois, la Constitution définit le **« domaine de la loi »** c'est-à-dire les limites à l'intérieur desquelles le Parlement peut légiférer tout le reste constituant le **« domaine réglementaire »,** où le Gouvernemen peut agir par ordonnances.

Par ailleurs la Constitution a soigneusement réglementé le fonction nement du Parlement et limité ses initiatives. C'est ainsi que le Gouverne ment a priorité pour fixer l'ordre du jour des débats du Parlement, qu d'autre part ne peut prendre aucune initiative en matière de dépenses.

Le Parlement se compose de deux assemblées : l'**Assemblée nationale,** qu siège au Palais-Bourbon, et le **Sénat,** qui siège au Palais du Luxembourg.

L'ÉLABORATION D'UNE LOI

1. Initiative
L'**initiative** des lois appartient concurremment au Gouvernement (projet de loi) et aux membres du Parlement (proposition de loi).

2. Dépôt du texte
Les **projets** et **propositions** de loi sont déposés sur le bureau d'une des deux assemblées : Assemblée nationale ou Sénat. (Les projets de loi de finances sont soumis en premier lieu à l'Assemblée nationale.)

3. Discussion en commission
Les projets et propositions de loi sont, à la demande du gouvernement ou de l'assemblée qui en est saisie, envoyés pour examen à des **commissions** spécialement désignées à cet effet.

4. Débat et vote
Tout projet ou proposition de loi est examiné successivement dans les **deux assemblées** en vue de l'adoption d'un texte identique.

5. Recherche d'un compromis
Lorsque, par suite d'un désaccord entre les deux assemblées, un projet ou une proposition de loi n'a pu être adopté après deux lectures par chaque assemblée, le Premier Ministre a la faculté de provoquer la réunion d'une Commission mixte paritaire (7 députés et 7 sénateurs) chargée de proposer un texte sur les dispositions restant en discussion.

6. Le dernier mot est à l'Assemblée nationale
Si la commission mixte ne parvient pas à l'adoption d'un texte commun, le Gouvernement peut demander à l'Assemblée nationale de statuer définitivement.

7. Promulgation
Le texte définitif est transmis au gouvernement aux fins de promulgation. La promulgation est le fait du Président de la République.

L'Assemblée nationale

L'**Assemblée nationale** comprend 490 députés, âgés de 23 ans au moins, élus pour 5 ans au suffrage universel direct.

Depuis 1958 l'électeur élit, en même temps que le député de sa circonscription, un **suppléant** désigné à l'avance pour le remplacer. Lorsque le suppléant vient lui-même à décéder ou à démissionner, on procède à une élection partielle.

Le Président de l'Assemblée nationale est élu pour toute la durée de la législature (et non pour 1 an comme auparavant).

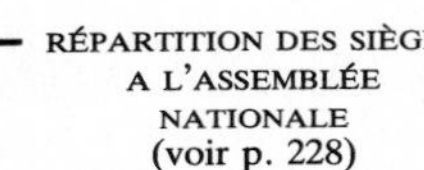

RÉPARTITION DES SIÈGES A L'ASSEMBLÉE NATIONALE
(voir p. 228)

après les élections des 14 et 26 juin 1981.
Nombre total de sièges : 491.

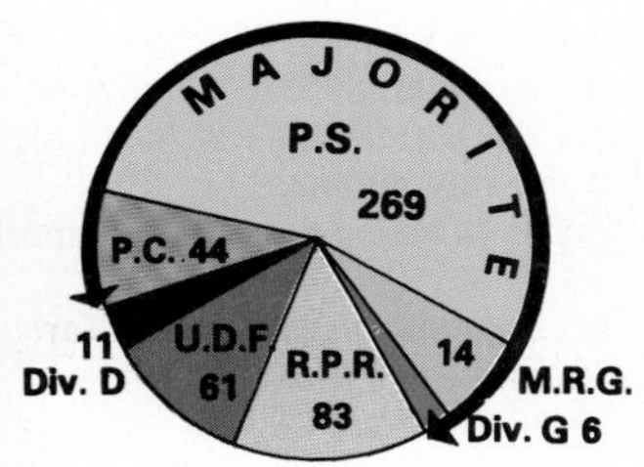

- P.S. : Parti Socialiste.
- P.C. ou P.C.F. : Parti Communiste Français.
- M.R.G. : Mouvement des Radicaux de Gauche.
- Div. G : Divers gauche.
- R.P.R. : Rassemblement pour la République.
- U.D.F. : Union pour la Démocratie Française.
- Div. D. : Divers droite.

L'IMMUNITÉ PARLEMENTAIRE

Aucun membre du Parlement ne peut :

- être poursuivi, recherché, arrêté, détenu ou jugé à l'occasion des opinions ou votes émis par lui dans l'exercice de ses fonctions ;
- pendant la durée des sessions, être poursuivi ou arrêté en matière criminelle ou correctionnelle qu'avec l'autorisation de l'assemblée dont il fait partie, sauf le cas de flagrant délit ;
- hors des sessions, être arrêté qu'avec l'autorisation du bureau de l'assemblée dont il fait partie, sauf le cas de flagrant délit, de poursuites autorisées ou de condamnation définitive.

La détention ou la poursuite d'un membre du Parlement est suspendue si l'assemblée dont il fait partie le requiert.

(Art. 26 de la Constitution.)

Le Sénat

Le **Sénat** comprend 306 sénateurs, âgés de 35 ans au moins, élus pour 9 ans au suffrage universel par les députés, les conseillers généraux et les délégués des conseillers municipaux.

Les Sénateurs représentent ainsi les « collectivités territoriales ».

Du point de vue législatif, les deux Chambres ont presque les mêmes pouvoirs malgré une certaine suprématie de l'Assemblée nationale.

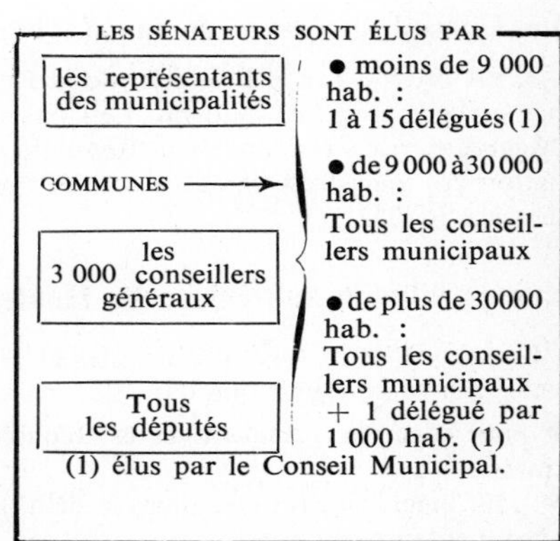

LES SÉNATEURS SONT ÉLUS PAR
les représentants des municipalités
COMMUNES
les 3 000 conseillers généraux
Tous les députés
• moins de 9 000 hab. : 1 à 15 délégués (1)
• de 9 000 à 30 000 hab. : Tous les conseillers municipaux
• de plus de 30000 hab. : Tous les conseillers municipaux + 1 délégué par 1 000 hab. (1)
(1) élus par le Conseil Municipal.

LES CONSEILS

La Constitution de 1958 a créé ou maintenu un certain nombre d'organes, secondaires en apparence, mais essentiels pour le bon fonctionnement du régime : le **Conseil Constitutionnel,** le **Conseil Économique et Social,** le **Conseil Supérieur de la Magistrature,** la **Haute Cour de Justice.** Mais elle en a modifié les compétences et les attributions.

Une juridiction politique : le Conseil Constitutionnel

Créé pour assurer le respect de la Constitution, il comprend 9 membres, désignés pour 9 ans (et non renouvelables), un tiers par le Président de la République et un tiers par le président de chaque Assemblée. Il comprend en outre, de droit, les anciens Présidents de la République, qui sont nommés à vie.

Le **Conseil Constitutionnel** a trois catégories de pouvoirs :

• Il veille à la constitutionnalité des lois, au cours de leur élaboration ou avant qu'elles soient promulguées, ainsi que des règlements des Assemblées.
• Il contrôle la régularité des élections et des référendums.
• Il décide souverainement, si le Président de la République est « empêché d'exercer ses fonctions ».

Enfin, en cas d'application des pouvoirs exceptionnels par celui-ci (art. 16 [p. 234]), il doit être consulté sur toutes les mesures prises.

Un organe consultatif : le Conseil Économique et Social

Il est composé de 205 membres, dont deux tiers sont désignés par les organisations professionnelles (salariés, entreprises, agriculteurs, classes moyennes, activités sociales) et un tiers par le Gouvernement :

• Il **donne son avis** sur les projets de loi, d'ordonnance ou de décret, ainsi que les propositions de loi, qui lui sont soumis.
• Il peut être **consulté** par le gouvernement sur tout problème de caractère économique ou social. Tout plan ou tout projet de programme à caractère économique ou social lui est soumis pour **avis.**

Le Conseil supérieur de la Magistrature

Il est présidé par le Président de la République. Le ministre de la Justice est vice-président de droit. Le Conseil comprend en outre 9 membres désignés par le Président de la République. Il **donne son avis** sur la nomination des magistrats et statue comme conseil de discipline des magistrats de siège [p. 252].

Une juridiction suprême : la Haute Cour de Justice.

Composée de 24 juges (12 députés et 12 sénateurs élus par leur Assemblée), elle ne se réunit que dans des cas exceptionnels :

• pour juger le Président de la République, s'il est accusé de « haute trahison » ;
• pour juger, en cas de « crimes et délits », les membres du Gouvernement ainsi que leurs complices.

2 L'ADMINISTRATION

L'ÉCOLE NATIONALE D'ADMINISTRATION.

Les pouvoirs resteraient théoriques s'il n'y avait, entre gouvernants et gouvernés, tout un ensemble de rouages intermédiaires qui permettent l'application et l'adaptation des décisions politiques. Ces rouages constituent l'administration, qui assure dans toute la nation la cohésion et la solidité de l'ensemble.

Une Cour souveraine : le Conseil d'État

Créé en 1799, héritier du Conseil du Roi de l'Ancien Régime, le Conseil d'État est une des plus anciennes institutions françaises et une des plus originales.

Installé au Palais-Royal, il comprend 193 membres nommés par décret en Conseil des Ministres et théoriquement révocables, placés sous la direction d'un vice-président.

5	présidents de section
74	conseillers
70	maîtres des requêtes
44	auditeurs

Sa fonction est double :

- Il joue d'abord le rôle de **conseil administratif et juridique** du Gouvernement. Divisé en sections spécialisées (Intérieur, Finances, Travaux Publics, Section sociale), il étudie les textes (lois, règlements ou décisions administratives) que le Gouvernement lui soumet pour avis, cet avis, d'ailleurs, étant le plus souvent exigé par la loi.
- Il est aussi et surtout, depuis 1953, le juge d'appel, l'**instance suprême de la juridiction administrative** (c'est le rôle de la section du contentieux). Tout citoyen qui s'estime lésé par l'Administration peut ainsi « se pourvoir en Conseil d'État ».

Cour souveraine, indépendante en fait vis-à-vis des pouvoirs, le Conseil d'État jouit d'un grand prestige et incarne pour la nation tout entière la justice et le droit : c'est le **premier corps de l'État.**

L'ÉCOLE NATIONALE D'ADMINISTRATION (E.N.A.)

Fondée en 1945, elle relève du Premier Ministre et assure le recrutement et la formation des cadres administratifs supérieurs. Elle est accessible par concours, soit aux étudiants titulaires d'une licence ou du diplôme de sortie d'une Ecole, soit aux fonctionnaires. Les études durent deux ans et demi et comportent des stages de longue durée dans l'administration et dans l'industrie privée.

UN CHOIX DE CARRIÈRES

Conseil d'État	Cour des Comptes	Inspection des Finances	Corps dipl. et consulaire	Corps préfectoral	Administrations centrales
p. 239	p. 267	p. 241	p. 258	p. 242	p. 241

LE FONCTIONNAIRE ...

2,6 millions d'Agents de l'État

Depuis le début du XIXe siècle, la **fonction publique** a joué en France un rôle capital, notamment en assurant la continuité de l'État à travers les vicissitudes des régimes politiques. Cette fonction s'incarne dans un corps de **fonctionnaires** dont le nombre a plus que décuplé en un siècle. On compte aujourd'hui 2,6 millions d'agents de l'État (rémunérés sur le budget de l'État) : 1,67 million de titulaires civils, 505 000 agents non titulaires, 320 000 militaires de carrière et 105 000 ouvriers de l'État.

D'où l'opinion assez répandue que les fonctionnaires sont trop nombreux. Pourtant ce développement de la fonction publique paraît inévitable : il est lié à l'accroissement des tâches qui incombent aujourd'hui à l'État dans tous les domaines.

Misère et grandeur de l'Administration

L'**Administration française** jouit incontestablement d'une meilleure réputation à l'extérieur qu'à l'intérieur des frontières. A l'étranger, son prestige est dû à la qualité de son organisation, éprouvée par une longue expérience, à la précision de ses rouages, à sa structure rigoureuse et **fortement centralisée.** Les usagers au contraire, en France comme ailleurs, déplorent volontiers ses lenteurs, son formalisme, son faible rendement. Les méfaits d'une « **bureaucratie** » poussiéreuse ont d'ailleurs constitué longtemps une cible pour les chansonniers et les romanciers, qui daubaient volontiers la bureaucratie et les **« ronds-de-cuir ».**

Semblable opinion tend à devenir de plus en plus injuste, du moins pour de nombreux secteurs. En effet, il n'y a pas une Administration, mais des administrations multiples, fort différentes entre elles. De plus la mentalité et le comportement du fonctionnaire diffèrent selon les échelons. Enfin, soucieuse d'améliorer ses rapports avec les citoyens, l'administration française a entrepris de rajeunir ses structures et ses méthodes.

CATÉGORIES DE FONCTIONNAIRES

Outre une catégorie « Hors Échelle » de hauts-fonctionnaires [p. 241], les agents civils titulaires rémunérés sur le budget de l'État se répartissent en 4 catégories.

Formation (1)	*Catégories*	*Fonction*
Enseignement supérieur	**A** (27 %) Ex : Administrateurs civils	Conception Direction
Enseignement secondaire	**B** (34 %) Ex : Instituteurs	Application
Fin de classe de 3e	**C** (33 %) Ex : Préposés PTT.	Exécution spécialisée
Certificat d'Études	**D** (6 % Ex : Agents de bureau	Exécution simple

(1) Niveau théorique de recrutement.

L'employé de bureau

Issu généralement d'un **milieu modeste,** il est au fond assez fier de ne pas être compté au nombre des travailleurs manuels, mais d'appartenir à un **grand corps,** ou plutôt à un monde immense et sûr, celui des fonctionnaires : il est payé au mois, il a devant lui une existence toute tracée, avec la **retraite** au bout. D'où un sens aigu à la fois de la **dignité** et de la **sécurité,** auquel s'ajoute l'idée, vraie ou fausse, qu'il peut « s'élever » dans l'échelle administrative et sociale.

Les hauts fonctionnaires

Au sommet de cette échelle, les **hauts fonctionnaires** administrateurs — au nombre de 10 000 environ — constituent les **« grands corps de l'État » :** Conseil d'État, Cour des Comptes, Inspection des Finances, corps préfectoral, diplomatie, auxquels prépare aujourd'hui l'**École Nationale d'Administration.** D'où, plus encore qu'autrefois, un état d'esprit commun. Le haut fonctionnaire, généralement d'origine aisée, se sent héritier et dépositaire d'une grande tradition. Il a le sens des responsabilités, il veut **« servir »,** jouer un rôle, il a généralement le goût des idées générales et de la synthèse.

Les « grands commis »

De ce milieu cohérent et homogène sortent les **« grands commis »,** ceux à qui des qualités exceptionnelles ont ouvert l'accès aux **postes de direction.** Disposant d'une puissance considérable (marchés, subventions, nominations, décorations, etc.), ayant le sens de l'intérêt général à long terme, menant le plus souvent une vie austère, travailleurs infatigables, ce sont à la fois des animateurs d'hommes et des réalisateurs. Certains tels que Gaston Berger, Louis Joxe, Louis Armand, ont organisé ou réorganisé depuis 1945 d'importants **services publics :** le Plan, l'enseignement supérieur, les Affaires étrangères, les chemins de fer. On peut dire, avec A. Sauvy, qu'en France « la faiblesse des hommes politiques a fait souvent la force des grands commis ».

L'Administration centrale : les ministères

L'ensemble des **services centraux** des différents ministères, du fait de la concentration administrative, a joué en effet jusqu'ici un rôle essentiel dans l'État. Il comprend en tout environ 40 000 personnes (à peine 3 % de l'ensemble des fonctionnaires).

Dans chaque **ministère,** tous les fonctionnaires sont placés sous l'autorité du ministre, entouré de son **« cabinet »** — une dizaine de personnes qu'il choisit et qui l'assistent dans toutes ses activités. Généralement plus stables que lui, les **Directeurs,** nommés par le gouvernement, sont chargés d'appliquer ses directives sur le plan administratif.

STRUCTURE D'UN MINISTÈRE

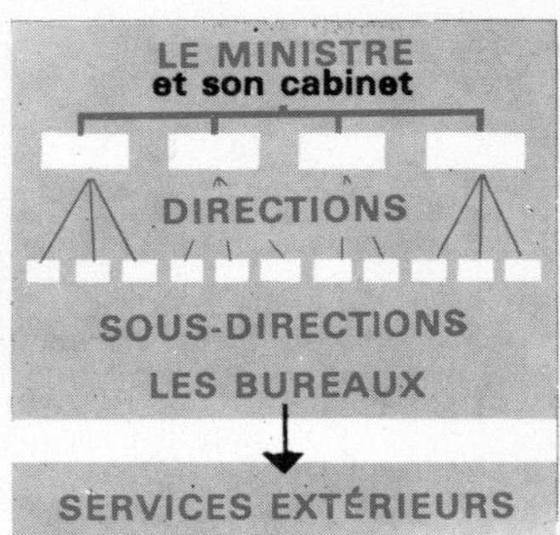

L'ADMINISTRATION LOCALE

Une importante **réforme** de l'Administration locale a été entreprise en 1981 [p. 247]. Son application, échelonnée sur deux ans, modifiera profondément les modalités d'exercice des **pouvoirs locaux.** Avant d'en esquisser les grandes lignes, il est nécessaire de rappeler la structure des institutions à la veille des transformations en cours.

Les pages qui suivent présentent ces institutions.

La présence du pouvoir central

Le **pouvoir central** agit sur l'ensemble du pays par l'intermédiaire d'une série d'échelons qui correspondent aux structures administratives créées par la Révolution.

Aujourd'hui la France métropolitaine comprend 95 **départements,** divisés en **arrondissements,** en cantons, et enfin en **communes,** héritières des anciennes **paroisses.** A chacun de ces échelons (sauf pour le canton) correspond un représentant du pouvoir central.

CIRCONSCRIPTION ADMINISTRATIVE	CENTRE ADMINISTRATIF	RESPONSABLE
région (22)	Préfecture de région	préfet de région
département (95 + 4 départements d'Outre-Mer)	préfecture	préfet
arrondissement	sous-préfecture	sous-préfet
canton	chef-lieu de canton	
commune (36 394)	mairie	maire (élu)

DES ANCIENNES PROVINCES...

A la fin
l'Ancien R
me, la Fra
était divisée
34 provin
de dimensi
très varié
dont certai
seulement c
respondai
aux régions
turelles, m
dont la plu
offraient u
physionor
originale né
la fois du p
plement,
l'histoire et
mœurs, et
conserv
encore par
aujourd'hu
tradition e
folklore po
laire.

Les assemblées élues

L'esprit de système des Français et les circonstances historiques ont favorisé, d'époque en époque, la construction de cet édifice administratif fortement **centralisé.**

D'autres forces cependant ont joué en sens contraire : l'individualisme, l'esprit libéral, l'idéal démocratique. Aussi a-t-on créé des **assemblées élues** issues du suffrage universel et destinées à délibérer sur la gestion des affaires régionales et locales.

Néanmoins ces assemblées — **conseil général, conseil municipal** — sont placées sous la tutelle des représentants nommés par le pouvoir central.

Les regroupements

Afin de permettre l'adaptation de l'administration locale aux exigences du monde moderne, diverses modalités de **regroupement** ont été instituées :

- **Regroupement de communes.** Le regroupement peut s'opérer par **fusion** (fusion simple ou comportant l'association d'une ou plusieurs communes) ; par création de **communautés urbaines** (9 communautés urbaines regroupent 251 communes et près de 4 millions d'habitants) ; par création de **districts** ou de **syndicats de communes** (permettant la mise en commun de crédits destinés à la réalisation d'équipements collectifs).
- **Regroupement de départements.** En 1955, les départements sont regroupés en **régions de programme** qui servent de cadre à la mise en œuvre de plans régionaux de développement économique et social et d'aménagement du territoire.

Les régions de programme deviennent **circonscriptions d'action régionale** en 1960 et **régions** en 1972 (carte ci-dessous).

AUX NOUVELLES RÉGIONS

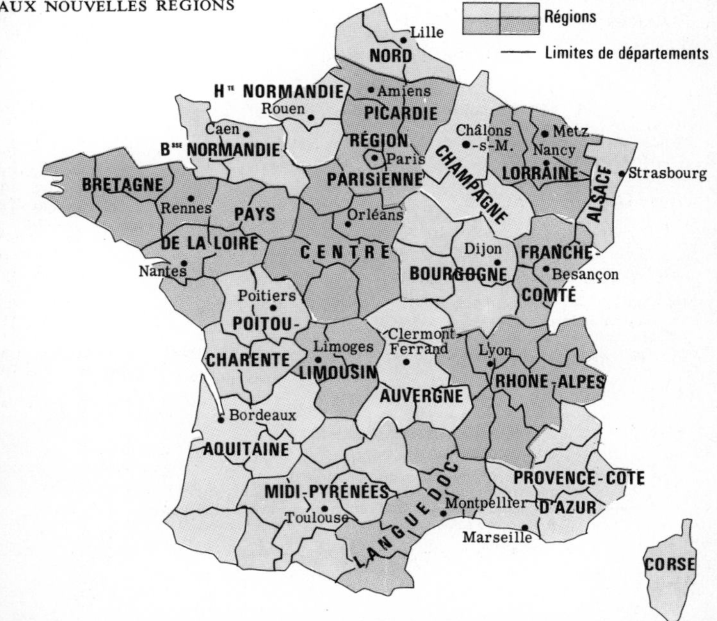

UNE ADMINISTRATION CENTRALISÉE

Le pouvoir exécutif :
LE CONSEIL DES MINISTRES

LE PRÉFET *nommé* par le Conseil des Ministres et révocable par lui, est le représentant, dans le département, du pouvoir exécutif, c'est-à-dire des différents ministres.

(22 préfets sont à la fois préfets de département et préfets de région de programme, p. 243)

L'esprit de système : tendance centralisatrice

Un rôle difficile, qui exige à la fois souplesse et autorité

SES ATTRIBUTIONS :

1 comme AGENT DE L'ÉTAT :

- veille à l'exécution des lois et règlements ;
- représente toutes les administrations publiques et contrôle leurs services ;
- dirige la police et renseigne le gouvernement ;
- contrôle les sous-préfets et les maires.

2 comme AGENT DU DÉPARTEMENT :

- prépare et exécute les décisions du Conseil général ;
- ordonne les dépenses ;
- nomme aux emplois départementaux, etc.

LE SOUS-PRÉFET subordonné au préfet et *nommé* comme lui, le seconde comme AGENT DE L'ÉTAT.

Il exerce notamment son « pouvoir de tutelle » (contrôle) sur les communes.

LE MAIRE chef du pouvoir exécutif municipal, assisté de 1 à 12 *adjoints* ; peut être (ainsi que ceux-ci) suspendu ou révoqué par le pouvoir central.

Une fonction lourde, qui tend à devenir un véritable métier

SES ATTRIBUTIONS :

1 comme AGENT DE L'ÉTAT :

- exécute les lois et règlements ;
- exerce la police administrative ;
- est officier de l'état civil (mariages, etc.) ;
- applique les lois sociales, scolaires, électorales.

ÉLU (avec ses adjoints) par le Conseil municipal parmi ses membres, pour la durée de son mandat

2 comme REPRÉSENTANT DE LA COMMUNE :

- préside le Conseil municipal et exécute ses décisions ;
- prépare le budget de la commune ;
- nomme et révoque les agents municipaux.

DES ASSEMBLÉES ÉLUES

Un effort de conciliation entre les tendances contradictoires de l'esprit français

l'individualisme libéral : tendance décentralisatrice.

LE DÉPARTEMENT
la principale circonscription administrative de la France en même temps qu'une collectivité relativement autonome.

LE CONSEIL GÉNÉRAL
Élu pour 6 ans au suffrage universel à raison d'un membre par canton ; renouvelable par moitié tous les 3 ans.

SES ATTRIBUTIONS :

- adresse au gouvernement des vœux et réclamations en matière d'administration générale ;
- contrôle les communes (chemins, foires et marchés, etc.) ;
- délibère et statue sur toutes les affaires d'intérêt départemental : budget, organisation des services, travaux publics, gestion des domaines.
- participe aux élections sénatoriales

L'ARRONDISSEMENT
circonscription intermédiaire de faible importance.

LE CANTON
division commode de l'arrondissement : le chef-lieu de canton est le foyer par excellence de la vie rurale (marché).

→ échelon de certains services de l'État : Justice, Gendarmerie, Ponts et Chaussées, etc.

LA COMMUNE
une collectivité autonome multipliée par milliers : sur 36 400 communes, près des 2/3 ont moins de 500 habitants.

LE CONSEIL MUNICIPAL
composé de 11 à 37 membres *élus* pour 6 ans au suffrage universel direct ; 4 sessions par an (séances publiques).

SES ATTRIBUTIONS :

- participe aux élections sénatoriales ;
- élit le maire et ses adjoints ;
- véritable conseil d'administration de la commune, il règle par délibérations les affaires locales : services municipaux, voirie, budget, approvisionnement, gestion des domaines.

Il est sous le contrôle de tutelle du préfet, qui peut le suspendre ou même faire prononcer par le Conseil des Ministres sa dissolution.

LE CONSEIL RÉGIONAL D'AQUITAINE.

DÉCENTRALISATION ET RÉGIONALISATION

Un rééquilibrage des pouvoirs centraux s'imposait comme une nécessité prioritaire dans la France du dernier quart du XXe siècle.

La décentralisation — et notamment la régionalisation — répond à cette préoccupation.

Une décentralisation nécessaire

Longtemps la France s'est satisfaite d'une répartition très inégale des pouvoirs entre l'**État,** les **départements** et les **communes,** chacune de ces collectivités assurant à son niveau et dans le cadre de sa compétence la participation des citoyens aux décisions qui les concernent. La **prépondérance écrasante du pouvoir étatique,** caractéristique du système français, semblait à l'abri de toute remise en cause. Toutefois, la croissance démographique et l'essor économique ont introduit de profondes **modifications.** La machine administrative est devenue trop lourde pour faire face à des problèmes de plus en plus nombreux et complexes. Aussi les pouvoirs publics se sont-ils efforcés de rapprocher des administrés les pouvoirs de contrôle, d'impulsion et de décision. Bien plus, ils ont entrepris d'étendre l'exercice des **responsabilités publiques** à des représentants de la population qui ne dépendent pas du pouvoir central.

Une amorce de régionalisation

Après l'échec du projet de **décentralisation** soumis aux électeurs par voie de référendum en 1969, la France s'est engagée timidement, sous la présidence de G. Pompidou, dans la voie de la **régionalisation.** La loi du 5 juillet 1972 portant **réforme régionale** est entrée en application en octobre 1973.

Chaque circonscription d'action régionale, qui prend le nom de **région,** devient un **établissement public** spécialisé (doté de la personnalité juridique et financière). La région parisienne et la Corse ont un statut spécial. Sans accéder au rang de collectivité territoriale (au même titre que le département ou la commune), la Région voit ses pouvoirs s'accroître.

- **Le Préfet de région** demeure l'organe d'instruction et d'exécution.
- La Région est dotée de **deux assemblées** [p. 247].
- Elle dispose d'un **budget** alimenté par trois sources :

— Un impôt d'État transféré : la taxe sur les permis de conduire.
— Des suppléments aux impôts d'État : taxe sur les mutations immobilières, taxe sur les cartes grises.
— Des suppléments à la fiscalité locale : taxes foncières sur les propriétés bâties et non bâties, taxe d'habitation, taxe professionnelle.

De plus, la région peut lancer des **emprunts** pour financer des opérations choisies pour leur effet d'entraînement et leur caractère régional.

La loi prévoit que la région pourra recevoir de l'État ou des collectivités locales des attributions nouvelles et les ressources correspondantes.

Une plus large décentralisation

Installée au pouvoir en 1981 à l'issue des élections présidentielles (François Mitterrand) et législatives (deuxième gouvernement Pierre Mauroy), la gauche affirme sa volonté de réaliser **une large décentralisation,** réforme en profondeur qui doit atteindre un point de non retour.

Considérant que la **centralisation** telle qu'elle existe en France constitue un mode de gouvernement et une structure d'organisation politique **archaïque,** paralysante, dépassée, qui ne répond plus aux exigences de la vie moderne et de la compétition entre les nations évoluées, le ministre de l'Intérieur et de la décentralisation, Gaston **Defferre,** entreprend de réaliser « beaucoup plus qu'une réforme de l'État ». Décidés à transformer les structures administratives telles qu'elles ont été mises en place par Napoléon Ier et, bien avant lui, par Colbert, le Président de la République et son gouvernement annoncent un **transfert de pouvoir** aux élus régionaux, départementaux et municipaux appelés à devenir majeurs et responsables.

Les premières mesures

Les premières dispositions législatives prises en 1981 tracent la voie que le gouvernement entend suivre en matière de décentralisation :

— Suppression de la tutelle a priori sur les actes des collectivités locales (communes, départements) et accroissements de leurs responsabilités.

— Remplacement des Préfets par des **Commissaires de la République** (qui perdent au profit des **Présidents de Conseils Généraux** le pouvoir exécutif du département) ; remplacement des sous-préfets par des Commissaires adjoints.

— Transformation de la Région en **collectivité territoriale** administrée par un Conseil Régional élu au **suffrage universel.**

MANIFESTATION dans lés rues d'AJACCIO.

LES ASSEMBLÉES RÉGIONALES

(jusqu'en mai 1981)

Le Conseil Régional

• **Composition** (de 29 à 128 membres) :

— Les parlementaires (députés et sénateurs) de la région ;

— des représentants des agglomérations désignés en leur sein par les conseils municipaux ou les conseils de communautés.

• **Compétences.** Le Conseil vote le budget. Il délibère pour émettre des avis sur les problèmes de développement et d'aménagement de la région au sujet desquels il est obligatoirement consulté. Il donne son avis sur les conditions d'utilisation des crédits de l'État destinés aux investissements d'intérêt régional ou départemental.

Le Comité Économique et Social

• **Composition** (de 35 à 80 membres) :

— Des représentants des organismes et activités à caractère économique, social, professionnel, familial, éducatif, scientifique, culturel et sportif.

— Des personnalités qui concourent au développement de la région.

• **Compétences.** Le Comité est obligatoirement consulté sur les affaires soumises au Conseil régional. Il peut en outre examiner d'autres questions dont il serait saisi par le Préfet de région.

L'ORDRE PUBLIC

L'ordre public est assuré par la justice, la police et l'armée. Il est fondé sur le respect et l'application des lois. Mais le droit français est resté en retard sur l'évolution de la société. Aussi des adaptations sont-elles nécessaires.

CODE CIVIL DES FRANÇAIS.

ÉDITION ORIGINALE ET SEULE OFFICIELLE.

À PARIS, DE L'IMPRIMERIE DE LA RÉPUBLIQUE. AN XII. 1804.

HISTORIQUE

Sous l'Ancien Régime, le droit français n'était pas unifié. Les provinces méridionales, ou pays de **droit écrit,** étaient restées fidèles au droit romain (code de Justinien), les provinces du Nord, ou pays de **droit coutumier,** au droit germanique (on n'y comptait pas moins de 60 « coutumes » différentes). Le droit canonique, établi par l'Église catholique, puis les grandes Ordonnances royales s'y étaient superposés, en s'efforçant d'y introduire quelque harmonie.

Mais c'est de la Révolution française que date le droit moderne :

- Elle en a proclamé les grands principes, issus de la philosophie du XVIIIe siècle et fondés sur le **droit naturel** et la **raison :** liberté individuelle, égalité de tous devant la loi, séparation des pouvoirs (Montesquieu).

- Elle a concilié et unifié les diverses législations antérieures en élaborant une série de **codes** (ou ensembles logiques de lois réglant les différents secteurs du droit), qui ont été mis au point et promulgués par Napoléon Bonaparte : le **Code civil** (1804), le Code de procédure civile (1806), le Code de commerce (1807), le Code d'instruction criminelle (1809), le **Code pénal** (1810). Cet ensemble de lois, à peu près unique dans l'histoire, a servi de modèle à de nombreux pays.

De nouveaux codes sont venus s'ajouter aux codes napoléoniens dans différents domaines, complétés par un très grand nombre de lois promulguées par les divers régimes politiques qui se sont succédé depuis le Premier Empire.

Le droit et les lois

Le **droit positif** est constitué en France par l'ensemble des **lois** écrites en vigueur (isolées ou groupées en codes), complétées par des **décrets** et des **règlements** qui en précisent les modalités d'application.

Les **lois** relèvent du pouvoir politique : conformément au principe de la séparation des pouvoirs, elles sont le privilège du pouvoir législatif, c'est-à-dire du Parlement. La Constitution de 1958, on l'a vu, a précisé le « domaine de la loi » [p. 236].

Les lois constituent le fondement de la justice : le pouvoir judiciaire a pour mission d'appliquer les lois. Celles-ci sont sacrées pour les magistrats, qui n'ont pas le pouvoir de les discuter : en France, **le juge est subordonné au législateur.**

... ET LA JUSTICE

La jurisprudence

Mais il y a loin de la règle écrite à l'application : tandis que les professeurs de droit (juristes) s'efforcent de définir la **doctrine** incluse dans les textes législatifs, les magistrats ont continuellement recours, pour compléter ces textes, à la **jurisprudence,** ensemble des **sentences** rendues dans tel ou tel cas particulier, qui constitue véritablement un droit vivant.

Ainsi la justice française est un compromis continuel entre la **théorie,** fondée sur un code écrit, d'une rigidité toute cartésienne, et la **pratique,** fondée sur l'esprit de finesse et le sens des réalités. Elle exige du juge deux qualités : l'**objectivité** et la **mesure,** qualités qui se retrouvent dans le style judiciaire, masquées d'ailleurs par un jargon encombré d'archaïsmes, qui alimente depuis des générations la verve des auteurs comiques et des chroniqueurs.

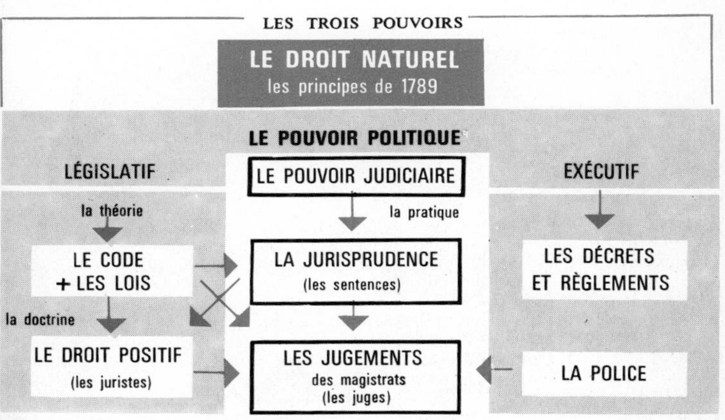

L'organisation de la justice

Elle présente un certain nombre de caractères particuliers :

- A la différence de la plupart des autres pays, les juridictions **administratives** et les juridictions **judiciaires** sont rigoureusement **séparées.** C'est une application extrême de la doctrine de la séparation des pouvoirs, née de la crainte de voir le pouvoir judiciaire déborder sur le domaine politico-administratif, comme au temps des anciens Parlements.
- En revanche, la justice **civile** et la justice **pénale** sont étroitement **liées :** même structure, mêmes tribunaux, recrutement identique des magistrats.
- La juridiction est **à deux degrés :** en premier ressort, puis en appel.

QUELQUES PRINCIPES

- La justice est **accessible à tous.**
- Elle est **gratuite** en théorie. En fait elle est chère (frais de timbre et d'enregistrement, honoraires), sauf en cas d'assistance judiciaire, où l'on est exonéré de tous les frais.
- Les débats sont **publics** (sauf en cas de **huis-clos,** prononcé pour des raisons morales ou de sécurité).
- Les décisions sont **motivées** (sauf en cour d'assises).

L'ORGANISATION JUDICIAIRE

A peu près immuable depuis le début du XIXe siècle, l'organisation judiciaire s'est révélée inadaptée : la répartition géographique des tribunaux, qui ne correspondait plus à la répartition de la population, la prolifération désordonnée des lois, qui rendait surhumaine la tâche des magistrats, le formalisme de la procédure, qui provoquait la paralysie et l'asphyxie des tribunaux, faisaient de la justice une institution archaïque.

▸ En 1958, la Ve République entreprend une réforme comportant :

— Regroupement des tribunaux et des magistrats ; suppression des justices de paix, remplacées par des tribunaux d'instance et de police.

— Renforcement du rôle des cours d'appel.

— Simplification de la procédure.

— Nouveau Code de procédure pénale.

Le plan du Palais de Justice de Paris présente

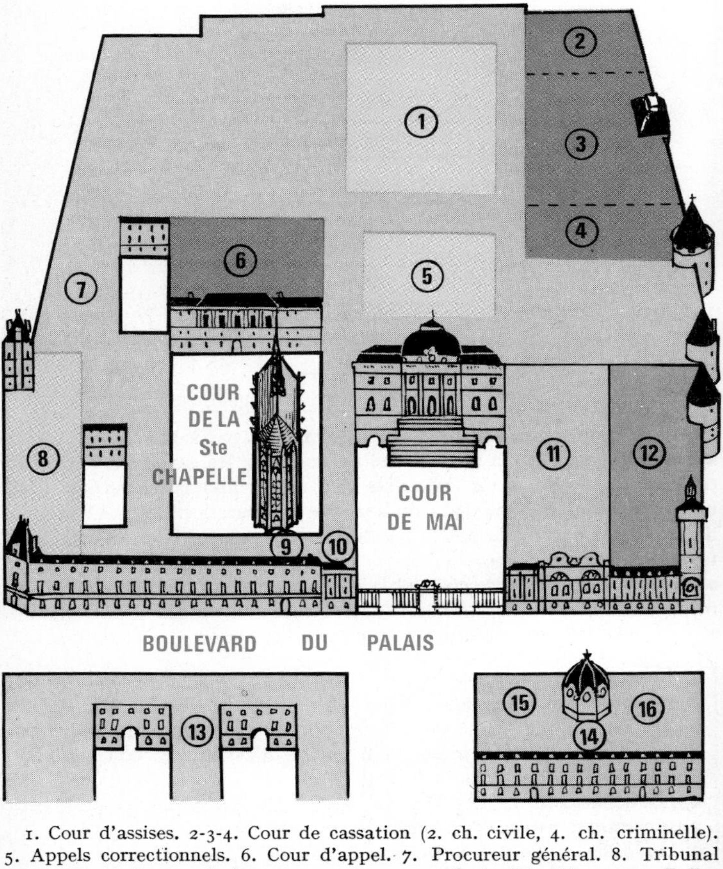

1
2
3
4
5
6
7
8
COUR
DE LA
Ste
CHAPELLE
COUR
DE MAI
9
10
11
12

BOULEVARD DU PALAIS

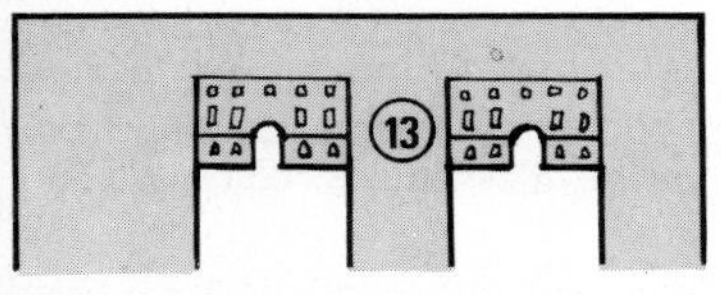

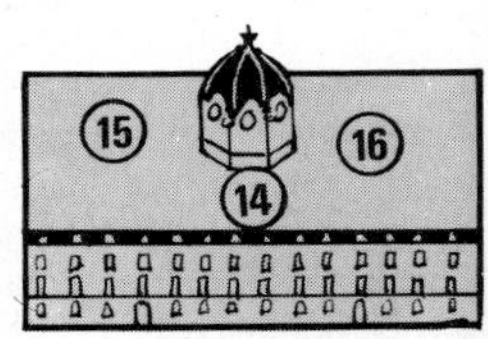

1. Cour d'assises. 2-3-4. Cour de cassation (2. ch. civile, 4. ch. criminelle). 5. Appels correctionnels. 6. Cour d'appel. 7. Procureur général. 8. Tribunal correctionnel de grande instance. 9. Procureur de la République. 10. Police correctionnelle. 11. Salle des Pas-Perdus. 12. Tribunal civil de grande instance. 13. Préfecture de police. 14. Tribunal de commerce. 15. Tribunal administratif. 16. Conseil des prud'hommes.

ET LA JUSTICE

LE PALAIS DE JUSTICE DE PARIS.

▸ En 1981, François Mitterrand, 4e Président de la Ve République, annonce :
— une réforme du Conseil Supérieur de la Magistrature [p. 238], qui assurera l'indépendance de la justice ;
— une adaptation de la loi destinée à « rapprocher la justice du peuple français ».

La même année, la Cour de Sûreté de l'État est supprimée et le Parlement décide **l'abolition** de la **peine de mort.**

en raccourci les structures de la justice française

	JUSTICE CIVILE | JUSTICE PÉNALE			
	Lieu	Infraction	Juridiction	Peine
	Paris		Cour de cassation contrôle la légalité des jugements	
	région		Cour d'appel (27 pour toute la France) organisme régulateur de la vie judiciaire	
Auparavant :	département	Crimes	Cour d'Assises 3 magistrats + 9 jurés	Réclusion criminelle
Tribunal de première instance 1 par arrondissement (351 au total)	1 ou plusieurs par département	Délits	Tribunal civil | correctionnel Tribunal de grande instance (173 pour toute la France) 3 magistrats	Empris. plus de 2 mois Amende
Juge de paix 1 par canton (2 900 au total)	1 ou plusieurs par arrondissement	Contraventions	Tribunal d'instance (468) 1 juge | de police	Empris. 2 mois maximum

Juridictions spécialisées

JUSTICE CIVILE	JUSTICE PÉNALE
Conseils de Prud'hommes - Tribunaux de commerce - Juge des référés - Juge des tutelles - Tribunaux paritaires des baux ruraux - Juge des loyers commerciaux - Juge aux affaires matrimoniales.	Juridiction pour enfants : Juge pour enfants - Tribunal pour enfants - Cour d'assises des mineurs - Tribunaux permanents des forces armées.

Le MAGISTRAT FRANÇAIS : individualiste, jaloux de sa liberté de pensée et de jugement, mais scrupuleusement respectueux de l'autorité hiérarchique et de la loi.

L'organisation de la justice repose sur un corps de fonctionnaires, la magistrature. Parmi les magistrats membres du corps judiciaire, on distingue :

- **Les magistrats assis** ou **du siège** qui rendent la justice : membres de la Cour de Cassation, présidents et conseillers de cour d'appel, juges des tribunaux, juges pour enfants...

- **Les magistrats debout,** ou **du parquet,** qui représentent l'État (ministère public) auprès du tribunal ou de la cour et réclament l'application de la loi : procureurs généraux et avocats généraux près de la Cour de Cassation et des cours d'appel, procureurs de la République et leurs substituts près des tribunaux d'instance ou de grande instance. Ils peuvent, avec certaines garanties, être déplacés, révoqués ; ils dépendent de leurs chefs hiérarchiques et sont placés sous l'autorité du garde des Sceaux.

Depuis 1958, les magistrats sont formés et recrutés au sein du **Centre national d'études judiciaires,** analogue à l'École nationale d'Administration [p. 239], et dont les élèves, nommés « auditeurs de justice », assimilés à des magistrats et recevant un traitement, effectuent des stages et reçoivent un enseignement approfondi destiné à les préparer à résoudre les problèmes de plus en plus complexes que leur pose la vie moderne.

LA MAGISTRATURE

LE MINISTRE DE LA JUSTICE
("Garde des sceaux")

LA MAGISTRATURE
comprend :

LA MAGISTRATURE DEBOUT
ou ministère public (le "Parquet")
gardien de l'ordre public

- chargée de requérir l'application de la loi au nom de la société et du gouvernement ;
- comprend les **procureurs** les **avocats généraux** et les **substituts**

LA MAGISTRATURE ASSISE
(le siège)

- chargée de rendre la justice ;
- comprend les **présidents** et les **juges** des différents tribunaux.

Parmi eux sont choisis les **juges d'instruction.**

ET SES AUXILIAIRES
chargés d'aider les magistrats

- les **greffiers** consignent les jugements sur des minutes dont ils donnent copies aux parties ;
- les **huissiers** exécutent les jugements.

ET SES AUXILIAIRES
chargés d'aider les parties

- les **avocats** conseillent les justiciables, les assistent et assurent leur défense en justice ;
- les **avoués** représentent les parties auprès des tribunaux civils.

LES PROCÈS

La justice civile

Le Français, dit-on, est né procédurier. Même si, depuis Racine, le « plaideur » s'est fait rare, la complexité des rapports sociaux multiplie de nos jours les procès civils où s'opposent le **demandeur** et le **défendeur,** soutenus par leurs avocats respectifs, qui instruisent le procès et les défendent en audience publique. Dans la justice civile, c'est le particulier qui, demandant protection au juge, introduit et poursuit l'action.

UN AVOCAT
L'Ordre des avocats (le « barreau »), qui remonte à l'Ancien Régime, a été réorganisé en 1810. Dans chaque juridiction, le Conseil de l'Ordre, présidé par un bâtonnier, assure la discipline et la dignité de la profession.

La justice pénale

Au contraire, dans le cas d'infraction aux lois, c'est l'État qui doit en poursuivre la répression : dès lors l'« **action publique** » est engagée.

UNE ACTION EN QUATRE ACTES

- 1er ACTE Le **procureur de la République** est saisi de l'affaire.
- 2e ACTE **L'enquête préalable :** le procureur la confie à la **police judiciaire** [p. 254], qui constate l'infraction, dresse des procès-verbaux ; elle peut garder à vue, en principe pendant 24 heures, les coupables présumés.
- 3e ACTE **L'instruction :** le **juge d'instruction** recherche les auteurs de l'infraction, procède à l'interrogatoire de l'**inculpé** en le faisant comparaître devant lui par un **mandat d'amener** (ou un **mandat d'arrêt** s'il est en fuite); rend une ordonnance de non-lieu ou renvoie devant le tribunal compétent.
- 4e ACTE **L'audience :** l'inculpé, devenu **prévenu** (en correctionnelle) ou **accusé** (en cour d'assises), est interrogé par le président; les témoins défilent à la barre; puis viennent les plaidoiries du substitut et des avocats; enfin le tribunal se retire pour délibérer et rend son jugement.

LA COUR D'ASSISES

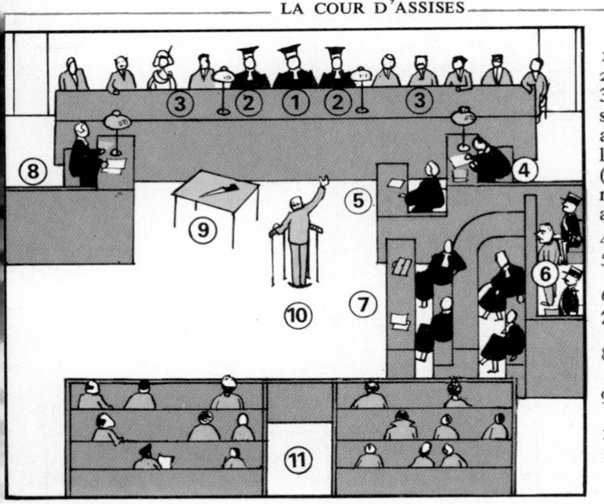

1. Président.
2. Assesseur.
3. Jury (composé, pour chaque affaire criminelle, de 9 citoyens (jurés) dont les noms sont tirés au sort).
4. Greffier.
5. Avocat de la partie civile.
6. Accusé.
7. Avocats de la défense.
8. Avocat général.
9. Pièces à conviction.
10. Témoin.
11. Public.

LA POLICE

La police est chargée d'assurer l'application et le respect des règlements destinés à maintenir l'ordre et la sécurité publiques.

• **La Police nationale** qui dépend du ministère de l'Intérieur et de la Décentralisation (responsable de la défense civile) emploie 110 000 personnes.

A la Direction de l'Inspection générale, au Service central des voyages officiels, au Service de coopération technique internationale de police s'ajoutent :

— La police des **Renseignements généraux** qui réunit toutes les informations utiles au gouvernement et qui assure la surveillance des salles de jeux et des champs de courses.

— La **Direction de la Surveillance du Territoire** (D.S.T.) qui recherche et poursuit les manœuvres d'espionnage et d'ingérence dirigées de l'extérieur.

— La **Police judiciaire** (P.J.), qui recherche les crimes et délits et en livre les auteurs aux tribunaux.

— La **Direction centrale des polices urbaines** qui veille au maintien de l'ordre sur la voie publique.

— Le Service central de la **Police de l'air et des frontières** qui contrôle la circulation des personnes et enquête sur les accidents de chemin de fer et d'avion.

— Les **Compagnies républicaines de sécurité** (C.R.S.), qui, au nombre de 61 constituent des réserves mobiles envoyées sur n'importe quel point du territoire pour faire respecter l'ordre, venir en aide à la population (calamités publiques, secours en montagne, etc.) et surveiller la circulation routière.

• **La Gendarmerie nationale** (3 650 brigades, 80 000 personnes) est une force militaire qui fait partie des forces armées et dépend du ministère de la Défense.

L'ORDRE PUBLIC

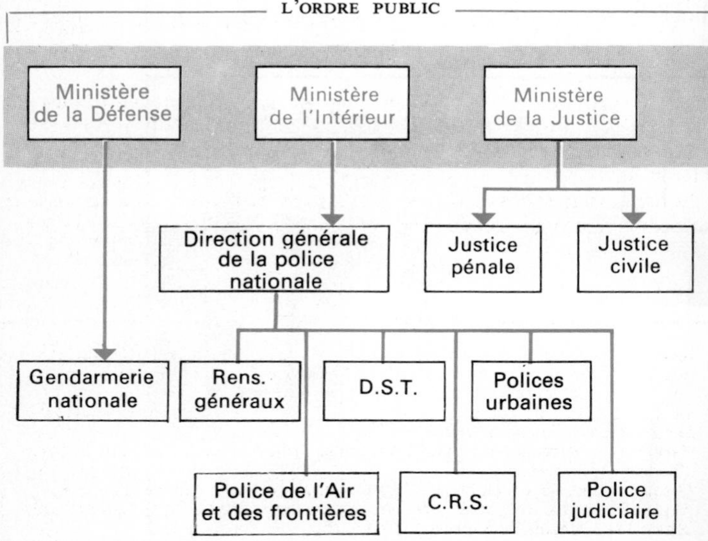

’ARMÉE

« La Défense a pour objet d’assurer n tout temps, en toutes circonstances et ontre toutes les formes d’agression, la écurité et l’intégrité du territoire, ainsi ue la vie de la population. Elle pour- oit de même au respect des traités, lliances et accords internationaux. »

DÉFILÉ MILITAIRE
sur les Champs-Élysées
(14 juillet 1981).

’organisation des forces armées

Le Président de la République, garant de l’indépendance nationale, e l’intégrité du territoire, du respect es accords et des traités » (art. 5 de la onstitution), est le **chef des armées ;** il préside les Conseils.

Les dépenses militaires de la France représentent 19 % du budget ational. Les effectifs budgétaires dans les armées s’élèvent à 725 000 per- onnes : 588 000 militaires (dont 267 000 soldats du contingent) et 137 000 ivils.

Le système de la défense repose sur la **force de dissuasion nucléaire** 75 mégatonnes en 1980) « qui doit créer une menace permanente et uffisante... pour détourner un adversaire de ses intentions agressives ». ’organisation fonctionnelle des forces armées est fondée sur 4 systèmes de orces :

Les Forces Nucléaires Stratégiques (F.N.S.) : forces aériennes stratégiques 37 mirages IV, 2 unités de tir de missiles installées sur le plateau d’Albion Vaucluse) ; force océanique stratégique (5 sous-marins à propulsion nu- léaire : *Le Redoutable, Le Terrible, Le Foudroyant, L’Indomptable, Le onnant*), auxquels s’ajouteront deux autres unités. Il y a 16 missiles par ous-marin.

L’Arme Nucléaire Tactique (A.N.T.), conçue pour opérer sur le champ de ataille, comportant des unités d’artillerie nucléaire des armées de terre Pluton), de l’air et de la marine.

Les Forces classiques : terrestres, aériennes, maritimes et aéronavales, orces de gendarmerie (p. 254).

Les Forces d’Outre-Mer : placées sous les ordres de 6 commandements nter-armées.

Les armes nucléaires stratégiques et tactiques ne peuvent être utilisées que ur ordre ou recommandation expresse du Président de la République.

LES FORCES FRANÇAISES

Terre : 2 300 chars, 700 pièces d’artillerie, plusieurs centaines d’hélicoptères, le tout réparti en 8 divisions blindées, 4 divisions d’infanterie, 1 division alpine, 1 division parachutiste, 1 division d’infanterie de marine.
Air : 558 avions de combat + les forces aériennes stratégiques et le matériel d’entraînement, de ravitaillement.
Marine : 3 porte-aéronefs : 2 porte-avions *(Clemenceau, Foch)* et 1 porte-hélicoptères *(Jeanne-d’arc) ;*
28 sous-marins, dont 5 (et bientôt 7) sous-marins nucléaires lance-engins ;
20 gros batiments de combat, dont un croiseur lance-engins, le *De Grasse,* deux frégates lance-engins, le *Suffren* et le *Duquesne*.

Le service national

Depuis 1971 le **service national,** qui est universel, peut revêtir les formes suivantes :

• Le service militaire destiné à répondre aux besoins des armées ; durée 12 mois.

• Le service de défense (protection des populations civiles) ; durée 16 mois.

• Le service de l'aide technique (qui contribue au développement des départements et territoires d'outre-mer) et le service de la coopération (en faveur des États étrangers qui en font la demande) ; durée 16 mois.

Les jeunes Français sont normalement appelés à l'âge de 19 ans. Ils peuvent toutefois demander à être incorporés un an plus tôt. Certains, notamment les étudiants, peuvent bénéficier d'un sursis d'incorporation.

La formation des cadres

L'armée nouvelle exige une reconversion et une qualification accrue des effectifs et surtout des cadres : d'où l'importance d'un enseignement spécialisé à tous les degrés. Cet enseignement relève dans sa totalité du ministère de la Défense.

GRADES ET INSIGNES

	TERRE / AIR	MARINE
	Gal. d'armée	Amiral
	Gal. de corps d'armée	Vice-amiral d'escadre
	Gal. de division	Vice-amiral
	Gal de brigade	Contre amiral
OFF. SUPÉRIEURS	Colonel	Cap. de vaisseau
OFF. SUPÉRIEURS	Lieut. colonel	Cap. de Frégate
OFF. SUPÉRIEURS	Chef de bataillon / Commandant	Cap. de corvette
OFF. SUBALTERNES	Capitaine	Lieut. de vaisseau
OFF. SUBALTERNES	Lieutenant	Ens. de vaisseau (1e classe)
OFF. SUBALTERNES	Sous-Lieutenant	Ens. de vaisseau (2e classe)
SOUS-OFFICIERS	Aspirant	
SOUS-OFFICIERS	Adjudant-chef	Maître principal
SOUS-OFFICIERS	Adjudant	1er maître
SOUS-OFFICIERS	Sergent-Major	

L'ENSEIGNEMENT MILITAIRE

	TERRE	MARINE	AIR
ENSEIGNEMENT MILITAIRE SUPÉRIEUR	Institut des hautes études de défense nationale		
	Centre des hautes études militaires		
	Ecole supérieure de guerre (1876)	École de guerre navale	École supérieure de guerre aérienne
GRANDES ÉCOLES DE FORMATION	Ecole polytechnique (à Paris) Ecole spéciale militaire (ex Saint-Cyr, à Coëtquidan) Ecole du service de santé militaire	École navale (1830) à Lanvéoc-Poulmic (Finistère)	École nat. sup. de l'aéronautique (a Paris) École de l'air (1935) à Salon-de-Provence
ÉCOLES D'APPLICATION	Infanterie : St-Maixent Saumur Artillerie : Châlons-sur-Marne etc.	École d'appl. des enseignes de vaisseau (sur navire-école) etc.	École des techniciens de l'armée de l'air (Rochefort)
ENSEIGNEMENT DU SECOND DEGRÉ	La Flèche (Sarthe) St Cyr l'École (Yvelines)		École des pupilles de l'air (Grenoble)

)RDRES ET DÉCORATIONS

— HISTORIQUE —

● A l'instar des ordres religieux et militaires issus des Croisades, les rois créèrent, à partir du XIVᵉ s., des **ordres de chevalerie** destinés à s'attacher une élite de sujets : *ordres de Saint-Michel* (créé par Louis XI); *du Saint-Esprit* (Henri III), le plus illustre, limité à 100 membres; *de Saint-Louis* (Louis XIV, 1693), accessible à tous, nobles et roturiers, et comportant 3 grades : chevalier, commandeur, grand-croix. Cet ordre disparut avec les autres en 1830, mais inspira sans doute Napoléon Iᵉʳ quand il créa la Légion d'Honneur (1802), le premier et le plus important des ordres existant actuellement.

.a Légion d'Honneur

Elle est décernée aux Français qui se sont distingués par des mérites xceptionnels ou des services rendus à l'État, à titre militaire ou civil. Chaque ministère établit deux fois par an ses propositions. Les étrangers euvent être nommés d'emblée à tous les grades sans condition. On peut erdre son grade en cas d'indignité.

Des **Maisons d'éducation,** créées également par Napoléon, sont desinées aux filles des membres de l'Ordre et fonctionnent comme des lycées : aint-Denis, Écouen, Les Loges (forêt de Saint-Germain-en-Laye).

LA HIÉRARCHIE

GRAND MAITRE : LE PRÉSIDENT DE LA RÉPUBLIQUE

GRAND CHANCELIER : Préside le Conseil de l'Ordre

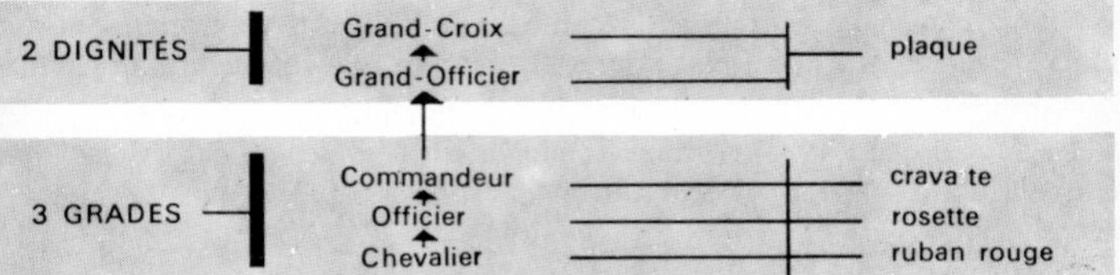

)écorations militaires

La Médaille militaire, créée ar Napoléon III, est surtout décernée, sur proposition du minisère des Armées, aux sous-officiers t aux soldats en récompense 'exploits exceptionnels ou de longs tats de service.

La Croix de Guerre, créée pour s deux guerres mondiales, récomense des faits d'armes individuels u collectifs.

L'ordre de la Libération, créé ar le Général de Gaulle, comprend n millier de « compagnons », ommés entre 1940 et 1946.

Décorations civiles

Elles dépendent des différents ministères :

● **L'ordre du Mérite,** créé en 1963, et qui vient immédiatement après la Légion d'Honneur.

● **L'Ordre des Palmes académiques** (ruban violet) (Education Nationale), pour les membres du corps enseignant, les écrivains, etc.; le Mérite agricole, fondé en 1883 (ruban vert, dit « le Poireau »!) le Mérite maritime (1930), social (1936), commercial (1939), artisanal (1948), sportif (1956), du travail (1957), l'Ordre des Arts et Lettres (1957).

Le « Quai d'Orsay ».

LA FRANCE ET LE MONDE

La France fut le premier pays à posséder, au Grand Siècle, un réseau d'ambassadeurs. Leur rôle, longtemps prépondérant, s'est progressivement transformé pour s'intégrer à un ensemble d'institutions fort complexes.

Le « Quai d'Orsay »

Le **« Département »** ou ministère des Relations Extérieures, terme substitué, en 1981, à celui d'Affaires Étrangères, souvent désigné sous le nom de **« Quai d'Orsay »,** où il est situé à Paris, a été réorganisé depuis 1945. Aux côtés du ministre, dont il est le conseiller, le secrétaire général est en quelque sorte l' « éminence grise » du ministère : il assure le lien entre le gouvernement et les rouages administratifs, dont il coordonne le fonctionnement.

Les Directions

- Les services du ministère des Relations Extérieures sont groupés en 6 grandes directions selon un système de répartition à la fois géographique et méthodique.
- La Direction des **Affaires politiques** est numériquement la plus importante : centralisation des informations relatives aux différents aspects de la politique des États et des organisations internationales.
- La Direction des **Affaires africaines et malgaches,** créée en 1961.
- La Direction des **Affaires économiques et financières,** instituée en 1945
- La Direction générale des **Relations culturelles, scientifiques et techniques :** échanges culturels, coopération culturelle et technique, affaires scientifiques.
- La Direction des **Conventions administratives et des affaires consulaires** conventions internationales, biens et intérêts privés des Français à l'étranger.
- La Direction du **personnel** et de **l'Administration générale.**

Les « postes » à l'étranger

Le Département commande un réseau de postes diplomatiques et consulaires qui couvre le monde entier. Dans chaque pays, l'**ambassadeur** dirige l'ensemble de la **mission diplomatique.** Il est assisté de conseillers, de secrétaires et d'attachés d'ambassade, ainsi que d'une série d'attachés relevant d'autres ministères : attaché militaire, naval, commercial, financier, culturel.

Dans les grandes villes, le **consul général** ou **le consul** est en quelque sorte le délégué provincial de l'ambassadeur. Il représente les services administratifs de la métropole ; il est à la fois notaire, percepteur officier d'état civil. Il traite notamment des affaires commerciales et économiques.

AVEC L'EXTÉRIEUR

LE PRÉSIDENT
de la RÉPUBLIQUE
FRANÇOIS MITTERRAND
reçoit le ROI KHALED
d'Arabie saoudite.

Les grandes orientations

Dans un monde divisé en deux **blocs antagonistes,** soumis par moments à de dangereuses **tensions,** la France s'efforce de conduire une **politique étrangère** dont les grandes orientations sont :

• Souci d'**indépendance.** Si elle participe à l'Alliance atlantique (voir ci-dessous), la France entend assumer elle-même la charge de sa propre sécurité.

• Contribution permanente au **maintien de la paix** et de la **détente** dans le monde.

• Participation active à la **construction européenne.**

• Affirmation d'une **solidarité** à l'égard du **Tiers Monde.** Initiatrice du dialogue Nord-Sud, la France participe à toutes les négociations visant à établir un nouvel ordre économique mondial.

• Attachement au **respect** des **Droits de l'Homme.**

• Action en faveur du **rayonnement de la culture française.**

> **LES IMMUNITÉS DIPLOMATIQUES**
>
> Parmi les privilèges attachés à l'exercice de la fonction diplomatique figurent :
> — l'immunité des personnes ;
> — l'inviolabilité de la correspondance (la valise diplomatique), des archives ;
> — le droit d'asile.

Les alliances militaires

La France constitue, avec les pays du Benelux, la République Fédérale d'Allemagne, le Royaume-Uni et l'Italie, l'Union de l'Europe Occidentale (U.E.O.). Elle est partie au traité créant l'Organisation du Traité de l'Asie du Sud-Est (O.T.A.S.E.). Elle a conclu des **accords de défense** avec plusieurs États africains (Centrafrique, Côte d'Ivoire, Sénégal, Gabon...) ; elle est par ailleurs liée par de nombreux accords d'assistance technique militaire : 1 600 coopérants militaires français séjournent dans 25 pays africains.

En 1949, la France a signé le **Traité de l'Atlantique Nord** mais, en 1966, elle a mis fin à l'intégration militaire de ses forces au sein de l'Organisation du Traité de l'Atlantique Nord (O.T.A.N.). Rejetant tout automatisme susceptible d'aliéner la maîtrise qu'elle entend garder de sa politique de sécurité, elle n'a toutefois pas quitté l'Alliance Atlantique et continue d'assumer sa solidarité avec les autres pays membres en cas d'agression de l'un d'eux. Elle participe à des manœuvres de l'O.T.A.N. et maintient sa participation, à l'Eurocom (coopération des systèmes de transmission tactique) et au réseau Nadge (surveillance radar à longue distance).

LA COOPÉRATION

Coopération et développement

Rattachée en 1966 au ministère des Affaires Étrangères, la **Coopération** pris une place grandissante dans les préoccupations gouvernementales. E 1981 a été créé un **ministère de la Coopération et du Développement ;** cett nouvelle appellation indique très clairement que la coopération s'intègr désormais dans une politique générale de développement.

Le changement de titre a ainsi valeur de symbole ; il veut marquer un rupture avec les références coloniales qu'a longtemps comportées le minis tère de la Coopération : à une aide de conception un peu charitable e marquant trop souvent une relation de supérieur à inférieur, doit s substituer la volonté d'associer la France dans un **dialogue d'égal à égal** ave les pays pauvres. L'inflexion de la politique française dans ce domaine s traduit par des aménagements permettant à la notion de **développement auto centré,** endogène, de s'affirmer : développement destiné à renforcer l capacité des États à faire face par leurs propres moyens à leurs difficultés notamment dans le **domaine alimentaire.** La coopération doit aider le Tier Monde à élaborer un modèle de développement qui assure d'abor l'essentiel de ses besoins locaux.

Une aide insuffisante

Quelque 17 000 **coopérants** français (13 000 enseignants, 4 000 techn ciens) sont répartis sur les cinq continents : en Afrique du Nord, au sud d Sahara, en Amérique latine, en Asie-Océanie, au Proche et au Moyen Orient...

L'aide publique de la France au Tiers Monde représente 0,62 % d P.N.B. ; mais si l'on retranche les crédits accordés aux DOM-TOM [p. 100 la part du P.N.B. tombe à 0,32 %, ce qui place notre pays au 11e rang de nations industrialisées. Cette aide, **globalement insuffisante,** doit en outr être **rééquilibrée,** notamment en majorant fortement le soutien financie accordé aux **organisations non gouvernementales** (O.N.G.).

LUTTE CONTRE les PARASITES en CÔTE-D'IVOIRE.

LES MISSIONS D'AIDE ET DE COOPÉRATION

26 États dans lesquels sont installées des Missions d'Aide et de Coopération (M.A.C.) relèvent du pouvoir de décision du ministre de la Coopération et du Développement :

Benin, Burundi, Cameroun, Centrafrique, Congo, Comores, Côte-d'Ivoire, Djibouti, Gabon, Haïti, Haute-Volta, Maurice, Madagascar, Mali, Mauritanie, Niger, Rwanda, Sénégal, Seychelles, Tchad, Togo, Zaïre, Cap-Vert, Guinée-Bissau, Sao-Tomé-et-Principe, Guinée-Équatoriale.

Le ministre, qui est consulté sur toutes les opérations de coopération et de développement intéressant l'ensemble des pays africains situés au sud du Sahara, est par ailleurs chargé de l'ensemble des négociations internationales intéressant le développement.

5/ la vie économique

DE L'EXPANSION...

Les transformations intervenues dans la vie économique française depuis la fin de la Seconde Guerre mondiale sont d'une ampleur telle que l'on peut parler d'une profonde mutation. Elles se sont opérées, jusqu'au début des années 70, dans une phase de grande expansion ; elles se poursuivent depuis 1974, dans un contexte de crise.

Le début d'une renaissance

La France de l'immédiat avant-guerre semblait vouée à la **stagnation.** Pauvre en hommes, protégée de la concurrence étrangère par un rempart douanier, repliée sur son Empire colonial, « chasse gardée » destinée à lui fournir des débouchés privilégiés, elle était figée dans une sorte de léthargie.

La **Libération** marque le début d'une **renaissance.** La reconstruction de l'économie, après la crise des années 30 [p. 127] et l'effondrement de la guerre [p. 158], est rapide : dès 1949, la France retrouve le niveau de production d'avant-guerre. L'effort de reconstruction, soutenu par l'aide américaine (Plan Marshall), s'accompagne d'une **rénovation** des structures et des méthodes de production, préparant le développement ultérieur.

Un cadre nouveau

L'activité économique se développe dans un cadre caractérisé par :

— la généralisation de la **révolution scientifique et technique** marquée notamment par la rapide diffusion des découvertes scientifiques dans les processus de production : industrie nucléaire, informatique, industries aérospatiales...

— un **renouveau démographique** qui se maintient jusqu'au début des années 60 [p. 162]. L'économie se trouve stimulée par l'accroissement des besoins en équipements sociaux (logements, écoles, crèches...) et par l'augmentation de la demande des ménages.

— l'accroissement du **rôle économique de l'État** qui se traduit par la création d'un important secteur public [p. 240], la planification de l'économie [p. 273], l'aménagement du territoire [p. 274].

— l'**ouverture des frontières** et l'intégration progressive de l'économie nationale dans les Communautés européennes [p. 164].

— la **concentration financière** des entreprises industrielles et commerciales confrontées à la concurrence internationale.

Une forte expansion

La reconstruction achevée, la France s'engage dans une phase d'expansion sans précédent dans son histoire. De 1949 à 1969, la production intérieure brute s'accroît au rythme annuel moyen de 5 % ; elle s'accroît de 5,9 % par an de 1969 à 1973. La mutation de son économie est marquée par :

— un grand essor de l'industrie [p. 292] ;

— une seconde révolution agricole [p. 278] ;

— un bouleversement de l'appareil de distribution [p. 308] ;

— un fort développement des échanges extérieurs (p. 310].

. A LA CRISE

'n renversement de la conjoncture

Dès le début des années 70, divers signes de dérèglement se manifestent ans le monde :

- Crise du **système monétaire international** établi à Bretton-Woods (États-Inis) en 1944. A partir des années 70, les monnaies deviennent flottantes.
- Apparition aux États-Unis d'une situation nouvelle, la **stagflation** : tagnation de l'économie dans un contexte de hausse des prix.
- Bouleversement du **marché mondial de l'énergie** : en 1973, à l'occasion e la guerre du Kippour, les membres de l'Organisation des Pays Exportateurs de Pétrole (O.P.E.P.) parviennent à imposer à leurs clients de très ortes hausses du prix de l' « or noir ».

Les pays industrialisés importateurs de pétrole s'efforcent de corriger le éficit de leur balance commerciale en réduisant la demande intérieure et en ccroissant leurs exportations. La compétition internationale devient plus pre et prend l'allure d'une véritable « guerre économique ».

,a crise en France

Après une longue période de prospérité, l'économie française est, à partir le 1974, sévèrement touchée par une **crise** qui s'étend à l'ensemble des pays l'économie libérale. Elle se manifeste par :

- **La récession.** Le taux annuel moyen d'accroissement du Produit Intérieur Brut passe de 5,9 % pour la période 1969-1973 à 2,5 % pour la période 1974-1980. Deux années sont particulièrement néfastes : 1975 (— 0,3 %), 1980 1 %).
- **L'inflation.** La hausse annuelle moyenne des prix passe de 5,9 % pour la période 1969-1973 à 10,7 % pour la période 1974-1979. En 1980, l'inflation atteint 13,6 %.
- La multiplication des **faillites** d'entreprises industrielles et commerciales.
- **Le chômage.** Le nombre des chômeurs passe de 500 000 au début de l'année 1974 à un million au milieu de l'année 1975 et à plus de 2 millions en novembre 1981.

L'aggravation du **déficit du commerce extérieur.** Si l'on fait exception des années 1975 et 1978, la balance commerciale française est, depuis 1974, constamment déficitaire [p. 310].

Ni la politique de J.-P. Fourcade, ministre de l'Économie du gouvernement J. Chirac (1974-1976), ni celle de R. Barre, Premier Ministre de 1976 à 1981, ne parviennent à surmonter les **difficultés.** Le **mécontentement** est à l'origine du profond désir de changement qui s'exprime à l'occasion des élections présidentielle et législatives de mai-juin 1981 [p. 224]. Jacques Delors devient ministre de l'économie.

LE RÔLE DE L'ÉTAT...

Cinquième puissance mondiale après les États-Unis, l'U.R.S.S., le Japon, la R.F.A., la France se distingue parmi les pays d'économie libérale, par l'importance du rôle de l'État dans l'économie.

Un rôle croissant

L'État ne jouait encore au début du XXe siècle qu'un **rôle limité** dans la vie économique et sociale de la nation. Refusant d'intervenir dans le processus de production, le Pouvoir public se bornait à gérer le budget, à percevoir des droits de douanes et à mettre en œuvre un début de législation sociale.

Son rôle s'est **accru,** dans les années 30, face à la **crise,** sous le gouvernement de Front populaire [p. 128] et au lendemain de la Seconde Guerre mondiale pour répondre aux nécessités de la **reconstruction.** Le retour de la **gauche** au pouvoir en 1981, dans un contexte de crise, se traduit par une accentuation de l'intervention publique dans tous les domaines.

Un rôle multiple

L'intervention de l'État se manifeste de multiples façons :
— État **organisateur** (utilisant la loi, le décret, l'arrêté) : il définit la politique budgétaire, fiscale, monétaire, commerciale, énergétique...
— État **producteur,** par le biais des entreprises publiques [voir ci-contre].
— État **consommateur :** premier client de l'industrie nationale.
— État **investisseur :** il assurait, avant le nouveau train de nationalisations de 1982, 29 % de l'effort d'équipement des entreprises.
— État **financier :** il contrôle la quasi-totalité de la distribution du crédit.

Une économie néanmoins libérale

Malgré l'ampleur de l'intervention des Pouvoirs publics, l'économie française demeure une **économie libérale.**
— La propriété **privée** des moyens de production et d'échanges est très largement prépondérante.
— Les **mécanismes du marché,** l'initiative individuelle, la concurrence, le libre choix des consommateurs déterminent les orientations de la production.
— L'économie nationale est enfin largement **ouverte au monde.**

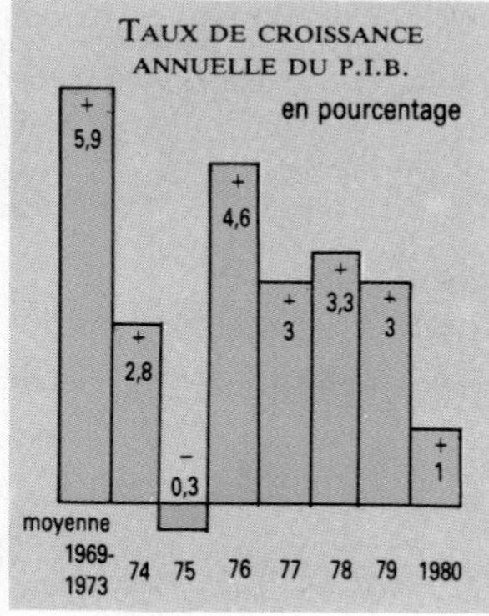

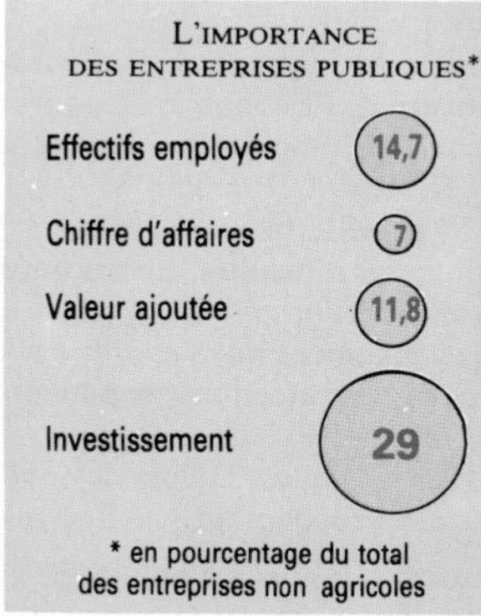

L'IMPORTANCE DES ENTREPRISES PUBLIQUES*
Effectifs employés
14,7
Chiffre d'affaires
7
Valeur ajoutée
11,8
Investissement
29
* en pourcentage du total des entreprises non agricoles

'T ÉCONOMIQUE

E SECTEUR PUBLIC

L'accroissement du rôle de l'État dans vie économique s'est traduit en ʼance par la création d'un important cteur public.

ne grande diversité

Si l'on entend par entreprise puique « toute entreprise ayant une tivité d'ordre économique, dans quelle les Pouvoirs Publics ont une rticipation en capital prépondérante jouent un rôle prépondérant en ce i concerne la gestion », 3 grandes tégories peuvent être distinguées.

Les services publics : Postes et Télémmunications, Imprimerie Natiole ; régie diverses (transports, abatrs, eaux...).

Les établissements publics : entreises nationalisées (Charbonnages de ance, Électricité et Gaz de France, égie Renault, Banques nationalies...).

Les sociétés d'économies mixte : Soété Nationale des Chemins de Fer ançais (S.N.C.F.), Compagnie Franise des Pétroles.

n élargissement

En 1981, la gauche au pouvoir (gourneMent P. Mauroy) décide un nou**élargissement** du secteur public. Elle tionalise :

39 banques et 2 compagnies finanres (Suez et Paribas) [pp. 270-271]

5 sociétés industrielles : Compagnie nérale d'Électricité, Compagnie de int-Gobain, Pechiney-Ugine-Kuhlnn, Rhône-Poulenc, Thomsonandt).

secteur public contrôle ainsi 15 % s effectifs et 30 % du chiffre d'affaires l'industrie française.

2 industries d'armement, la branche litaire de Matra, Dassault-Bréguet, ssent sous le contrôle majoritaire de tat.

2 groupes sidérurgiques déjà contrôpar l'État, Usinor et Sacilor, sont nplètement nationalisés.

autres nationalisations sont envisaːs à plus ou moins long terme.

QUELQUES ENTREPRISES PUBLIQUES

(Avant les nationalisations décidées en 1981)

Banques et assurances

Banque de France, Banque Nationale de Paris (B.N.P.), Crédit Lyonnais, Société Générale, Caisse Nationale de Crédit Agricole, Caisse Nationale des Marchés de l'Etat, Banque Française du Commerce Extérieur, Assurances Générales de France (A.G.F.), Groupe des Assurances Nationales (G.A.N.).

Agriculture

Office National Interprofessionnel des Céréales (O.N.I.C.), Office National des Forêts (O.N.F.).

Energie

Charbonnages de France, Electricité de France (E.D.F.), Gaz de France (G.D.F.), Compagnie Nationale du Rhône (C.N.R.), Entreprises de Recherches et d'Activités Pétrolières (E.R.A.P.).

Industrie

- *Industries mécaniques :* Régie Nationale des Usines Renault (R.N.U.R.), Société Nationale Industrielle Aérospatiale (S.N.I.A.S.).
- *Industries chimiques :* Entreprise minière et chimique, Institut National de Recherche Chimique Appliquée (I.R.C.H.A.)...

Transports

Société Nationale des Chemins de Fer (S.N.C.F.), Compagnie Nationale Air France, Air Inter, Compagnie Générale Transatlantique, Compagnie des Messageries Maritimes, Régie Autonome des Transports Parisiens (R.A.T.P.), Société des Transports Pétroliers par Pipe-line (T.R.A.P.I.L.).

Information

Sociétés issues de l'ex-O.R.T.F. (p. 206), Société Nationale des Entreprises de Presse (S.N.E.P.), Agence France-Presse.

LE BUDGET DE L'ÉTAT

Dominé par la philosophie libérale, le XIXe s. prônait la neutralité des finances publiques : réduit, le budget ne devait intervenir sur l'économie d'aucune façon, directe ou indirecte.

L'évolution a été caractérisée par un accroissement continu des dépenses publiques. Aujourd'hui le budget met en œuvre une politique financière à impacts économiques.

RECETTES

28,2 % Impôts sur le revenu
- Personnes physiques 19,52 %
- Sociétés 8,7 %

5,6 % Impôts sur la fortune

52,5 % Impôts sur la consommation
- Taxe à la Valeur Ajoutée (T.V.A.)
- Droits de douanes et taxes sur les produits pétroliers
- Taxe sur les salaires
- Autres contributions indirectes (tabac, alcool...)

13,7 % Autres ressources budgétaires

Les supports juridiques

Les supports juridiques du budget « acte législatif » sont au nombre de 3

- La **loi de finances initiale.** Le budget de l'État pour l'année suivan est déposé chaque année en octobre. Après son vote et sa promulgati en début d'année, un ensemble de décisions sont arrêtées qui lient l'adm nistration : c'est l'objet de la « loi de finances initiale ».
- Le **collectif.** Toutefois, si des événements imprévisibles intervienne en cours d'exécution du budget, un « collectif » (budget complémentai est proposé par le Gouvernement au Parlement.
- La **loi de règlement.** Le budget exécuté reçoit ultérieurement une cons cration sous forme de « loi de règlement ».

Les recettes

La source essentielle des recettes réside dans **l'impôt** et le système fisc français repose largement sur les **impôts indirects** (impôts sur la conso mation). La taxe sur la valeur ajoutée (T.V.A.), taxe unique sur la vale des biens de consommation, fournit environ 48 % des recettes fiscales. taux normal est de 17,6 % de la valeur hors taxe, mais il reste un taux majoré (32,5 %) pour les produits de luxe et un taux réduit (7 %) pour la plupart des produits alimentaires. Au total, le rapport des recettes fiscales au Produit Intérieur Brut est de 41 % en 1979 (cotisations sociales comprises) contre 31 % aux U.S.A., 37 % en R.F.A. et 53 % en Suède.

En 1981 est créé un impôt sur les grosses fortunes.

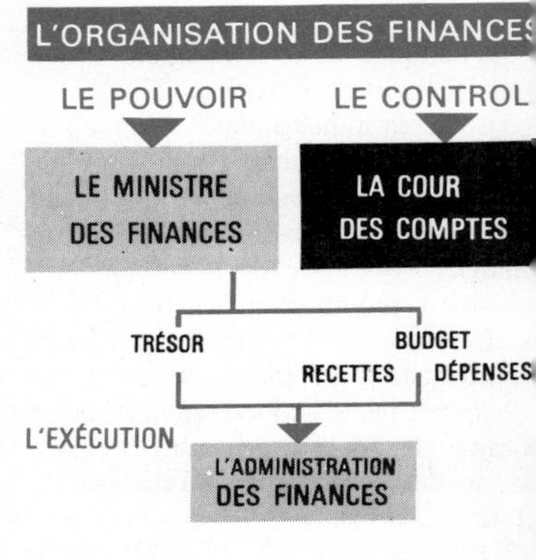

RECETTES ET DÉPENSES

(Loi de finances initiale) en milliards de francs. Budget initial

Année	Dépenses	Ressources
1981	611	585

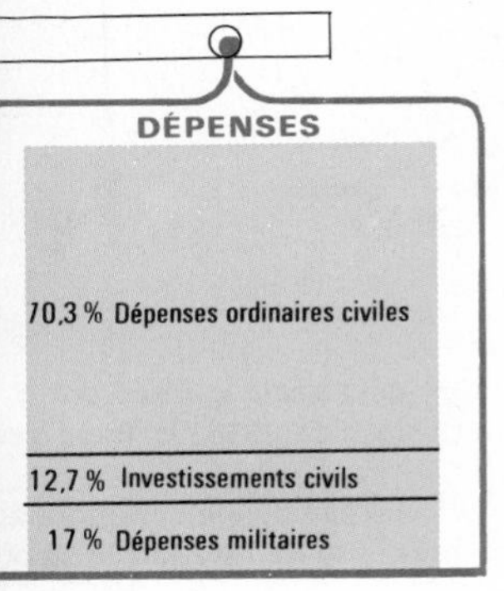

Les dépenses

Elles se décomposent en dépenses civiles (dépenses ordinaires, investissements) et en dépenses militaires (voir ci-contre).

Le budget fonctionnel permet de reconstituer les fonctions de l'État et de savoir où vont les fonds prélevés sur les contribuables : 17 % à l'Éducation ; 20 % au secteur travail, santé, emploi ; 19 % à la Défense...

Un principe essentiel de la comptabilité publique est que les « ordonnateurs » (ceux qui engagent les dépenses) ne sont pas les payeurs (ceux qui règlent les créances).

Autrement dit, les fonctionnaires des administrations « ordonnent » ou engagent les dépenses et les trésoriers-payeurs règlent les factures. Le contrôle est confié à la Cour des Comptes.

LA COUR DES COMPTES

Créée en 1807, elle est l'héritière de la *Chambre des Comptes* de l'Ancien régime.

▸ **Structure :**
C'est un tribunal de quelque 200 magistrats (présidents, conseillers, auditeurs) répartis en cinq chambres.

▸ **Attributions :**
— juger les comptes des comptables publics,
— vérifier l'action des ordonnateurs,
— informer le gouvernement, les parlementaires et l'opinion publique sur l'exécution du budget (Rapport annuel).

LE FONCTIONNEMENT DU BUDGET

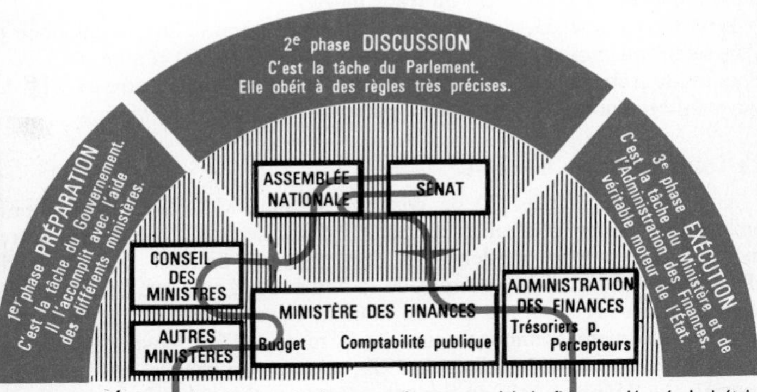

Le budget de l'État est établi et voté chaque année par une loi de finances. L'année budgétaire correspond à l'année civile. Les crédits doivent être utilisés dans le cadre du chapitre pour lequel ils ont été prévus (spécialité du budget), mais en pratique le gouvernement s'accommode très mal d'une telle rigidité. La discussion du budget fournit au Parlement l'occasion de discuter l'orientation donnée aux activités des différents ministères.

LA MONNAIE

C'est en 1795 que le franc — continuateur de la livre tournoi d'ancien régime — est devenu l'unité monétaire légale de la France. Depuis sa création, et surtout depuis la Première Guerre mondiale, le franc a connu de multiples vicissitudes.

Les dévaluations du franc

La loi du 17 germinal An XI (7 avril 1803) définissait le **franc** par 5 g d'argent ou 322 mg d'or au titre de 9/10 et, jusqu'en 1914, le **franc germinal** connut une **grande stabilité.**

La Première Guerre mondiale imposa la création de papier monnaie (billets de banque inconvertibles en métal précieux) et marqua le début d'un phénomène qui devait caractériser le XXe s. : **l'inflation.**

Le franc se déprécia sur le marché des changes jusqu'en 1926 et, en 1928 il fut stabilisé par Poincaré au 1/5 de sa valeur d'avant-guerre. En même temps, le mono-métallisme or était légalement établi en France.

En 1936 commença une nouvelle période de troubles monétaires et le franc connut une série de dévaluations : le franc Auriol ou franc élastique en octobre 1936, le franc Bonnet ou franc flottant en juin 1937, le franc Daladier ou franc sterling en mai 1938, le franc Reynaud en février 1940.

Après la Seconde Guerre mondiale, le franc enregistra une nouvelle cascade de dévaluations : le franc Pleven en décembre 1945, le franc Mayer en janvier 1948, le franc Petsche en septembre 1949, le franc Gaillard en août 1957-juin 1958, le franc Pinay-de Gaulle en décembre 1958, le franc Chaban-Delmas en août 1969, le franc Delors en octobre 1981.

Le franc lourd, franc actuel

Le 1er janvier 1960, le Gouvernement décida de multiplier par 100 la valeur nominale de la monnaie. L'opération consistait à doter la France d'une unité monétaire de plus grand poids et à donner plus de prestige au franc : 1 **nouveau franc** (NF) ou **franc lourd** = 100 **anciens francs.**

Le 1er janvier 1963, l'expression « nouveau franc », fut abandonnée et l'on revint au mot simple, le **franc :** 1 NF = 1 F = 100 centimes. A cette époque, le franc était défini par un poids d'or de 200 mg au titre de 9/10. La dévaluation d'août 1969 ramena ce poids à 175 mg.

Le franc monnaie flottante

Au début des années 70, la crise du Système Monétaire International entraîne l'**abandon** généralisé des **parités fixes.** Le franc, comme les autres monnaies du monde occidental, devient **monnaie flottante :** son taux de change obéit à la loi de l'offre et de la demande. Toutefois, une solidarité monétaire est organisée au sein du Marché Commun et le franc fluctue au sein du « serpent communautaire » (de mars 1972 à janvier 1974 et de juillet 1975 à mars 1976). Depuis 1979, le cours du change de la monnaie française se définit au sein du **Système Monétaire Européen** établi pour créer en Europe une zone de relative stabilité monétaire. Le 4 octobre 1981, un réajustement monétaire au sein du S.M.E. se traduit par une dévaluation du franc de 3 %...

LE FRANC ET L'OR : QUELQUES DATES IMPORTANTES

	Dénomination.	Poids correspondant d'or à 9/10 de fin (en milligrammes).
7 avril 1803	Germinal (An XI)	322,58
25 juin 1928	Poincaré	65,5
1er octobre 1936	Auriol	49/43
30 juin 1937	Bonnet	43
4 mai 1938	Daladier	27,5
29 février 1940	Reynaud	23,34
26 décembre 1945	Pleven	8,29
26 janvier 1948 (1)	Mayer	4,6
20 septembre 1949	Petsche	2.82
10 août 1957 } 24 juin 1958 }	Gaillard	2.35
27 décembre 1958	Pinay-De Gaulle	2
1er janvier 1960	Nouveau franc	200
1er janvier 1963	Franc	200
11 août 1969	Chaban-Delmas	175
4 octobre 1981	Delors	

(1) Pendant la période 1948-1958, le franc n'a pas de parité officielle avec l'or : il se définit par son taux de change avec le dollar.

BANQUE DE FRANCE
Actif au 10-9-1981
en milliards de francs

- Or et créances sur l'étranger .. 345,21
dont :
— Or : 212.6
— Disponibilités à vue sur l'étranger : 4,5
— Écus : 78,8
— Avances au Fonds de stabilisation des changes : 13
- Créances sur le Trésor 4,26
- Créances provenant d'opérations de refinancement 126,35
- Or et autres actifs de réserve à recevoir du FECOM 64,05
- Divers 5,15

Total 545,02

COTE DES CHANGES

Marché officiel	Cours 3-12-81
États-Unis ($ 1)	5,63
Canada ($ can. 1)	4,77
Allemagne (100 DM) ..	252,62
Belgique (100 fr.)	14,85
Danemark (100 krd.) ..	78,08
Espagne (100 pes.)	5,87
Grande-Bretagne (£ 1) .	10,90
Italie (100 lires)	0,47
Norvège (100 krn.)	98,75
Pays-Bas (100 fl.)	230,80
Portugal (100 esc.)	8,77
Suède (100 krs.)	104,78
Suisse (100 fr.)	314,15

LES BANQUES, L'ÉPARGNE, LE CRÉDIT

Le système bancaire

▸ La loi de 1945 distinguait notamment :

● **Les banques de dépôts** qui ne pouvaient recevoir de leurs clients de dépôts de plus de 2 ans. Avec le montant des dépôts reçus, elles ne pouvaient prendre de participations industrielles ou commerciales.

● **Les banques d'affaires,** spécialisées dans la prise et la gestion de participations dans les affaires existantes ou en formation et dans l'ouverture de crédits sans limitation de durée aux entreprises. Elles ne pouvaient investir que les fonds provenant de leurs ressources propres ou de dépôts de plus de 2 ans.

▸ Une importante **réforme bancaire** appliquée en 1966 a entraîné :

● Une atténuation des différences entre banques de dépôts et banques d'affaires. Les premières disposent plus librement des dépôts en faveur du financement à moyen ou à long terme.

● Une gestion plus souple des fonds. Un système de « réserves obligatoires » gèle à la Banque de France une partie des dépôts recueillis par les banques. Le taux de réserves peut être modifié par les autorités monétaires : c'est un moyen d'agir sur le volume du crédit.

● Un regroupement des banques.

LA BANQUE DE FRANCE

Institution d'État créée en 1800 et nationalisée en 1945, elle est à la fois :

● l'**institut d'émission** qui a le monopole d'émission des billets de banque;

● la **banque centrale du pays**, à la fois banque des banques et banque du Trésor de l'État;

● un **instrument de l'État dans sa politique du crédit** : son directeur fixe le taux d'escompte et préside les organismes de contrôle.

L'épargne

L'épargne des ménages représente 17 à 18% du Revenu National disponible. Les Caisses d'épargne collectent 43% de l'épargne liquide et à court terme.

LES CAISSES D'ÉPARGNE COMPRENNENT :

● la **Caisse nationale d'épargne,** organisme public créé en 1881 et fonctionnant dans le cadre des Postes et Télécommunications.

Elle utilise environ 18 000 guichets postaux.

Nombre de livrets : 15 millions
Montant des dépôts : 153 milliards de F

● les **Caisses d'épargne et de prévoyance,** organismes autonomes créés en 1818 et placés sous la tutelle du ministre des Finances.

Elles disposent de 23 000 points de collecte.

26 millions
278 milliards de F

Les Caisses d'épargne bénéficient de la garantie de l'État et doivent verser toutes les sommes qu'elles reçoivent à la Caisse des Dépôts et Consignations, qui en assure la gestion.

L'État et les banques

Les banques jouent un rôle déterminant dans l'économie. Il n'est donc pas étonnant que l'État français ait jugé nécessaire de s'en assurer le contrôle. En 1945, il a **nationalisé,** non seulement la Banque de France, mais les plus grands établissements de crédit (Crédit Lyonnais, Société Générale, Comptoir national d'escompte et B.N.C.I. qui fusionnent pour former la Banque Nationale de Paris), et mis en place deux **organismes de direction et de contrôle** (voir ci-dessous) :
— En 1981, la gauche au pouvoir a étendu la nationalisation à une très large part du système bancaire (voir ci-dessous).

LA COMMISSION DE CONTROLE DES BANQUES

(5 membres), présidée par le Gouverneur de la Banque de France, surveille le fonctionnement des banques en général.

LE CONSEIL NATIONAL DU CRÉDIT

(44 membres), présidé par un ministre assisté du Gouverneur de la Banque de France, définit et suggère au gouvernement une politique de distribution du crédit.

LES BANQUES

On compte 396 banques inscrites. En 1981, la nationalisation est étendue aux banques dont les dépôts sont supérieurs à 1 milliard de francs, à l'exception :
— des banques étrangères ou sous contrôle étranger ;
— des banques dont le capital appartient pour moitié au moins à des sociétés à caractère mutualiste ou coopératif (ex. : la Caisse Nationale de Crédit Agricole) ; des Sociétés Immobilières pour le Commerce et l'Industrie.

Le crédit

Le gouvernement dirige donc en fait le volume et la répartition du crédit afin de réaliser au mieux la politique économique dont il a fixé les grandes lignes d'après les suggestions du Commissariat au Plan. C'est dans ce cadre que les banques et les organismes de crédit facilitent les investissements et l'activité des différentes branches de l'économie.

→ crédits aux entreprises.

→ participation financière dans les grandes entreprises françaises et étrangères.

LA CAISSE DES DEPOTS ET CONSIGNATIONS

Etablissement public, mais autonome, fondé en 1816, surtout pour centraliser les retraites des fonctionnaires, elle reçoit en outre aujourd'hui les dépôts, les fonds des Caisses d'épargne, de la Sécurité sociale, etc., et en consacre la presque totalité à des prêts.

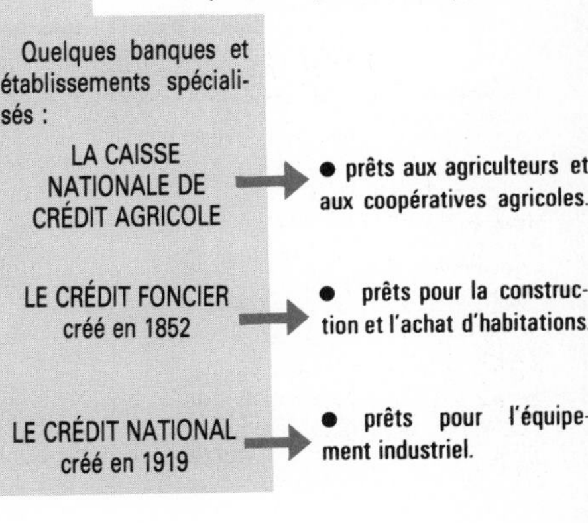

Quelques banques et établissements spécialisés :
LA CAISSE NATIONALE DE CRÉDIT AGRICOLE
• prêts aux agriculteurs et aux coopératives agricoles.
LE CRÉDIT FONCIER créé en 1852
• prêts pour la construction et l'achat d'habitations.
LE CRÉDIT NATIONAL créé en 1919
• prêts pour l'équipement industriel.

LA BOURSE

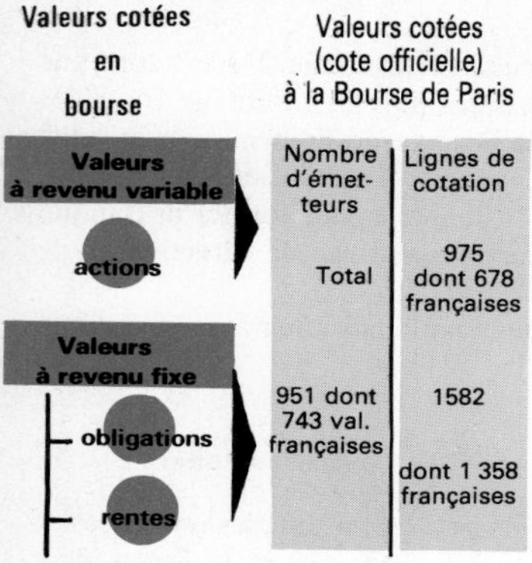

Valeurs cotées en bourse	Valeurs cotées (cote officielle) à la Bourse de Paris	
	Nombre d'émetteurs	Lignes de cotation
Valeurs à revenu variable — actions	Total	975 dont 678 françaises
Valeurs à revenu fixe — obligations, rentes	951 dont 743 val. françaises	1582 dont 1 358 françaises

La Bourse peut être considérée comme le baromètre de l'économie. Obéissant à la loi de l'offre et de la demande, elle est sensible à la fois à la situation internationale, à la conjoncture économique et aux événements politiques. A la Bourse de Paris, de loin la plus importante, s'ajoutent six Bourses de province : Bordeaux, Lille, Lyon, Marseille, Nancy et Nantes.

Les Français et la Bourse

La part des **valeurs mobilières** ne représente que 7 à 8 % de **l'épargne** des Français. On estime que le nombre de titulaires de valeurs mobilières est de l'ordre de 4 millions. Mais 18 % des porteurs situés au sommet de la pyramide détiendraient 77 % de la valeur du portefeuille global.

Les entreprises, l'État et la Bourse

L'appel des entreprises à **l'épargne publique** représente environ 21 % de leurs investissements. Si l'on considère l'ensemble des émissions réalisées par la Bourse, le secteur public (y compris les emprunts d'État) absorbe 60 % des émissions tandis que la part du secteur privé dans la collecte de l'épargne par la Bourse est de 40 %.

La capitalisation totale des actions et des obligations françaises de la cote officielle atteignait, à la fin de l'année 1980, 853 milliards de francs.

Le volume total des transactions effectuées dans les 7 bourses des valeurs au cours de l'année 1980 a atteint près de 124 milliards de francs.

Transactions boursières (marché officiel et marché hors-cote) **effectuées en 1980** [en milliards de francs]

	Bourse de Paris	Bourses de Province	Ensemble
Opérations :			
Terme	43,14	0,11	43,26
Comptant	78,60	2,01	80,61
Total	121,74	2,13	123,88
Valeurs :			
A revenu fixe	58,55	0,95	59,51
A revenu variable	63,19	1,17	64,36
Total	121,74	2,13	123,88
Valeurs :			
Françaises	107,09	2,13	109,22
Zone France	0,89	—	0,89
Étrangères	13,76	—	13,76
Total	121,74	2,13	123,88

LA PLANIFICATION

L'évolution de l'économie française est jalonnée, depuis 1946, par l'adoption de plans. Mais, depuis la mise en œuvre du premier plan (dit de modernisation et d'équipement), la nature même de la planification s'est profondément modifiée.

L'élaboration du plan

1. Le Commissariat général au plan dégage les perspectives préliminaires afin d'éclairer les choix possibles : c'est l'*esquisse* du plan.

2. Le Gouvernement établit les objectifs généraux et fixe les *grandes options* (soumises, depuis le VIe plan, à un premier vote du Parlement).

3. Les Commissions de modernisation (auxquelles participent des experts, des délégués des administrations et des organisations syndicales et professionnelles) établissent les différentes *sections* du plan.

4. Le Commissariat réalise alors la cohésion définitive des sections, effectue la *synthèse* et rédige le *rapport* général.

5. Le Gouvernement soumet le rapport général au Conseil Supérieur du Plan et, muni des avis, arrête les décisions restées en suspens...

6. Le plan est soumis pour avis au Conseil Economique et Social [p. 238].

7. Le Plan devient enfin projet de loi et est soumis au vote du Parlement.

La nature du Plan

La planification française n'est pas impérative, comme dans les pays socialistes, mais indicative.

Créé au lendemain de la Libération pour faire face aux nécessités de la reconstruction, le plan devait, selon les conceptions qui s'affirmaient alors, faire prévaloir les choix de la puissance publique et assurer leur respect par le recours à des moyens stimulants ou coercitifs. Sa nature s'est depuis modifiée.

Au cours des années 60 et 70, objectifs des plans de plus en plus ambitieux : à partir de 62, sont mis en œuvre des « plans de développement économique et social ». Dans le même temps, le plan devient une sorte de vaste étude prospective permettant simplement aux entreprises de mieux ajuster leurs prévisions.

Mais en 1981 la gauche au pouvoir crée un ministère du Plan et de l'Aménagement du territoire et entreprend de faire du plan un véritable instrument de politique économique et sociale.

Plan	Taux de croissance annuel moyen (prévu pour l'ensemble de l'économie)
1er PLAN : 1947/1953 Reconstruction. Priorité à 6 secteurs de base pour assurer le redémarrage de l'économie	
2e PLAN : 1954/1957 Amélioration des conditions de la production agricole et modernisation des industries. Souci d'un réaménagement régional.	4,6 %
3e PLAN : 1958/1961 Amélioration de la productivité. Équilibre des échanges extérieurs.	4,9 %
4e PLAN : 1962/1965 Reconversion industrielle. Effort en faveur des équipements collectifs.	5,5 %
5e PLAN : 1966/1970 Accroître la compétitivité de l'économie française.	5,7 %
6e PLAN : 1971/1975 Croissance forte et équilibrée. L'industrialisation sera le levier de la croissance	5,9 %

7e PLAN : 1976/1980
8e PLAN : 1981/1985

Leur mise en œuvre est perturbée par l'aggravation de la crise qui se développe à partir de 1974.

En 1981, le gouvernement de P. Mauroy annonce un plan intérimaire de 2 ans qui doit organiser « une lutte sans merci contre le chômage ».

L'AMÉNAGEMENT DU TERRITOIRE

Née en France dans les années 50, la politique d'aménagement du territoire a pour objet à la fois de lutter contr les conséquences d'une centralisation excessive, de remédie au déséquilibre entre les diverses régions et de contribuer l'expansion économique de l'ensemble du territoire. Ell n'est pas une politique en soi, mais une préoccupatio nouvelle de la politique économique.

Un aménagement nécessaire

Le territoire français a vu s'accentuer depuis plus d'un siècle un **doubl déséquilibre** économique et social :

— Déséquilibre entre la **région parisienne** — qui, sur moins de 3 % d territoire, fournit environ le quart de la richesse nationale — et la **Province** Cette prépondérance parisienne est liée à la centralisation politique e administrative.

— Inégal développement de part et d'autre d'une ligne Le Havre-Marseille : la **France du Nord-Est,** qui possède les principaux foyers industriels e une agriculture riche, s'oppose à la **France du Centre et du Sud-Ouest,** sous industrialisée et handicapée par une agriculture souvent retardataire.

Aux problèmes liés à l'accentuation de ce double déséquilibre s'ajouten en diverses parties du territoire, ceux apparus au cours de l'évolutio récente : des centres industriels jadis prospères sont touchés par le déclin d leur activité principale : Lorraine sidérurgique, bassins charbonniers d Nord et du Centre, foyers textiles des Vosges…

L'aménagement du territoire répond à des impératifs économiques e sociaux. De plus, le sentiment d'abandon éprouvé par les habitants de régions défavorisées nourrit à la longue un mécontentement qui risque prendre des formes violemment contestataires : l'aménagement du territoi répond donc à une exigence d'ordre politique. Il conduit à reconsidérer nature des rapports entre le pouvoir central et les régions.

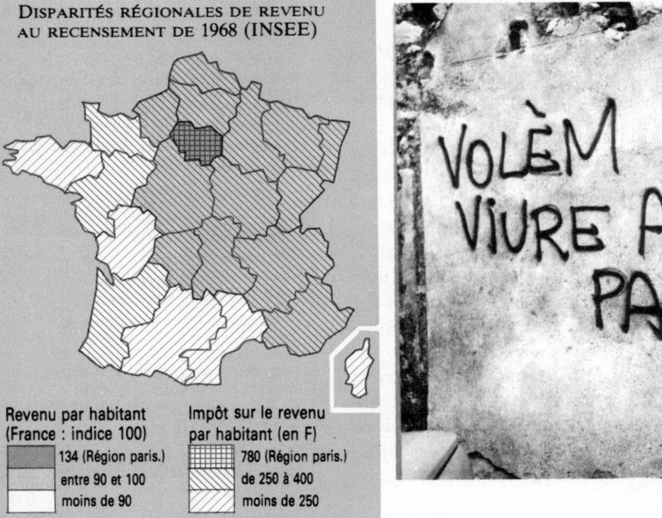

Des animateurs et des plans

La mise en œuvre d'une politique d'aménagement est assurée par :

▸ **Des organes centraux :** une Commission Nationale d'Aménagement du Territoire, une Délégation à l'Aménagement du Territoire (D.A.T.A.R.).

▸ **Des organes régionaux** installés dans chacune des 22 régions [p. 243] (la région parisienne ayant toutefois un statut particulier) : Préfet de région, Assemblées régionales (Conseil régional et Comité Économique et Social) [p. 238]. Tous ces organismes sont coiffés par un ministère du Plan et de l'Aménagement du Territoire.

La politique régionale est définie par deux séries de documents :

▸ **Les plans régionaux** de développement économique et social et d'aménagement du territoire (P.R.D.E.S.A.T.) qui, pour chaque circonscription provinciale, sont une présentation générale des prévisions, orientations et moyens du développement économique.

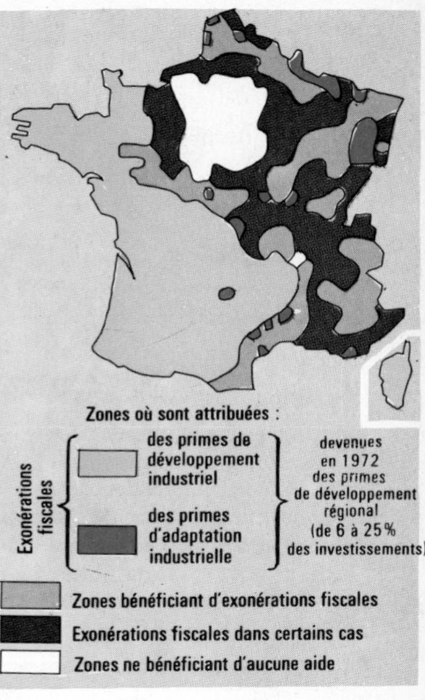

L'AIDE PUBLIQUE A L'IMPLANTATION D'ENTREPRISES INDUSTRIELLES.

▸ **Les tranches régionales du plan national** (tranches opératoires) qui, pour chacune des régions, sont un catalogue des programmes d'investissements publics.

Des moyens de financement et d'intervention

Le financement de la politique régionale est assuré par :

▸ Une partie des **crédits budgétaires** de la nation et des crédits dont disposent les départements, les communes et, depuis 1973, les régions.

▸ **Des fonds spéciaux** tels le Fonds national d'aménagement foncier et d'urbanisme (F.N.A.F.U.), le Fonds d'intervention pour l'aménagement du territoire (F.I.A.T.), le Fonds de développement économique et social (F.D.E.S.), le Fonds d'intervention et d'action pour la nature et l'environnement (F.I.A.N.E.)...

▸ Des **aides publiques.** L'effort public est plus ou moins accentué selon les zones. Depuis la réorganisation intervenue en janvier 1972, les primes de développement industriel (P.D.I.) et les primes d'adoption industrielle (P.A.I.) sont remplacées par des primes de développement régional (P.D.R.) dont le taux peut aller jusqu'à 25 % du montant des investissements nécessaires à l'implantation d'une entreprise industrielle.

▸ Des **Sociétés de développement régional.**

Parmi les organismes d'intervention d'ordre économique figurent de nombreuses **sociétés d'économie mixte** qui, dans le cadre de sociétés anonymes, associent des capitaux privés et des capitaux provenant d'institutions financières du secteur public, pour créer des organes agissant en maître d'œuvre. Ex. la Compagnie Nationale du Rhône.

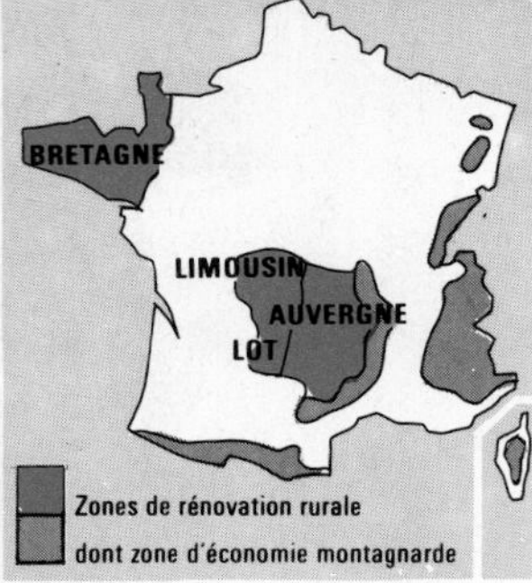

ZONES DE RÉNOVATION RURALE

LES GRANDS AMÉNAGEMENTS

Progressivement harmonisée avec la planification, dotée d'une grande diversité de moyens, constamment remaniée, enrichie, l'action d'aménagement du territoire s'exerce simultanément sur plusieurs plans.

L'aménagement de l'espace rural

De vastes programmes d'**aménagements agricoles régionaux** sont confiés à des sociétés d'économie mixte (voir ci-dessous).

Par ailleurs, une **action de rénovation rurale** est engagée depuis 1967 dans des zones caractérisées par l'importance de la population agricole, l'inadaptation de l'agriculture à la concurrence, la faiblesse des structures industrielles. L'action de rénovation porte sur **trois priorités communes :** rompre l'isolement, améliorer la formation des hommes, restructurer et adapter les productions.

SOCIÉTÉS	MISSIONS PRINCIPALES
Compagnies des friches et taillis pauvres de l'Est.	• Récupérer et remettre en valeur 150 000 ha de terres cultivables.
Société de Mise en valeur de l'Auvergne et du Limousin.	• Reboisement.
Société du Canal de Provence et d'Aménagement de la région provençale.	• Irriguer 60 000 ha de cultures fruitières et fourragères.
Compagnie nationale du Bas Rhône-Languedoc.	• Substituer partiellement la polyculture intensive de fruits et de légumes à la domination actuelle de la vigne. • Irriguer 250 000 ha entre Arles et Narbonne.
Société de Mise en Valeur Agricole de la Corse.	• Défrichement, irrigation et mise en valeur de 50 000 ha dans la plaine orientale.
Compagnie d'Aménagement des Landes de Gascogne.	• Création de grandes fermes à maïs après défrichement de 150 000 ha de landes. Des études sont actuellement en cours pour définir de nouveaux objectifs.
Compagnie des Coteaux de Gascogne.	• Irriguer 100 000 ha de maïs, verger et prairies.

Les autres aménagements

La politique d'aménagement s'est progressivement étendue à la répartition géographique de toutes les formes de l'activité économique.

- **Aménagement de l'espace industriel** [photo 1] : remédier au déséquilibre qui s'est aggravé entre Paris et la Province, réanimer les régions sous-industrialisées, implanter de nouvelles activités dans les régions en crise.
- **Aménagement de l'espace urbain** [photo 2] : aménagement de la région parisienne [p. 59], des métropoles d'équilibre [p. 334] et des villes moyennes.
- **Aménagement des voies de communication :** voies routières et autoroutières ; voies navigables (mise au grand gabarit de liaisons existantes ; réaliser la liaison Méditerranée-mer du Nord, installations portuaires).
- **Aménagement de l'espace touristique** [photo 3] (littoral Languedoc-Roussillon, côte aquitaine, Corse...).
- **Protection de l'environnement** [p. 312].

1

2

3

HIER

AUJOURD'HUI.

2 LA VIE

L'agriculture a longtemps tenu, dans l'économie française, une place importante. Depuis quelques décennies, son poids relatif diminue fortement (malgré l'accroissement de son efficacité). Pour s'adapter et s'assurer des débouchés, elle a dû entreprendre une reconversion profonde de ses structures et de ses méthodes et elle est en pleine métamorphose, de même que le genre de vie du paysan.

Les grandes tendances

Du fait de la géologie, du climat et de l'histoire, l'agriculture française est caractérisée par une **grande diversité.**

A l'abri de barrières douanières protectrices, élevées dans le dernier quart du XIXe s., elle est restée longtemps stagnante. Sa mutation est récente, elle est en grande partie liée à la création du Marché commun agricole. Secouant son inertie, le secteur agricole devient **un secteur à haute productivité.** Intervention de l'État, initiatives individuelles : de multiples forces contribuent au mouvement. Mais la métamorphose ne s'opère pas sans crises.

Parmi les grandes tendances peuvent être soulignés :

- La diminution du poids économique de l'agriculture qui ne fournit plus aujourd'hui que 5 % du P.N.B. et emploie 2,7 millions de personnes (contre 7 millions en 1940) : 1,2 million de chefs d'exploitation, 1,3 million d'associés d'exploitation, 210 000 salariés permanents ;
- la rénovation des structures foncières et techniques [p. 264-265] ;
- l'accroissement de la **productivité** qui a doublé au cours des 20 dernières années ;
- la dégradation du revenu des agriculteurs (9 % des actifs se partagent 5 % du revenu national) et l'endettement des chefs d'exploitation : 130 milliards de francs de dettes au début de 1980.

RÉPARTITION DU REVENU AGRICOLE.

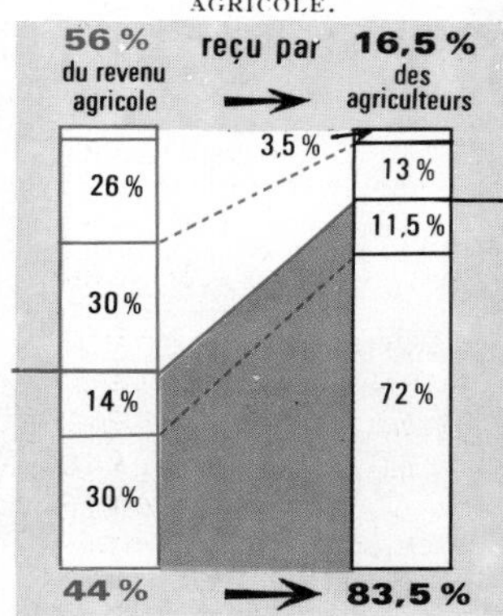

De graves disparités

L'écart du revenu entre un grand céréalier de Beauce et un paysan qui pratique la polyculture dans le Gers est aussi important qu'entre un cadre supérieur et un travailleur payé au salaire minimum. Il existe en fait deux paysanneries.

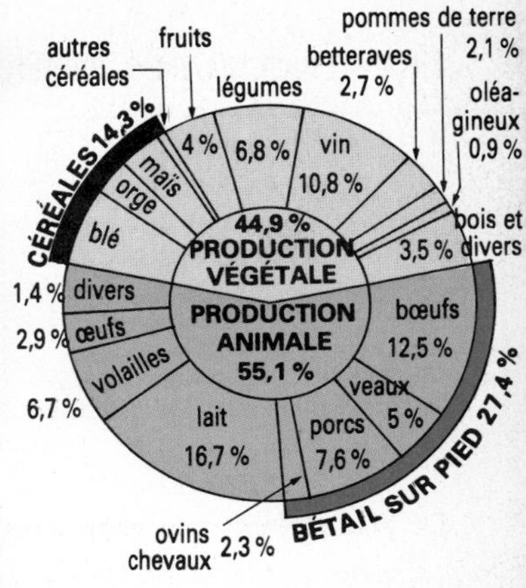

VALEUR DE LA PRODUCTION AGRICOLE.

Les ressources de l'agriculture

La valeur de la production agricole atteint 133 milliards de francs (1979). La part de la **production animale** était de 44 % en 1939 et dépasse aujourd'hui 55 %. C'est la production laitière qui vient en tête (17 % de la valeur de l'ensemble de la production agricole) suivie de la viande de bœuf.

La part de la **production végétale** est passée de 56 % en 1939 à 44,9 %. En tête viennent les céréales (14 % du total), puis les fruits et légumes et le vin.

QUELQUES SIGLES AGRICOLES

C.E.T.A.
Centres d'Etudes Techniques Agricoles, mis en place à partir de 1954. Groupements volontaires de jeunes agriculteurs qui échangent leurs expériences et mettent en commun leurs connaissances. Des ingénieurs les aident à résoudre des problèmes techniques et économiques.

F.A.S.A.S.A.
Fonds d'Action Sociale pour l'Aménagement des Structures Agraires. Organisme créé en 1962 qui accorde une indemnité viagère de départ (I.V.D.) à certains exploitants âgés qui acceptent d'abandonner leurs terres par location ou vente.

G.A.E.C.
Groupements Agricoles d'Exploitation en Commun. Plusieurs exploitations sont mises en commun pour faire naître une nouvelle entreprise à gestion d'équipe. Chaque associé, tenu au travail, reçoit un salaire, augmenté d'une éventuelle répartition des bénéfices. On en compte environ 7 000.

S.A.F.E.R.
Sociétés d'Aménagement Foncier et d'Etablissement Rural. Chargées d'améliorer les structures agraires, d'accroître la superficie de certaines exploitations agricoles et de faciliter la mise en culture du sol et l'installation d'agriculteurs à la terre, elles se procurent des terres par acquisition et les rétrocèdent aux paysans mal fournis. Pour les acquisitions de terres, elles ont dans certaines zones un droit de préemption.

C.U.M.A.
Coopératives d'Utilisation du Matériel Agricole. Elles mettent à la disposition de leurs adhérents des équipements indispensables à la production moderne, mais trop coûteux pour être acquis et utilisés de façon rentable par un seul exploitant. On en compte environ 8 500 réunissant 160 000 exploitants.

L'organisation du monde rural

L'organisation du monde paysan revêt de multiples aspects :
- **Organisations professionnelles :** Chambres d'agriculture départementales (créées en 1924) ; Fédération Nationale des Syndicats d'Exploitants Agricoles (F.N.S.E.A.)... ; Centre National des Jeunes Agriculteurs (C.N.J.A.) - ; M.O.D.E.F. (Mouvement de défense des Exploitations Familiales)...
- **Organisations coopératives (coopératives d'achat, de vente, de production, de services...).**
- **Mutuelles, associations, sociétés diverses** (Voir ci-dessus).

LES STRUCTURES AGRICOLES

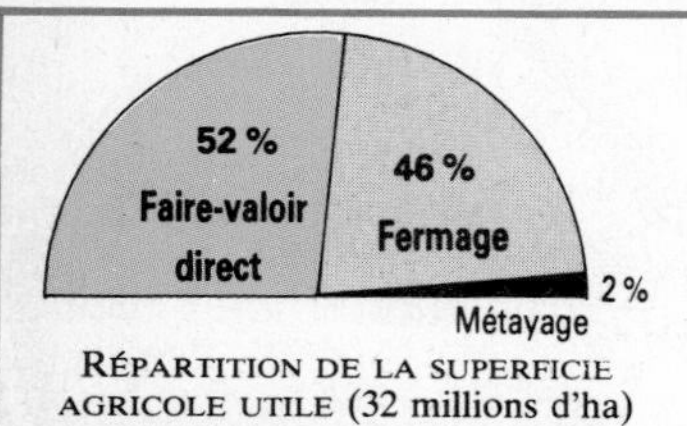

RÉPARTITION DE LA SUPERFICIE AGRICOLE UTILE (32 millions d'ha) SELON LE MODE DE FAIRE-VALOIR

Les exigences des lois économiques modernes imposent l'utilisation des équipements les plus efficaces, le recours aux techniques les plus rationnelles. Elles conduisent un monde agricole longtemps resté artisanal à transformer profondément ses structures.

Le remodelage des structures foncières

L'agriculture française a été longtemps doublement handicapée :

- par l'importance du nombre des **micro-exploitations :** au recensement de 1955, sur un total de 2 275 300 exploitations agricoles, on comptait 1 270 000 « microfundia » couvrant moins de 10 ha qui se partageaient près de 15 % de la surface agricole totale et mobilisaient près du tiers des travailleurs ;
- par un trop grand **morcellement parcellaire :** près de 76 millions de parcelles réparties sur 34 millions d'ha.

L'évolution récente est caractérisée par :

- une diminution du nombre et **un accroissement de la taille** des exploitations : le nombre d'exploitations est passé de 2,2 millions (1955) à 1,2 million actuellement ; la taille moyenne de l'exploitation est passée de 16 à 25,4 ha ;
- une correction du morcellement parcellaire par le **remembrement.** En 1950, les surfaces remembrées ne couvraient guère que 500 000 ha. Aujourd'hui les travaux de remembrement ont été menés à bonne fin sur quelque 10 millions d'ha et sont en cours sur près de 2 millions d'ha.

LE REMEMBREMENT. Redistribution des terres effectuée en permettant à chaque propriétaire de recevoir des parcelles contiguës, plus faciles à cultiver, chacun recevant l'équivalent de ce qu'il a cédé.

Le renouveau des structures techniques

Depuis 1945 les changements qui s'opèrent dans les domaines techniques et génétiques permettent de parler de **Seconde Révolution agricole.**

La mécanisation

Le parc de **tracteurs** est passé de 35 000 en 1939 à 138 000 en 1950 et à 1,4 million aujourd'hui ; mais le tracteur reste un outil de rentabilité très inégale selon les exploitations, son plein emploi ne pouvant être assuré que sur de grandes exploitations.

ÉVOLUTION DU PARC DE MACHINES (en milliers)

	1950	1960	1980
Tracteurs	138	680	1 360
Moissonneuses-batteuses	5	48	155

La chimisation

La consommation **d'engrais** s'accroît : 2 millions de t. d'éléments fertilisants en 1960, plus de 5,5 millions aujourd'hui. Ce sont les départements de grande culture (région du Nord, Bassin Parisien) qui se placent en tête (voir carte).

Malgré ces progrès évidents, la France n'utilise que 170 kg d'engrais par hectare de S.A.U. (surface agricole utile) contre 235 en R.F.A., 290 en Belgique. Aux engrais s'ajoutent les herbicides, les fongicides et de multiples produits utilisés contre les maladies cryptogamiques.

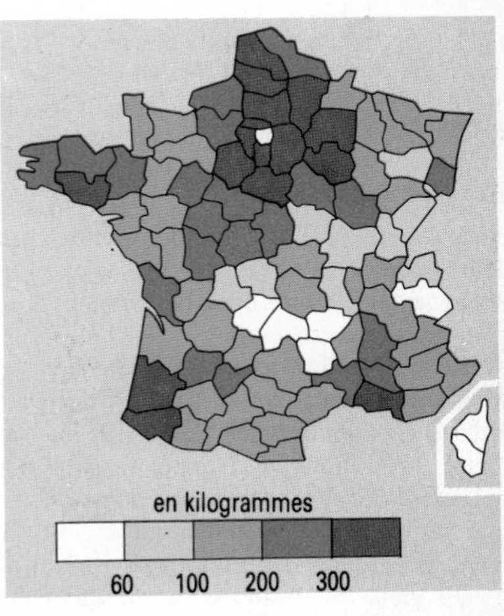

CONSOMMATION D'ENGRAIS A L'HECTARE DE S.A.U.

La « révolution biologique »

Ses aspects sont nombreux : amélioration des espèces végétales (introduction de maïs hybrides, mises au point — par l'I.N.R.A. [p. 187] — de la nouvelle variété de blé dite « Étoile de Choisy ») ; « révolution fourragère » qui introduit une véritable culture de l'herbe et une exploitation rationnelle de la prairie ; perfectionnement des méthodes d'élevage [p. 284].

STRUCTURE DES EXPLOITATIONS AGRICOLES

Exploitations	Nombre (en milliers)	En % du nombre total d'exploitations (en 1977)	En % de la superficie agricole utile (total 29,4 millions d'ha)
Moins de 5 ha	342	19,6	1,9
5 à 20 ha	426	37	16,8
20 à 50 ha	354	30,3	38
50 à 100 ha	110	12,5	43,2
+ de 100 ha	33	3	18

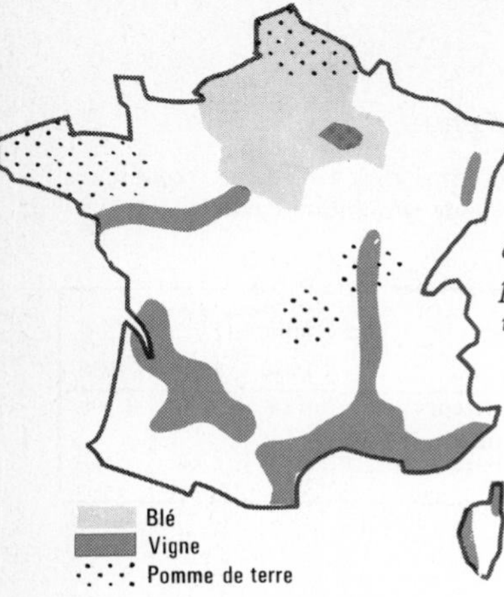

LA PRODUCTION VÉGÉTALE

Elle fournit 44,9 % du revenu des agriculteurs. La vigne, le blé et les pommes de terre représentent 19 % de la valeur de la production agricole nationale.

LES PRODUITS

Première puissance agricole du Marché commun, la France se place en tête pour le blé, le vin, le sucre, l'orge, la viande de bœuf...

Céréales

Cultivées sur l'ensemble du territoire (près de 10 millions d'hectares), les céréales occupent plus de la moitié des terres labourables. Elles ne fournissent toutefois que 15 % du revenu agricole.

Avoine 0,53 M. ha
Maïs 2 M. ha
Orge 2,8 M. ha
Blé 4 M. ha

Sont en régression :

- **L'avoine** (1,6 million de tonnes), qui sert surtout à la nourriture des chevaux.
- **Le seigle** (0,4 millions de tonnes).

Sont en progression :

- **Le blé,** qui atteint, grâce à des procédés modernes de culture, des rendements très élevés : 16 q/h en 1950, 38 actuellement. La production a été de 23,4 millions de t en 1980. Le blé est présent dans toutes les régions, mais son domaine privilégié se situe dans le nord et les régions du Bassin Parisien. Le Français consomme de moins en moins de pain (72 kg par personne et par an). Cinquième producteur mondial, la France exporte chaque année 6 à 9 millions de tonnes de blé.
- **Le maïs** (10 millions de t), qui constitue un excellent aliment pour le bétail (maïs hybride en Aquitaine).
- **L'orge** (11 millions de t), qui a vu sa production sextupler depuis 1939.
- **Le riz** (26 800 tonnes), introduit en Camargue pendant la dernière guerre.

Plantes sarclées et fourragères

La culture des plantes sarclées et des plantes fourragères est associée à celle des céréales.

- **La pomme de terre** (7,1 millions de t) occupe 283 000 ha, notamment dans le Massif armoricain, le Massif central, le Nord...

Elle sert à la consommation alimentaire et fournit à diverses industries des matières premières (fécule, amidon, glucose, alcool).

- **La betterave à sucre** (26,5 millions de t) est cultivée en assolement avec le blé : les terres limoneuses de la Beauce à la Flandre fournissent les 3/4 de la récolte.
- Enfin, la culture des **plantes fourragères** (trèfle, luzerne, sainfoin) se développe en liaison avec l'essor de l'élevage.

pomme de terre 293 000 ha
betterave sucrière 585 000 ha
betterave fourragère 248 000 ha

DU SOL

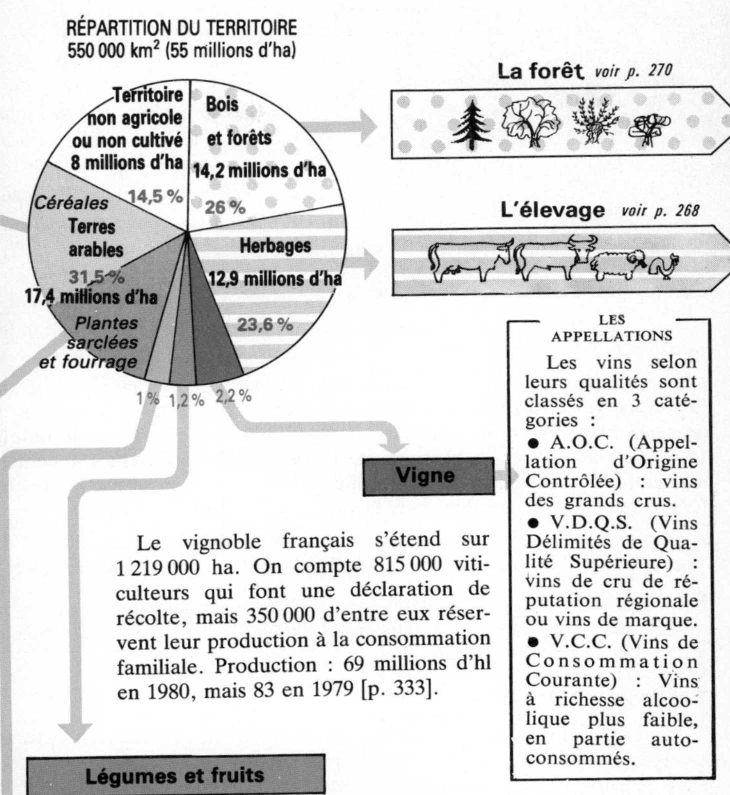

Le vignoble français s'étend sur 1 219 000 ha. On compte 815 000 viticulteurs qui font une déclaration de récolte, mais 350 000 d'entre eux réservent leur production à la consommation familiale. Production : 69 millions d'hl en 1980, mais 83 en 1979 [p. 333].

LES APPELLATIONS

Les vins selon leurs qualités sont classés en 3 catégories :

- A.O.C. (Appellation d'Origine Contrôlée) : vins des grands crus.
- V.D.Q.S. (Vins Délimités de Qualité Supérieure) : vins de cru de réputation régionale ou vins de marque.
- V.C.C. (Vins de Consommation Courante) : Vins à richesse alcoolique plus faible, en partie autoconsommés.

Légumes et fruits

Le climat de la France se prête particulièrement bien à la production des légumes et des fruits : régions méditerranéennes, « ceinture dorée » de Bretagne, qui fournissent les primeurs; Val de Loire, « jardin de la France ». Cette production est extrêmement variée et certains produits sont réputés : artichauts et choux-fleurs de Bretagne, melons du Vaucluse, pommes à cidre de Normandie, fruits de la vallée du Rhône. Les cultures maraîchères sont surtout développées dans la région parisienne et autour des grandes villes. Les légumes secs (lentilles, haricots, pois cassés) sont en régression dans l'alimentation familiale, tandis que les légumes verts et les fruits connaissent un grand développement.

Cultures industrielles

A la betterave et à la pomme de terre s'ajoutent :

- le **tabac** (Aquitaine, Alsace), dont la culture (52 000 tonnes) est réglementée par l'État ;
- le **houblon** (Alsace) ;
- les **plantes oléagineuses,** comme le colza ;
- les **plantes textiles,** comme le lin et le chanvre.

22 MILLIONS DE BOVINS.

L'ÉLEVAGE

Les productions de l'élevage sont stimulées par une demande croissante liée à l'urbanisation et à l'élévation générale du niveau de vie. Elles procurent au paysan moyen plus de 55 % de son revenu : les produits laitiers viennent en tête, suivis par la viande de bœuf et de porc.

La modernisation des méthodes

L'élevage français se transforme avec le développement de méthodes modernes.

▶ Les **progrès de la génétique** permettent d'améliorer la qualité du bétail. Les races de qualité médiocre sont éliminées au profit des races plus productives : la normande et la frisonne pour le lait, la charolaise, la limousine pour la viande. La pratique de **l'insémination artificielle** (80 centres d'insémination) intéresse la plus grande partie du troupeau bovin. Toutefois le retard reste sensible dans la pratique du **contrôle laitier.**

▶ L'augmentation des **rendements** est recherchée par l'amélioration et la diversification de la nourriture (développement des aliments composés).

▶ La recherche d'une plus grande **rentabilité** est croissante : 85 % de la volaille est issue d'élevages de plus de 1000 poulets, 70 % des porcs viennent d'élevages de plus de 100 têtes.

Les types d'élevage

Tandis que l'élevage des bovins, des porcs et de la volaille progresse, les ovins se stabilisent et les chevaux régressent.

▶ La recherche d'une plus grande **rentabilité** est croissante : 85 % de la volaille est issue d'élevages de plus de 1 000 poulets, 70 % des porcs viennent d'élevages de plus de 100 têtes.

▶ **Les bovins.** 67 % des éleveurs fournissent à la fois du lait et de la viande, 22 % sont spécialisés dans le lait, 11 % dans la viande. Le troupeau compte 24 millions de têtes (dont 7,5 millions de vaches laitières).

▶ **Les ovins.** Le troupeau est passé en un siècle (1850-1950) de 35 à 8 millions d'unités. Après une lente reprise, il se stabilise autour de 11,7 millions de têtes. Les régions d'élevage sont la Provence, la Corse, les Causses, mais aussi les Pyrénées-Atlantiques, le Limousin et la Normandie (prés salés).

▶ **Les porcs.** Le troupeau est estimé à 12 millions de têtes.

▶ **Les chevaux.** L'effectif global a fortement diminué : 2,4 millions de têtes il y a une vingtaine d'années, quelque 380 000 aujourd'hui. Le cheval de trait (qui subsiste dans quelques fermes) a cédé la place au tracteur. L'élevage des « pur-sang » et des « demi-sang » voit son intérêt s'accroître.

▶ **La volaille.** Cet élevage, qui échappe à toute analyse statistique, est important. La production annuelle est estimée à un million de tonnes de viande et à 10 milliards d'œufs.

Les produits de l'élevage

◆ **La viande.** La France est le plus grand producteur de viande du Marché Commun. Et le Français est le plus gros mangeur de viande d'Europe

Malgré l'importance de la production nationale, le solde de la balance import-export est déficitaire.

PRODUCTION DE VIANDE (en milliers de tonnes)	
Bœuf	1 513
Veau	392
Porc	1 569
Mouton	200
Cheval	97
Volaille	1 000

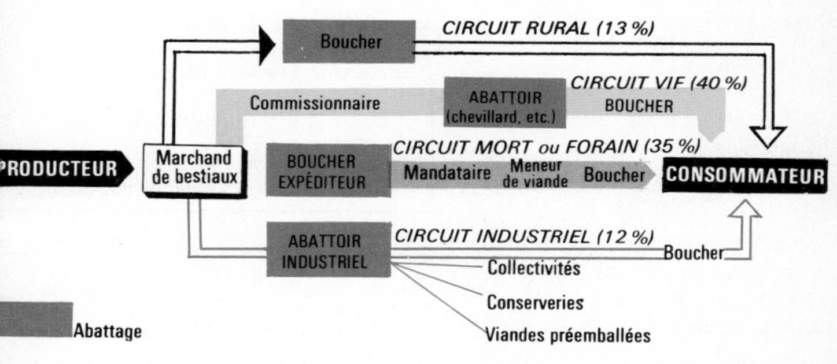

▲ LES CIRCUITS DE LA VIANDE.

▼ L'ÉLEVAGE DES BOVINS.

◆ **Les produits laitiers.** — La production de **lait** est passée de 150 millions d'hl en 1950 à 354 millions aujourd'hui. Le lait en poudre et le **beurre** (560 000 t) manquent de débouchés.

La production de **fromages** (1,5 million de t) se place, pour la quantité, au second rang mondial après les États-Unis. Les régions françaises fournissent quelque 350 variétés de fromages fabriqués avec du lait de vache, de chèvre ou de brebis (roquefort) [p. 333].

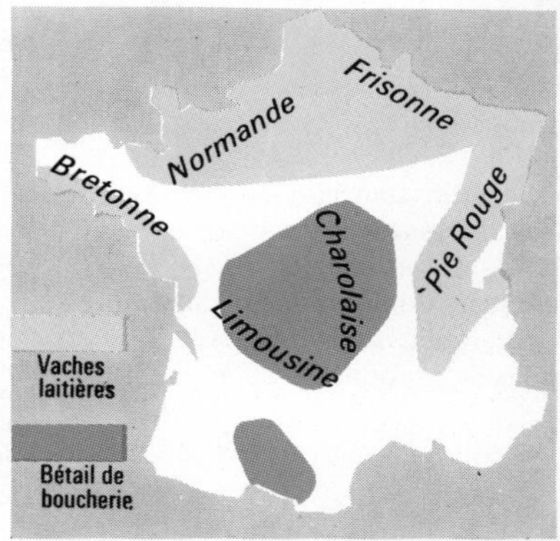

UNE FRUITIÈRE DANS LE JURA

C'est une coopérative où, selon un usage qui remonte au XIIIe s., chaque producteur apporte son lait et où l'on fabrique en commun le fameux gruyère ou le Comté, dont chaque « roue » pèse de 40 à 50 kilos. Il est traité pendant plusieurs mois dans des caves spéciales.

DANS LES LANDES des forêts de pins ont été presque entièrement créées depuis la fin du XVIIIe siècle.

LA FORÊT...

La France, à l'origine grand pays de forêts, souffrit durant des siècles d'un déboisement progressif. Ce n'est qu'au XIXe s. que l'on comprit l'utilité des forêts pour la stabilisation des sols et pour la richesse qu'elles constituent. Depuis lors, une politique de reboisement a été entreprise. La forêt couvre aujourd'hui 26 % du territoire.

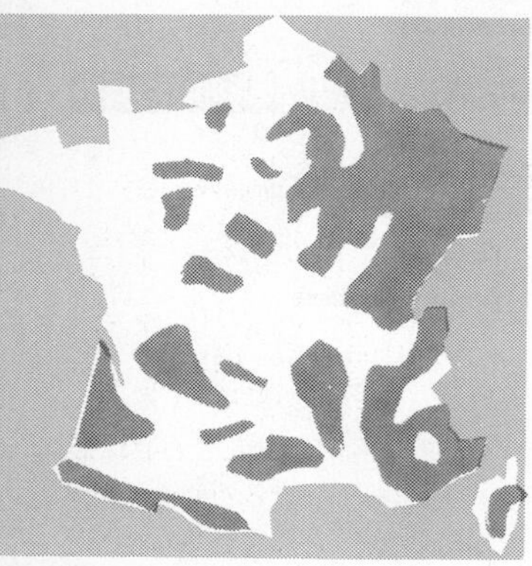

La forêt française est composée d'**essences** très variées : 33 % de résineux, 67 % de feuillus. Composition : futaies 49 % ; taillis sous futaies 30 % ; taillis peu productifs 21 %.

A QUI APPARTIENT LA FORÊT ?

État : 11,9 % (forêts domaniales).
Communes : 17,6 %.
Particuliers : 70,4 %.
Total : plus de 15 millions d'hectares.

LA DÉFENSE DES FORÊTS

- *Le Fonds Forestier National*, créé en 1946, aide les propriétaires privés à reboiser et exécute des travaux pour leur compte.

- *Les groupements forestiers*, mis en place en 1954, sont des associations de propriétaires privés qui gèrent un même massif forestier.

- *Les centres régionaux de propriété forestière* (1963) encadrent les propriétaires forestiers et vulgarisent les méthodes de la sylviculture.

- *L'Office National des Forêts* remplace depuis 1964 l'administration des Eaux et Forêts dans la gestion des forêts de l'Etat et des Communes.

La forêt française fournit chaque année 35 millions de mètres cubes de bois commercialisé. Mais l'insuffisance de grumes de résineux contraint à des importations.

L'arbre national : LE CHÊNE.

L'ENSEIGNEMENT ET L'ADMINISTRATION DES EAUX ET FORÊTS

L'ÉCOLE NATIONALE DES EAUX ET FORÊTS (Nancy, 1824) →

L'ÉCOLE FORESTIÈRE DES BARRES (Loiret) →

C'est une des administrations les plus anciennes de la France. Son organisation actuelle date de 1801.

Son **corps supérieur** comprend des inspecteurs généraux, des conservateurs et des ingénieurs.

Son **corps intermédiaire** comprend des ingénieurs des travaux.

:T LA PÊCHE

Avec 3 000 km de côtes, la France se :lasse au 20e rang (pour le tonnage) et ıu 6e rang (pour la valeur des prises) les pays qui exploitent les ressources de a mer. La modernisation provoque un léclin de la pêche artisanale.

La pêche en France : 29 000 marins pêcheurs ; 12 200 embarcations ; 796 000 t de prises par an.

Les ports de pêche

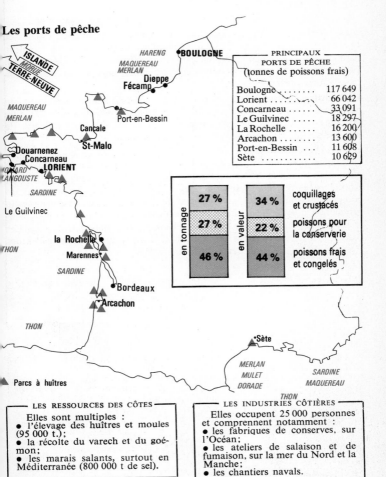

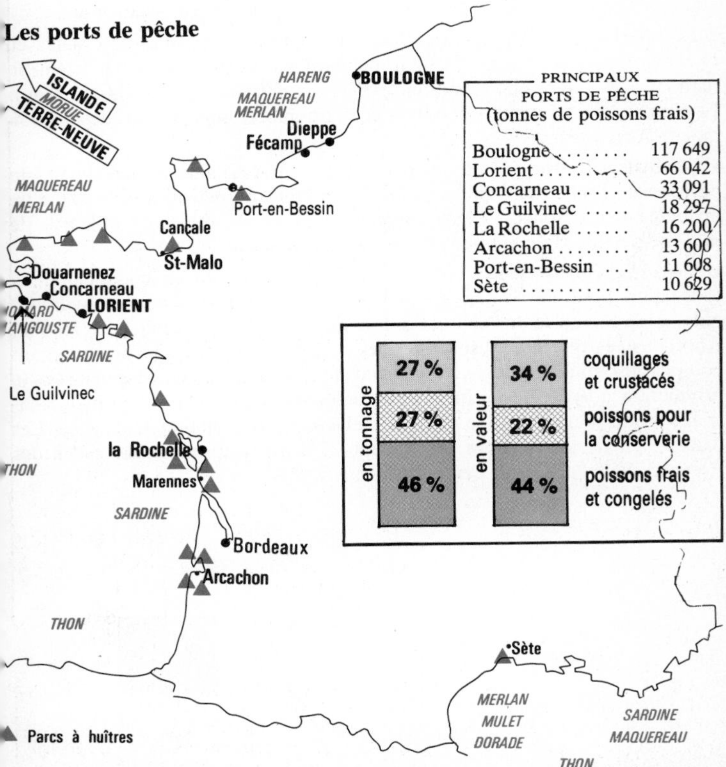

ISLANDE
MORUE
TERRE-NEUVE
HARENG
BOULOGNE
MAQUEREAU
MERLAN
Dieppe
Fécamp
MAQUEREAU
MERLAN
Port-en-Bessin
Cancale
St-Malo
Douarnenez
Concarneau
LORIENT
OMARD
LANGOUSTE
SARDINE
Le Guilvinec
la Rochelle
THON
Marennes
SARDINE
Bordeaux
Arcachon
THON
Sète
MERLAN
MULET
DORADE
SARDINE
MAQUEREAU
THON

▲ Parcs à huîtres

PRINCIPAUX PORTS DE PÊCHE (tonnes de poissons frais)

Boulogne	117 649
Lorient	66 042
Concarneau	33 091
Le Guilvinec	18 297
La Rochelle	16 200
Arcachon	13 600
Port-en-Bessin ...	11 608
Sète	10 629

	en tonnage	en valeur
coquillages et crustacés	27 %	34 %
poissons pour la conserverie	27 %	22 %
poissons frais et congelés	46 %	44 %

LES RESSOURCES DES CÔTES

Elles sont multiples :
- l'élevage des huîtres et moules (95 000 t.);
- la récolte du varech et du goémon;
- les marais salants, surtout en Méditerranée (800 000 t de sel).

LES INDUSTRIES CÔTIÈRES

Elles occupent 25 000 personnes et comprennent notamment :
- les fabriques de conserves, sur l'Océan;
- les ateliers de salaison et de fumaison, sur la mer du Nord et la Manche;
- les chantiers navals.

LE BARRAGE DE SERRE-PONÇON

3 L'ÉNERGIE

LA DÉPENDANCE...

L'énergie est l'aliment indispensable à la vie économique. Médiocrement dotée en ressources naturelles, la France a fortement accru sa dépendance énergétique. La hausse massive du prix de l'énergie importée a été, depuis 1974, un important facteur d'aggravation de la crise généralisée de l'économie.

Des ressources insuffisantes

Les ressources énergétiques traditionnelles localisées sur le territoire français ne permettent de couvrir qu'une partie des besoins nationaux.

▸ **Le charbon.** La production, localisée dans le Nord-Pas-de-Calais, en Lorraine et, secondairement, sur le pourtour du Massif central, a fortement diminué : 55 millions de tonnes en 1955, 18,1 millions de tonnes aujourd'hui. La France, qui a sacrifié son potentiel charbonnier, **importe** plus de charbon qu'elle n'en produit.

▸ **Les hydrocarbures.** Quelques puits situés en Aquitaine et dans le Bassin parisien ne fournissent qu'1,4 million de tonnes de **pétrole** soit moins d'un centième des besoins. Le **gaz naturel** extrait en Aquitaine (7 milliards de m^3) couvre moins du cinquième de la consommation.

▸ **L'électricité hydraulique.** Un gros effort a été entrepris au lendemain de la Libération pour développer la production d'électricité d'origine hydraulique : centrales **au fil de l'eau** qui utilisent le débit des grands fleuves (Rhône, Rhin), usines d'**éclusée,** usines de **lacs**... Les sites les plus favorables étant équipés, les nouvelles installations sont de plus en plus coûteuses. Aussi, la production d'hydroélectricité a-t-elle tendance à plafonner. Les hydrocentrales produisent environ le quart de l'électricité consommée en France. Les eaux originaires des **Alpes** fournissent 70 % de la production, celles des **Pyrénées** 12 %, celles du **Centre** 18 %.

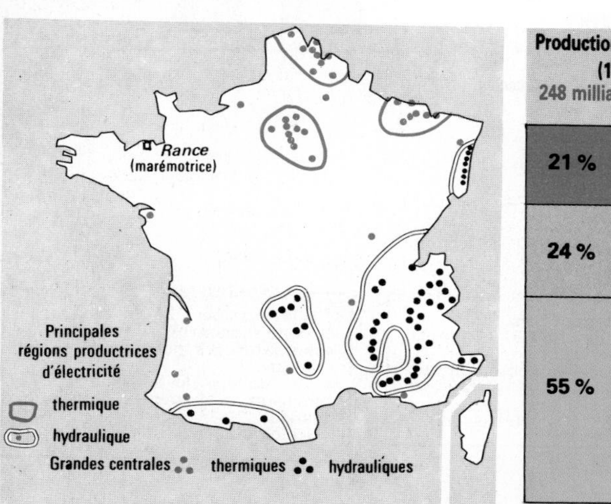

Production d'électricité (1980)
248 milliards de kWh

- 21 % dont d'origine nucléaire
- 24 % hydraulique
- 55 % thermique classique

INSTALLATIONS PÉTROLIÈRES dans le Sud-Ouest.

ÉNERGÉTIQUE

Une consommation accrue

Le spectaculaire **développement économique** des décennies 50 et 60 et l'**élévation du niveau de vie** des Français ont provoqué une véritable **« soif d'énergie ».** Les besoins de l'industrie et des transports, la mécanisation de l'agriculture, l'amélioration du confort ménager ont entraîné, en moins de 25 ans, près d'un **triplement** de la consommation d'énergie. Dans le même temps la structure de la consommation s'est modifiée : jusqu'en 1975, on constate un déclin de la part du charbon, une croissance de la part des hydrocarbures et un maintien de la part de l'électricité hydraulique ; depuis 1975, on note une légère croissance de la part du charbon, une diminution de la part des hydrocarbures (plus sensible pour le pétrole), un maintien de la part de l'hydroélectricité et un développement de la part de l'électricité nucléaire.

Une forte dépendance

Ayant à faire face à une demande croissante avec des ressources limitées, la France a largement fait appel à l'**importation.** Elle **importe, en 1980, 72,2 % de l'énergie qu'elle consomme :** plus de 109 millions de tonnes de **pétrole** brut (pour 70 % en provenance du Moyen-Orient) qu'elle traite dans 22 raffineries ; 32,2 millions de tonnes de **charbon** (R.F.A., Afrique du Sud, Pologne...) ; 20 milliards de m^3 de **gaz naturel :** Pays-Bas, Algérie, Norvège, U.R.S.S....

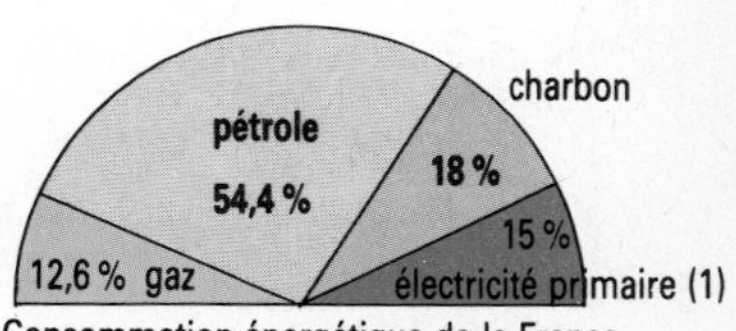

Consommation énergétique de la France en 1980 : 188 millions de tonnes

(1) nucléaire : 6,5 % ; hydraulique : 8,5 %

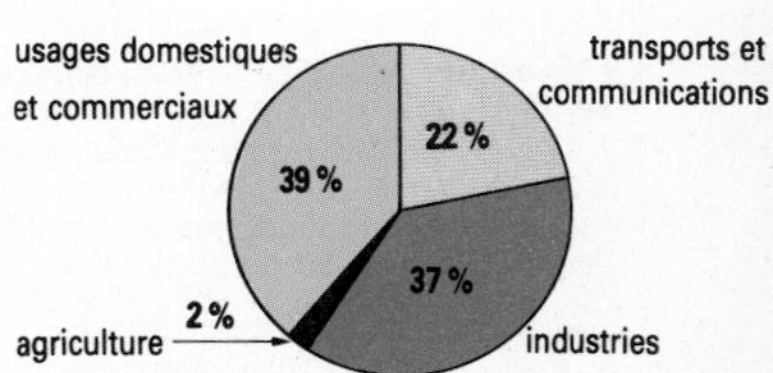

Répartition de la consommation d'énergie

CENTRALE NUCLÉAIRE du BUGEY.

LE REDÉPLOIEMENT..

Parce que la dépendance énergétique fait peser sur l'économie française de lourdes contraintes, les Pouvoirs publics s'efforcent de définir une nouvelle politique de l'énergie.

Le redéploiement énergétique en cours fait une plus large place aux énergies renouvelables.

Les politiques de l'énergie

L'évolution des politiques énergétiques a été et demeure étroitement liée aux fluctuations du marché mondial de l'énergie.

Au lendemain de la Seconde Guerre mondiale, les Pouvoirs publics mettent l'accent sur l'exploitation prioritaire des **ressources nationales :** charbon, hydroélectricité.

Au cours des décennies 60 et 70, la France s'approvisionne largement en **pétrole** sur un marché mondial caractérisé par des prix **anormalement bas.** C'est alors que la **dépendance** énergétique s'accroît.

Depuis 1974, les conséquences de la hausse massive du prix des hydrocarbures conduisent à rechercher de nouvelles solutions.

En 1981, le gouvernement de gauche qui s'installe au pouvoir définit les trois grands axes d'une politique qui doit permettre d'assurer l'**indépendance énergétique** du pays et créer des emplois nouveaux :
— les économies d'énergie ;
— le développement des énergies renouvelables et de substitution ;
— l'aménagement du programme électro-nucléaire défini antérieurement.

LES TYPES DE CENTRALES NUCLÉAIRES

▶ **Centrales de la 1re génération (filière française).**

Elles utilisent de l'*uranium naturel* (combustible), du *graphite* (modérateur), du *gaz carbonique* (fluide de transmission). Exemples : les premières installations de Chinon, Saint-Laurent-des-Eaux.

▶ **Centrales de la 2e génération (filière américaine).**

Elles utilisent de l'*uranium enrichi*. L'*eau* sert à la fois de modérateur et de fluide de transmission. Exemples : Fessenheim, Gravelines, Dampierre...

▶ **Centrales de la 3e génération (surrégénérateurs).**

Le combustible est un mélange d'*uranium naturel* et de *plutonium*.

Il n'y a pas de modérateur. Le fluide de transmission est du *sodium*. Exemple : Creys-Malville.

L'ÉNERG

▶ **Les programmes**

Le **Commissariat à l'Énergie Atom que** (C.E.A.), organisme public, e créé en 1945. Ses principaux centr de recherche sont installés à Sacla Fontenay-aux-Roses (Région pa sienne), Pierrelatte et Marcou (S.-E.).

Les Pouvoirs publics retienne d'abord la **filière française** qu'ils aba donnent en 1969 pour adopter l **filière américaine.**

En 1974, au lendemain de la « cr se pétrolière », le cabinet présidé p P. Messmer décide d'accélérer l'équ pement du pays en centrales nucléa res. Il met en œuvre un **vaste program me** qui prévoit pour 1985 un équip ment de 45 000 mégawatts deva alors fournir 72 % de l'électricité co sommée alors en France.

Par ailleurs, en 1976, le gouvern ment accepte le projet de constru tion à Creys-Malville, sur le Rhôn de Super-Phénix, **surrégénérateu** d'une capacité de 1 200 MW (cer trale de la 3e génération). E.D.F

ÉNERGÉTIQUE

LES ÉCONOMIES D'ÉNERGIE

L'*Agence pour les Économies d'Énergie,* organisme créé en 1974, conduit la politique des économies d'énergie et propose au gouvernement des mesures nouvelles à prendre.

Son objectif est de parvenir à réaliser en 1985 une *économie d'énergie* de 45 millions de tonnes équivalent pétrole (T.E.P.).

En 1980, les économies d'énergie ont représenté 24 millions de T.E.P.

UNE MAISON SOLAIRE.

Les énergies renouvelables et de substitution

La crise de l'énergie a donné un regain d'intérêt à des sources d'énergie naturelle jusqu'ici quasiment inexploitées : le soleil, la mer, les eaux chaudes souterraines, le vent, l'énergie tirée des déchets organiques... Le développement de ces « énergies nouvelles » est susceptible de participer à l'indépendance énergétique du pays. Les efforts des Pouvoirs publics, qui se traduisent par l'augmentation des budgets de recherche consacrés notamment à l'énergie solaire et à la géothermie, sont appelés à s'accroître au cours des prochaines années. Les énergies renouvelables et de substitution ne couvrent actuellement que 1 à 2 % des besoins nationaux en énergie.

NUCLÉAIRE

E.N.E.L. (Italie) et R.W.E. (République Fédérale d'Allemagne (R.F.A.)) participent à la réalisation.

L'ambitieux programme Messmer lancé en 1974 est remanié à plusieurs reprises. Il se heurte à l'opposition des municipalités dans le choix des sites, notamment à Plogoff où le projet d'installation d'une centrale est remis en cause en 1981. Les campagnes des écologistes conduisent au renforcement des règles de sécurité. L'application du programme nucléaire divise l'opinion publique.

Par ailleurs, une usine installée à La Hague traite des déchets radioactifs et en extrait le plutonium.

▸ **Les ressources**

Les réserves françaises en minerai d'uranium représentent environ 3 % des réserves mondiales. Les principales mines sont situées dans le Limousin, dans le Forez et en Vendée. Une première concentration est opérée près des lieux d'extraction. Un dernier affinage est effectué dans l'usine de Malvesi près de Narbonne.

LES ROBOTS SOUDEURS DE CHEZ RENAULT

STRUCTURES ET PRODUCTIONS

L'activité industrielle occupe en France 8,3 millions de personnes, soit 37 % de la population active. L'industrie française est caractérisée par une grande diversité de structures et une gamme de fabrications très étendue.

Une grande diversité

L'appareil productif industriel est très **diversifié.** Il comporte un **secteur nationalisé** non négligeable [p. 265] et un **secteur privé** dans lequel se côtoient l'atelier individuel et la firme multinationale.

Les **petites et moyennes entreprises** (P.M.E.) tiennent numériquement une place prépondérante (97 % du total des entreprises non artisanales). Les plus petites d'entre elles travaillent fréquemment en sous-traitance pour le compte des grandes firmes.

Au sommet de l'échelle, 445 entreprises emploient plus de 1 000 personnes : elles occupent 46 % de la main-d'œuvre, réalisent 54 % du chiffre d'affaires et financent 68 % des investissements.

Les **cinq premières** firmes industrielles, par l'importance de leur chiffre d'affaires, sont, en 1980 : Française des Pétroles, Renault, Elf-Aquitaine, Peugeot-S.A., C.G.E.

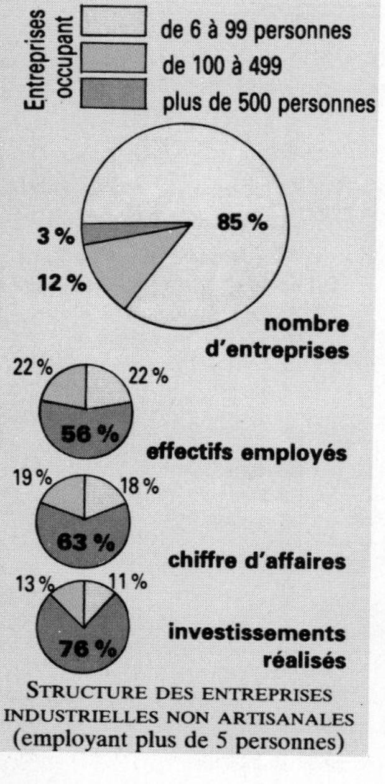

STRUCTURE DES ENTREPRISES INDUSTRIELLES NON ARTISANALES (employant plus de 5 personnes)

FOYERS INDUSTRIELS EN FRANCE

Une concentration accrue

La modernisation de l'industrie, rendue nécessaire par le **retard** accumulé avant 1939 (persistance d'archaïsme, à l'abri de barrières douanières), par les **destructions** provoquées par la Seconde Guerre mondiale a été entreprise dès la Libération. Elle a revêtu une grande ampleur à partir des années 60, accentuée par la formation du Marché Commun. La crise mondiale, en exacerbant la compétition internationale, intervient, depuis 1974, comme facteur d'accélération des transformations.

La modernisation des structures se traduit par une accentuation de la concentration financière. Les associations, fusions, absorptions se multiplient, encouragées par les Pouvoirs publics. La concentration aboutit à la formation de grands groupes qui contrôlent de multiples filiales en France et à l'étranger. Dans de nombreuses branches telles la sidérurgie, l'automobile, l'électronique, l'industrie aérospatiale, quelques grandes firmes dominent le marché.

Une industrie en crise

Après avoir connu une phase d'**exceptionnelle croissance** (doublement de la production de 1962 à 1973), l'industrie française a été sévèrement touchée par la **crise.** L'indice de production industrielle (base 100 en 1970) est passé de 123 en 1974 à 112 en 1975, 134 en 1979, 133 en 1980.

Les branches les plus atteintes sont la sidérurgie et les industries textiles.

Le chômage sévit massivement en Lorraine et dans la région du Nord.

PÉNÉTRATION DES CAPITAUX ÉTRANGERS

L'industrie française attire des capitaux originaires des États-Unis, du Royaume-Uni, de Suisse...

Les entreprises de plus de 20 salariés dans lesquelles les capitaux étrangers représentent plus de 50 % du capital (participation dite majoritaire), soit 5,2 % du nombre total d'entreprises :
— occupent 14,2 % des effectifs,
— réalisent 23,2 % du chiffre d'affaires,
— effectuent 16,5 % des investissements.

Si l'on prend en compte les entreprises dans lesquelles les participations étrangères sont supérieures à 20 % du capital, les résultats sont : nombre d'entreprises 6,7 % ; effectifs 17,4 % ; chiffre d'affaires 25,9 % ; investissements 21,8 %.

L'implantation étrangère est importante dans l'informatique, l'électronique, les industries du pétrole, la production pharmaceutique, le caoutchouc, le matériel agricole.

VALEUR AJOUTÉE PAR LES BRANCHES INDUSTRIELLES

Branches industrielles	En milliards de francs	En % du total national
Industries agricoles et alimentaires	100,2	4,4
Énergie	106,4	4,7
Industries des biens intermédiaires	199,2	8,7
Biens d'équipement	204,6	8,9
Biens de consommation courante	113,8	5,0
Bâtiment, génie civil	159,2	6,9
Total	883,5	38,6

UN HAUT FOURNEAU

LES INDUSTRIES DE BASE

Les matières premières

Le sous-sol français fournit du **minerai de fer** (31 millions de t d'un minerai de faible teneur, essentiellement en Lorraine) ; de la **bauxite** (1,9 million de t, en Provence) ; de la **potasse** (2 millions de t, en Provence) ; du **soufre** (2 millions de t provenant de la désulfuration du gaz de Lacq) ; du **sel** (Lorraine). La production de minerai de cuivre, de plomb, de zinc est négligeable.

La sidérurgie

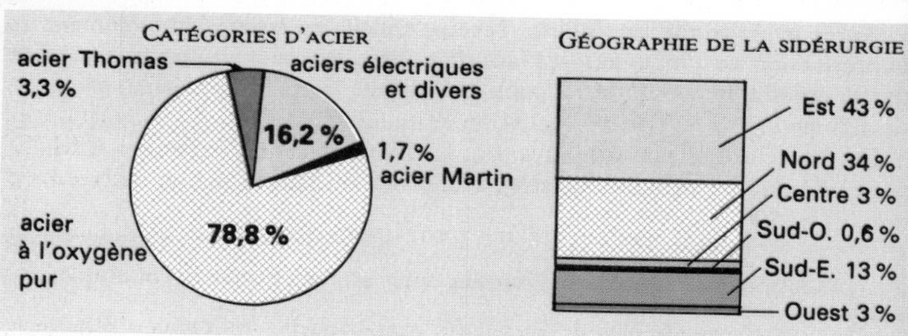

Avec une production annuelle de 23 millions de tonnes d'**acier,** la France se classe au 6ᵉ rang mondial et au 3ᵉ rang européen. 43 hauts fourneaux consomment 38 millions de t de **minerai de fer** marchand (dont 20 millions de t de provenance nationale) et 11 millions de t de **coke** (dont 9 millions de t de provenance nationale) et produisent 20 millions de tonnes de **fonte.** En crise depuis 1975, la sidérurgie française a dû supprimer 38 000 emplois (sur un total de 157 000). **Usinor** et **Sacilor** qui produisent la presque totalité de l'acier courant sont passés sous contrôle de l'État.

L'aluminium

La production d'**aluminium** (395 000 t, 6ᵉ rang mondial) est contrôlée par le groupe Pechiney-Ugine-Kuhlmann, nationalisé en 1981.

La **bauxite** est transformée en **alumine** dans 4 usines : agglomération marseillaise (2 usines), Gardanne et Salindres.

L'électrolyse s'est fixée dans les régions riches en hydro-électricité (Alpes, Pyrénées) et à Noguères, où la première usine du Marché commun est alimentée par une centrale thermo-électrique fonctionnant au gaz naturel de Lacq.

La chimie de base

La **chimie lourde** produit 4,6 millions de tonnes de produits chimiques **minéraux** de base, 0,3 million de tonnes de produits **organiques** de base, 3 millions de tonnes de **matières plastiques,** 2 millions de tonnes de produits à base d'azote, 0,8 million de tonnes d'engrais phosphatés.

LES INDUSTRIES DE TRANSFORMATION

Productrices de biens d'équipement et de biens de consommation, industries traditionnelles ou industries de pointe, les industries de transformation, extrêmement diversifiées, multiplient leurs efforts en vue d'accroître leurs exportations.

Force et faiblesses

De nombreuses branches de l'industrie française sont plus ou moins sévèrement touchées par la **crise** et doivent opérer de douloureuses restructurations : sidérurgie, industries textiles, constructions navales, bâtiment et travaux publics... La construction automobile, longtemps épargnée, demeure fragile. La situation de l'industrie de la machine-outil est préoccupante : les importations sont supérieures aux exportations.

Certains secteurs disposent par ailleurs de sérieux **atouts :**
— **Domaine spatial :** succès de la fusée Ariane lancée par l'Agence Spatiale Européenne dans laquelle la France a une participation prépondérante (financement des deux tiers du projet).
— **Armement :** la France, troisième exportateur mondial de matériel militaire, couvre par ses ventes (avions Mirage, blindés du groupe A.M.X., fusées...) le quart de sa facture pétrolière. Les industries d'armement emploient 390 000 personnes.
— **Matériel ferroviaire :** efficacité de la technologie des turbotrains, du T.G.V., réputation mondiale de la fabrication des voitures de train et de métro.

Les Pouvoirs publics ont entrepris d'intensifier les efforts dans cinq branches nouvelles ou complémentaires : l'électronique grand public et la télématique, la bureautique, l'off-shore, la bio-industrie et les matériels économiseurs d'énergie. Un vaste plan de relance de la machine-outil a été lancé en 1981.

LE BÂTIMENT ET LES TRAVAUX PUBLICS

Branche particulière de l'économie nationale, associée à la production industrielle, le **bâtiment et les T.P.** fournissent près de 7 % de la valeur ajoutée par l'ensemble des branches (agriculture, industrie et services).

Baromètre de l'activité générale en raison de la part qu'elles occupent dans les investissements et des incitations qu'elles suscitent dans de multiples de secteurs, les activités des travaux publics et du bâtiment ont progressé, jusqu'en 1973, au rythme annuel moyen de + 6 %. La récession qui s'est installée en 1974 a durement touché un grand nombre d'entreprises.

• **Le bâtiment**
— *Nombre d'entreprises :* 270 000. Plus de la moitié d'entre elles n'ont pas de salariés; 118 000 occupent de 1 à 10 salariés. Grandes entreprises : Bouygues (4 500 personnes), S.A.E. (3 700).
— *Effectifs :* 1,2 million de salariés.

• **Les travaux publics**
— *Nombre d'entreprises :* 6 000. Cinq mille d'entre elles emploient moins de 50 salariés. Grandes entreprises : S.P.I.E. Batignolles (Schneider), S.C.R.E.G., Société Générale d'Entreprise, Société Routière Colas, Grands Travaux de Marseille, Dumez S.A....
— *Effectifs :* 388 000 salariés.
— Quelques réalisations dans le monde : Barrage de Cuenta (Brésil), Hôtel Cosmos (Moscou)...

L'industrie automobile

Née vers 1895 dans la région parisienne, l'**industrie automobile** française a vu sa production passer de 45 000 véhicules en 1913 à 224 000 en 1938, à 3,48 millions d'automobiles (4e rang mondial) et 0,5 million de camions (5e rang) en 1980.

La construction automobile est dominée par deux firmes : **Renault,** entreprise nationalisée en 1945, et le groupe privé **P.S.A. Peugeot-Citroën.**

La production au sens large (construction, équipements, accessoires-organes...) occupe 860 000 personnes ; mais si l'on prend en compte les réparations, l'entretien et toutes les activités annexes, l'automobile fournit du travail à 2,2 millions d'actifs, soit 10 % de la population active française.

La *région parisienne* rassemble encore la moitié de la main-d'œuvre de la branche, mais la décentralisation, favorisée par les Pouvoirs publics soucieux de corriger les déséquilibres régionaux, accroît la part de la **province.** Renault, déjà établie au Mans avant-guerre s'est installée à Flins, à Cléon, au Havre-Sandouville ; Citroën s'est fixée à Caen, à Metz, à Rennes. Peugeot installée depuis l'origine à Sochaux-Montbéliard, a créé une usine à Mulhouse. Les firmes françaises ont récemment créé des emplois dans les régions en difficultés : le Nord, la Lorraine. La France exporte plus de la moitié de sa production de voitures particulières.

La construction navale

Avec seulement 380 000 tonneaux de jauge brute lancés en 1980 (1,4 million en 1974), la construction navale française se place au 10e rang dans le monde. Ce secteur en crise fournit 2,4 % de la production mondiale.

L'industrie aérospatiale

Les **constructions aérospatiales** emploient 103 000 personnes. La **région parisienne** rassemble 40 % de la main-d'œuvre employée à la construction des cellules et engins, plus de 80 % des effectifs de la branche moteurs et équipements. Amorcé entre les deux guerres, le glissement des activités vers les régions méridionales s'est accéléré depuis 1945. Jusqu'en 1981 deux secteurs d'égale importance se partageaient le marché :

- Un secteur nationalisé : la Société Nationale des Industries Aéronautiques (S.N.I.A.S.) et la Société Nationale d'Étude et de Construction de Moteurs d'Avion (S.N.E.C.M.A.).
- Un secteur privé, beaucoup plus dispersé (près de 120 sociétés dont certaines d'une taille importante : Dassault-Bréguet, Engins Matra).

Annoncée en 1981, une prise de participation majoritaire chez Dassault et dans la branche armement du groupe Matra accroît le poids du secteur public.

L'AIRBUS.

CONSTRUCTION NAVALE ET AÉROSPATIALE.

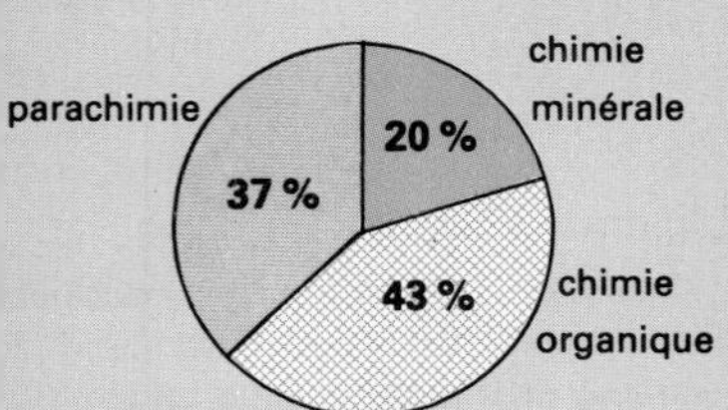

RÉPARTITION DU CHIFFRE D'AFFAIRES DES INDUSTRIES CHIMIQUES

LA MANUFACTURE DE SAINT-GOBAIN. Le « fleuve » de glace : la glace est fabriquée par coulée continue.

Les industries chimiques

Les **industries chimiques** françaises qui emploient plus de 300 000 personnes se classent au 6e rang mondial. Elles présentent une balance commerciale **excédentaire.** Industrie de « matière grise » qui fait une large place à la recherche, la chimie pénètre dans presque toute l'activité nationale. Elle englobe des branches très diverses (grands corps de la chimie minérale, produits de la chimie organique, parachimie) auxquelles se rattachent les industries du verre, du pneumatique...

En raison de la rapidité du **progrès technique** et de l'importance des capitaux nécessaires au développement de la recherche et au renouvellement des équipements, les entreprises sont incitées à la **concentration** financière :

— **chimie lourde** : Rhône-Poulenc, C.D.F. chimie, Entreprise Minière et Chimique, Ugine-Kuhlmann (Chimie), Alto-Chimie...

— **Parachimie** : L'Oréal, Roussel-Uclaf...

— **Pneumatiques** : Michelin, Kléber-Colombes...

LES INDUSTRIES CHIMIQUES.

Les industries agro-alimentaires

Elles représentent un secteur qui prend une place grandissante dans l'économie nationale. En raison de la grande **diversité des activités** (meunerie, semoulerie, fabrication de pâtes alimentaires, biscuiterie, biscotterie, aliments diététiques et de régime, entremets et desserts instantanés, alimentation animale) et malgré la concentration des producteurs de matières premières, on dénombre plus de 12 500 entreprises employant 500 000 personnes. Les principales firmes sont : Gervais Danone, Union Laitière Normande, Groupe Sodima, Beghin-Say, Sopad Nestlé...

Ces industries, **dispersées,** se localisent dans les zones portuaires (Nantes, Bordeaux, Marseille), aux abords des grandes villes, dans les régions agricoles (vallée du Rhône : conserveries de fruits et de légumes).

La balance commerciale est **excédentaire** et les Pouvoirs publics ont l'ambition de faire des I.A.A. « le **pétrole vert** » de la France.

UNE USINE DE TISSAGE.
La doyenne des industries françaises a renouvelé ses techniques.

L'industrie textile

Quelque 3 000 entreprises emploient directement 330 000 personnes (52 % de femmes) et traitent chaque année plus de 1 million de tonnes de fibres et fils textiles : chimiques 55 %, coton 25 %, laine 11 %, autres fibres 9 %.
L'industrie textile française est aujourd'hui sévèrement concurrencée par les pays du Tiers Monde et les pays développés (Europe, États-Unis).

La balance commerciale est **déficitaire.**

Les compressions de main-d'œuvre posent dans certaines régions (Nord, Alsace-Lorraine) de graves problèmes sociaux.

Les matériels électriques et électroniques

La branche **matériels électriques et électroniques** qui emploie 457 000 personnes (auxquelles s'ajoutent 88 000 salariés des Équipements ménagers) constitue, parmi les industries de pointe, un secteur particulièrement dynamique.

La **« filière électronique »** (composants électroniques, télécommunications, informatique et bureautique, électronique professionnelle, instrumentation et équipements de mesure, automatismes et robotique, électronique grand public) tend à devenir le « fer de lance » de l'activité industrielle. Ce vaste secteur (plus de 7 % de la Production Intérieure Brute) est dominé par quelques firmes géantes : Compagnie Générale d'Électricité (170 000 salariés), Thomson-Brandt (115 000), Cie I.B.M. France (21 000), Groupe Philips France (31 000), C.I.I.-Honeywell Bull (18 000)...

L'État, soucieux de s'assurer la maîtrise de plusieurs des points-clés de la « filière électronique », a nationalisé en 1981 la C.G.E. et Thomson-Brandt.

LES GRANDES RÉGIONS TEXTILES

- **La région du Nord** concentre plus de :
  50 % de l'industrie de la laine
  33 % de l'industrie du coton
  près de 100 % du travail du jute et de la filature du lin.
- **L'Alsace et les vallées vosgiennes** détiennent :
  33 % de la filature du coton
  50 % du tissage du coton.
- **La région lyonnaise** réalise près de 100 % des soieries.
- **La Normandie** travaille le coton et la laine.
- **Mazamet** est le premier centre mondial de délainage.

LA CONSTRUCTION ÉLECTRIQUE.

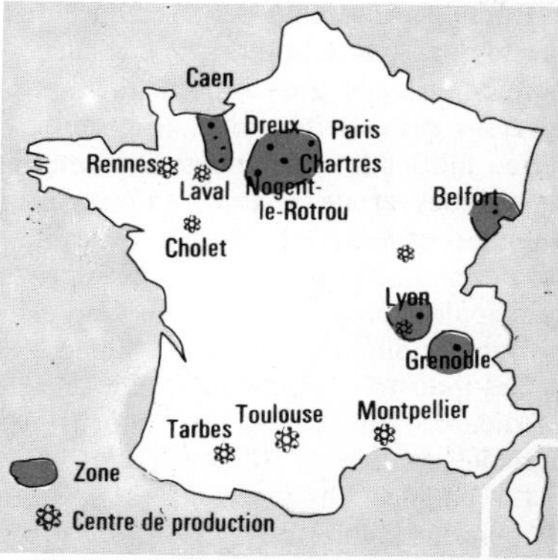

L'ARTISANAT

Une tradition nationale

Depuis le Moyen Age jusqu'à nos jours, les métiers artisanaux ont connu en France une remarquable vitalité. Aujourd'hui encore, malgré son déclin, l'artisanat demeure important. On compte 815 000 entreprises artisanales occupant 815 000 chefs d'entreprise, 950 000 salariés et 250 000 associés d'exploitation.

Au total, l'artisanat occupe plus de 2 millions d'actifs et fait vivre quelque 6 millions de personnes.

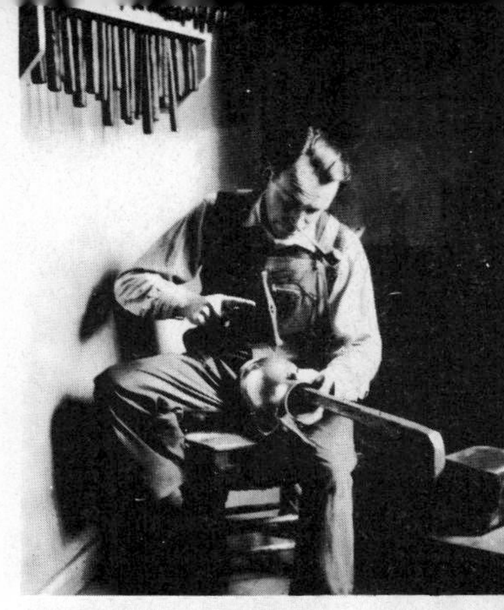

Un potier

On peut penser que si l'artisanat est demeuré si vivace en France, c'est qu'il correspond à certaines caractéristiques de la mentalité nationale : individualisme, liberté dans le travail, souci de la qualité et de la mesure.

L'artisanat en face de la révolution économique

Il est permis de se demander si, devant les nécessités de la concentration industrielle, l'artisanat ne représente pas une forme d'économie aujourd'hui dépassée. De fait, bien des petits métiers — forgerons, tonneliers, bourreliers, tuiliers, etc. — sont en voie de disparition ; d'autres doivent renoncer à produire pour se spécialiser dans la réparation.

Pourtant grâce à la **Confédération générale de l'Artisanat français et de l'Union des Artisans français,** la profession s'est organisée. Elle a obtenu un régime fiscal particulier, qui lui permet de mieux supporter la concurrence de la grande industrie, et l'élaboration d'un **Code de l'artisanat** (1952). Elle a aussi transformé ses techniques pour s'adapter aux exigences des consommateurs.

RÉPARTITION DES ENTREPRISES ARTISANALES	
Bâtiment	26 %
Alimentation	14 %
Mécanique (automobile, motocycles, cycles)	13 %
Habillement et pelleteries	10 %
Coiffure	6 %
Bois et ameublement	5 %
Chaussure	3 %
Divers	23 %

Grâce à ces diverses mesures, l'artisanat connaît aujourd'hui une prospérité nouvelle, du moins dans certains secteurs qui paraissent relever difficilement de la grande industrie.

Un cordonnier

La clef de l'artisanat : l'apprentissage

Les Chambres des Métiers, depuis 1925, ont concentré leurs efforts sur l'organisation de **l'apprentissage.** L'artisanat forme 130 000 apprentis ; 45 000 se dirigent chaque année vers l'industrie.

4

LES TRANSPORTS

Les transports constituent le système circulatoire de l'organisme économique du pays; ils emploient 6 % de la population active (plus d'un million de personnes) et représentent 6 % du produit national. Ils doivent constamment s'adapter à des conditions nouvelles : d'où des problèmes d'équipement et de coordination entre les modes de transport.

Avec ses partenaires de la Communauté Économique Européenne, la France a mis en œuvre une politique commune des transports.

Le réseau des routes secondaires est un des meilleurs du monde.

TRAFIC DES MARCHANDISES.

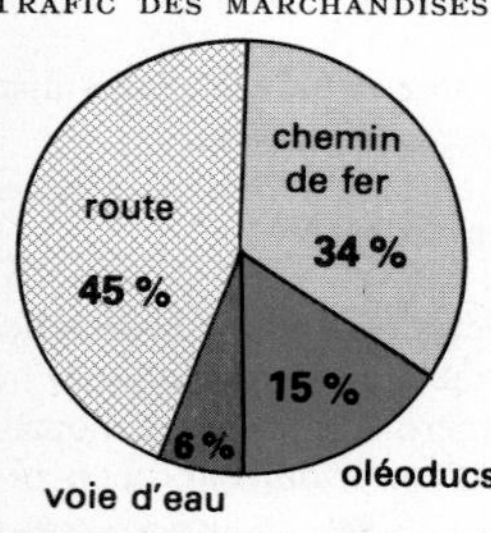

LA DENSITÉ DU RÉSEAU (nombre de km pour 100 km²)	
Route	162
Voie ferrée	6,7
Voie d'eau	1,4

LES GRANDES ROUTES NATIONALES

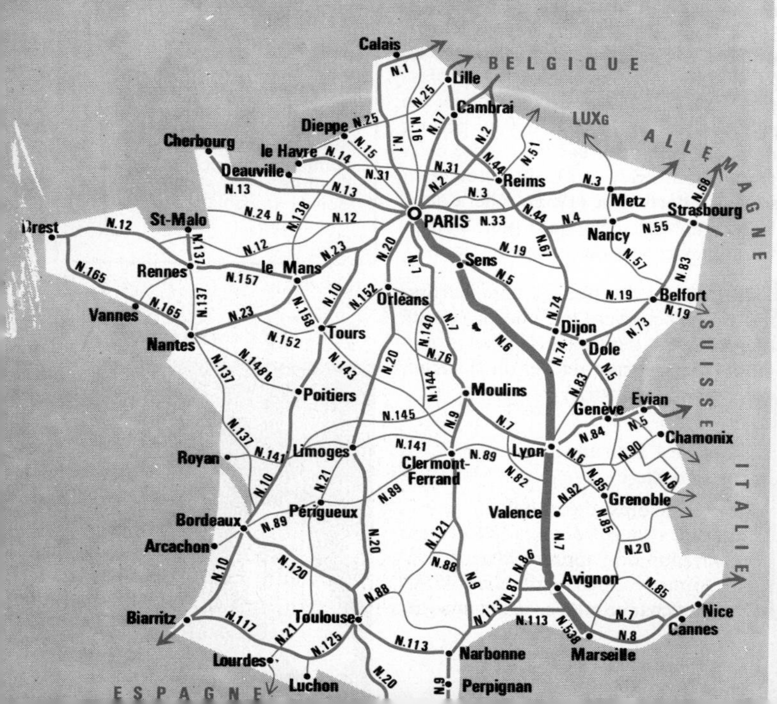

.A ROUTE

ʼn réseau dense

Le réseau routier actuel est l'héritier du réseau **centralisé** de l'Ancien .égime. Il comprend 805 000 km de chaussées viables réparties en 3 catégo-es : routes nationales, 30 000 km ; routes départementales, 346 000 km ; hemins vicinaux, 425 000 km. C'est le réseau le plus **dense** du monde.

ʼne circulation croissante

Le **parc automobile** national compte plus de 21 millions de véhicules (dont ,9 millions de véhicules utilitaires). Le trafic annuel de voyageurs est estimé plus de 250 milliards de voyageurs/km. Chaque véhicule particulier arcourt en moyenne 13 800 km. Le bilan annuel des accidents de la route st désastreux : 13 500 morts, 360 000 blessés.

Le **trafic annuel de marchandises** est supérieur à 89 milliards de t/km. Il est éalisé par des entreprises qui assurent le transport de marchandises pour :ur compte propre et par 27 000 entreprises de transports publics.

ʼne politique autoroutière

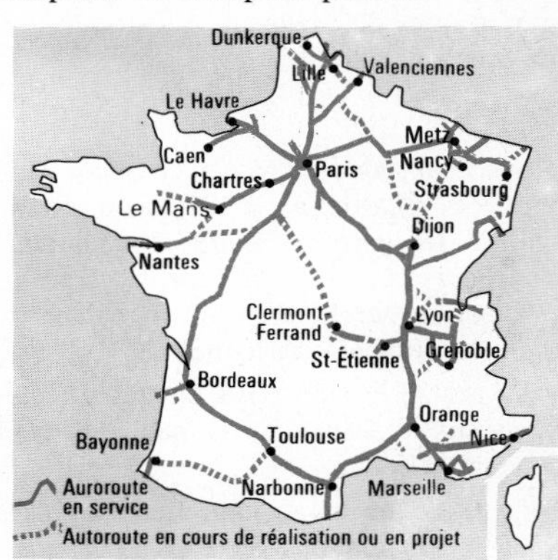

La France s'est engagée tardi-ement dans une **politique auto-outière.** En 1955, un premier rogramme a prévu, en 15 ans, a construction de 1 525 km 'autoroutes, dont la liaison Pa-is-Méditerranée. En mars 1960, .n nouveau plan a été élaboré. :nfin, le schéma directeur rou-ier de 1971, remplaçant celui de 955, a permis de franchir le cap es 5 000 km d'autoroutes en 980.

Le financement des autoroutes de liaison est désormais confié à des ;ociétés privées et la pratique du péage est généralisée.

UN ÉCHANGEUR SUR L'AUTOROUTE DU NORD.

1827. Marc Seguin construit la première locomotive tubulaire à vapeur.

D'UN SIÈCLE A L'AUTRE

1825. Première ligne de chemin de fer, de Saint-Etienne à Andrézieux.
1837. Inauguration du chemin de fer de Paris à Saint-Germain-en-Laye.
1842. Une loi établit un plan de voies ferrées centralisé comme les routes, partagé entre six grandes compagnies ou réseaux.
1850-1930. Les chemins de fer introduisent une véritable révolution dans les transports et la vie économique.
1937. Création de la S. N. C. F.

LA S.N.C.F.

Une toile d'araignée

Le tracé des 34 000 km de voies ferrées qui constituent aujourd'hui l'ensemble du réseau français, tracé établi par une loi de 1842, suit de très près le réseau routier : il évoque, comme lui, l'aspect d'une vaste toile d'araignée. Toutes les grandes lignes partent **en étoile** de Paris vers les villes importantes de France et d'Europe, les liaisons transversales ayant été plus ou moins sacrifiées.

Le trafic

▸ Sur l'ensemble du réseau circulent 2 399 locomotives électriques, 584 automotrices électriques, 2 191 locomotives Diesel, 889 autorails et 53 turbotrains. Le parc de matériel roulant compte en outre 16 000 voitures-voyageurs et 255 000 wagons et les premières rames du T.G.V.

Chaque jour 13 000 trains circulent en moyenne dont 4 800 trains desservant la banlieue parisienne.

▸ La S.N.C.F. transporte chaque année 680 millions de **voyageurs** (433 millions sur le réseau de la banlieue parisienne). Un voyageur parcourt en moyenne 78 km.

▸ Le trafic annuel de **marchandises** est passé de 132 millions de tonnes en 1938 à 266 millions de t en 1974 et à 224 millions de t aujourd'hui. Le chargement moyen des wagons est de 25 tonnes et le parcours moyen d'une tonne est de 315 km.

Le rail est surtout utilisé pour le **transport des pondéreux :** produits de la sidérurgie, produits de carrières et matériaux de construction, produits pétroliers...

▸ L'évolution récente est caractérisée par :

• La multiplication des **trains spéciaux** pour voyageurs (au moment des départs massifs en vacances).

• Le développement des **trains-autos-couchettes** (260 000 véhicules transportés chaque année).

• Le grand essor du transport des marchandises par **conteneurs.**

• La **fermeture** de nombreuses **lignes secondaires,** peu fréquentées et non rentables. Depuis 1968, plus de 7 000 km de voies ont été fermées.

LA S.N.C.F.

En 1937 est créée la Société Nationale des Chemins de Fer Français (S.N.C.F.), société d'économie mixte dont le capital appartient pour 51 % à l'État, pour 49 % aux anciennes compagnies. La concession d'exploitation est valable jusqu'en 1982.

En 1980, la S.N.C.F. compte 255 000 agents actifs.

DE FER

Le T.G.V.
(train à grande vitesse).

Une reconversion totale

Pour faire face à la **concurrence de la route,** de la voie d'eau et des oléoducs et réduire le déficit de son exploitation, la S.N.C.F. a dû opérer une reconversion totale, à la fois technique et commerciale.

▸ En 1973, la traction à vapeur a complètement disparu au profit de la traction électrique (80 % du trafic) et du moteur Diesel (20 % du trafic sur 9 900 km de voies électrifiées).

Des lignes régulières de **turbo-trains** ont été mises en service.

Un des services ferroviaires les plus rapides du monde (le T.G.V. : Train à Grande Vitesse) a été mis en exploitation en 1981 entre Paris et Lyon.

Le confort des voitures pour voyageurs est sans cesse amélioré. Enfin, l'électronique est utilisée tant pour la gestion administrative que pour les systèmes de signalisation, d'aiguillage et de triage.

▸ Diverses conventions signées depuis 1970 précisent les charges qui incombent à la Société Nationale et à l'État. La S.N.C.F. est désormais dotée d'une plus large autonomie de gestion.

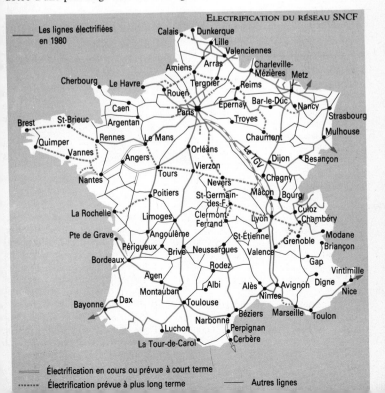

Electrification du réseau SNCF

Les lignes électrifiées en 1980

Calais
Dunkerque
Lille
Valenciennes
Arras
Amiens
Charleville-Mézières
Metz
Cherbourg
Le Havre
Tergnier
Reims
Rouen
Caen
Paris
Épernay
Bar-le-Duc
Nancy
Strasbourg
Brest
St-Brieuc
Argentan
Troyes
Mulhouse
Rennes
Le Mans
Chaumont
Quimper
Vannes
Orléans
Le TGV
Angers
Dijon
Besançon
Vierzon
Tours
Nantes
Nevers
Chagny
Poitiers
St-Germain-des-F.
Mâcon
Bourg
La Rochelle
Limoges
Clermont-Ferrand
Lyon
Culoz
Chambéry
Pte de Grave
Angoulême
St-Étienne
Modane
Grenoble
Briançon
Périgueux
Brive
Neussargues
Valence
Bordeaux
Gap
Rodez
Vintimille
Agen
Albi
Alès
Avignon
Digne
Nice
Montauban
Nîmes
Bayonne
Dax
Toulouse
Béziers
Marseille
Toulon
Narbonne
Luchon
Perpignan
Cerbère
La Tour-de-Carol

Électrification en cours ou prévue à court terme
Électrification prévue à plus long terme
Autres lignes

La route, le chemin de fer, le canal s'entrecroisent dans le paysage.

LES VOIES FLUVIALES

Dans le domaine des voies fluviales, la France a accumulé un lourd retard. Son équipement, comparé à celui des pays du Bénélux ou de l'Allemagne, est médiocre. Toutefois, un renouveau récent est amorcé.

▸ **Les faiblesses** tiennent à l'absence d'homogénéité du réseau, à l'insuffisance des voies à grand gabarit (1 900 km de canaux en gabarit européen) et à la vétusté de nombreuses installations (175 écluses sur les 291 km du canal de la Marne au Rhin).

▸ **Le renouveau** se manifeste par l'amélioration de la batellerie, l'aménagement des voies, la modernisation des ports, le développement des techniques modernes (technique du « poussoir »). Le trafic est passé de 47 millions de t en 1954 à près de 100 millions de t aujourd'hui.

Longueur du réseau :
8 600 km dont 3 900 de fleuves et rivières et 4 500 de canaux.

Péniches en service :
5 800, d'une capacité totale de 2,6 millions de tonnes.

Tonnage transporté :
93 millions de tonnes.

UN TRAIN DE PÉNICHES

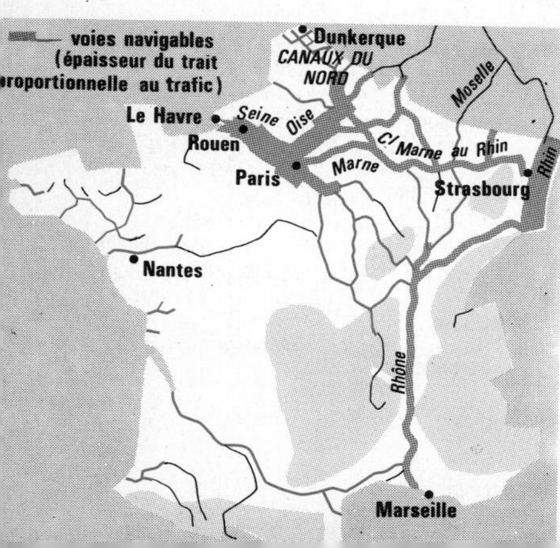

Les grands travaux

Pour mettre le réseau des voies navigables à l'échelle des nouveaux besoins, la France a mis en train un programme de grands travaux : canalisation de la Moselle, aménagement du Rhin [p. 68], et du Rhône [p. 13], etc.

Elle a entrepris la réalisation d'une liaison à grand gabarit Méditerranée-mer du Nord.

·A MARINE ·IARCHANDE

La flotte marchande française ·oit constamment s'adapter aux ·xigences techniques du monde ·oderne et aux conditions de · concurrence internationale.

UN PÉTROLIER GÉANT.

Elle a dû se reconstituer après · Seconde Guerre mondiale : ·00 000 tjb en 1945, 2,7 mil·ons de tjb (tonneaux de jauge ·rute) en 1950. Aujourd'hui, ·vec un tonnage global de 11,5 ·illions de tjb, elle se classe au 9e rang mondial (3 % du tonnage mondial). ·lle n'assure que 31 % des importations et 25 % des exportations françaises.

L'évolution récente est caractérisée par :
· un recul des **paquebots,** concurrencés par l'avion (en 1974, le grand ·aquebot *France* a été désarmé, puis vendu en 1980) ;
· le développement des **navires spécialisés :** pétroliers (*Batilus,* 550 000 · P.L. (tonnes de port en lourd), lancé en 1976) ; méthaniers (*Jules-Verne, ·escartes,* 50 000 m^3) ; minéraliers (*Cetra-Centaure,* 170 000 t), navires ·olythermes ; porte-conteneurs : les car-ferries ;
· la modernisation des **ports :** Cap d'Antifer (près du Havre) et Fos sont ·quipés pour recevoir des pétroliers de plus de 500 000 t.

RÉPARTITION DES BÂTIMENTS

— 28 navires à passagers (dont 22 transbordeurs et 4 aéroglisseurs marins)
— 284 cargos (dont 50 porte-conteneurs)
— 112 navires citernes (dont 69 pétroliers long cours totalisant ·7,9 millions de tjb).

PRINCIPAUX PORTS MARITIMES

	VOYAGEURS (MILLIONS)	MARCHANDISES (MILLIONS DE T)
MARSEILLE	0,94	109
CALAIS	5,3	6
LE HAVRE	0,94	86
BOULOGNE	2,4	4
DUNKERQUE	0,4	41
BORDEAUX	—	14
ROUEN	—	20
NANTES	—	15

LES GRANDES COMPAGNIES MARITIMES

On compte 145 sociétés d'armement, mais la moitié de la flotte appartient aux cinq premiers groupes.

Deux importantes sociétés mixtes, dépendant de l'État :
- La Compagnie Générale Transatlantique : Atlantique Nord, Méditerranée, Pacifique.
- Les Messageries Maritimes : Proche - Orient, Extrême - Orient, Afrique, Océanie.

Un secteur privé très diversifié.
- Chargeurs Réunis - Compagnie Paquet.
- Société Navale Delmas-Vieljeux.
- Créé en 1964, le Consortium Européen des Transports Maritimes (Cétramar) réunit les Chargeurs Réunis, L'Union Navale, L. Dreyfus et Cie, la Société Anonyme de Gérance et d'Armement.

Le Concorde en vol.

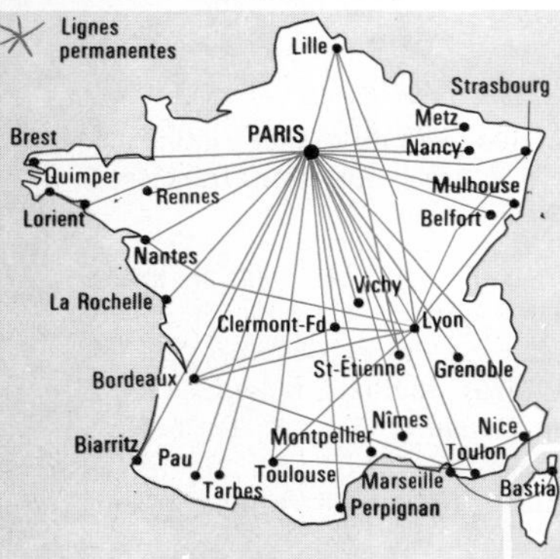

Le réseau d'Air Inter.

AIR FRANCE
Air France transporte (1979) 11 millions de passagers. Sa flotte compte (1980) 4 Concorde, 27 Boeing 747, 17 Boeing 707, 27 Boeing 727, 10 Caravelle, 17 Airbus.

L'AVIATION COMMERCIALE

La France a été un des premiers pays à organiser des liaisons aériennes internationales sur le plan commercial : Paris-Londres et Paris-Prague en 1920, France-Afrique en 1925 et France-Amérique du Sud en 1936.

▸ La Compagnie nationale **Air France** est née en 1933 de la fusion de plusieurs entreprises privées. Elle est devenue en 1948 une société d'économie mixte placée sous contrôle de l'État.

Air France exploite un réseau de 636 000 km couvrant le monde entier (75 pays et 150 escales). Elle n'a pourtant pas de monopole ; il existe à côté d'elle plusieurs compagnies de moindre importance : l'Union de Transports Aériens (U.T.A.) ; Air Inter, créé en 1960 (où sont associés Air France, l'U.T.A., la S.N.C.F. et diverses banques d'affaires), qui s'est spécialisé dans l'exploitation des lignes intérieures ; l'Association des Transporteurs Aériens Régionaux (A.T.A.R.) qui depuis 1970 rassemble 13 compagnies.

▸ Paris, avec ses trois aéroports (**Orly, Le Bourget, Roissy-Charles de Gaulle**), est à la 6e place mondiale pour l'importance du trafic (25 millions de passagers).

Les **aéroports** de **Nice** et de **Marseille** se disputent la première place en province. L'aéroport de **Satolas** (près de Lyon) a été inauguré en 1975.

L'aéroport de Roissy-Charles-de-Gaulle dont le trafic a dépassé 10 millions de passagers en 1979.

ES POSTES ET TÉLÉCOMMUNICATIONS

UELQUES DATES

- L'abbé Claude Chappe réalise en 1793 le premier télégraphe aérien.
- La poste est décrétée monopole d'État en 1798. Toutefois son développement est lent : en 1830, la plupart des communes sont encore dépourvues de toute relation postale. Les tarifs varient selon la distance (zones postales).
- 1845 : le télégraphe électrique commence à remplacer le télégraphe aérien ; son succès sera prodigieux.
- La loi de 1846 crée les facteurs ruraux. La Constituante de 1848 abolit les zones postales et crée les timbres-poste. En 1870, on compte déjà 16 000 facteurs ruraux et on manipule plus de 700 millions d'objets par an.
- Bientôt (1879) le téléphone vient concurrencer le télégraphe et prend place en 1889 dans l'Administration des Postes, Télégraphes et Téléphones (P.T.T.), aujourd'hui ministère des Postes et Télécommunications.

L'Administration des P.T.T. emploie 425 000 personnes (titulaires et tagiaires) et gère un budget annuel de 90 milliards de francs. Elle assure le onctionnement des 17 200 **établissements postaux** (dont 9 400 recettes de lein exercice) répartis sur l'ensemble du territoire métropolitain.

Le **trafic annuel** est de l'ordre de 3,7 milliards d'objets (dont 4,2 milliards de lettres et de cartes postales). L'organisation du tri automatique du ourrier est en cours d'application. Depuis 1966 fonctionne un service CEDEX (Courrier d'Entreprise à Distribution Exceptionnelle).

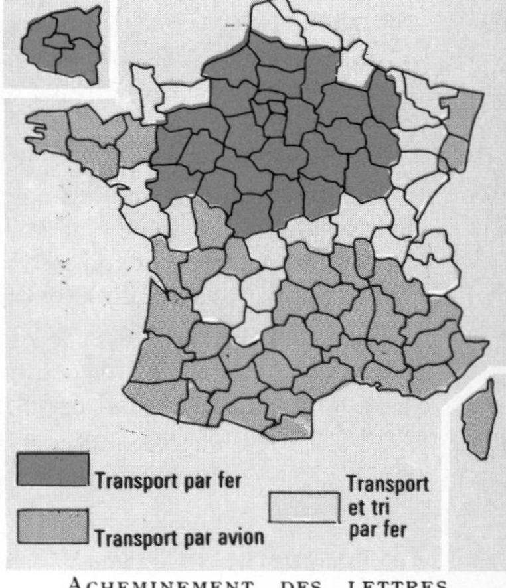

Acheminement des lettres au départ de Paris a la dernière expédition de la soirée.

Dans le domaine de **l'équipement téléphonique** la France rattrape un lourd etard. Le nombre de lignes principales rattachées à un central) est passé de ,2 millions en 1970 à 16 millions en 981. Le **réseau télégraphique** est l'un les plus modernes du monde (800 000 m). Le service Telex fonctionne depuis 946.

L'installation du **téléphone** automatique urbain est achevée. Celle de l'automatique rural et interurbain progresse apidement.

Les P.T.T. assurent en outre un grand nombre de **services financiers.** La Caisse Nationale d'Épargne gère 15 millions le comptes (épargne ordinaire) et 'avoir des déposants est de 153 milliards de francs (1980). Le service des chèques postaux, créé en 1918, gère aujourd'hui 7,4 millions de comptes.

Un bureau de poste.

LE PETIT COMMERCE TRADITIONNEL.

6 LE COMMERC

LE COMMERCE INTÉRIEUR

La France compte environ 660 00 établissements commerciaux, soit u établissement pour 80 habitants : l prépondérance du petit et du moye commerce demeure encore très marqué Toutefois, depuis moins de 30 ans, d profondes transformations s'opèren aussi bien dans les méthodes que dans le circuits de vente.

Une révolution commerciale

▸ Elle se manifeste par un **perfectionnement des techniques de vente.** L publicité, persuasive, conquérante, progresse (Havas-Conseil, Publici Synergie), sans atteindre toutefois l'ampleur qu'elle connaît aux État Unis par exemple. La pratique de la vente à crédit se développe égalemen de même que la vente par libre-service, la vente par correspondance (L Redoute, les 3 Suisses) et la vente par appareils automatiques.

▸ Elle se manifeste d'autre part par une **concentration de l'appareil d distribution,** phénomène qui correspond à une concentration dans l'espac de la population, provoquée par l'accroissement de l'urbanisation. D 1968 à 1971, plus de 27 000 points de vente ont disparu.

Cependant, depuis 1972, le nombre des ouvertures de magasins dépass fréquemment celui des fermetures. Si certaines branches telles que l'épice rie, l'alimentation générale, sont touchées par la multiplication des grande surfaces, d'autres branches se développent : produits d'hygiène et d beauté, articles de sports, appareils électro-ménagers...

Le commerce intégré

Le commerce intégré ou concentré, qui, dans une même entreprise rassemble les fonctions de gros et de détail, prend une place croissante dan l'appareil commercial français : il réalise aujourd'hui près du quart d chiffre d'affaires total.

▸ **Le secteur de type capitaliste** comprend les grands magasins nés a XIXe s. (Bon Marché, fondé en 1852 par Boucicaut, Printemps, Galerie Lafayette, Samaritaine...) ; les magasins populaires nés dans l'entre deux guerres (Uniprix fondé en 1929, Prisunic, Monoprix...) ; les société à succursales multiples (Docks Rémois, Familistère, Goulet-Turpin...) les nouveaux magasins à grande surface de vente (voir ci-contre).

▸ **Le secteur de forme coopérative** englobe des sociétés coopératives d consommation (magasins Coop) et les coopératives d'entreprises o d'administrations.

UN MAGASIN A GRANDE SURFACE DE VENTE.

e commerce non intégré

Les établissements commerciaux qui assurent séparément les opérations e commerce de gros et de commerce de détail réalisent 75 % du chiffre affaires total du commerce intérieur.

Le commerce de gros, intermédiaire entre les producteurs et les commer- ınts de détail, est encore très dispersé puisqu'en moyenne chaque gros- ste approvisionne 6 détaillants.

Le commerce de détail, en contact direct avec le consommateur, revêt es aspects multiples. On distingue :

Les commerçant qui exercent **en association :** les chaînes volontaires socient des grossistes à des détaillants (Spar, Sopegros-Avam qui a créé la édération Internationale Alimentaire ; d'autre part, les groupements coopé- tifs de détaillants permettant de centraliser les achats en vue d'obtenir de eilleures conditions du grossiste ou du fabricant.

Les commerçants indépendants non filiés : les sédentaires (les plus nom- eux) et les itinérants.

COMMERCE DE DÉTAIL

Répartition du chiffre d'affaires (en % du total) 1979 : 676 milliards de francs.

Alimentaire	**48,9**
• *Alimentation g^ale^*	34,6
dont :	
Hypermarchés	10,6
Autres magasins	24,0
• *Commerce des viandes*	9,2
• *Commerces alimentaires spécialisés*	5,1
Non-alimentaire	**51,1**
• Non-alimentaires *non spécialisés*	4,9
Non-alimentaires *spécialisés*	46,2
dont :	
Habillement, maroquinerie, chaussures	11,3
Entretien, équipement du foyer	15,1
Hygiène, loisirs, culture, sport	7,0
Pharmacies	5,3

LES NOUVEAUX MAGASINS A GRANDE SURFACE DE VENTE (nombre début 1980)

ıpermarchés (3 710) :
Magasins de 400 à 2 500 m², à libre- ɾvice pour la majorité des rayons, ven- ınt la totalité des produits alimentaires offrant un grand assortiment de mar- andises générales.

ypermarchés (408) :
Grande unité de vente d'une superficie périeure à 2 500 m², avec vente généra- ée en libre-service, vendant un très ·ge assortiment de produits alimentaires de marchandises générales. Les établis- ments sont pourvus d'un grand parc à tos.

Superficie totale : 2,3 millions de m²
Nombre de salariés : 78 600

LE COMMERCE EXTÉRIEU

La France se classe au 4ᵉ rang de pays exportateurs après les États-Uni la République Fédérale d'Allemagne le Japon. Les exportations de marchand ses représentent 17 % de la P.I. (Production Intérieure Brute).

Le volume des échanges

Au début du XXᵉ s., les échanges de la France avec le reste du mond représentaient 9 % du commerce mondial. L'entre-deux guerres a ét marqué par une baisse relative du commerce extérieur français qui n représentait plus en 1938 que 4 % des échanges mondiaux alors en stagnatio

Après 1945, et surtout au cours des décennies 50 et 60, le volume de échanges s'est fortement accru, dépassant 6 % d'un commerce mondial e expansion.

Depuis le déclenchement de la crise mondiale (1974), le commerc français accumule les **déficits** dus notamment à la lourdeur de la factu pétrolière.

La politique commerciale

La première moitié du XXᵉ s. avait été marquée par quelques timid tentatives d'aménagement du **cadre protectionniste** sévère établi dans dernier quart du XIXᵉ s. C'est depuis la fin de la Seconde Guerre mondia que la politique commerciale française s'est engagée dans la voie de **libération des échanges :** janvier 1948, signature de la Charte de La Hava et adhésion au G.A.T.T. (General Agreement on Tarifs and Trade, Acco général sur les tarifs douaniers et le commerce) ; avril 1948, adhésion l'O.E.C.E. (Organisation Européenne de Coopération Économique) ; 195 adhésion à la C.E.C.A. (Communauté Européenne du Charbon et l'Acier) ; 1957, adhésion à la C.E.E. (Communauté Économique Eur péenne) qui participe, de 1964 à 1967 au Kennedy Round et de 1975 à 19 au Tokyo Round.

La crise mondiale multiplie les comportements **protectionnistes.**

La géographie et la structure des échanges

La décolonisation et la baisse des droits de douanes ont contribué modifier profondément la **géographie des échanges** (voir ci-contre) : la pa de la zone franc dans le total des échanges est passée de 30 % en 1938 moins de 4 % actuellement.

La **structure des échanges** (voir ci-contre) est devenue celle d'un pa industrialisé à haut niveau de vie, fortement **dépendant** de l'extérieur po ses approvisionnements en matières premières et produits énergétiques.

LES EXPORTATEURS FRANÇAIS

On compte 26 000 entreprises françaises exportatrices. Les 50 plus importantes réalisent 32 % des ventes à l'étranger et les 950 suivantes, 36 %.

Parmi les principales firmes exportatrices : Renault, Rhône-Poulenc, Thomson-Brandt, Peugeot, Saint-Gobain, Française des Pétroles, Michelin...

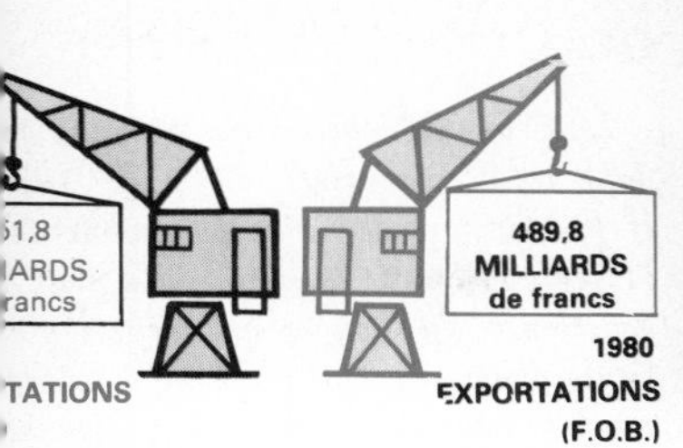

(C.A.F. = Coût Assurance Frêt. F.O.B. = Free On Board = franco à bord.)

STRUCTURE DES ÉCHANGES EXTÉRIEURS (1980)

	IMPORTATIONS C.A.F. 574,6 milliards de francs	EXPORTATIONS F.O.B. 489,8 milliards de francs
Produits agricoles et alimentaires	**11,8 %**	**16,3 %**
Produits énergétiques	**26,4 %**	**3,9 %**
Produits industriels	**61,4 %**	**79 %**
dont :		
Matières premières et produits intermédiaires	*24,9 %*	*27,4 %*
Biens d'équipement professionnels	*16,2 %*	*24,5 %*
Automobiles et matériel de transport terrestre	*5,8 %*	*12,6 %*
Autres biens destinés aux ménages	*14,5 %*	*14,5 %*
Divers	**0,4 %**	**0,8 %**

GÉOGRAPHIE DES ÉCHANGES

	Importations en %	Exportations en %
Pays industriels à économie de marché	73,1	71,9
dont : Communauté Européenne	52,9	50,1
États-Unis	4,9	7,6
Japon	0,9	1,9
Pays à économie socialiste	4,6	3,5
Pays pétroliers	9,7	15,7
Autres pays en voie de développement	13,1	8,9

BALANCE COMMERCIALE DE LA FRANCE

(Résultats F.O.B./F.O.B.) en milliards de francs

1973	+	4,4
1974	−	20
1975	+	6,8
1976	−	22,8
1977	−	13,6
1978	+	2,7
1979	−	13,3
1980	−	62

PRINCIPAUX PARTENAIRES COMMERCIAUX DE LA FRANCE
(en milliards de francs 1979)

- **Fournisseurs :** 1, R.F.A. (82,9) ; 2, Italie (46) ; 3, Union Économique Belgo-Luxembourgeoise (41,2) ; 4, États-Unis (34,4) ; 5, Pays-Bas (27,6) ; 6, Royaume-Uni (25,6) ; 7, Arabie Saoudite (24,6) ; 8, Irak (14,5) ; 9, Espagne (13,4) ; 10, Suisse (10).
- **Clients :** 1, R.F.A. (71,7) ; 2, Italie (47,6) ; 3, Union Économique Belgo-Luxembourgeoise (40,9) ; 4, Royaume-Uni (32) ; 5, Pays-Bas (22,3) ; 6, États-Unis (20,4) ; 7, Suisse (17) ; 8, Espagne (11,2) ; 9, U.R.S.S. (8,5) ; 10, Algérie (8,2).

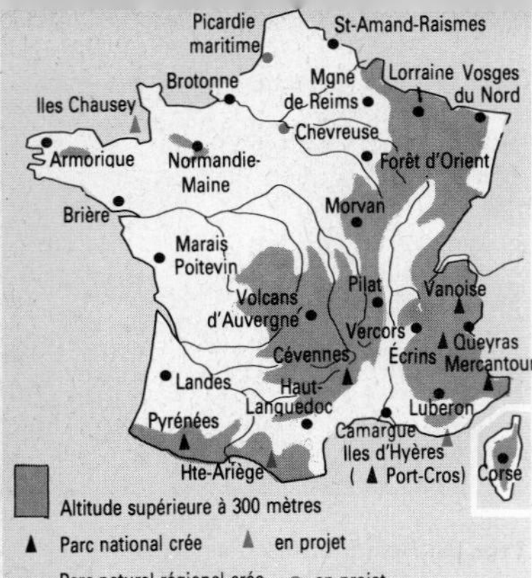

LES PARCS NATIONAUX.

LA PROTECTION DE L'ENVIRONNEMENT

La France n'échappe pas au fléau qu dans le dernier tiers du XXe siècl frappe les pays de civilisation moderne la dégradation de la nature. La prise conscience du danger que représente l'enlaidissement, la pollution, la de truction du cadre naturel est récent Elle dem par bien des aspect insuffisante.

Les moyens mis en place

- 1960 : Loi relative à la création de parcs nationaux.
- 1964 : Loi sur la protection des eaux. La France est partagée en 6 bassins hydrauliques. Dans chacun d'eux, une « Agence financière de bassin perçoit des redevances versées par les utilisateurs d'eau et les pollueur Les redevances (et des subventions) sont destinées au financement divers travaux.
- 1964 et 1969 : Divers décrets s'ajoutent aux dispositions antérieur concernant les pollutions atmosphériques.
- 1971 : Création d'un ministère de la Protection de la nature et l'Environnement.
- 1971 : Création d'un Fonds d'intervention et d'action pour la natu et l'environnement (F.I.A.N.E.).
- 1981 : Création d'un ministère de la Mer.

La politique mise en œuvre

L'action du ministère de la Protection de la nature et de l'Environneme (créé en février 1971) comprend notamment :

▸ **La recherche et l'expérimentation.**

▸ **La lutte contre les nuisances et les pollutions.**

▸ **La protection du milieu naturel** par l'organisation :

- de parcs nationaux (dont le but est de protéger un milieu naturel remarquable et de le mettre à la disposition du public) ;
- de parcs régionaux (mis en œuvre par des collectivités locales, ce so des territoires habités et cultivés, mais dont la vocation est également permettre aux citadins un contact avec la nature et un enrichisseme culturel) ;
- de réserves naturelles (lieux privilégiés où est assurée la protecti d'une flore et d'une faune remarquables) ;
- d'espaces, sites et monuments naturels ;
- de zones de chasse et de pêche.

▸ **L'amélioration du milieu de vie** en milieu urbain et en zones industrielle

▸ **La formation des hommes.**

▸ **L'action internationale :** participation aux manifestations et aux travaux internationaux.

6/ la vie sociale

1

LA POPULATION

Au 1er janvier 1981, la France compte 53,8 millions d'habitants.

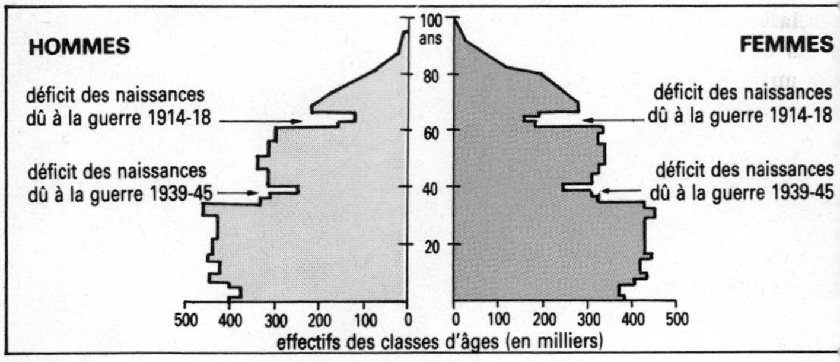

PYRAMIDE DES AGES AU 1-1-1980

1850-1939 : le vieillissement

En 1800, la France, avec 28 millions d'habitants, était, après la Russie, l pays le plus peuplé d'Europe.

En 1900, bien que sa population fût passée, au cours de la seconde moiti du XIXe s., à 40 millions, elle ne venait plus qu'au 5e rang : elle n'avait qu peu participé à l'accroissement démographique de l'Europe.

En 1939, sa population restait stationnaire, en raison du maintien d'un forte mortalité et d'une baisse sensible de la natalité. Le nombre des décè dépassait celui des naissances : la France tendait à se dépeupler et s population vieillissait.

Après la guerre : un renouveau

Après 1945, grâce aux progrès de la médecine et à la Sécurité sociale, le taux de mortalité est tombé en 20 ans de 15 à moins de 11 ‰. Grâce notamment aux mesures prises en faveur de la famille, le taux de natalité s'est fortement élevé, passant de 14,6‰ en 1938 à 21,3‰ en 1947 et se maintenant en moyenne à 18,2‰ entre 1955 et 1960.

Moins de 20 ans — 30,4 %
De 20 à 65 ans — 55,5 %
65 ans et plus — 14,1 %

RÉPARTITION PAR AGES DE LA POPULATION FRANÇAISE

ESPÉRANCE DE VIE À LA NAISSANCE :

— Hommes : 69,5 ans
— Femmes : 77,5 ans

Depuis 1964 : baisse de la natalité

Comme la plupart des pays développés, la France enregistre, depuis l milieu des années 60, une **baisse de la natalité.** D'abord lente, avec mêm une légère reprise entre 1969 et 1971, la chute de la natalité s'est précipitée partir de 1973 pour atteindre 14‰ en 1977. Une légère amélioration s'es depuis, affirmée. En 1980, taux de natalité 14,2‰ ; taux de mortalité 11‰.

(Le taux de mortalité infantile : 9,8 décès avant l'âge de 1 an pour 1 00 naissances vivantes, est l'un des plus bas du monde.)

ʼrbanisation

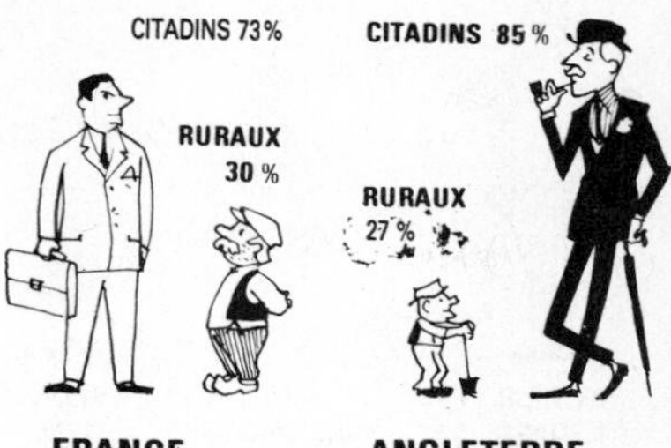

Depuis un siècle, comme dans ·s autres pays industrialisés, la **opulation rurale** (communes de ıoins de 2 000 habitants) dimi- ue au profit de la **population rbaine.** Les ruraux représen- ıient, au milieu du XIXe s., les ʼ3 de la population totale ; leur art est tombée aujourd'hui à 7 %. Avec un taux d'urbanisa- on de 73 %, la France est cepen- ant en retard sur la plupart des pays industriels voisins.

ıégale répartition

Si la densité moyenne est de 3 habitants par km², la popula- on est très inégalement répartie ır le territoire.

Les zones de **fort peuplement** ›nt les régions industrielles et rbaines, quelques régions côtiè- ·s aux ressources variées, les ›nes agricoles de cultures spé- alisées.

Les zones **faiblement peuplées** ›nt les régions montagneuses et articulièrement les montagnes ·ches, les zones forestières, les laines de grande culture (forte ıécanisation) et les régions 'agriculture retardataire.

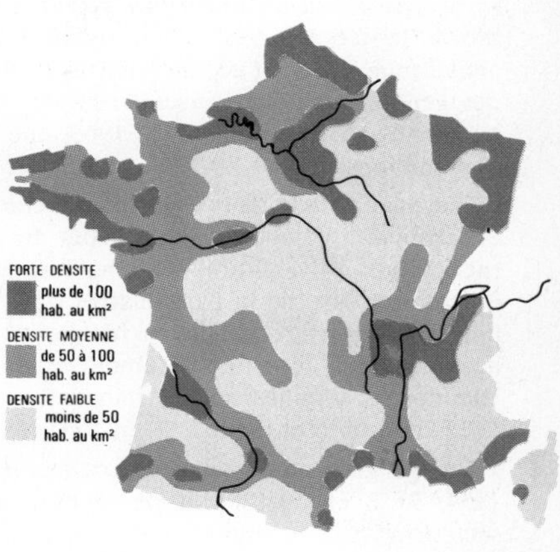

RÉPARTITION DE LA POPULATION FRANÇAISE.

ÉTRANGERS RÉSIDANT EN FRANCE (1980)

ʼotal 4,2 millions dont :	
ılgériens	820 000
ʼortugais	874 000
:aliens	497 000
:spagnols	480 000
ʼlarocains	387 000
ʼunisiens	180 000
ʼurcs	87 000
olonais	84 000
ʼougoslaves	78 000

ʼrès de 60 % d'entre eux résident dans ı région parisienne et dans les régions :hône-Alpes et Provence-Côte d'A- ır.

Plus de 4 millions d'étrangers

La France n'a jamais été un grand pays d'émigration. En revanche, pour faire face à la dénatalité et pour se procurer la main-d'œuvre nécessaire au développement de son économie, elle a largement fait appel à **l'immigration.**

La crise économique, le développement du chômage, ont provoqué un quasi arrêt de l'immigration officielle. Depuis quelques années, le solde migratoire apparaît nul.

Estimée à 4,2 millions de personnes (960 000 jeunes de moins de 16 ans), la population étrangère représente 7,7 % de la population totale.

LA POPULATION ACTIV

La France compte 40 acti pour 100 habitants. S'adaptan aux mutations de l'économie, la population active a subi, au cours des trois dernières décen nies, de profondes transforma tions. Elle est confrontée, depu quelques années, au grave pro blème du chômage.

Les grandes tendances

▸ **Un accroissement numérique récent.** Proche de 20 millions de personn depuis le début du XXe s. (19 millions dans les années 30), la populati active française s'est accrue à partir de 1962, lors de l'arrivée aux âges acti des générations nombreuses de l'après-guerre. Évaluée à 20,4 millions personnes au recensement de 1968, elle est estimée aujourd'hui à quelq 21,6 millions.

▸ **Une modification de la répartition sectorielle :** diminution en valeur relati et absolue du nombre des actifs travaillant dans le **secteur primai** (agriculture, sylviculture, pêche) ; leur part est aujourd'hui inférieure à 10 du total ; baisse de la part relative des actifs du **secteur secondaire** (mine industries, travaux publics et bâtiment) désormais inférieure à 37 % ; fo accroissement des effectifs employés dans le **secteur tertiaire** (transport commerce, administrations, banques et autres services) qui représente 54 % du total (contre 46,2 % en 1968).

▸ **Une progression du salariat.** Les salariés représentaient 64 % des actifs 1954, 77 % en 1968 ; près de 18 millions de salariés (13 millions dans secteur privé) constituent aujourd'hui 83 % de la population active totale.

▸ **Une amélioration de la qualification.** En 1968, 2,7 % de la population ava un diplôme supérieur au baccalauréat ; en 1975, ce pourcentage atteignait 5,

▸ **Une augmentation du nombre des femmes.** En 1962, les femmes représe taient 27,5 % de la population active totale ; elles représentent aujourd'h 39,9 % des actifs (voir page ci-contre).

▸ **Un fort accroissement du chômage.** Le chômage devient préoccupant France à partir de 1965 : chômage de cadres lié aux restructuratio financières des entreprises, chômage de jeunes. En régression de 1969 à 19 (forte croissance économique), le phénomène prend des dimensions ala mantes à partir de 1974. Le cap de un million de chômeurs est franchi 1975. En 1981, on compte 2 millions de sans-travail. Les principales victim sont les jeunes et les femmes.

LES TRAVAILLEURS MANUELS

• On compte en France 12,5 millions de travailleurs manuels :

— 20 % sont des travailleurs étrangers,
– 25 % sont des femmes.

• 2,5 millions travaillent à leur compte, 10 millions sont salariés :
— 400 000 dans l'agriculture
— 1,2 million dans le secteur public
— 8,4 millions dans le secteur privé

La main-d'œuvre féminine...

Sur 1 000 Françaises en âge de travailler, 387 exercent une activité professionnelle. Le taux d'activité par âge atteint son maximum entre 20 et 24 ans.

8,4 millions de femmes actives (soit 39,9 % de la population active totale) se répartissent dans les catégories suivantes :
— Agriculteurs exploitants 7,3 % (dont 5,9 % d'associées d'exploitation) ;
— Patrons de l'industrie du commerce 8,5 % (dont 4,2 % d'associées d'exploitation) ;
— Professions libérales 0,4 % ;
— Autres cadres supérieurs 3,6 % ;
— Cadres moyens 15,3 % ;
— Employés 29,2 % ;
— Ouvriers 22 % ;
— Personnel de service 12,8 % ;
— Autres catégories 0,9 %.

Les femmes actives sont, par rapport aux hommes, fréquemment en situation d'infériorité. On compte trois fois plus de femmes payées au S.M.I.C. que d'hommes.

... et étrangère

Pour faire face aux exigences de son expansion économique, la France a eu largement recours à une main-d'œuvre immigrée acceptant les travaux les plus pénibles et de basses rémunérations.

Depuis l'aggravation de la crise économique, un mouvement de retour est encouragé.

On compte officiellement 1,6 million de travailleurs étrangers, soit près de 8 % de la population active. 38 % sont O.P. ; 35 % O.S. 16 % manœuvres ; 7 % employés et moins de 4 % techniciens agents de maîtrise et cadres.

RÉPARTITION DE LA POPULATION ACTIVE

Catégorie	Nombre d'actifs	En % du total
Agriculteurs exploitants ..	1 584 910	7,4
Salariés agricoles	290 364	1,4
Industriels	68 223	0,3
Artisans	525 292	2,5
Patrons-pêcheurs	14 218	0,1
Gros commerçants	244 102	1,1
Petits commerçants	949 111	4,5
Professions libérales	191 717	0,9
Professeurs-Professions littéraires et scientifiques ..	429 681	2,0
Ingénieurs	271 645	1,3
Cadres administratifs supérieurs	741 455	3,5
Instituteurs-Professions intellectuelles diverses	712 994	3,3
Services médicaux et sociaux	370 048	1,7
Techniciens	773 095	3,6
Cadres administratifs moyens	1 058 685	5,0

Catégorie	Nombre d'actifs	En % du total
Employés de bureau	2 944 663	13,8
Employés de commerce ..	715 842	3,4
Contremaîtres	504 022	2,4
Ouvriers qualifiés	2 887 886	13,6
Ouvriers spécialisés	2 717 881	12,8
Mineurs	60 977	0,3
Marins et pêcheurs	32 803	0,2
Apprentis ouvriers	106 043	0,5
Manœuvres	1 338 995	6,3
Gens de maison	240 811	1,1
Femmes de ménage	174 168	0,8
Autres personnels de service	962 273	4,5
Artistes	54 249	0,3
Clergé	29 510	0,1
Police-armée	314 316	1,5
Total	21 309 979	100,0

Source : INSEE 1978

GROUPES SOCIAUX...

Si le spectacle de la rue donne l'impres- sion d'une relative homogénéité sociale, l société française est en fait très inégalitaire De fortes disparités dans la répartition d patrimoine et des revenus introduisent de différences sensibles dans les conditions d vie des Français.

Fortune et revenus

La **fortune** totale des Français était estimée en 1981 à plus de 7 000 mil- liards de francs. Au sommet de l'échelle sociale, 1,56 % des ménage détenaient à cette époque le quart de la fortune totale et 10 % e possédaient 50 %.

Quant aux **revenus,** on estime que 10 % des ménages perçoivent enviro 30 % de l'ensemble des revenus. L'inégalité des revenus est plus forte e France que dans la plupart des pays développés.

Une politique de **redistribution des revenus** (transferts sociaux) est destiné à corriger les disparités : 55 % des revenus des ménages proviennent d l'activité économique, 45 % résultent de l'intervention de la collectivité sou forme de redistribution. La gauche au pouvoir en 1981 a décidé d'établir u impôt sur les grosses fortunes.

Catégories socio-professionnelles

Une comparaison des résultats des recensements de 1954 et de 197 permet de mettre en évidence :

— La diminution du nombre des **agriculteurs exploitants** (3,96 millions e 1954, 1,65 million en 1975) et des **salariés agricoles** (dont le nombre passe d 1,16 million à 375 000) ; diminution du nombre des **patrons de l'industrie et d commerce** (2,30 millions à 1,70 million) ;

— La faible croissance du nombre des **ouvriers** (6,49 à 8,20 millions) ;

— La forte augmentation d nombre des **employés** (2,06 3,84 millions), des **cadres moyen** (1,11 million à 2,76 millions) e des membres des **profession libérales** et **cadres supérieur** (554 000 à 1,45 million) ;

— Le maintien des personne de service (1,01 à 1,24 million et autres catégories (514 000 524 000).

Ces brassages traduisent u importante **mobilité** sociale plus souvent **horizontale.** L population française reste com partimentée en une hiérarchi de couches relativement peu pe méables entre elles, où les ascer sions (mobilité sociale verticale restent difficiles et rares.

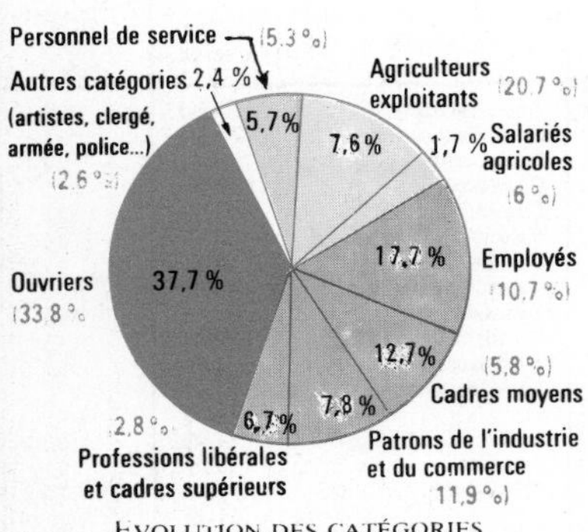

ÉVOLUTION DES CATÉGORIES SOCIO-PROFESSIONNELLES (en pourcentage du total des actifs) entre 1954 (en bistre) et 1975 (en noir, à l'intérieur du graphique)

T CONDITIONS DE VIE

e niveau de vie

Le **pouvoir d'achat** des Français a plus ıe triplé depuis 1949 (qui marque la fin : la reconstruction). Trois décennies : forte croissance économique ont en fet permis une nette amélioration du veau de vie de la population. Mais la olongation de la crise se traduit, pour rtaines catégories sociales, par une gression du pouvoir d'achat.

La France se classe au 9e rang des ays industrialisés les plus **riches** du onde en termes de P.N.B. par habi- nt, après la Suisse, la Suède, le Dane- ark, la R.F.A., la Belgique, la Nor- ège, les États-Unis et les Pays-Bas.

CONSOMMATION MOYENNE PAR PERSONNE :	
Pain :	72 kg
Pommes de terre :	80 kg
Légumes frais :	65 kg
Fruits :	69 kg
Beurre :	10 kg
Sucre :	15,5 kg
Viande :	68 kg
Poissons :	12 kg
Vin :	93 kg
Bière :	46 kg

es dépenses des Français

La manière dont les Français utilisent leurs revenus est révélatrice d'une rtaine spécificité nationale. En moyenne, les **dépenses de consommation** es Français se répartissent comme suit :

alimentation :

roduits à base de céréales 2,5 % ; fruits et légumes 2,9 % ; viandes et oissons 7,5 % ; lait et œufs 2,4 % ; huiles et graisses, produits d'alimenta- on divers 2,3 % ; boissons 2,8 % ; tabac 1 %.

habillement : vêtements 5,5 % ; chaussures 1,4 %.

habitation : 16,1 %

gement et eau 12 % ; chauffage et éclairage 4,1 %.

hygiène et santé 12,3 %

transports et télécommunications : achats de véhicules 10,5 % ; services de ansports 1,9 % ; communications 1 %.

culture et loisirs, enseignement 6,5 %

hôtels, cafés, restaurants, voyages et divers 12,8 %

En fait, ces moyennes cachent (du fait de la forte disparité des revenus) de randes inégalités de consommation. Les différences essentielles portent sur s achats qui agrémentent le cadre de la vie : amélioration de la maison et e son confort, moyens de culture, vacances, loisirs, transports...

'équipement des ménages

	France	R.F.A.	Belgique	Dane-mark	Irlande	Italie	Pays-Bas	R.-U.
Automobile	67	63	70	57	65	70	67	55
Congélateur	23	55	52	54	20	25	43	37
Réfrigérateur	94	97	90	77	81	88	97	87
Machine à laver le linge	76	88	75	52	64	87	88	72
Télévision noir et blanc	61	56	45	47	46	91	48	37
Télévision couleur	29	56	50	50	26	15	60	33
Lave-vaisselle	12	16	14	16	7	17	10	4

% des ménages équipés. Source Communautés Européennes 1978.

LA GRÈVE est un puissant moyen d'action syndicale.

LES SYNDICATS

Le syndicalisme de travailleurs es en France, minoritaire : 20 à 24 % se lement des salariés sont syndiqués. I syndicalisme est en outre caractérisé p le pluralisme ; il a subi des influenc idéologiques variées : anarchisme, pro dhonisme, marxisme, réformisme, chri tianisme... et l'histoire des grand centrales est jalonnée de scissions.

QUELQUES POINTS DE REPÈRE

- 1791 - Loi d'Allarde supprimant les corporations et proclamant la liberté du travail. Loi Le Chapelier qui interdit les coalitions ouvrières.
- 1864 - Reconnaissance du droit de coalition.
- 1884 - Loi Waldeck-Rousseau : reconnaissance légale des syndicats.
- 1895 - Congrès de Limoges : fondation de la Confédération Générale du travail (C.G.T.).
- 1906 - La Charte d'Amiens marque le triomphe du syndicalisme révolutionnaire.
- 1919 - Création de la Confédération Française des Travailleurs Chrétiens (C.F.T.C.).
- 1921 - La C.G.T. exclut les membres des comités syndicalistes révolutionnaires (C.S.R.) qui fondent la C.G.T.U. (Confédération Générale du Travail Unitaire).
- 1936 - La C.G.T. se réunifie au Congrès de Toulouse (C.G.T.-C.G.T.U.).
- 1940 - Les Confédérations ouvrières sont dissoutes.
- 1944 - La liberté syndicale est rétablie.
- 1947 - La tendance Force-Ouvrière quitte la C.G.T. et fondera (1948) la C.G.T.-F.O.
- 1964 - Déconfessionnalisation de la C.F.T.C. : la majorité devient C.F.D.T., une minorité reste C.F.T.C.

L'OUVRIER FRANÇAIS ET LE SYNDICAT

Une enquête réalisée dans le cadre du centre d'étude de la vie politique française (*L'Ouvrier français en* 1970, Colin) donne les résultats suivants :

- Le taux de syndicalisation des ouvriers s'établit à 31 % alors que pour l'ensemble des autres groupes socio-professionnels il serait compris entre 10 et 15 %. Mais, parmi les ouvriers, les Ouvriers « Professionnels » (O.P.) sont syndiqués à 35 %, les Ouvriers Spécialisés (O.S.) à 32 %, les manœuvres, les contremaîtres et les techniciens ne le sont qu'à 27 %.

- Les militants s'y recrutent surtout parmi les ouvriers « professionnels » et hautement qualifiés. Pour l'ensemble des ouvriers, les sympathisants épisodiques dépassent de beaucoup en nombre les militants.

- 57 % des ouvriers interrogés déclarent qu'ils font « très » ou « plutôt » confiance à l'action des syndicats pour la défense de leurs intérêts.

Une minorité de ce groupe, tout en accordant sa confiance à l'action syndicale, condamne la politisation de cette action.

,es organisations syndicales

Six organisations syndicales sont ›nsidérées par les pouvoirs publics ›mme nationalement représentatives.

La Confédération Générale du Tra- ıil (C.G.T.)

Née en 1895, elle a été marquée par idéologie du syndicalisme d'action irecte (jusqu'à la veille de la Pre- ıière Guerre mondiale) ; par un ›uci de « présence » partout où les ıtérêts des travailleurs pouvaient re défendus (jusqu'au milieu des ınées 30) ; par son intégration au ront Populaire (1936-1938).
Elle annonce 2,4 millions de syndi- ıés dont 240 000 cadres. Secrétaire gé- éral M. Georges Seguy, auquel a suc- ;dé, en 1982, M. Henri Krasucki.

La Confédération Française Démocra- que du Travail (C.F.D.T.)

Elle est issue de la C.F.T.C. qui, éée en 1919, se réclamait des encycli- ıes sociales (Rerum Novarum, 1891, uadragesimo Anno, 1931). En 1964 ›n congrès extraordinaire renonce à ire figurer l'épithète chrétienne dans titre de la Confédération : c'est la ıissance de la C.F.D.T. La C.F.D.T. firme compter 1,1 million d'adhérents. :crétaire général M. Edmond Maire.

L'AUDIENCE DES ORGANISATIONS SYNDICALES (1977)

Les résultats des élections de délégués aux **comités d'entreprises** auxquelles participent tous les salariés, syndiqués et non syndiqués (des entreprises employant plus de 50 salariés) permettent de mesurer l'audience des diverses organisations syndicales auprès des travailleurs.
Les observations portent sur 1 681 000 suffrages exprimés (2,4 m. d'inscrits).

Origine des candidatures	Nombre de voix en %
COLLÈGE DES OUVRIERS ET DES EMPLOYÉS	
C.G.T.	43,5
C.F.D.T.	21
C.G.T.-F.O.	9
C.F.T.C.	2,9
Autres syndicats	
Non-syndiqués	17,8
COLLÈGE MAITR. TECHN. CADRES	
C.G.T.	20,2
C.F.D.T.	19,2
C.G.T.-F.O.	9,1
C.F.T.C.	3,8
C.G.C.	16,9
Autres syndicats	9
Non-syndiqués	22,3

La C.G.T. Force Ouvrière

Constituée en 1948 par les syndicalistes qui, l'année précédente, avaient ıitté la C.G.T., Force Ouvrière affirme compter un million d'adhérents. :crétaire général M. André Bergeron.

La Confédération Française des Travailleurs Chrétiens (C.F.T.C.)
Maintenue par une fraction des syndiqués qui ont voulu rester fidèles au ;le C.F.T.C., elle déclare regrouper 240 000 adhérents. M. Jean Bornard ı assure la direction depuis décembre 1981.

La Confédération Générale des Cadres (C.G.C.)
Constituée au lendemain de la Libération, la C.G.C. déclare regrouper 0 000 cadres. Président M. Jean Menu.

La Fédération de l'Éducation Nationale (F.E.N.)
Autonome depuis 1948, la F.E.N. groupe 35 syndicats et recense plus de 0 000 adhérents, appartenant à tous les ordres d'enseignement. Secrétaire néral M. Guy George.

A ces 6 grandes organisations de stature nationale s'ajoutent de nom- euses organisations indépendantes ou autonomes d'audience limitée.
'autre part, le syndicat des patrons, le **C.N.P.F.**, est dirigé par M. Yvon ıttaz.

Ouvriers pointant
a l'entrée de l'usine.

L'ORGANISATION..

L'action syndicale joue un ró moteur dans la transformation de condition des travailleurs. Depuis demi-siècle et particulièrement depu la fin de la Seconde Guerre mondia les conditions de travail ainsi que protection des travailleurs se so nettement améliorées.

MESURES SOCIALES DEPUIS 1945

Quelques repères

- Février 1945 : Institution, par ordonnance, des Comités d'entreprise.
- Octobre 1945 : Organisation de la Sécurité sociale.
- Avril 1946 : Reconnaissance définitive des délégués du personnel.
- Octobre 1946 : Création de la médecine du travail.
- Octobre 1946 : Statut général de la Fonction publique.
- Février 1950 : Création du Salaire Minimum Interprofessionnel Garanti (S.M.I.G.).
- Mars 1956 : Les congés payés passent de 15 jours à 3 semaines obligatoires.
- Décembre 1963 : Création du Fonds national de l'emploi.
- Mai 1968 : Constat de Grenelle. Hausse des salaires, engagements concernant la section syndicale d'entreprise, accords sur la réduction du temps de travail.
- Décembre 1968 : Loi concernant l'exercice du droit syndical dans l'entreprise.
- Mai 1969 : Congés payés de 4 semaines.
- Décembre 1969 : Signature du premier Contrat de Progrès à E.D.F.-G.D.F. Une progression des salaires est liée pendant 2 ans à la croissance du Produit National et à la prospérité de l'entreprise.
- Janvier 1970 : Institution du salaire minimum interprofessionnel de croissance (S.M.I.C.).
- Avril 1970 : Déclaration commune (patronat, syndicats) sur la mensualisation.
- Juillet 1971 : Loi sur l'éducation permanente.
- Janvier 1974 : Création d'un Fonds de Garantie des salaires assurant aux travailleurs victimes d'une faillite le paiement de leur dû.
- Juillet 1975 : La retraite à 60 ans à taux plein est accordée — sous certaines conditions — aux travailleurs manuels et aux mères de famille ayant élevé 3 enfants ou plus.
- Juin 1981 : le S.M.I.C. est fixé à 2 900 F par mois.

La durée du travail

Réglementée en 1831 (journée de 8 heures pour les enfants de moins d 11 ans travaillant dans l'industrie ; de 12 h pour les jeunes de 12 à 16 an de 14 à 16 h pour les adultes), la durée du travail a été progressiveme **réduite.**

En juin 1936, le Front Populaire a institué la **semaine légale de 40 heures** paiement des heures supplémentaires, effectuées au-delà de la 48e heure, un taux majoré (maximum 54 heures). Fixée à 60 heures en 1946, la dur

LE TRAVAIL EN ÉQUIPES

Trois grands types de formules sont appliqués en France :

- *Le système discontinu*, de 2 équipes, avec interruption en fin de journée et en fin de semaine.
- *Le système semi-continu*, en équipes, avec interruption en fin d semaine.
- *Le système continu,* où la productic est assurée 24 heures sur 24, dimanche jours fériés compris.

SORTIE DES OUVRIERS D'UNE USINE TEXTILE DU NORD.

maximum de la semaine de travail a été limitée à 50 heures (avec possibilité de dérogations) en 1979. En 1981, des négociations ont été engagées en vue de parvenir progressivement à la **semaine de 35 heures.**

Repos et congés

Le repos hebdomadaire (24 heures consécutives par semaine) a été légalement institué en juillet 1906.

Aujourd'hui, un grand nombre de salariés bénéficient de 2 jours de repos par semaine, et certaines entreprises appliquent la semaine de 4 jours de travail.

C'est la loi du 20 juin 1936 qui a accordé aux travailleurs le droit aux **congés payés :** 2 semaines par an. En 1956, leur durée a été portée à 3 semaines (18 jours ouvrables). En mai 1969, une loi, consacrant une pratique déjà répandue par voie contractuelle, a fixé les congés payés annuels à 4 semaines (24 jours ouvrables).

En 1981, le gouvernement envisageait de généraliser l'application de la **cinquième semaine** de congé.

Les salariés bénéficient en outre de congés pour événements familiaux, de congés éducation et de 10 jours fériés par an [p. 341]. Ils ont enfin droit à un repos égal au cinquième du temps de travail accompli en heures supplémentaires, au-delà de 42 h par semaine.

La retraite

Légalement, l'**âge de la retraite** est fixé à **65 ans**. Toutefois, en application d'accords contractuels, l'âge du départ à la retraite est avancé pour certaines catégories de fonctionnaires et dans un certain nombre de branches. La crise multiplie les régimes de préretraite et les mises à la retraite anticipée.

Le travailleur et l'entreprise

▸ Prévues dès 1919 et généralisées depuis 1936, des **conventions collectives** (accords signés par les employeurs et les syndicats de salariés reconnus représentatifs) règlent les différents aspects des conditions de travail, depuis l'établissement et l'entreprise, jusqu'au niveau de la branche à l'échelon régional ou national.

▸ La **représentation du personnel** est assurée par les délégués du personnel (lois de 1936 et de 1946) et, dans les entreprises de plus de 50 salariés, par les Comités d'entreprises. Délégués et membres des Comités d'entreprises sont élus par l'ensemble des travailleurs.

▸ Une ordonnance d'août 1967 institue de manière obligatoire (pour les entreprises de plus de 100 salariés) un « intéressement des salariés aux fruits de l'expansion » : une partie des bénéfices réalisés doit être distribuée sous forme de remise d'actions ou d'obligations de la société ou de placements de fonds dans des organismes financiers extérieurs : c'est la **participation.**

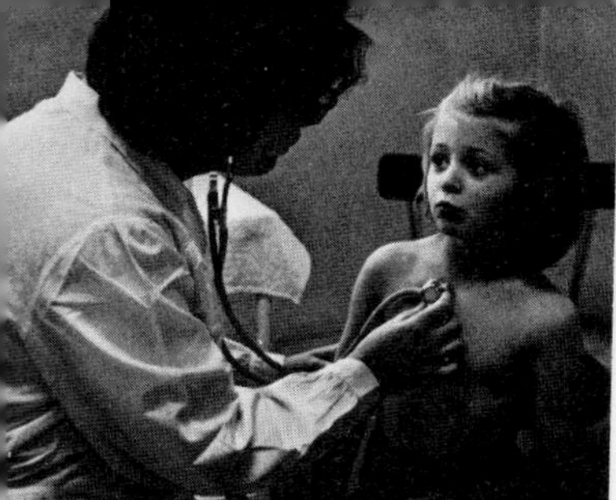

La protection de l'enfant est organisée de manière systématique.

LA SANTÉ

Au cours des 30 dernières années, le taux de mortalité infantile est tombé en France de 63,4 ‰ à moins de 10 ‰. Dans le même temps, l'espérance de vie des Français est passée de 60 à 69,5 ans pour les hommes, de 62 à 77,5 ans pour les femmes. D'importants progrès ont été réalisés, cependant des insuffisances demeurent.

LES SERVICES DE L'AIDE SOCIALE

Réorganisée en 1953, l'Aide sociale est financée par l'Etat et les collectivités publiques.

Parmi les services les plus importants, on note :

- **L'Hygiène sociale :** organismes de lutte contre la tuberculose (dépistage, prévention par vaccination au B.C.G., placement des malades en établissements spécialisés) ; organismes de lutte contre les autres fléaux sociaux (alcoolisme, maladies vénériennes...) ; séances de vaccinations (antitétanique, antivariolique...) ; collecte du sang.
- **La Protection maternelle et infantile** (P.M.I.) : consultations prénatales et postnatales, consultations de nourrissons, crèches, jardins d'enfants, pouponnières.
- **La Protection sociale de l'enfance :** service social familial (surveillance des enfants dont la santé, la sécurité ou la moralité risque d'être en danger) ; service d'aide à l'enfance (orphelins, enfants abandonnés...).
- **Les bureaux d'aide sociale** viennent en aide aux déshérités (recours en espèces et en nature, aide médicale...).
- **N. B. :** A Paris et à Lyon, l'aide sociale et la protection maternelle et infantile sont confiées à l'**Assistance publique** qui gère également les hôpitaux et les hospices.

Établissement public (dont l'origine remonte à 1849) placé sous l'autorité de la Préfecture de la Seine assistée d'un Conseil d'administration, l'**Assistance publique de Paris** possède un budget propre, gère plus de 80 établissements (maisons de retraite, hospices, hôpitaux...) et emploie plus de 70 000 personnes : c'est l'une des plus grandes administrations hospitalières du monde.

Les Centres Hospitaliers et Universitaires (C.H.U.).

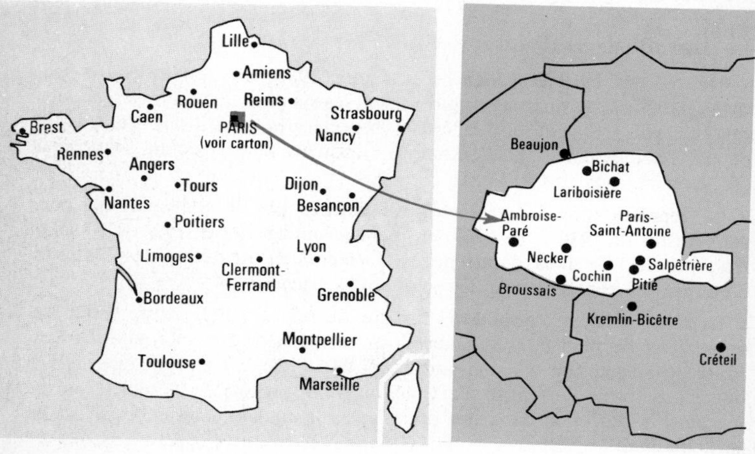

Les médecins

ON COMPTE EN FRANCE :

125 000 médecins
28 300 dentistes
21 000 masseurs kinésithérapeutes
3 600 pédicures
4 000 orthophonistes
265 000 infirmières et infirmiers
9 000 sages-femmes
19 700 pharmacies d'officine.

Le nombre des médecins en France s'est récemment accru, passant de 68 000 en 1970 à 125 000 en 1980 (21 % de femmes). L'Ordre National des Médecins, créé en 1945, a pour mission de représenter la profession et d'assurer la discipline intérieure. Nul ne peut exercer s'il n'est inscrit à l'Ordre. Les praticiens libéraux (qui exercent dans un cabinet privé) représentent 61 % du nombre total des médecins.

L'organisation de la Sécurité sociale tend à transformer de plus en plus l'exercice de la médecine. Bien que celle-ci soit toujours fondée sur un principe de liberté (libre choix du médecin par le malade, perception directe des honoraires, etc.), les honoraires sont fixés selon un barème minutieusement élaboré par des conventions. Toutefois, une minorité de praticiens demeurent dans un secteur entièrement libre.

La médecine collective et sociale

En outre, en marge de la médecine individuelle se développe progressivement la médecine collective et sociale : **dispensaires** pour la lutte contre les fléaux sociaux, centres de protection maternelle et infantile, centres médicaux des grands services publics ou semi-publics (armée, mines, chemins de fer), services de **médecine préventive,** etc.

Dans tous ces organismes, des médecins sont employés comme salariés, partiellement ou à temps complet.

Les établissements hospitaliers

On compte en France plus de 3 500 établissements de soins polyvalents (près de 900 **établissements hospitaliers** publics, quelque 2 500 cliniques privées) offrant une capacité d'accueil de 550 000 lits (dont 175 000 environ pour les seuls établissements privés). Les hôpitaux publics, jadis réservés aux seuls indigents, se sont profondément transformés.

Certains hôpitaux bénéficient des installations les plus modernes.

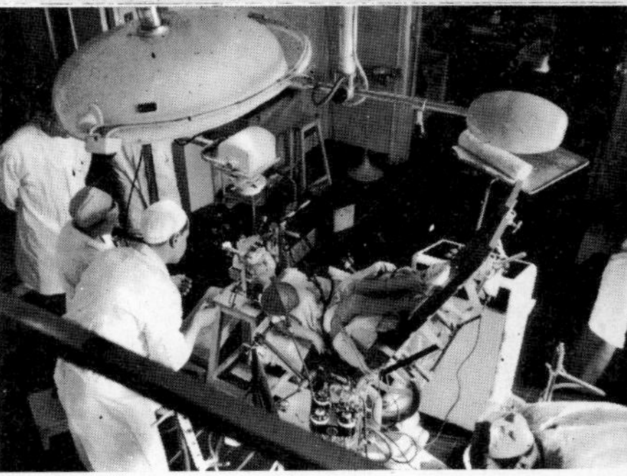

Grâce à un important effort de planification et d'équipement et à la création des Centres Hospitaliers et Universitaires, ils deviennent des foyers de lutte contre la maladie, ouverts à toutes les catégories sociales et équipés d'installations techniques très modernes.

En même temps, la fréquentation hospitalière s'accroît.

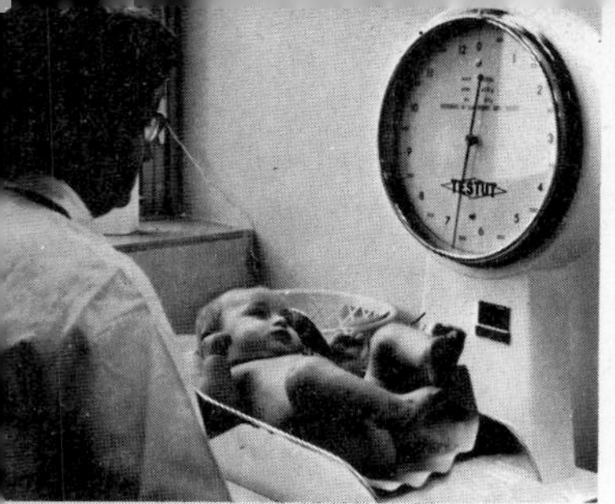

De la naissance...

LA SÉCURITÉ SOCIALE

En 1945-1946 a été institué en France un système de Sécurité sociale intégrant les divers régimes de protection sociale antérieurs et prévoyant à la fois l'élargissement des prestations et l'accroissement du nombre de bénéficiaires ; il protège aujourd'hui la quasi-totalité des Français contre les principaux risques de l'existence.

L'organisation

Le système français de Sécurité sociale qui, selon ses créateurs, devait constituer un **régime unique,** est en fait aujourd'hui une véritable **« mosaïque » d'institutions.** On distingue :

▸ **Le régime général des salariés,** le plus **important** par ses effectifs et par son budget : il compte 13 millions de cotisants et 40 millions d'assurés.

▸ **Les régimes spéciaux** institués avant la création de la Sécurité sociale. Certains ont des origines très anciennes : assurance-vieillesse des marins créée par Colbert en 1668, régime des fonctionnaires (1853), des mineurs (1892), des cheminots (1909). Les prestations servies sont aujourd'hui plus étendues que celles du régime général (les cheminots par exemple ont droit à une pension de retraite à 55 ans). Les régimes spéciaux groupent 4,5 millions de cotisants.

▸ **Les régimes autonomes.** 3,7 millions de **travailleurs indépendants** sont organisés en régimes extérieurs au régime général : régime autonome d'allocations vieillesse pour les artisans et les commerçants créé en 1948 ; régimes autonomes créés en 1961 pour les exploitants agricoles, en 1966 pour les artisans et commerçants...

▸ **Les régimes complémentaires.** Créés par conventions entre les organisations du patronat et des salariés, les régimes complémentaires de retraites (quelque 600 régimes) concernent tous les salariés : cadres, non-cadres, fonctionnaires.

LES RÉGIMES SPÉCIAUX

	Nombre de cotisants (milliers)
Salariés agricoles :	670
Fonctionnaires civils :	1 651
Militaires :	354
Ouvriers de l'État :	98
Collectivités locales :	1 026
Mines :	105
S.N.C.F. :	260
R.A.T.P. :	37
Marins :	72
E.D.F.-G.D.F. :	143
Divers :	42

LES RÉGIMES AUTONOMES

	Nombre de cotisants (milliers)
Exploitants agricoles :	2 107
Industriels et commerçants :	704
Professions libérales :	236
Artisans :	582

Les ressources

Les ressources de la Sécurité sociale proviennent de concours budgétaires et de cotisations.

Le régime général est financé par des cotisations obligatoires imposées aux employeurs et aux salariés (les employeurs financent seuls les prestations familiales et les accidents du travail).

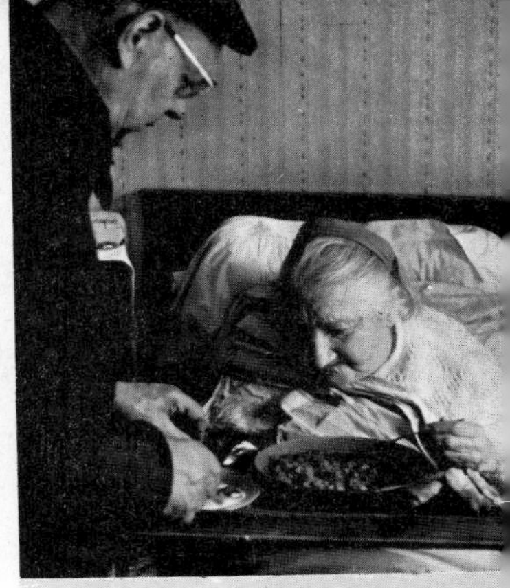

... AU TROISIÈME AGE.

LES COTISATIONS (régime général)

Les cotisations destinées au financement des risques et charges maladie, vieillesse, allocations familiales et accidents du travail s'élèvent à 43,95 % du salaire. Elles sont calculées en partie sur la totalité du salaire, en partie sur une fraction du salaire, au-dessous d'un plafond.

- L'employeur verse 34,65 % du salaire, soit :
  13,45 % pour la maladie (dont 4,5 % sur la totalité du salaire) ;
  8,20 % pour la vieillesse ;
  9 % pour les allocations familiales ;
  4 % (en moyenne) pour les accidents du travail.
- Le salarié verse 9,3 % du salaire, soit :
  4,50 % pour la maladie (sur la totalité du salaire) ;
  4,80 % pour vieillesse (sur salaire plafonné).

Les prestations servies

Il s'agit principalement de :

- **Assurance maladie :** frais médicaux remboursés de 80 % à 100 % ; frais pharmaceutiques remboursés de 60 à 100 % ; indemnité journalière (diverses mutuelles peuvent compléter les remboursements de la Sécurité sociale).
- **Prestations de vieillesse :** retraites versées aux salariés et non-salariés.
- **Prestations familiales :** (voir ci-dessous).
- **Accidents du travail :** pension en cas d'invalidité.

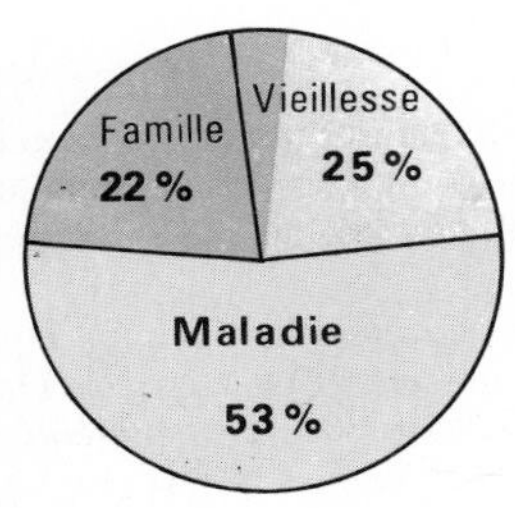

RÉPARTITION des prestations du RÉGIME GÉNÉRAL

LES PRESTATIONS FAMILIALES

- **Prestations maternité.** La femme salariée qui attend un bébé cesse son travail pendant 14 semaines (6 semaines avant et 8 semaines après l'accouchement) et reçoit des indemnités journalières identiques à celles versées aux salariés en congé de maladie. Les frais de maternité sont remboursés.
- **Allocations familiales.** Elles sont versées à partir du deuxième enfant.
- **Avantages divers.** Sous certaines conditions sont accordés : complément familial, allocation de salaire unique, allocation de frais de garde, allocation logement, allocation aux handicapés, allocation orphelin, allocation de rentrée scolaire, allocations prénatales et postnatales, allocation de parent isolé, allocation d'éducation spécialisée...

3 LA FAMILLE ET

La famille française est sans doute un des meilleurs exemples de la façon dont se concilient en France tradition et nouveauté : persistance de certains traits typiques, transformation des structures et des mœurs liée à une sorte de redécouverte de la famille, reconnue comme fondement de la société.

Le culte de la famille

La famille française a conservé jusqu'à maintenant certains de ses caractères traditionnels et reste, à beaucoup d'égards, proche de ses origines. Elle constitue véritablement la **cellule de la vie sociale,** ainsi que le rappelle d'ailleurs la Déclaration Universelle des Droits de l'Homme de 1948 :
« La famille est l'élément naturel et fondamental de la Société et de l'État. »

Le Français en est si généralement convaincu que la famille est pour lui l'objet d'une sorte de culte (Fête des Mères, Fête des Pères, etc.). C'est, de plus, une communauté : communauté de travail, d'intérêts, de loisirs, d'affection.

Une communauté

Elle repose d'abord sur le couple, uni par le **mariage civil,** contrat librement consenti, association qui comporte ses droits et ses devoirs, complété dans la plupart des cas par un **mariage religieux,** qui donne à l'union un caractère sacré.

La famille ne s'accomplit vraiment qu'avec les enfants. Dans la communauté familiale ainsi constituée le père, le « chef de famille », n'a pas entièrement perdu son autorité ni même son prestige. La mère, surtout quand, sans emploi au dehors, elle est « la femme au foyer », reste le centre et l'âme de ce foyer, où l'enfant tient une place croissante.

Dès son arrivée, celui-ci est objet de soins et de soucis. Le principal, ce sera de « bien élever ses enfants », et les parents entretiendront avec eux des rapports étroits le plus longtemps possible.

Un milieu fermé

Objet de culte, la famille française est en quelque sorte un domaine réservé. Il y règne — au moins en principe — l'« esprit de famille », avec ses habitudes, parfois son langage et ses codes, au milieu desquels l'étranger fait un peu figure d'intrus.

« Les Français peuvent être considérés comme les gens les plus hospitaliers du monde, pourvu que l'on ne veuille pas entrer chez eux. » (Daninos) Le « chez soi », c'est en effet la retraite, le lieu où l'on se dépouille de son déguisement social pour être naturel et laisser libre cours à sa fantaisie. Le Français, même adulte, reste toujours un peu « gosse » : il joue volontiers avec ses enfants, et n'hésite pas à retrouver les gestes et les attitudes de l'enfance, fût-ce au prix de sa respectabilité.

LE FOYER

UNE POLITIQUE DE LA FAMILLE

La « politique familiale » fut d'abord l'effet d'un sursaut de la conscience nationale devant le phénomène de la dénatalité. Elle est depuis 1944 l'objet d'un effort continu des Pouvoirs publics.

1932. Première loi sur les Allocations familiales.

1939. Promulgation du Code de la Famille.

1944. Création d'un ministère de la Population (avec une sous-direction de la Famille). Fondation de l'Institut National d'Études Démographiques.

1945. Ordonnances sur la Sécurité sociale et les Allocations familiales.

La famille française compte en moyenne 2,3 enfants.

25 % des familles ont 1 enfant, 24 % en ont 2, 14 % en ont 3.

On enregistre 20 divorces pour 100 mariages.

Diversité et transformations

On ne saurait toutefois généraliser ce tableau. D'abord la famille française est aussi **diverse** que l'est la structure économico-sociale : ses caractères varient selon les milieux. Ensuite, sous l'influence des conditions de vie, elle se **transforme,** même la famille bourgeoise, qui paraît perpétuer une sorte d'image archétype fondée sur la stabilité, l'autorité et la solidarité. Cette image cache souvent des **crises internes,** des conflits entre générations ; la femme a une vie plus **indépendante** qu'autrefois ; les enfants s'émancipent de plus en plus tôt. Le travail comme les loisirs dispersent les membres de la communauté familiale : le repas du soir seul les réunit encore. Enfin, si le nombre des jeunes qui cohabitent hors du mariage s'est fortement accru (15 % des jeunes dès 1977), les tentatives de vie en communautés demeurent des expériences isolées.

L'émancipation de la femme

La femme a toujours joué un rôle important dans la société française, qu'elle y fût l'objet soit d'un véritable culte (chevalerie courtoise [p. 106], préciosité [p. 117]), soit des railleries d'« antiféministes » militants (esprit gaulois [p. 107]). Elle est inséparable de l'**amour,** qui fut toujours, en France, « la grande affaire », et dont l'idée est soigneusement entretenue aujourd'hui par la « presse du cœur » [p. 214], où sont constamment associés l'amour et le bonheur.

Pourtant, si l'amour demeure une condition du bonheur, la femme française a d'autres exigences. Elle souhaite, de plus en plus, s'assurer une existence autonome. Longtemps réduite, comme ailleurs, à un rôle mineur, la Française d'aujourd'hui, notamment grâce aux efforts des mouvements féministes de l'entre-deux-guerres, est juridiquement devenue l'égale de l'homme et tend à devenir la **partenaire** de son mari. Les militantes du Mouvement de Libération de la Femme réclament une totale émancipation.

La législation française s'est récemment enrichie de textes qui libéralisent l'avortement (loi de 1974) et dédramatisent le divorce (loi de 1975). Les nouvelles dispositions, notamment celles relatives à l'avortement, suscitent de vives controverses.

LE VÊTEMENT

Le vêtement masculin

Le vêtement masculin de nos jours tend à se **simplifier** et — sous l'influence des jeunes — à se **diversifier :** plus grande fantaisie dans les formes, les couleurs, la façon d'assembler les vêtements... A la ville, on ne distingue plus guère les représentants des diverses « classes » sociales : les hommes portent à peu près tous le complet-veston ; les jeunes gens le remplacent souvent par un blouson ou un chandail. Le port du « jean » est largement répandu parmi les jeunes et les moins jeunes.

Le Français est généralement tête nue. Certaines régions (montagne, Pays basque) ont conservé le béret.

L'élégance masculine est néanmoins fixée chaque saison par les promoteurs de la mode. Elle consiste dans certains détails : coupe du vêtement, couleur des tissus.

Le vêtement féminin et la mode

Mais la mode en France est surtout la mode féminine. Elle est définie non seulement par les **grands couturiers** de réputation mondiale (Dior, Cardin, Chanel, Balenciaga, Courrèges, etc.), mais aussi par les grands journaux de mode et par le « goût » de tous ceux qui gravitent autour du monde de la « Haute Couture ».

La mode féminine, elle, laisse libre cours — surtout chez les jeunes — à la plus grande fantaisie : forme des vêtements, couleur, longueur, coiffure, etc. Elle les fixe dans le détail pour chaque occupation et pour chaque moment de la journée : tenue de travail ou de sport, robe d'après-midi, robe du soir...

Au début de chaque saison, la présentation des « **collections** » de nouveaux modèles par les « **mannequins** » chez les grands couturiers est un événement du Tout-Paris mondain. Mais la mode, elle aussi, se démocratise : de plus en plus les grands couturiers proposent aujourd'hui le « prêt-à-porter » et leurs modèles sont souvent copiés par les artisans de la couture.

Nombre de jeunes filles s'affirment « indépendantes » des courants de mode « officiels », portent volontiers le « jean », de gros pulls en hiver et recherchent dans des boutiques spécialisées des vêtements en « tissus indiens ».

L'uniforme

D'une façon générale, le Français n'a guère le goût de l'uniforme. Néanmoins certaines professions ont conservé une tenue particulière, soit par survivance de la tradition, soit comme signe distinctif. Mais cet uniforme est porté de moins en moins.

LE LOGEMENT

Une longue stagnation

Le problème du logement compte parmi les plus difficiles que la France ait eu à affronter depuis 1945. A la pénurie de logements s'ajoutait la vétusté du patrimoine immobilier (voir tableaux). Pourquoi cette situation anachronique ?

Ensemble résidentiel moderne dans la région parisienne.

LES LOGEMENTS

Le nombre total des logements est estimé à 23 millions.

CATÉGORIES DES LOGEMENTS (en millions)

Résidences principales	: 19,8
Résidences secondaires	: 1,7
Logements vacants	: 1,5

L'ÉQUIPEMENT DES RÉSIDENCES PRINCIPALES

Résidences principales ayant	1954	1962	1975
Eau courante dans le logement	58 %	79 %	97 %
W.C. dans le logement	27 %	41 %	74 %
Baignoire ou douche	10 %	29 %	70 %
Téléphone		11 %	27 %

- Pour des raisons **historiques** d'abord : les deux guerres mondiales ont détruit une grande partie du patrimoine immobilier de la France qu'il a fallu reconstituer avant même de pouvoir l'accroître.
- Pour des raisons **psychologiques et économiques** ensuite : pendant longtemps, le Français n'a consacré au logement qu'une très faible partie de son revenu. La politique de blocage des loyers adoptée en 1914 a paralysé la construction. Aujourd'hui, la spéculation sur les terrains accroît le prix des logements.

Une politique du logement

Après 1945, la politique du logement a reposé sur trois objectifs :

- **La reconstruction** (450 000 logements entièrement détruits) : l'indemnisation des sinistrés s'est accompagnée d'une rénovation des structures urbaines ; chaque ville endommagée a été dotée d'un plan d'urbanisme.
- **Une revalorisation des loyers** codifiée par la loi du 1er septembre 1948 (loi Grimaud) qui a subi depuis de nombreuses retouches.
- **Une aide à la construction :** développement des offices d'Habitations à Loyers Modérés (H.L.M.) ; octroi de prêts et de primes par le Crédit Foncier ; allocation logement...

De 1945 à 1974, la France a construit plus de 7 millions de logements neufs (mais elle a gagné plus de 12 millions d'habitants !).

Le rythme de la construction s'est accéléré : moins de 4 millions de logements construits en 20 ans, de 1945 à 1965 ; plus de 450 000 chaque année avant le déclenchement de la crise. Malgré l'ampleur des efforts accomplis, tous les besoins sont loin d'être satisfaits.

LA TABLE

★ Le menu est l'expression de l'idé française de civilisation à table. Il trah un besoin d'ordre et de durée.

SIEBURG.

Cuisine et gastronomie

La tradition culinaire française remonte à la Renaissance, les premier restaurants à la Révolution. Au début du XIXe siècle, elle acquiert ses titre de noblesse littéraire : Berchoux lui consacre un poème en quatre chants *la Gastronomie*, Brillat-Savarin un traité, *la Physiologie du Goût*. Depui lors, la gastronomie française, considérée comme une science ou un ar par ses adeptes, a conquis, grâce à des maîtres comme Beauvillier, Carême Escoffier, une renommée mondiale.

Un code et un rite

La cuisine est, pour la grande majorité des Français, une forme d raffinement. Elle est à la fois un code et une méthode, elle a ses principe et ses lois, exprimés souvent sous forme d'aphorismes.

UN « VRAI » REPAS :
une pièce en 5 actes
hors-d'œuvre
entrée
viande garnie
fromages
dessert

Un repas est ainsi à la fois la célé bration d'un rite et une œuvre d'art ordonnée selon un certain rythme e un certain ordre, comme une sym phonie ou une pièce classique.

Les repas

D'une façon générale, la table est une des préoccupations essentielles de la ménagère, un des principaux plaisirs du Français. Harpagon a beau affirmer qu'« il ne faut pas vivre pour manger », le Français considère que ce n'est pas vivre que de ne pas manger bien.

Les repas se déroulent selon une régularité quasi rituelle, que trouble d'ailleurs de plus en plus le rythme de la vie moderne.

7 h. 8	Petit déjeuner	• Simple bol de café noir, café au lait ou chocolat; tartines de beurre ou croissants.
9 10	Casse-croûte	• Seulement chez les paysans, les ouvriers et les écoliers.
11 12 13 14 15	Déjeuner (« dîner » dans certaines régions)	• En principe un repas important qui se prend en famille et comprend 3 ou 4 plats; en fait, dans les villes, travailleurs et écoliers déjeunent souvent sur les lieux de leur travail (restaurant, cantine ou « panier-repas »).
16 17 18	Goûter ou thé	• Pour les enfants : pain et chocolat. • Pour les grandes personnes qui se rendent en visite : thé, toasts, petits fours.
19 20 21	Dîner (« souper » dans certaines régions)	• Le repas familial par excellence, au cours duquel chacun raconte sa journée : potage, entrée (œufs, poisson, charcuterie), légume, fromage et dessert (fruit ou entremets).

Le vin

Le vin n'est pas seulement un produit agricole; c'est aussi une œuvre d'art. Chaque cru a sa personnalité, et il existe en France des règles pour le servir et pour le déguster.

Depuis 1920 sont nées plus de 25 confréries à la gloire du vin français. La « Confrérie des Chevaliers du Tastevin » a pour devise un calembour : « Jamais en vain, toujours en Vin. »

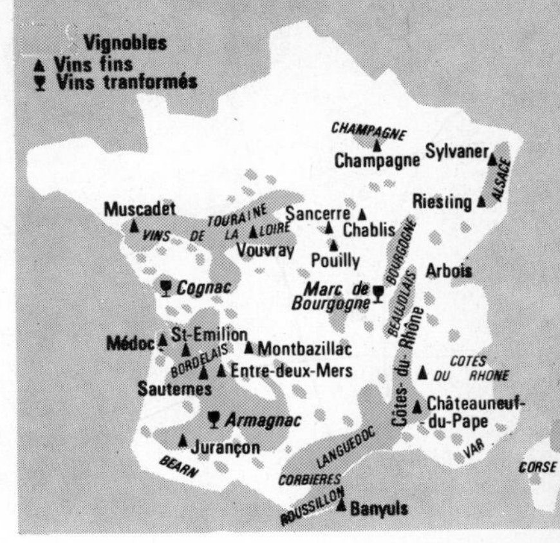

« Un repas sans vin est une journée sans soleil. »

QUELQUES RÈGLES :

Pour servir :

- Les « grandes » bouteilles se servent avec leur poussière, tenues horizontales, dans un panier d'osier.
- Les vins rouges se servent « chambrés » (de 15 à 18°).
- Les vins blancs et rosés se servent frais (de 5 à 12°).
- Le champagne et le mousseux se servent légèrement « frappés » (rafraîchis lentement dans un bain d'eau et de glace).
- On doit harmoniser le choix des vins avec les différents mets et ménager une savante gradation au cours du repas.

Huîtres, poissons	blanc sec ou mousseux
Entrée	blanc ou rosé léger
Viande blanche, volaille	rouge généreux ou champagne brut
Viande rouge, gibier, fromages	rouge corsé
Entremets, desserts	vin doux, mousseux
Fruits	vin moelleux, champagne sec

Pour déguster :

- Humer d'abord le vin pour en percevoir le bouquet.
- Puis le boire à petites gorgées. Ni eau, ni cigarettes.

Les fromages

La France possède une variété incomparable de fromages : plus de 100 espèces et de 350 sortes différentes, aux formes les plus inattendues. Certains, comme le roquefort et le camembert, ont une réputation mondiale.

On distingue les fromages frais (petit suisse, demi-sel), les fromages fondus, les fromages à pâte pressée (port-salut, gruyère) et les fromages affinés (camembert, roquefort, etc.).

Les fromages doivent être dégustés comme des vins, et toujours accompagnés de vins.

★ Un dessert sans fromage est une belle à qui il manque un œil.

BRILLAT-SAVARIN.

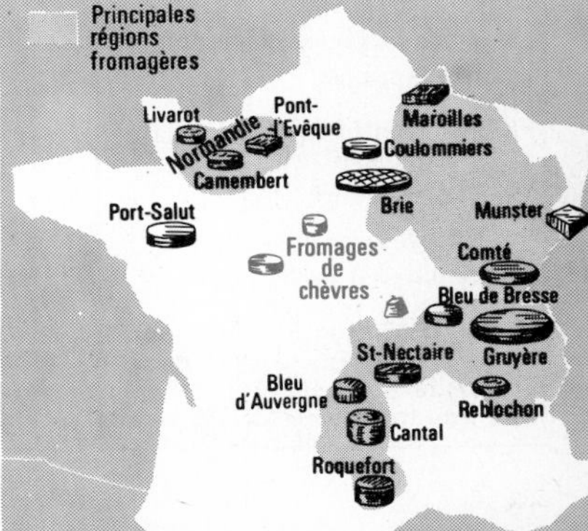

4

LA VIE

Le taux d'urbanisation est en France de 73 %, mais il est inégal selon les régions : plus de 95 % en région parisienne, 65 % dans l'Est, 45 % dans l'Ouest. Du fait de la prépondérance trop exclusive de Paris, on compte peu de grandes cités. La France est un pays de villes moyennes et petites.

Le réseau urbain

L'armature du réseau urbain est constituée par 26 agglomérations de plus de 200 000 habitants et une cinquantaine de villes de plus de 100 000 habitants, disséminées sur l'ensemble du territoire. L'agglomération parisienne tient une place éminente, avec plus de 8,4 millions d'habitants elle rassemble à elle seule près du quart des Français vivant dans des villes. C'est à un niveau nettement inférieur que se situent les trois plus importantes agglomérations de province, totalisant chacune environ 1 million d'habitants : Lyon, Marseille, Lille-Roubaix-Tourcoing. La population des autres capitales régionales oscille entre 150 000 et 600 000 habitants. Ces cités, qui exercent leur influence sur toute une région, se prêtent peu à une classification ; leurs fonctions sont multiples. Pour corriger les méfaits d'une excessive centralisation, la politique d'aménagement du territoire favorise le développement de **8 métropoles d'équilibre.** Plus récemment a été engagée une politique de promotion des **villes moyennes.**

LES VILLES NOUVELLES

Pour faire face à l'urbanisation qui s'accroît, le gouvernement a décidé de créer des « villes nouvelles » offrant à la population des logements, des emplois et de multiples services (complexe administratif, centres commerciaux, équipements culturels et sportifs). Neuf villes nouvelles sont programmées :

• Dans la région parisienne :
Cergy-Pontoise
Evry
Saint-Quentin-en-Yvelines
Melun-Sénart
Marne-la-Vallée.

• En province :
Villeneuve-d'Ascq (près de Lille)
L'Isle d'Abeau (près de Lyon).
Rives de l'Etang de Berre (près de Marseille)
Le Vaudreuil (près de Rouen).

LES 8 MÉTROPOLES D'ÉQUILIBRE

Elles sont définies : « Grandes agglomérations de province exerçant, au profit d'une zone d'influence régionale ou de plusieurs régions, un véritable rôle de direction de la vie économique et sociale, évitant par là tout recours généralisé à la capitale. »

Leur population : recensement de février 1975 (en milliers).

Lyon-Saint-Etienne-Grenoble	1 877
Marseille-Aix-en-Provence	1 116
Lille-Roubaix-Tourcoing	929
Nancy-Metz-Thionville	602
Bordeaux	591
Nantes-Saint-Nazaire	552
Toulouse	495
Strasbourg	355

URBAINE

NANTES : une rue commerçante

’aspect des villes

L’aspect de la plupart des illes porte la marque d’un long ›assé. Le **centre ville** a hérité les rues étroites et tortueuses du Moyen Age : quartiers pittoesques où se posent aujour-l’hui de graves problèmes de irculation. L’urbanisme des XVIIe et XVIIIe s. a légué des **laces monumentales** (Lyon, Bordeaux, Nancy...). Le développement urbain au-delà des fossés et des remparts se traduit par l’existence de **boulevards périphériques.** Le XIXe s. a introduit les alignements de **grands immeubles,** et aujourd’hui se développent les banlieues marquées par la juxtaposition d’un habitat pavillonnaire et de grands ensembles.

La rue

La rue est un décor infiniment varié : il y a les rues de Paris et les rues de province, celles du Nord, où l’on passe, celles du Midi, où l’on vit. Les rues du Nord sont propres : pavé luisant, trottoir lavé ; celles du Midi sentent la bonne cuisine. De plus en plus nombreuses sont les villes qui aménagent des rues piétonnes.

Dans les grandes villes, la rue est le lieu où l’on passe inaperçu; dans les petites cités de province, c’est l’endroit privilégié où l’on se surveille.

Les maisons y sont désignées par un numéro, pair d’un côté, impair de l’autre. Mais les rues portent des noms souvent évocateurs d’un passé pittoresque : métiers, enseignes fameuses, dates glorieuses, personnalités locales, nationales ou étrangères, qui changent parfois selon les vicissitudes de la politique.

Les cafés

Bien caractéristiques de la vie française, les cafés, bars, comptoirs, estaminets, bistrots se coudoient dans la plupart des rues. Sur la terrasse ceinte l’hiver d’une verrière, s’agglutinent les consommateurs de tous âges autour de petites tables de marbre rondes à un pied. On y boit apéritifs, bière, alcool, café, jus de fruit, eau minérale. Sur le « zinc » du bistrot, on sert plus volontiers le « canon » de vin rouge ou blanc.

Équipé de « jukes-box » et de « flippers » (billards électroniques qui attirent les jeunes), le café est souvent le siège d’associations diverses. On y commente les nouvelles, on s’y donne des rendez-vous, on y parie pour les courses de chevaux [p. 338]. Bref, le café, auquel s’adjoint souvent un débit de tabac (dont l’enseigne est une « carotte » rouge), est un des pivots de la vie quotidienne.

UN CAFÉ DU QUARTIER LATIN

LA CITÉ RADIEUSE
DE LE CORBUSIER A MARSEILLE

L'URBANISME

Un révolutionnaire : Le Corbusier

Depuis Haussmann, l'absence de toute politique de construction avait paralysé le développement de l'urbanisme en France. Dans l'extension des villes, le libéralisme avait conduit à l'anarchie la plus totale et livré les banlieues aux usines et aux « lotissements ».

Entre les deux guerres, des novateurs hardis se sont efforcés de repenser entièrement le problème de l'extension et de l'aménagement des villes, en tenant compte à la fois du confort, des conditions de l'hygiène et des exigences de la vie moderne. Le plus audacieux fut Le Corbusier, qui préconisa la construction en hauteur, permettant de développer les espaces verts. Très discuté en France, surtout après l'édification de la Cité Radieuse de Marseille, Le Corbusier a été chargé de réalisations grandioses dans divers pays étrangers.

De nouvelles possibilités

La reconstruction, malgré les difficultés innombrables auxquelles elle se heurtait, et notamment l'individualisme des Français, a été le point de départ de grandes réalisations d'ensemble (Le Havre, Royan).

Autour des villes se sont édifiés de **« grands ensembles »**, souvent construits à la hâte, mais dont certains préfigurent une nouvelle forme d'urbanisme. D'autre part se multiplient les ensembles résidentiels de **maisons individuelles.**

Devant ces possibilités offertes à l'activité des urbanistes, est née une nouvelle école architecturale française, préoccupée de « fonctionnalisme » et de « structuralisme ». Elle s'efforce de trouver des solutions conformes à l'esprit et au tempérament national. Tout en cherchant à normaliser la fabrication pour obtenir des prix de revient moins élevés, elle parvient, notamment par l'emploi de techniques nouvelles, à éviter l'uniformité d'un style collectif et à satisfaire les besoins et les goûts individuels.

Elle a conçu et réalisé des édifices remarquables, tels que le Palais de l'UNESCO, le C. N. I. T. (Centre National des Industries et des Techniques) et la Maison de la Radio à Paris.

LE PALAIS DE L'UNESCO a été conçu
et décoré par une équipe internationale d'artistes et d'architectes.

5 LES LOISIRS ET LES SPORTS

Suscité par la diminution de la durée du travail, le problème des loisirs, devenu un objectif de conquête sociale, a été posé officiellement en France dès 1936. L'organisation des loisirs — loisirs domestiques et loisirs de masse, loisirs nomades et loisirs sédentaires, loisirs culturels et loisirs de plein air — est aujourd'hui en plein développement.

Les loisirs culturels

La **lecture** se développe en France — notamment grâce à la diffusion des livres de poche — mais elle est encore assez peu répandue [p. 198].

Le goût du **théâtre** et de la **musique** se développe également et pénètre dans tous les milieux, grâce aux efforts de décentralisation théâtrale [p. 190], à l'action du théâtre d'amateurs qui comporte plus de 1 500 troupes, et à des mouvements éducatifs tels que les *Jeunesses Musicales de France*.

C'est pourtant le **cinéma,** la **radio** et la **télévision** qui tiennent la première place parmi les distractions de la population [pp. 208-216].

Les loisirs de plein air

Les citadins, de nos jours, éprouvent le besoin d'échapper le plus souvent possible au bruit et à l'agitation des grandes villes. Le plein air, la détente dans la nature sont recherchés pour eux-mêmes, et la campagne est envahie, le dimanche et les jours de fête, par les promeneurs et les campeurs qui utilisent à cet effet les moyens de transport les plus divers.

Très nombreux aussi sont ceux qui combinent le plein air et la pratique d'un sport, ou simplement le « sport-spectacle », qui attire dans les stades ou sur les champs de courses des amateurs innombrables et fervents. Mais c'est au moment des vacances que les loisirs de plein air connaissent leur véritable développement.

LES FRANÇAIS ET LE JEU

Les jeux de hasard (réglementés) recueillent chaque année plus de 25 milliards de francs d'enjeux. Il rapportent à l'État 2 à 3 milliards de francs (soit l'équivalent de 4 % de l'impôt sur le revenu).

Parmi eux :

- La **Loterie Nationale,** depuis 1933. 12 à 15 millions de Français achètent un ou deux dixièmes par an. Quatre millions en achètent chaque semaine. Montant du gros lot : 2 à 5 millions de francs selon les tranches.
- Le **Loto,** depuis 1976.
  3 à 4 milliards de francs sont engagés chaque année. Record de gain établi en mars 1980 : 9,33 millions de francs (non imposables) pour un enjeu de 7 francs.
- Le **Pari Mutuel.** Le Pari Mutuel sur Hippodrome (P.M.H.) établi en 1891 et le Pari Mutuel Urbain (P.M.U.) créé en 1930, offrent aux amateurs de courses de chevaux de multiples possibilités de paris. La plus populaire est le tiercé (qui consiste à désigner les trois premiers chevaux d'une course, si possible dans l'ordre d'arrivée) : 9 à 10 milliards de francs de paris sont engagés chaque année.
- Les **casinos.** On compte en France 142 casinos : Divonne-les-Bains, Cannes (3 casinos), Deauville, Enghien-les-bains...

Le Tour de France attire chaque année des foules de spectateurs enthousiastes.

LE SPORT

Depuis la fin du siècle dernier, le sport conquiert une place de plus en plus importante dans la vie française. Si l'on s'en tient au nombre des licenciés, la pratique du sport concerne quelque 7,4 millions de Français.

LES PREMIERS CLUBS SPORTIFS

1880. Havre Athletic Club.	1883. Stade Français.
1882. Racing Club de France.	1885. Club Alpin Français.

Le cyclisme

La France est le pays du cyclisme. Dès l'apparition du « vélo », les compétitions cyclistes passionnèrent les foules. L'Union vélocipédique de France (1881) est devenue la Fédération française de cyclisme. Le **Tour de France,** fondé par Henri Desgranges en 1903, couru tous les ans au mois de juillet en une vingtaine d'étapes, tout en étant devenue le prétexte de manifestations publicitaires tapageuses, reste la plus importante et la plus célèbre épreuve internationale.

QUELQUES VAINQUEURS DU TOUR DE FRANCE

1930-32 : Leducq (Fr.).	1953-54-55 : Bobet (Fr.).	1969-70-71-72-74 : E. Merckx (Belg.).
1936-39 : S. Maës (Belg.).	1957-61-62-63-64 : Anquetil (Fr.).	1978-79-81 : B. Hinault (Fr.).
1949-52 : Coppi (It.).		

Les courses de chevaux

Le goût des Français pour les courses de chevaux remonte au Moyen Age. En vogue surtout depuis Louis XVI, elles sont devenues depuis la fondation du Grand Prix (1863) un événement de la vie parisienne.

Elles attirent sur les hippodromes de la capitale (Auteuil, Longchamp, Vincennes, Le Tremblay), non seulement le « Tout-Paris » des élégances, mais aussi un public populaire très composite. En outre, grâce au Pari Mutuel Urbain (P.M.U.), c'est le seul sport qui comporte des paris organisés dans toute la France : d'où sa grande vogue dans tous les milieux [p. 337].

Les courses automobiles

L'Automobile-Club de France, fondé en 1895, fut la première association dans le monde à s'occuper des véhicules à moteur. En 1906, il instituait le Grand Prix de l'A. C. F. Depuis lors de nombreuses compétitions sont venues s'y ajouter et opposent chaque année, devant des foules passionnées, les meilleurs coureurs internationaux : 24 heures du Mans, Grand Prix de Pau, Rallye de Monte-Carlo, etc.

RÉFÉRENCES DES PHOTOGRAPHIES

A.F.P. : p. 163.
Almasy : p. 36, 46, 72, 88, 92, 260, 277, 300, 317, 331.
Archives nationales : p. 199.
Archives photo : p. 55, 85, 95, 103, 152, 156.
Armée de l'air : p. 114.
Armées : p. 157.
Atelier 53/Galerie Sassi : p. 203 (© ADAGP pour Brasilier).
Atlas Photo / Baranger : p. 288.
Atlas Photo / Burnand : p. 76.
Atlas Photo / Guillermé : p. 299.
Atlas Photo / Horel : p. 90.
Atlas Photo / perrin : p. 75.
Atlas Photo / Verroust : p. 299; 303.
Ina Bandy : p. 45.
B.N. : p. 142/B.N. de Madrid : p. 148.
Dessin de Bosc, © IDEREA, p. 23.
Bottin : p. 47.
Boubat / Top : p. 48.
Boudot-Lamotte : p. 39, 55.
Jacques Boulas : p. 41 (2), 47, 78, 98, 108.
Brigaud : p. 290.
Bulloz : p. 144 (© SPADEM), 146, 156.
Cahiers du Cinéma : p. 208.
Cartier-Bresson : p. 205.
Chaland : p. 83.
Charbonnier / Top : p. 297.
dessin de Chaval (© IDEREA) : p. 23.
Craven-charbonnage de France : p. 65.
dessin de Desclozeaux (© IDEREA) : p. 23.
Robert Doisneau : p. 204.
Draeger : p. 66.
Frédérique Duran : p. 109, 110.
Robert Durandaud : p. 14, 42, 88, 117.
EDF : p. 261.
Enguerrand : p. 61.
Explorer / José Dupont : p. 277.
L'Express : p. 192.
Feher : p. 32, 68 (2), 76, 79, 341/
Yves Flavard : p. 20.
Fotogram / Édouard Berne : p. 14, 313.
Fotogram / Olivier Fontaine : p. 185.
Foucherand : p. 45.
France-Soir : p. 223.
Dessin de Fred, éd. Dargaud : p. 205.
Gisèle Freund / Doc. française : p. 225.
Gaby / Artaud : p. 335.
Galli photo : p. 322.
Gamma : p. 162, 224, 255.
Gamma / Antault : p. 247.
Francis Apesteguy : p. 194.
Gamma / Dejean : p. 221.
Gamma / Depardon : p. 165.
Gamma / Giribaldi : p. 208.
Gamma / Morizet : p. 206.
Gamma / Muscat : p. 164.
Gamma / Martine Peccoux : p. 206.
Gamma / Schacmmes : p. 291.
Gamma / Simon : p. 259.
Gamma / Uzan : p. 201.
Luc Girard : p. 15.
Giraudon : p. 104, 110, 113, 135, 142, 144, 145 (© SPADEM pour Matisse et Picasso), 146, 152 (2), 203 (© ADAGP pour Lurçat), 204 (© ADAGP pour Arp).
Giraudon / Hanfstaengl : p. 116, 156.
Giraudon / Lauros : p. 202 (© ADAGP pour Tal Coat).
Guiley - Lagache : p. 147.
Hachette : p. 53, 103, 106, 110, 111, 112, 115, 116, 117, 118, 119, 120, 121 (2), 122 (4), 123, 124, 125, 130, 143 (4), 144 (2 dont © SPADEM pour Monet), 148, 151, 153 (2, dont 1 musée arts décos), 196, 198, 239, 257, 269, 302.
Hachette B.N. : p. 158.
Camus / Photothèque Hachette : p. 170.
Hachette / Photothèque : p. 153.
Heurard / air photo : p. 336.
Hoffmann : p. 158.
Gribayedoff : p. 127.
Hollinger : p. 325.
Huertz de Lemps : p. 15.
Information (Service français) : p. 157.
I.P.N. : p. 49.
René-Jacques : p. 43, 89, 91, 119, 251.
Loïc Jahan : p. 69.
Keystone : p. 320.
D. Lajoux / Unesco : p. 336.
Le Boyer : p. 104.
Lipnitzki : p. 132.
Magnum / Barbey : p. 296.
Magnum / Bryn Campbell : p. 287.
Magnum, Cartier-Bresson : p. 188, 308.
Magnum / Martine Frank : p. 190, 262.
Magnum / Richard Kalvas : p. 199, 226.
Magnum / Gilles Peress : p. 317.
H. Manuel : p. 149.
J.-M. Marcel : p. 162.
Gérald Maurois : p. 13, 285.
Mestrallet : p. 15.
Michaelides : p. 151.
Michaud : p. 93.
Miroir-sprint : p. 339.
Molinard : p. 146.
Moreno / aéroport de Paris : p. 306.
Musées nationaux : p. 147 (© ADAGP pour Bourdelle).
Observatoire de Paris : 186.
Paoli-Jauffret / port autonome de Marseille : p. 60.
Paureault : p. 262.
Vu du ciel par Alain Perceval : p. 5, 276, 280, 301.
Roger Perrin : p. 211.
Philips : p. 205.
La photothèque : p. 202.
Photothèque française : p. 14, 54 (4), 70, 71, 108, 113, 304.
Photothèque française / Lapie : p. 15, 39, 40, 179.
Photothèque MAE : p. 217.
Porret : p. 104.
Port autonome du Havre : p. 277.
Presse-sport : p. 338.
Prouvost-lainière de Roubaix : p. 323.
J. Rague : p. 309.
Rapho : p. 91.
Rapho / Belzeaux : p. 49 (2), 102, 294.
Rapho / Beretty
p. 177, 289.
Rapho / Bouvier
p. 328.
Rapho / Ciccione
p. 12, 37, 40, 4
54, 258, 286, 311
Rapho / Corson
p. 103.
Rapho / Dieuzaide
p. 16.
Rapho / Doisneau
p. 44, 300, 327.
Rapho / Donnezan
p. 278.
Rapho / Ducasse
p. 246.
Rapho / Duroy
p. 36.
Rapho / Eckard
p. 51.
Rapho / Freire : p. 6
Rapho / Folloran
p. 50.
Rapho / Fox photo
p. 304.
Rapho / Gamet
p. 340.
Rapho / Gazuit
p. 186.
Rapho / Goursat
p. 119, 307.
Rapho / Henri
p. 109.
Rapho / Kamme
mann : p. 39.
Rapho / Lambert
p. 284.
Rapho / J. Lang
p. 84.
Rapho / Larrier
p. 81.
Rapho / Le Cuziat
p. 236.
Rapho / Pelissier
p. 326.
Rapho / Michaud
p. 168.
Rapho / Nadaud
p. 43.
Rapho / Niepce
p. 105, 176, 21
324, 335, 340.
Rapho / Pavlovski
p. 31, 52.
Rapho / Phelps
p. 47.
Rapho / Roubier
p. 100.
Rapho / Sarval
p. 303.
Rapho / de Sazo
p. 47, 51, 59.
Ray Delvert : p.
(© SPADEM po
le Mont-Saint-Mi
chel), 82, 86, 87 (2)
Renault : p. 58, 292
Jean Ribière : p. 21
Roubier : p. 74, 8
96 (2).
SNCF : p. 342.
Songez : p. 147 (
SPADEM pour R
din).
dessin de Soul
Extrait des cahi

mensuels de l'Encyclopédie du monde actuel : p. 32.
d-aviation : p. 306.
gma / Melloul : p. 74.
gma / Spengler : p. 37.
Dessin de Uderzo, Goscinny, éd. Dargaud : p. 23.
Marc de Vaux (© ADAGP, pour Braque) p. 145.
Laurence Vidal : p. 209, 213.
Roger-Viollet : p. 133, 150 (2), 157, 159, 178, 232, 274, 288.
Vizzavona (© SPADEM pour Cézanne) : p. 145.
Wallace Collection : p. 142.
Yann-Dieuzaide : p. 97.
Éd. d'Art Yvon : p. 79.
Zalevski : p. 160.

Imprimé en France par
BRODARD GRAPHIQUE – Coulommiers-Paris
HA/3308/2
Dépôt légal n° 4368, 2-1982

Collection n° 20
Édition n° 01

15/4635/7